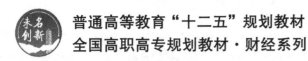

普通高等教育"十二五"规划教材

全国高职高专规划教材·财经系列

# 市场营销学

（第二版）

主　编　黄玉娟　刘培标
副主编　张冬霞　付婷婷　杨　敏　秦　珑

## 内 容 简 介

本书针对高等职业院校的课程特点和学生的认知规律,以现代视角,从国内外营销理论和实务发展的现状出发,全面、系统地阐释了现代市场营销学观念和理论的内涵,对市场营销环境、目标市场策略的选择与进入、产品策略、价格策略、促销策略和分销策略等营销要素做了较为详细的阐述。

本书通过对营销岗位的分析,基于营销工作的完整过程进行了项目化的设计,将本专业领域的发展趋势及实际业务操作中的新知识、新方法及时吸纳其中,基本知识简明扼要,项目实训操作性强,体现了实践教学过程的实践性、开放性和职业性。

本书适合作为高等职业院校市场营销、工商管理或其他相关专业的市场营销学教材,也可作为企业市场营销管理者的培训用书或企业营销人员的参考书。

**图书在版编目(CIP)数据**

市场营销学/黄玉娟,刘培标主编. —2版. —北京:北京大学出版社,2014.6
(全国高职高专规划教材·财经系列)
ISBN 978-7-301-23596-6

Ⅰ. ①市… Ⅱ. ①黄…②刘… Ⅲ. ①市场营销学-高等职业教育-教材
Ⅳ. ①F713.50

中国版本图书馆 CIP 数据核字(2013)第 299796 号

书　　　名:市场营销学(第二版)
著作责任者:黄玉娟　刘培标　主编
策 划 编 辑:李　玥
责 任 编 辑:李　玥　(liyue102@vip.sina.com)
标 准 书 号:ISBN 978-7-301-23596-6/F·3799
出 版 发 行:北京大学出版社
地　　　址:北京市海淀区成府路 205 号　100871
网　　　址:http://www.pup.cn　新浪官方微博:@北京大学出版社
电 子 信 箱:zyjy@pup.cn
电　　　话:邮购部 62752015　发行部 62750672　编辑部 62765126　出版部 62754962
印 刷 者:北京鑫海金澳胶印有限公司
经 销 者:新华书店
　　　　　787 毫米×1092 毫米　16 开本　19.75 印张　450 千字
　　　　　2008 年 8 月第 1 版
　　　　　2014 年 6 月第 2 版　2020 年 1 月第 4 次印刷
定　　　价:39.00 元

未经许可,不得以任何方式复制或抄袭本书之部分或全部内容。
**版权所有,侵权必究**
举报电话:010-62752024　电子信箱:fd@pup.pku.edu.cn

# 前　言

改革开放以来，随着我国市场经济体制的确定和趋于完善，市场营销已经成为社会上最热门的学科之一。从最初的引入、传播、模仿，发展到现今的创造性应用，应用范围也从消费品领域、产业用品领域扩展到服务领域。与此同时，市场营销也成为国内管理学科中知名度和普及程度最高的课程之一，被教育部列为高等教育工商管理类专业的核心课程。

市场营销不仅是一门学科，更是一种思维方式，我们可以运用它去解决社会、经济和生活各个领域中的问题。市场营销的任务是通过理论和实践教学，使学生确立正确的营销理念，掌握市场营销的基本策略，拓展学生的想象空间，为学生后续的营销实务课程和实际应用打好扎实的理论基础。为了培养掌握高技能的学生，高职院校的专业建设和课程通过几年的改革取得了长足的发展，本书的修订吸取了课程改革的一些成果，立足于教材，更加适合培养高素质的高职高专学生。

《市场营销学》自2008年出版以来已重印多次，被全国许多学校选为教材。为了紧跟高职高专教育的改革步伐，进一步提高教学质量，本书根据高职高专教育发展的需要和广大读者的实际需求进行了精心修订。第二版在第一版的基础上更加突出了高等职业教育"工学结合"的新型人才培养模式，打破了第一版课程内容上的学科体系，按照高职教育改革的成果及实践，通过对营销岗位的分析，基于营销工作的完整过程进行了项目化的设计，将本专业领域的发展趋势及实际业务操作中的新知识、新方法及时吸纳其中，做到基本知识简明扼要，项目实训操作性强，体现实践教学过程中的实践性、开放性和职业性。本书在体例设计上重新设计为模块、项目、任务导入、案例导入、任务教学、习题、实训几个部分，在任务教学中穿插相关案例、相关链接、小贴士、阅读材料等栏目，配合教材立体化建设为授课教师提供案例库、电子课件、试题等教辅资料。

本书由黄玉娟、刘培标主编，副主编为张冬霞、付婷婷、杨敏、秦珑。编者承担的任务分工如下：济南职业学院黄玉娟（项目一、项目九），济南职业学院付婷婷（项目二、项目七），济南职业学院张冬霞（项目三），山东管理学院秦珑（项目四、项目五），山东农业工程学院刘书兵（项目六），山东女子学院刘培标（项目八、项目十、项目十三），山东青年政治学院杨敏（项目十一、项目十二）。全书由黄玉娟统稿。

本书在编写过程中，得到了济南职业学院财经系和经济贸易系、山东女子学院、山东管理学院工商学院、山东青年政治学院商学院、山东农业工程学院、北京大学出版社的领导和有关同志的关怀和支持；在写作过程中，我们参考了数位国外学者如菲利普·科特勒（Philip Kotler）、加里·阿姆斯特朗（Gary Armstrong）、伊·杰·麦卡锡（E. J. Mccarthy）等和国内诸多同行的市场营销著作，在此一并致以衷心的感谢。由于编者水平有限，书中必定存在许多不足之处，恳请专家、学者和读者不吝赐教。

编　者<br/>2013 年 12 月

---

本教材配有教学课件，如有老师需要，请加 QQ 群（279806670）或发电子邮件至 zyjy@pup.cn 索取，也可打电话至北京大学出版社：010-62765126。

# 目 录

## 模块一 感悟市场营销

**项目一 市场营销认知** ········································ 2
  任务1 市场营销内涵解读 ································ 3
  任务2 现代营销观念构建 ································ 6
  任务3 营销发展新趋势 ·································· 11

## 模块二 市场调研分析

**项目二 市场营销环境分析** ······································ 28
  任务1 市场营销环境内涵解读 ···························· 30
  任务2 微观市场营销环境分析 ···························· 32
  任务3 宏观市场营销环境 ································ 34
**项目三 消费者购买行为分析** ···································· 46
  任务1 消费者市场与消费者购买行为模式 ·················· 47
  任务2 影响消费者购买行为的因素 ························ 50
  任务3 消费者的购买决策过程 ···························· 60
**项目四 生产者市场及购买行为分析** ······························ 71
  任务1 生产者市场的概念 ································ 73
  任务2 生产者市场的购买特征 ···························· 73
  任务3 生产者市场的购买类型和购买参与者 ················ 75
  任务4 生产者市场的购买决策过程 ························ 77
**项目五 竞争者行为分析** ········································ 82
  任务1 竞争者分析 ······································ 83
  任务2 竞争者行为分析 ·································· 90
  任务3 竞争策略解析 ···································· 95
**项目六 市场营销调研** ·········································· 108
  任务1 市场营销信息系统 ································ 109
  任务2 制定市场调研方案 ································ 112
  任务3 市场需求测定与预测 ······························ 120

## 模块三 目标市场策略

**项目七 目标市场策略的选择与进入** ······························ 126
  任务1 市场细分 ········································ 127
  任务2 目标市场的选择 ·································· 135

任务 3　市场定位 …………………………………………………………… 141
项目八　制定国际市场营销策略 ………………………………………………… 150
  任务 1　认识国际市场营销环境 …………………………………………… 151
  任务 2　制定国际市场营销策略 …………………………………………… 158

## 模块四　市场营销组合策略

项目九　制定产品策略 …………………………………………………………… 176
  任务 1　产品整体概念 ……………………………………………………… 178
  任务 2　产品组合决策 ……………………………………………………… 180
  任务 3　产品生命周期解析 ………………………………………………… 188
  任务 4　新产品开发决策 …………………………………………………… 195
  任务 5　品牌与包装决策 …………………………………………………… 200
项目十　制定价格策略 …………………………………………………………… 219
  任务 1　影响商品定价的主要因素 ………………………………………… 220
  任务 2　定价目标及方法 …………………………………………………… 223
  任务 3　价格策略 …………………………………………………………… 229
  任务 4　价格调整 …………………………………………………………… 236
项目十一　制定分销渠道策略 …………………………………………………… 240
  任务 1　分销渠道的含义与类型 …………………………………………… 241
  任务 2　分销渠道的设计与构建 …………………………………………… 245
  任务 3　批发商与零售商 …………………………………………………… 249
项目十二　制定促销策略 ………………………………………………………… 258
  任务 1　促销与促销组合 …………………………………………………… 260
  任务 2　人员推销 …………………………………………………………… 264
  任务 3　广告 ………………………………………………………………… 269
  任务 4　营业推广 …………………………………………………………… 275
  任务 5　公共关系 …………………………………………………………… 278

## 模块五　营销管理

项目十三　执行与控制营销计划 ………………………………………………… 286
  任务 1　市场营销计划 ……………………………………………………… 288
  任务 2　市场营销组织 ……………………………………………………… 291
  任务 3　营销计划的执行 …………………………………………………… 295
  任务 4　市场营销控制 ……………………………………………………… 297
参考文献 …………………………………………………………………………… 308

模块一

# 感悟市场营销

# 项目一
## 市场营销认知

 **任务描述**

作为企业的市场营销人员，要想熟练运用相关知识与技能进行企业市场营销经营与管理，为企业创造价值，必须首先学习市场营销的相关基础知识，树立全新的营销理念，全面、深刻地认知市场营销。

 **任务目标**

**知识目标**
1. 了解市场营销的含义、市场营销理论的新发展。
2. 熟悉市场营销的核心概念。
3. 掌握正确认识市场营销的观念。

**能力目标**
1. 能够灵活运用营销观念分析、评价企业的现状。
2. 提高对营销的重要性认识能力。

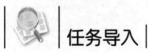 **任务导入**

到一两家企业了解其营销观念，并说明为什么要树立这样的营销观念。

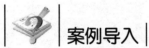 **案例导入**

### "嫦娥"桂花月饼的畅销

"嫦娥饼屋"是广西桂林市一家民营小型食品企业。该企业的月饼每年都有一定的销量，但随着每年的"月饼大战"，其销售越来越困难。眼见又到中秋节了，企业的王老板非常着急，于是请某高校的营销专家出主意。该校专家组织队伍进行了调查分析，建议"嫦娥饼屋"避开高档和低档两种产品市场的竞争，选择中档及旅游市场，产品配以桂花馅和桂花酒，包装上还有风景名胜的宣传，既有了中秋节日的气氛，又突出了桂林的特点。该产品推出后大受欢迎，不但市民喜欢（桂花是该市的"市花",当地民俗有"中秋团圆食月饼,饮酒观月赏桂花"),外地游客也认为这是当地一绝,纷纷购买品尝,甚至购买带走作为礼物送给亲朋好友。结果不但"桂花月饼"大为畅销,而且"嫦娥饼屋"也打出了企业品牌。

问题引入:
1. 市场营销的核心是什么?
2. "嫦娥"桂花月饼的畅销说明了什么?

# 任务1 市场营销内涵解读

## 一、市场与市场营销

### (一) 市场与市场营销的含义

市场营销在一般意义上可理解为与市场有关的人类活动。因此,我们首先要了解市场及其相关概念。

在日常生活中,人们习惯将市场看作买卖的场所,这是一个时间和空间的市场概念。

经济学家从揭示经济实质的角度提出市场概念,认为市场是一个商品经济范畴,市场是社会分工和商品生产的产物,是商品内在矛盾的表现,是供求关系,是商品交换关系的总和,是通过交换反映出来的人与人之间的关系。

管理学家侧重从具体的交换活动及其运行规律去认识市场,认为市场是供需双方在共同认可的一定条件下所进行的商品或劳务的交换活动。

将上述市场概念做简单综合和引申,可以得到对市场较为完整的认识:

1. 市场是建立在社会分工和商品生产基础上的交换关系。
2. 现实市场的形成要有若干基本条件,包括:
(1) 消费者(用户)一方需要或欲望的存在,并拥有其可支配的交换资源。
(2) 存在由另一方提供的能够满足消费者(用户)需求的产品或服务。
(3) 要有促成交换双方达成交易的各种条件,如双方接受的价格、时间、空间、信息和服务方式等。
3. 市场的发展是一个由消费者(买方)决定,而由生产者(卖方)推动的动态过程。

国内外学者对市场营销已下过上百种定义,企业界的理解更是各有千秋。著名营销学家菲利普·科特勒教授的定义是:市场营销是个人和群体通过创造并同他人交换产品和价值以满足需求和欲望的一种社会过程和管理过程。据此,可以将市场营销概念具体归纳为下列要点:

(1) 市场营销的最终目标是满足需求和欲望。
(2) 交换是市场营销的核心,交换过程是一个主动、积极寻找机会,满足双方需求和欲望的社会过程和管理过程。

（3）交换过程能否顺利进行，取决于营销者创造的产品和价值满足顾客需求的程度和交换过程管理的水平。

市场营销交换系统如图1-1所示：

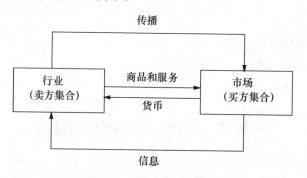

图1-1 市场营销交换系统

【相关链接】

> 海尔集团CEO张瑞敏指出："促销只是一种手段，但营销是一种真正的战略，营销意味着企业应该'先开市场，后开工厂'。"

【小贴士】

### 把推销等同于营销的危害

> 把推销等同于营销，其危害在于本来可以用营销手段解决的问题没解决，名称、包装、价格、广告等各拉各的弦，各弹各的调，结果等产品上市时才发现问题，怎么办？这回可要看你"营销"的功夫（其实是推销）了。结果把本来应该由营销承担的任务一股脑地压在了推销的肩上。

### （二）市场营销的相关概念

1. 需要、欲望和需求。需要是指没有得到某些基本满足的感受状态，是人类与生俱来的。如人类为了生存对衣、食、住、行的需要。

欲望是指想得到满足上述基本需要的具体满足品的愿望。如人饿了要买食品。

需求是人们有能力购买并愿意购买某个具体产品的欲望。市场营销者无法创造需要，但可以影响欲望，并可运用各种营销手段来影响需求。

2. 产品。它是能够满足人们需要和欲望的任何东西。它的价值不在于其本身的属性，而在于它满足人们欲望的程度（能给人们提供的功能和服务）。如一栋大楼，其价值在于它能给使用者提供所需的功能和服务：办公、住宿、餐饮、娱乐、教育……

【阅读与思考】

### 美国通用电气的面包烤箱在日本市场受挫

> 美国通用电气公司在20世纪60年代将其在欧洲非常畅销的家用面包烤箱推向日本市场，并大做促销广告，结果日本消费者反应非常冷淡。因为虽然日本人与美国人一样，饥饿了需要吃东西，可日本人饥饿时的欲望是吃米饭而不是面

包,而面包烤箱是不能烤大米的。后来,通用电气公司认识到自己所犯的错误,为了满足日本消费者的需求,发明了我们大家现在所熟悉的电饭煲。电饭煲的工作原理和作用与面包烤箱一样,但却满足了日本人的欲望,随之产生了极大的产品需求。现在电饭煲已风靡全球,非常畅销。

思考:美国通用电气的面包烤箱在日本市场为何受挫?

3. **效用**。它是消费者对产品满足其需要的整体能力的评价。消费者通常根据这种对产品价值的主观评价和支付的费用来做出购买决定。如某一消费者在购买住房时需要对住房的面积、价格、功能、地理位置等进行总体评价,以决定哪一处房屋能提供最大的满足感。

4. **交换、交易**。交换是指从他人处取得所需之物,而以其某种东西作为回报的行为。人们对满足需求或欲望之物的取得,可以有多种方式,如自产自用、强取豪夺、乞讨和交换等。其中,只有交换方式才存在市场营销。交换的发生,必须具备五个条件:至少有交换双方;每一方都有对方需要的有价值的东西;每一方都有沟通和运送货品的能力;每一方都可以自由地接受或拒绝;每一方都认为与对方交易是合适或称心的。

交易是交换的基本组成单位,是交换双方之间的价值交换。交换是一种过程,在这个过程中,如果双方达成一项协议,我们就称之为发生了交易。交易通常有两种方式:一是货币交易,如甲方支付3 000元给商店而得到一台电视机;二是非货币交易,包括以物易物、以服务易服务等。一项交易通常要涉及几个方面:至少两件有价值的物品;双方同意的交易条件、时间、地点;有法律制度来维护和迫使交易双方执行承诺。

【思考】交换和交易的区别是什么?

5. **市场营销与市场营销者**。在交换双方中,如果一方比另一方更主动、更积极地寻求交换,我们就将前者称为市场营销者,后者称为潜在顾客。市场营销者可以是卖方,也可以是买方。当买卖双方都表现积极时,我们就把双方都称为市场营销者,并将这种情况称为相互的市场营销。

【阅读材料】

## 西方市场营销学的产生与发展

市场营销学于20世纪初创建于美国,后来流传到欧洲、日本和其他国家,在实践中不断得到完善和发展。它的形成阶段大约在1900年到1930年。直到20世纪之前,市场营销尚未形成一门独立的学科。进入19世纪,伴随资本主义经济的发展,资本主义的矛盾日趋尖锐,频频爆发的经济危机迫使企业日益关心产品销售,千方百计地应付竞争,并在实践中不断探索市场运营的规律。到19世纪末20世纪初,世界主要资本主义国家先后完成了工业革命,由自由竞争向垄断资本主义过渡。垄断组织加快了资本的积聚和集中,使生产规模扩大。这一时期,以提高劳动生产率为主要目标的科学管理理论、方法应运而生,受到普遍重视。一些大型企业实施科学管理的结果使产品迅速增加,并对流通领域提出了更

高的要求。同时，科学技术的发展，也使企业内部计划与组织变得更为严整，从而有可能运用现代化的调查研究方法，预测市场变化趋势，制定有效的生产计划和销售计划，控制和调节市场销售量。在这种客观需要与可能的条件下，市场营销学作为一门独立的经营管理学科诞生了。

1929 年到 1933 年的经济危机，震撼了整个资本主义世界，生产严重过剩，产品销售困难，已直接威胁企业生存。从 20 世纪 30 年代开始，主要资本主义国家市场明显进入供过于求的买方市场。这时，企业界广泛关心的首要问题已经不是扩大生产和降低成本，而是如何把产品销售出去。为了争夺市场，解决产品销售问题，企业家开始重视市场调查，提出了创造需求的口号，致力于扩大销路，并在实践中积累了丰富的资料和经验。与此同时，市场营销学研究大规模地展开。1937 年，美国全国市场营销学和广告学教师协会及美国市场营销学会合并组成现在的美国市场营销学会（AMA）。该学会在美国设立几十个分会，从事市场营销研究和营销人才的培训工作，出版市场营销和市场营销调研专刊，对市场营销学的发展起了重要作用。到第二次世界大战结束，市场营销学得到长足发展，并在企业经营实践中广泛应用。

二战后至今，市场营销学从概念到内容都发生了深刻的变化。许多市场营销学者经过潜心研究，提出了一系列新的观念。其中之一就是将潜在需求纳入市场的概念，即把过去对市场是卖方与买方之间的产品或劳务的交换的旧观念，发展成为市场是卖方促使买方实现其现实的和潜在的需求的任何活动。这样，凡是为了保证通过交换实现消费者需求（包括现实需求与潜在需求）而进行的一切活动，都纳入了市场营销学的研究范围。这也就要求企业将传统的生产—市场关系颠倒过来，即将市场由生产过程的终点，置于生产过程的起点。这样，也就从根本上解决了企业必须根据市场需求来组织生产及其他企业活动，确立以消费者为中心而不是以生产者为中心的观念问题。这一新概念导致市场营销学基本指导思想的变化，在西方称之为市场营销学的一次革命。

# 任务 2　现代营销观念构建

## 一、市场营销观念的含义

市场营销观念是企业领导人在组织和谋划企业的营销管理实践活动时所依据的指导思想和行为准则，是其对于市场的根本态度和看法，是一切经营活动的出发点，也是一种商业哲学或思维方法。简而言之，市场营销观念是一种观点、态度和思想方法。一定的市场营销观念是一定社会经济发展的产物。

## 二、传统营销观念

### （一）生产观念（19 世纪末 20 世纪初）

生产观念是一种古老的经营思想。其基本内容是：企业以改进、增加生产为中心，生产什么产品，就销售什么产品，即"我们会生产什么，就卖什么"。在此观念指导下，企业的中心任务是组织所有资源、集中一切力量增加产量，降低成本，生产和销售的关系必然是"以产定销"。

**【阅读材料】**

### 清一色的黑色汽车

20世纪初，美国福特汽车公司制造的产品供不应求，亨利·福特曾傲慢地宣称："不管顾客需要什么颜色的汽车，我只有一种黑色的。"公司倾全力于汽车的大规模生产，降低成本，扩大市场。这种经营观念是在卖方市场下产生的，以产品供不应求、不愁无销路为条件，以大批量、少品种、低成本的生产更能适应消费需求为前提。

### （二）产品观念（19世纪末20世纪初）

产品观念也是一种古老的经营思想。该观念认为，消费者或用户总是欢迎那些质量高、性能好、有特色、价格合理的产品，生产者只要注意提高产品质量，做到物美价廉，就一定会产生良好的市场反应，顾客就会自动找上门来，因而无需花大力气开展推销活动。在产品供给不太紧缺或稍有宽裕的情况下，这种观念常常成为一些企业的经营指导思想。

**【阅读与思考】**

### 爱尔琴钟表公司的经营观念

美国爱尔琴钟表公司自1869年创立到20世纪50年代，一直被公认为美国最好的钟表制造商之一。该公司在市场营销管理中强调生产优质产品，并通过由著名珠宝商店、大百货公司等构成的市场营销网络分销产品。

1958年之前，公司销售额始终呈上升趋势，但此后其销售额和市场占有率开始下降。

造成这种状况的主要原因是市场形势发生了变化：这一时期的许多消费者对名贵手表已经不感兴趣，而趋于购买那些经济、方便、新颖的手表；而且，许多制造商迎合消费者需要，已经开始生产低档产品，并通过超级市场等大众分销渠道积极推销，从而赢得了大部分市场份额。爱尔琴钟表公司竟没有注意到市场形势的变化，依然迷恋于生产精美的传统样式手表，仍旧借助传统渠道销售，结果致使企业经营遭受重大挫折。

思考：爱尔琴钟表公司持有什么样的经营观念？其经营受挫的主要原因是什么？

### （三）推销观念（20世纪30年代和40年代）

推销观念强调：如果不经过销售努力，消费者就不会大量购买。在这一观念指导下，企业十分注意运用推销术和广告术，向现实买主和潜在买主大肆兜售产品，以期压倒竞争者，提高市场占有率，取得较为丰厚的利润。其口号是："我们卖什么，就让人们买什么"，本质上依然是生产什么就销售什么。在产品供给稍有宽裕并向买方市场转化的过程中，许多企业往往奉行推销观念。

推销观念盛行于20世纪三四十年代。这一时期，由于科技进步、科学管理和大规模生产的推广，商品产量迅速增加，整个社会已经由商品不足进入商品过剩，卖主之间的市场竞争日益激烈。1929年爆发的资本主义世界空前严重的经济危机，前后历时5年，堆积如山的货物卖不出去，许多工商企业纷纷倒闭，市场极度萧条。这种现实使许多企业家认识到，企业不能只集中力量发展生产，即使有物美价廉的产品，也必须保证这些产品能被人购买，企业才能生存和发展。

与前两种观念一样，推销观念也是建立在以企业为中心，"以产定销"，而不是满足消费者真正需要的基础上的。

【相关链接】

> 随着现代科学技术的迅速发展，生产能力急剧提高，许多产品由卖方市场转化为买方市场后，产品推销成为企业一项重要的营销工作，但企业的营销活动绝不仅仅局限于推销。正如菲利普·科特勒所言："如果把整个市场营销活动看作一座'冰山'，销售仅仅是这座冰山的顶巅。"企业要使销售工作顺利进行，必须做大量其他的营销工作，如市场调研、市场营销战略制定、产品开发、产品定价、产品促销等。把这些营销工作做好了、做扎实了，产品的销售就会达到更高的水平。

### 三、现代营销观念

#### （一）市场营销观念（20世纪50年代）

市场营销观念认为，实现企业目标的关键在于正确确定目标市场的需要和欲望，比竞争者更有效地提供目标市场所要求的满足。

该观念有四个基本点：目标市场、整体营销、顾客满意、盈利率。

1. 目标市场。任何一家企业不可能百分之百地占领某一产品的百分之百的市场份额。

2. 整体营销。企业内外的各种因素协同作战。企业各部门的工作应该协调；营销部门还必须与企业的其他部门相协调。惠普（HP）公司总裁说：市场营销太重要了，它不仅仅属于营销部门。IBM更是要求每个员工都要描述出自己的工作如何影响消费者。

3. 顾客满意。日本丰田公司的一位高级官员在描述凌志汽车成功的原因时说："我们公司的目的要高于满足顾客，我们的目的是使顾客身心愉悦。"可以说愉快的顾客所起到的广告作用要远远超过天花乱坠的媒体的广告作用。

4. 盈利率。一个企业工作的目标之一就是获得利润，但问题是不应把利润看得太重。因为只有比其他竞争对手更能使顾客满意的企业才能获得利润。

【阅读与思考】

#### 海尔洗衣机"无所不洗"

> 1996年，四川成都的一位农民投诉海尔洗衣机排水管老是被堵，服务人员上门维修时发现，这位农民用洗衣机洗地瓜（南方又称红薯），地瓜泥土大，当然容易堵塞。但服务人员并不推卸自己的责任，而是帮顾客加粗了排水管。顾客感

激之余，埋怨自己给海尔人添了麻烦，还说如果能有洗红薯的洗衣机，就不用烦劳海尔人了。农民兄弟的一句话，被海尔人记在了心上。海尔营销人员调查四川农民使用洗衣机的状况时发现，在盛产红薯的成都平原，每当红薯大丰收的时节，许多农民除了卖掉一部分新鲜红薯，还要将大量的红薯洗净后加工成薯条。但红薯上沾带的泥土洗起来费时、费力，于是农民就动用了洗衣机。更深一步的调查发现，在四川农村有不少洗衣机用过一段时间后，电机转速减弱、电机壳体发烫。向农民一打听，才知道他们冬天用洗衣机洗红薯，夏天用它来洗衣服。这令张瑞敏萌生一个大胆的想法：发明一种洗红薯的洗衣机。1997年海尔为该洗衣机立项，成立以工程师李崇正为组长的4人课题组，1998年4月投入批量生产。洗衣机型号为XPB40-DS，它不仅具有一般双桶洗衣机的全部功能，还可以洗地瓜、水果甚至蛤蜊，价格仅为848元。首次生产了1万台投放农村，很快就被一抢而空。

一般来讲，每年的6月至8月是洗衣机销售的淡季。每到这段时间，很多厂家就把促销员从商场里撤回去了。张瑞敏纳闷儿：难道天气越热，出汗越多，老百姓越不洗衣裳？调查发现，不是老百姓不洗衣裳，而是夏天里5公斤的洗衣机不实用，既浪费水又浪费电。于是，海尔的科研人员很快设计出一种洗衣量只有1.5公斤的洗衣机——小小神童。小小神童投产后先在上海试销，因为张瑞敏认为上海人消费水平高又爱挑剔。结果，上海人马上认可了这种世界上最小的洗衣机。该产品在上海热销之后，很快又风靡全国。在不到两年的时间里，海尔的小小神童在全国卖了100多万台，并出口到日本和韩国。张瑞敏告诫员工说："只有淡季的思想，没有淡季的市场。"

思考：
1. 从本案例可以窥见的海尔营销哲学内涵包括哪些重要内容？
2. 张瑞敏说："只有淡季的思想，没有淡季的市场。"请谈谈你对这句话的理解。

### （二）社会营销观念（20世纪70年代）

从20世纪70年代起，随着全球环境不断遭到破坏，资源日趋短缺，人口爆炸性增长，通货膨胀等问题日益严重，要求企业顾及消费者整体与长远利益即社会利益的呼声越来越高。西方营销学界提出了一系列新的观念，其共同点是，认为企业生产经营不仅要考虑消费者需求，而且要考虑消费者和整个社会的长远利益。这种观念可统称为社会营销观念。

社会营销观念认为，企业提供产品，要符合消费者和社会的长远利益，企业要关心与增进社会福利，营销要有利于并促进持续发展。

社会营销观念是市场营销观念的补充与修正。市场营销观念的中心是满足消费者的需求与愿望，进而实现企业的利润目标。但往往出现这样的现象，即在满足个人需求时，与社会公众的利益发生矛盾，企业的经营努力可能不自觉地造成社会的损失。市场营销观念虽也强调消费者的利益，不过它认为，谋求消费者的利益必须符合企业的利润目标，当二者发生冲突时，保障企业的利润要放在第一位。因而，利润才是资本主义企业生产的根本目的。社会市场营销观念的基本观点是：以实现消费者满意以及消费者和社会公众的长期福利，作为企业的根本目的与责任。它强调要将企业利润、消费需要、社会利益三个方面统一起来。

**【相关链接】**

> 汉堡包快餐行业提供了可口的然而不是营养的食品。汉堡包脂肪含量太高，餐馆出售的油煎食品和肉馅饼这两种产品都含有过多的淀粉和脂肪。
>
> 美国汽车行业历来为迎合美国公众需要而提供各种大型汽车，与小型汽车相比较而言，它导致了燃料高消费、严重的污染、更多的车祸，以及较高的购买和修理费用。
>
> 软饮料行业为了满足公众对方便的需要，增加了一次性使用的瓶子。这种一次性瓶子意味着资源的大量浪费，过去一个瓶子在报废前可反复使用17次，这就是说从前用一个瓶子，现在要使用17个一次性瓶子。许多一次性瓶子都不能进行还原或分解处理，于是这些瓶子常常被扔得遍地皆是。

### （三）大市场营销观念（20世纪80年代）

一般而言，当市场达到成熟阶段时，它会有一批固定的供应者、竞争者、经销商和顾客。这批人形成了一个既得利益集团，他们力图使市场成为一个封闭系统，实行保护，防止他人进入。这个既得利益集团往往可以得到政府立法部门、劳工组织、银行及其他组织机构的支持。他们会设立各种有形的和无形的壁垒来阻止他人进入，如赋税、关税、进口限额和其他限制条件等，从而构建起一个封闭型市场。封闭型市场是指在这种市场上，现有的参与者和批准者设置了种种障碍，使得那些能够提供类似的甚至更好的产品和劳务的公司难以进入，无法经营。一般的封闭手段包括歧视性的法律规定、政治上的偏袒、卡特尔的垄断协定、社会偏见或文化偏见、不友好的分销渠道以及拒绝合作的态度等。

20世纪80年代以来，国际市场竞争日益激烈，许多国家的政府干预加强以及因此而导致的贸易保护主义的抬头，这种封闭型市场随之日渐普遍。企业要打入这样的特定市场，必须运用大市场营销策略。大市场营销观念是指导企业在封闭型市场上开展营销活动的一种新的营销思想，是企业为了成功地进入特定市场，并在那里从事业务经营，要在策略上协调的使用经济的、心理的、政治的和公共关系等手段，以博得外国或地方各有关方面的合作和支持。

大市场营销除包括一般市场营销组合（4P）外，还包括另外两个P，即权力和公共关系。权力是指大市场营销者为了进入某一市场并开展经营活动，必须能经常地得到具有影响力的企业高级职员、立法部门和政府部门的支持。比如，一家制药公司欲把一种新的感冒药打入某国，就必须获得该国卫生部的批准。因此，大市场营销需采取政治上的技能和策略。公共关系是指如果权力是一个"推"的策略，那么公共关系则是一个"拉"的策略。舆论需要较长时间的努力才能起作用，然而，一旦舆论的力量增强了，它就能帮助公司去占领市场。

**【小贴士】**

#### 传统经营观念和现代经营观念的区别

传统经营观念包括生产观念、产品观念和推销观念；现代经营观念包括市场营销观念、社会营销观念、大市场营销观念。这两类经营观念在内容上存在着本质的区别：

（1）前者的出发点是产品，是以卖方（企业）的要求为中心，其目的是将产品销售出去以获取利润，这可以认为是一种"以生产者为导向"的经营观念；后者的出发点是消费需求，是以买方（顾客群）的要求为中心，其目的是从顾客的满足之中获取利润，这可以认为是一种"以消费者（用户）为导向"或称"市场导向"的经营观念。

（2）两者实现目的的方法或途径也是有区别的：前者主要依靠增加生产或加强推销，企业重点考虑的是"我擅长生产什么"；后者则是组织以产品适销对路为轴心的整体市场营销活动，企业首先考虑的是"消费者（用户）需要什么"。

# 任务3 营销发展新趋势

## 一、绿色营销

### （一）绿色营销的含义

英国威尔斯大学肯·毕提教授在其所著的《绿色营销——化危机为商机的经营趋势》一书中指出："绿色营销是一种能辨识、预期及符合消费的社会需求，并且可带来利润及永续经营的管理过程"。绿色营销观念是指为了实现消费者需要、企业利益和环境利益的相统一，企业努力消除或减少生产经营对生态环境的破坏和影响，走可持续发展的道路；在产品定价、促销和分销的策划过程中，始终兼顾环境与资源的永续利用，强调科学、合理、健康的消费文化的一种创新营销理念。绿色营销是以可持续发展为宗旨，对各类组织的绿色营销活动及其规律进行探究的一门学科。

【小贴士】

**绿色营销与传统营销的区别**

1. *营销目标的差异*

传统营销的目标是最大限度地刺激消费，因此，所有的营销组合策略都是围绕刺激消费者的购买欲望，激发其购买行为展开的。绿色营销是在考虑消费者需求的前提下，提高消费质量，减少消费耗费，降低和杜绝污染物的产生，引导顾客适度消费，提高消费满足度来实现营销目标的。绿色营销的宗旨是将企业、顾客和社会的长远的、可持续利益统一起来。可以说，绿色营销是"外部经济性"、"消费适度性"和"利润合理性"的有机统一。

2. *营销原则的差异*

传统营销在资源使用和排污能力方面仅考虑企业的支付能力和发展需要，而绿色营销则考虑资源的有效利用和可持续发展。因此，在绿色营销思想指导下，企业注重节约能源，科学合理地开发和适度地使用资源，加强环保技术、减少污染物排放，使企业的经营朝着有利于环境保护、有利于生态平衡的方向发展。

3. 营销策略的差异

与传统营销相比，绿色营销要求企业从市场调研到产品开发、生产、定价、促销方式的选择上，都要体现"绿色"特征。企业从决策层到普通员工都应树立"绿色"观念，提高环境意识和社会责任感；企业销售的是绿色产品，从研发、生产、包装到储运、售后，充分考虑到原材料的安全性和资源的节约使用；企业为产品制定绿色价格，将环境保护方面的支出计入价格，企业和消费者共同承担绿色成本。绿色促销方式的选择方面，企业可以在宣传产品信息的同时宣传绿色信息，主动与政府及环保部门合作，积极参与各种与环保有关的事务，以达到树立企业的绿色形象和促进销售的目的。

【相关链接】

### 绿色消费宣言

人类进入21世纪的时候，正面临着由于环境污染和资源浩劫所造成的生存危机。让我们想一想：我们每个消费者在这样的时刻负有怎样不可推卸的责任？当脆弱的生态难以维系，人类的消费将如何持续；当地球母亲患了绝症，她的儿女们又能生存多久？

我们，意识到对环境不负责任的生活方式是造成生态环境恶化的根源，愿意选择对健康有益的、与环境友好的绿色消费方式。

绿色消费是一种权益，它保障后代人的生存和当代人的安全与健康；绿色消费是一种义务，它提醒我们，环保是每个消费者的责任；绿色消费是一种良知，它表达了我们对地球母亲的孝爱之心和对万物生灵的博爱之怀；绿色消费是一种时尚，它体现着消费者的文明与教养，也标志着高品质的生活质量；作为绿色消费志愿者，我们每个人都是市场上的绿色选民。让我们把手中的钞票变成绿色选票，选择可持续的消费模式，选择绿色的生活，从而推动我国绿色技术和绿色经济的发展。

为了健康，选择绿色；为了健康，保护绿色。

你我携手，创造一个绿色的世纪！

### （二）制定绿色营销组合

1. 绿色产品策略

绿色产品是指生产、使用及处理过程符合环境要求，对环境无害或危害极小，有利于资源再生和回收利用的产品。在绿色营销战略规划的前提下，绿色产品开发是企业实施塑造绿色品牌形象的关键步骤。与普通产品的开发过程相仿，绿色产品开发也是以消费者的绿色需求为导向，通过市场调研识别市场机会，制定策略，进行产品定位和设计制造。

绿色包装也是企业绿色产品策略的一部分，它是指可促进持续发展的包装。绿色包装应该做到对人体健康无害、包装减量化、不对环境造成污染、能循环或者再生利用或者降解腐化。

2. 绿色价格策略

绿色价格是指与绿色产品相对应的定价方式。绿色价格的制定包括两方面内容：一是根据"环境和资源的有偿使用"原则，把企业在生产绿色产品过程中，用于保护生态环境和维护消费者健康而耗费的支出计入成本；二是根据"污染者付费"原则，通过征收污染费来增大非绿色产品的经营成本，避免非绿色企业因污染环境而降低成本，取得成本优势和价格竞争力。① 简言之，即绿色价格高于非绿色价格。绿色产品与一般产品不同，其价格体系较传统价格更加合理。传统商品价格重点考虑商品的生产成本，而企业在制定绿色产品价格时还必须考虑环境成本和资源成本，这往往是传统定价所忽略的。

3. 绿色渠道策略

绿色渠道是指"在绿色产品从绿色生产者到绿色消费者转移过程中，由众多执行商品流通职能的不同类型的绿色组织机构组合形成的通道，且媒介绿色产品流通的整个过程均符合可持续发展要求的销售渠道。"② 除了具备一般营销渠道的特征以外，绿色渠道又有着与传统渠道不同的特色：首先，通过绿色渠道流通的商品是绿色产品；其次，绿色渠道尽量做到短小而精悍，以免渠道冗长、层层加价，渠道构成成员也必须是有信誉、有环保意识的批发商、零售商，这些组织从指导思想、经营理念到具体操作、设施配备都要符合可持续发展的要求。

4. 绿色促销策略

绿色促销是指通过"绿色"媒体，宣传绿色商品，传递"绿色"产品信息，传播绿色消费理念，引起消费者对绿色产品的需求，引导绿色消费的行为。它是企业影响市场、促使市场向有利于绿色产品价值实现方向转化的一种能力。绿色促销简单而言是企业围绕绿色产品而开展的一系列促销活动的总称。通过绿色促销，可以充分传播绿色信息，提高绿色产品知名度、使用率，提高绿色企业形象等。绿色促销包括绿色广告、绿色公关、绿色人员推销、绿色销售推广等。

## 二、整合营销

### （一）整合营销的含义

1995 年，浮士德·舒特（Faustian chute）首次提出整合营销的概念，并下了一个简单的定义："整合营销就是根据目标设计企业战略，并支配企业各种资源达到企业目标。"菲利普·科特勒在《营销管理》第九版中指出："企业所有部门为服务于顾客的利益而共同工作时，其结果就是整合营销。"

由此可见，整合营销是一种系统化的营销思想，需要整合企业内、外部资源，制定企业整体战略与目标，协同和调配各种资源要素，以达到营销目标的战略和方法。

### （二）4C 观念与 4R 理论

20 世纪 50 年代，美国哈佛大学尼尔·鲍顿（Neil Borden）教授在美国市场营

---

① 王静. 绿色价格定价策略 [J]. 价格与市场，2003，9：25—27.
② 陈启杰. 绿色市场营销学 [M]. 北京：中国财政经济出版社，2004：229.

销学会的就职演说中创造了"市场营销组合"（Marketing Mix）这一术语。1964年，美国密歇根大学教授杰罗姆·麦卡锡将影响市场营销的可控因素概括为四组变量，提出4P理论，即Product（产品）、Price（价格）、Place（分销渠道）和Promotion（促销策略）。作为营销理论中的经典，4P长久以来被营销理论家当作企业营销运营的基本方法。4P第一次让营销活动体系化，由于该理论是从企业角度看待营销活动和市场，所以管理者们找到了让复杂的营销活动简单化的方法，该理论也因此得到了普及。伴随着市场环境的变化和营销理论的不断丰富，营销组合策略也经历了4P—4C—4R的变迁。

1. 4C观念

随着市场营销活动的深入开展，以及市场性质的根本改变，从企业角度出发的推式营销战略逐渐被倡导消费者需求的营销战略所替代。1990年，美国营销专家罗伯特·劳朋特提出了4C营销理论，即Customer（顾客）、Cost（成本）、Convenience（便利性）和Communication（沟通）。与企业导向的4P理论不同，4C理论倡导以消费者为中心。

（1）Customer（顾客）。企业应该更加注意考虑消费者的需要和欲望，放弃"企业生产什么，顾客就应该消费什么"的传统营销理念。

（2）Cost（成本）。这里所说的成本并非完全是4P中所指的产品定价原则及定价策略，而是指顾客为满足需求而愿意支付的总成本，这就包括购买某一商品所需花费的资金成本、时间成本、精神和体力成本等等。顾客总是希望将有关成本降到最低限度，以使自己得到最大程度的满足，所以企业也必须考虑顾客总成本，为顾客提供物美价廉的商品，提高工作效率，改进服务质量。

（3）Convenience（便利性）。4P理论中，分销渠道是指产品到达市场的一整套系统，是产品实现价值的重要环节。而4C理论中的便利性研究的是，在消费者选购商品的过程中，怎样才能使消费者获得最大的便利。

（4）Communication（沟通）。4P理论中的促销是指选择、利用媒体以加强与目标市场的联系，让目标市场对产品和企业有更深入的了解。而4C中的沟通也是指企业与目标市场之间的沟通，只不过这种沟通更强调双向性，将企业的利益和消费者的满足结合在一起，实现双赢。

2. 4R观念

以消费者需求为主的4C理论忽视了市场经济中的竞争导向，因而如何让企业和消费者在交易过程中在更高层次上实现双赢就成为营销学者们关注的焦点。在此基础上，唐·舒尔茨（Don·E·Schultz）教授在4C理论的基础上提出了新的营销思想，即4R理论。4R分别是指Relativity（关联）、Reaction（反应）、Relationship（关系）和Retribution（回报）。

（1）Relativity（关联）。在动态的市场竞争中，顾客忠诚度成为企业赢得市场的关键，留住一个老顾客远比开发一个新顾客耗费成本低。所以企业必须通过强有效的方式与顾客建立起稳定的联系，减少顾客的流失，获得长久而稳定的市场。

（2）Reaction（反应）。以互联网技术为代表的多媒体技术的发展拉近了顾客与企业之间的时空距离，顾客可以通过多种媒体及时了解到企业及产品信息，企业也应该善于倾听顾客的渴望和需求。但是，"倾听"只是企业反应的第一阶段，将顾客意见收集整理，并快速拿出解决问题的行动方案，以此减少顾客的流失，及时消除顾客的抱怨才是真正有效的途径。

（3）Relationship（关系）。与4C理论相同，4R理论同样认为，与顾客建立长期稳定的互动关系，将与顾客的交易关系转变为一种信任关系、责任关系非常重要。

（4）Retribution（回报）。舒尔茨教授将回报列入营销组合理论，体现了营销活动与企业经营活动的密切关系。营销战略必须和企业战略相一致，营销活动的最终目的也是为了企业的产出，包括短期利润与长期利润，追求回报是营销活动的动力。

### 三、文化营销

#### （一）文化营销的含义

文化营销以消费者为中心，强调产品背后的文化内涵，将文化观念融入营销活动的全过程，是文化与营销的一种互动与结合。文化营销要求企业在提供商品和服务时，通过在商品的设计、制造、包装、销售等各个环节赋予商品和服务更多的文化意味，把产品提升为情感和文化的载体，构建文化亲和力，以此来满足消费者精神和文化方面的需求。一般来说，文化营销就是借助一定的营销方式塑造特定的文化氛围，以文化推动消费者对产品认同、对企业认同，使产品成为文化的载体，满足消费者不同层次的需要。

#### （二）文化营销的特点

文化营销的核心是价值观的塑造与培养，其具有民族性、时代性、导向性和个性化的特点。

1. 文化营销的民族性

文化营销的民族性是指由于不同地区或国家的文化存在差异，导致企业在推行文化营销时须尊重其习惯与风俗，不能千篇一律、生搬硬套。

【阅读材料】

> 日本立邦漆在2004年《国际广告》杂志上刊登了李奥贝纳广告公司一篇名为"龙篇"的平面广告。画面中一个中国古典亭子的两根立柱上各雕刻着一条盘龙，左立柱颜色暗淡，龙紧紧附着在柱子上；右立柱因为涂抹了立邦漆，颜色光鲜，龙却滑落下来。本来广告意在突出立邦漆的特点，结果却在中国引起轩然大波，因为龙在中国是神物，集威严、智慧、力量、权力于一身，而中华民族也自称"龙的子孙"、"龙的传人"，立邦漆的广告有贬低中国人的嫌疑。当年9月，《国际广告》就"立邦漆广告作品事件"发表声明向广大读者道歉。

2. 文化营销的时代性

企业的营销行为都会打上时代的烙印，文化营销也不能脱离社会实际，必须体现时代的潮流和观念，时代精神代表文化发展的方向和历史演进的阶段性特征。比如："我的地盘我做主"，"美特斯邦威，不走寻常路"，"一切皆有可能"，"永不止步"等。每个时代都有属于自己的文化特征，都有自己的时代精神。对于企业来说，要想开展好文化营销，必须认真分析其所处的时代特征，赋予文化营销新的内容，反映时代要求，体现时代精神。

3. 文化营销的导向性

文化营销的导向性主要体现在两个方面：一方面是通过文化理念来规范企业营销行为，例如本田公司在市场推广中，以"传递安全为口号"进行了一系列的安全文化的推广传播，帮助其用户提高自身的安全驾驶意识和技能；另一方面是对某种消费观念的消费行为进行引导，从而进一步影响消费者的消费观念及生活方式。在这方面最为典型的是宝洁公司一次性尿布的成功推广。20世纪50年代末，宝洁公司推出一次性尿布取代传统的布尿布，并成功改变了人们对于该尿布只适合在旅行或不方便换布尿布时使用的观念，使一次性尿布成为该公司的拳头产品。

4. 文化营销的个性化

个性化是文化营销在较高层次的表现，是企业长远发展的内在需要，企业必须善于抓住各种有利时机实施文化理念的创新。文化营销的个性化是企业在开展文化营销过程中所展现出来的、有助于提升企业品牌认知的文化个性。

【阅读材料】

> 日本著名休闲品牌优衣库凭借"短平快"的营销理念成就了全球服饰零售业排名前列的骄人业绩。"短平快"是指营销渠道链条"短"，产品定价"平"，产品类别更新"快"。其主张百搭的品牌理念，认为"衣服本身没有个性，只有通过穿着的人搭配才有个性"。这种对服饰特立独行的诠释体现了其营销方式的个性化。

【相关链接】

## 功夫熊猫——中国文化的完美植入

2008年6月，一部以熊猫、功夫等中国元素为主要卖点的好莱坞动画片——《功夫熊猫》在国内院线上映，首日票房便直逼千万，在中国电影市场大获成功。2011年5月，《功夫熊猫2》再度来袭，在中国首映当天便收获近6000万人民币票房，两日内便轻松突破亿元票房。这部好莱坞动画片运用了典型的中国文化元素"功夫"和"熊猫"，通过影片景观和元素的中国化、中国的道家精神、儒家的因材施教思想和中国功夫的表现手法，将美国的个人英雄主义以及强调个人奋斗与努力的美国梦向世人进行传达。《功夫熊猫》向我们演绎了中国文化的形式是怎样作为外包装被植入了西方文化的内核，从而成为一种文化产品在全球流行和卖座的。

《功夫熊猫》让我们看到中国文化独特的吸引力，也让我们意识到中国传统文化的传承应具有新的时代性。经济全球化的到来引起了文化资源的全球化，任何一个民族文化除适应社会发展需要而做的自身调节外，还要靠外来文化的补充与丰富才能不断增强自身的活力，还要靠对外宣传和传播本民族文化以求得自身的"生存权"。这要求企业在产品开发中注意与不同民族的文化对话时，善于发现和吸收其他民族文化中的优秀成分，并在产品传播中积极对外宣传这种民族文化，以获得其他国家和民族的理解与支持。在文化营销的道路上，中国企业需要换位思考，从目标市场消费者的文化习俗出发，整合本国的民族文化，进行产品的跨文化传播。

（资料来源：沈鹏熠. 文化营销——市场营销的关键一跃［J］. 销售与市场，2011，8：58—61.）

### 四、关系营销

#### （一）关系营销的含义

关系营销是企业为了实现其利益目标而建立、维护与客户、供应商、分销商、竞争者及其他利益相关者的关系的活动。其核心是建立、维护和发展与各个利益相关者的关系，最终目标也超越了顾客导向交易营销的目标，更能体现协同发展的经济理念。关系营销摒弃了只注重交易的营销近视症的观念，成为现代企业营销的新视野。

#### （二）关系营销的特点

**1. 信息沟通的双向性**

关系营销强调信息流通的双向性，广泛的信息交流和信息共享，可以使信息交互双方最大限度地减少信息缺失或者信息不对称给彼此带来的不安全感，共享信息的增值服务，保证关系的长期稳定。

**2. 战略合作的协同性**

关系双方由于各有资源而又各持目标，因此取长补短、求同存异、联合行动才能使资源达到最优配置。在竞争性的市场上，明智的管理者应强调与利益相关者建立长期互利的关系。关系营销一改往昔"你死我活"的竞争理念，秉持了"竞合"的竞争思想。

**3. 信息反馈的及时性**

现代企业利用网络技术实现信息的交互过程。关系营销要求企业建立一个专门的信息系统，用以追踪各利益相关者的态度。快速的信息交互和反馈系统有利于产品的改善和深入创新，有利于信息双方及时的对话和交流意见，有利于利益相关者关系的改善。

**4. 全局利益的长期性**

关系营销的目的是希望发展关系双方的联系。因此，企业在保证自身盈利的情况下，要兼顾顾客的利益，兼顾分销渠道成员中其他成员的利益，在此基础上实现整个系统整体利益的最大化。

【小贴士】

美国《哈佛商业评论》的一份研究报告指出，重复购买的顾客可以为公司带来25%～85%的利润，固定客户数每增长5%，企业利润则增加25%。一位满意的顾客引发8笔潜在的生意，其中至少1笔成交；一位不满意的顾客会影响25个人的购买欲望。越来越多的企业已经意识到，发展与顾客长期的友好关系，并把这种关系当作企业宝贵的资产，已成为当今市场营销的重要趋势。

## （三）关系营销必须处理好的几个关系

### 1. 供应商市场

供应商是企业价值链形成的关键一环，企业应本着互惠互利的原则处理好与供应商之间的关系。具体措施如下：与供应商建立战略合作伙伴关系，共同开发产品研发计划；订立长期合同，减少采购成本；加强技术合作，实现信息共享。

### 2. 消费者市场

关系营销的目的不仅仅是寻找新顾客，更重要的是维系老顾客。只有对顾客行为深入分析，才能取得对顾客需求和偏好的完整认知。首先，充分利用信息技术，建立顾客档案，通过对客户的基本资料、需求偏好、重要程度等信息的归纳整理，采取适当的方式与客户进行沟通。其次，由于维系老顾客较寻找新顾客所花费的成本要低，企业会致力于通过数据库与老客户保持经常沟通和联系，提高顾客忠诚度。

### 3. 分销商市场

在分销商市场上，企业进行营销的目的是为了实现分销目标，确保渠道成员间相互协调、通力合作，合理地进行资源分配。具体措施如下：为分销商提供满意的产品以及全方位的服务，并与之进行有效的信息沟通；确定分销商的需要，制定交易计划，帮助分销商以最佳的方式进行经营。

### 4. 竞争者市场

在竞争者市场上，企业的营销活动是利用彼此资源优势实现双方的利益扩张，以合作代替竞争。企业同竞争者竞合的方式主要有：以举行行业会议、联谊会等方式加强沟通与了解；通过企业联盟等方式建立起新型的组织结构关系；加强企业文化的交流与沟通，共同讨论双方的价值体系、行为方式，求同存异。

### 5. 企业内部市场

内部关系是关系营销的重要组成部分，也是传统营销往往忽视的部分。企业在获得顾客满意度之前，首先应该关注员工满意度。吸引、发展和保持高素质员工，能够帮助企业实现资源在转化过程中的最大化。保持内部关系的策略有：创造一种内部和谐的环境，减少员工的流动率；保证企业的产品、品牌获得员工的认同与接受，提升员工归属感；在了解员工不同需求的基础上对员工进行激励，提升员工价值，为员工提供发展的空间。

### 6. 其他影响者市场

在影响者市场上，各式的金融机构、新闻媒体、公共事业团体以及政府机构等对于企业的生存和发展会产生重要影响，企业同样不能忽视它们的存在，可以通过制定公共关系为主要手段的营销策略树立企业的信誉和形象。

【阅读材料】

### 利乐集团的关系营销

利乐集团已经是全球最大的饮料纸包装生产商之一。在中国，蒙牛、伊利、娃哈哈、汇源、王老吉等知名品牌都先后选用了利乐作为纸包装的供应商，而且在中国，利乐集团在同行中还基本上没有遇到有力的竞争对手，已经处于垄断地位。单单说蒙牛、伊利吧，它们的主力品种——常温牛奶产品，都是百分之百选用利乐包装。

利乐集团从来不将自己看作一个单纯的供应商，而是将自己定位在"企业服务商"这个角度。在利乐集团看来，"利乐提供给客户的是生意的解决方案，而不仅仅是设备或者包材，甚至不仅仅是服务。"

当年，在牛根生刚刚创立蒙牛时，利乐正是利用这一身份转换为蒙牛的发展帮上了大忙。它在中国市场的负责人去找牛根生，但并不是直接谈包装材料的采购问题，而是从蒙牛创业的角度上，帮助他们规划工厂、生产线和新产品等一揽子发展计划，最后通过分析，锁定在常温液态奶这个项目上，让蒙牛的发展模式完全不同于伊利，获得了全新的市场机会，同时也让自己获得了蒙牛这个稳定的大客户。

利乐集团奉行的营销思想是：

为客户组建专业团队，帮助客户设计及开发新产品；参与客户的业务全程，提供专业支持；免费为客户聘请其他专业服务机构；很少让客户察觉其生意痕迹，更像一个大家庭。

## 五、体验营销

### （一）体验营销的含义

体验营销就是通过让目标顾客试用产品，使其亲身体验产品或服务蕴涵的价值和效益，从而留下深刻难忘的记忆，最终达到影响消费者需求偏好和消费行为的目的。体验营销的手段是"体验"，目的在于"营销"。体验营销使市场营销从传统的卖产品和卖服务转变为卖体验，从重视产品质量转变为重视顾客的感性需求。企业应以市场为舞台，以商品为道具，从产品的制造者转化成为体验的策划者。

**【相关链接】**

体验营销早就被应用于旅游业和娱乐业（如看电影或者听音乐会），因为人们观光或者听音乐会追求的就是精神上的享受，享受的方式就是体验。今天，体验营销已经渗入到各行各业，如化妆品行业、餐饮业和某些工业消费品行业。

### （二）体验营销的特征

1. 关注顾客的体验需求

体验是消费者自己亲自验证事实、感悟现实、留下记忆的过程，体验的关键在于其经历对内心情感的触动。在此基础上，企业在设计体验营销时，还要考虑通过何种方式与手段使顾客对产品和服务进行了解和感受，才能够达到顾客满意的目的。这就要求企业在设计体验营销活动时必须通过广泛的市场调查，充分了解消费者内心的需求，与消费者进行充分的沟通，发觉他们内心的渴望，从满足消费者体验的角度去重新审视自己的产品和服务。好的体验营销活动能让消费者将自己的生活方式与产品、品牌联系在一起。

### 2. 强调顾客的互动参与

体验是企业与消费者之间良性互动而产生的情感共鸣，信息沟通的方向是双向的。体验营销就是要求企业为顾客提供必要的场景与机会，让顾客能够亲自体验产品和服务过程的每一个细节，并及时地产生信息反馈。顾客的主动参与性是体验营销的根本所在，也是其区别于传统营销观念的显著区别。

### 3. 设计合理的体验场景

主题与场景是体验营销的基础。企业在实施体验营销的过程中，应注意通过合适的途径和手段，精心设计体验主题并营造一个围绕主题的体验场景。只有真正刺激顾客感官并进一步触动其心灵和融入其生活方式的体验，才会使顾客感受到强烈的震撼，从而得到他们的支持和认可。营销人员不再孤立地去设计一个产品的质量、包装、功能等，而应创造一种综合的效应以增强消费体验。

【阅读材料】

> 游客进入迪斯尼乐园后，第一感官体验源于充满浓厚美国文化和童话梦幻的园内布置，中央大街上，优美典雅的老式马车、古色古香的店铺、浪漫怀旧的餐厅和茶室，让游客仿佛置身于19、20世纪的美国；由演员扮成的米老鼠、唐老鸭、白雪公主和七个小矮人随处可见，更使游客犹如走进了神奇的魔幻世界。

### 4. 理性和感性同时满足

体验营销认为，消费者在购买决策过程中同时受感性和理性因素的支配。顾客在衡量产品功能、质量和价格及服务的过程中受理性支配，但也会有对狂想、欢乐和感情的追求。传统的营销更多考虑的是顾客的理性需求，但实际上哪怕在经历重大决策时，消费者也会有感性因素掺杂其中。体验营销就是基于消费者理性和感性因素并重的前提下提出的。这就要求企业不仅要从顾客理性的角度去开展营销活动，也要考虑顾客情感的需要。

【阅读材料】

> **葡萄酒——文化体验是根本**
>
> 近年来，国内葡萄酒市场正以年均20%的速度迅速增长。我国葡萄酒市场潜力巨大，已经超过日本，成为世界第七大葡萄酒消费市场。葡萄酒在中国消费者眼中，其消费诉求早已超越了产品本身，聚焦于葡萄酒所包含和代表的独特文化特质。因此，在经营上，很多葡萄酒企业采取以文化体验为核心的综合营销模式。目前，国内外的葡萄酒企业较多地采取了集品牌宣传、葡萄酒文化培育和利润创造于一身的经营模式，为消费者提供集葡萄种植、葡萄酒生产与研发、生态旅游、文化展示为一体的葡萄酒文化体验。
>
> 2007年6月成功开业的北京张裕爱斐堡国际酒庄采取"四位一体"的经营模式：在原有葡萄种植及酿造的基础上，配备了葡萄酒主题旅游、专业品鉴培训、休闲度假三大功能。还在2010年4月设立"张裕爱斐堡艺术中心"，定期发布极富收藏和鉴赏价值的艺术品。

中粮君顶酒庄所属的高端葡萄酒会所——君顶华悦俱乐部,目前在一线城市成功布局20家。俱乐部的主要功能包括高端葡萄酒销售、葡萄酒文化推广、美食与美酒的搭配以及为会员提供个性化服务,包括商务酒会、晚宴等。此外,还将葡萄酒与奢侈品、艺术品相结合,开展艺术讲座、美酒与艺术品鉴赏等跨界活动。

(资料来源:文志宏,张荣琪.葡萄酒——文化体验是根本[J].销售与市场,2012,3:64—66.)

# 习　　题

## 一、名词解释

1. 市场　　　　　　　2. 市场营销　　　　　　3. 市场营销观念
4. 绿色营销　　　　　5. 关系营销　　　　　　6. 体验营销

## 二、单项选择题

1. 市场是一个由消费者决定并由（　　）推动的过程。
   A. 生产者　　　　　　　　　B. 中间商
   C. 政府　　　　　　　　　　D. 零售商

2. 市场营销的核心是（　　）。
   A. 生产　　　　　　　　　　B. 分配
   C. 交换　　　　　　　　　　D. 促销

3. 在交换双方中,如果一方比另一方更主动、更积极地寻求交换,我们就将前者称为（　　），将后者称为潜在顾客。
   A. 厂商　　　　　　　　　　B. 市场营销者
   C. 推销者　　　　　　　　　D. 顾客

4. 消费者未能得到满足的感受状态称为（　　）。
   A. 欲望　　　　　　　　　　B. 需要
   C. 需求　　　　　　　　　　D. 愿望

5. （　　）是指导企业经营活动的最古老的观念之一。
   A. 产品观念　　　　　　　　B. 生产观念
   C. 市场营销观念　　　　　　D. 推销观念

6. 在推销观念指导下,企业的经营重点是（　　）。
   A. 产品　　　　　　　　　　B. 生产
   C. 顾客需要　　　　　　　　D. 社会利益

7. 指出下列哪种观念最容易产生市场营销近视症（　　）。
   A. 产品观念　　　　　　　　B. 推销观念
   C. 市场营销观念　　　　　　D. 社会市场营销观念

8. 企业经营者在制定营销政策时,应统筹兼顾企业利润、顾客需要和社会可持续发展等三个方面的利益。这种市场营销管理哲学属于（　　）。
   A. 产品观念　　　　　　　　B. 推销观念
   C. 市场营销观念　　　　　　D. 社会市场营销观念

9. 实施绿色营销的企业,对产品的创意、设计和生产,以及定价与促销的策划和实施,都要以（　　）为前提，力求减少和避免环境污染，保护和节约自然资源，维护人类社会的长远利益。

A. 企业盈利　　　　　　　　　　　B. 企业经营目标
C. 保护生态环境　　　　　　　　　D. 满足股东利益

10. 要求互相了解对方的利益要求，寻求双方利益的共同点，并努力使双方的共同利益得到实现，这是关系营销的（　　）特征。

A. 信息沟通的双向性　　　　　　　B. 战略过程的协同性
C. 信息反馈的及时性　　　　　　　D. 营销活动的互利性

### 三、思考题

1. 市场营销管理新、旧观念的区别是什么？
2. 市场营销学研究的对象和基本特征是什么？
3. 简述市场营销观念演变的过程，并指出每种观念的核心内容。
4. 何谓绿色营销？其基本理念是什么？
5. 关系营销的特点是什么？

### 四、案例分析

## 【案例1】　　　　　　　　　康佳公司的发展道路

1999年，从北京赛诺市场研究公司（对全国35个中心城市106家主要商场进行监测统计）和国家统计局中治康经济咨询有限公司（对全国122个城市600家商场进行监测）对1998年7—11月的零售量统计来看，康佳市场占有率连续五个月雄踞第一，且1—11月累计零售占有率也一举跃居榜首。

康佳的产品开发贯穿着两种思路：每年以销售额的5%用于技术投入，以30%用于更新设备、开发全新产品和变更产品工艺技术。一方面，开发了等离子平板显示电视（PDPTV）、倍场电视（100 Hz双倍扫描）、多媒体电视（MULTIMEDIA）、画中画电视（PIP）、丽音电视（NICAM）、阔屏电视（16:9）等极品彩电；另一方面，自主开发和生产工艺设备，已有多项成果在国内外获奖。结合自身产品开发，康佳集团未雨绸缪，不断推出新产品，以引导和顺应消费潮流，实现科技、产品和市场的统一。

康佳除了在产品、技术上下足工夫外，还双眼盯着市场，双手做着促销。

农村市场：1998年8月，河南、浙江、山东、湖南、湖北、河北、山西、陕西的众乡村里，每省近百个放映队深入农村，实施康佳"千村万场送电影下乡"活动。同年9月，以中原为辐射点，在全国各地众多县城开展了形式各异的康佳产品展示会，一月之间康佳经销点星罗棋布。此外，康佳还在全国省城、县城举办家电维修班2000多次，现场举办短期家电维修班，严格考核，合格者可获得康佳家电维修证书，既帮助村民们脱贫致富，又可解决产品维修的问题。

城市市场：从1998年9月10日—12月20日，康佳在全国城市市场中采取了一系列的酬宾活动，如赠送彩电和精美礼品、免费深圳游、参观康佳总部等。

康佳发现、运用了大量新的媒体，新的媒体新的意境，让人处处感受到康佳的存在和魅力：机场、车站实物广告，县城中巴车贴纸广告，宣传车广告，天线广告，餐巾纸广告，墙体广告，福临门书等。这些广告把康佳"宣言"实实在在地传给了广大消费者，为占领市场创造了天时、地利、人和的条件，市场的扩张水到渠成。

畅通国内农村销售渠道，打开国内外城市市场。这是康佳的两张金牌。

从1996年开始，康佳就致力于开发农村市场，对市场进行细分，精耕细作。首先启动创建"康佳彩电县"计划，选定京九沿线九省市各县，采用特殊的优惠销售和服务措施，重点突破，促使市场占有率达50%以上。在顺利创建康佳彩电县后，康佳发出"消灭彩电空白县"的号召，各分公司在县级以上城镇全部设立专卖店或专柜，很快就在农村市场建立了广泛的渠道。

在强化国内市场的同时，康佳也开始挑战国际市场，采取境外投资办厂、建立分公司以及委托经销商等灵活多样的方式，稳扎稳打，抢占了一个又一个国际市场，澳洲、南美、南亚、欧洲和南非等地区的分公司及分厂已发挥出强劲的实力，销售日益见长，在当地形成与欧、日、美、韩等各国世界名牌家电共同角逐市场的格局。

在价格策略上，康佳对不同系列彩电往往采用不同的定价方法：福临门彩电用成本导向定价法，小画仙系列用需求导向定价法，超平一族则采用竞争导向定价法。100 Hz 倍场彩电 T3498 高档精品，采取高价策略，零售价超过 9 000 元，比国内一般 34″彩电价格高出 30%，而对于像"福临门"这样面向大众的产品，其 21″的市场价才 1 400 元上下，十分适合普通消费者水平。康佳就这样采用不同的定价方法面对具有不同特性的目标顾客群体，从而更好地满足其需求。

康佳为了使顾客更满意，建立了星罗密布的服务网络，售后特约维修站遍布城乡，其"大拇指服务工程"及快速反应部队更是深得顾客赞誉。康佳以追求百分之百的用户满意为目标，将产品经营与服务经营有机结合，通过建立全套高效、有序的电脑管理系统，组建起遍及全国各地的完善的服务网络，推出五星服务。快速反应部队向用户提供及时快速、热情周到的服务。同时，总部开通售后服务监督热线，专人跟踪，将服务承诺落在实处。通过这些扎扎实实的服务措施，解除消费者的后顾之忧，提高企业及产品的美誉度，树立起完美的企业形象。

（资料来源：人大经济论坛 理论资料版）

分析讨论：
康佳公司为什么会取得成功？其营销理念是什么？

## 【案例2】　　　　　　　　　老牌子遇到新问题

提起国酒茅台，中国人都有一种特殊的感情。1915 年，茅台酒代表中国民族工商业进军巴拿马万国博览会并获得殊荣，从此跻身世界三大蒸馏名酒行列，奠定了中国白酒在世界上的地位，亦将其自身确立为中国白酒之至尊。新中国成立后，茅台酒又被确定为"国酒"。一直处于中国白酒领头羊地位的茅台酒，更因其在日内瓦会议，在中美、中日建交等外交活动中发挥了独特作用而蜚声海内外。改革开放后，茅台酒业获得长足发展，自 1985 年至 1994 年又在国际上荣获多项荣誉。如今，茅台酒厂 10 年间，就为国家创利税 11.5 亿元，相当于国家对该厂原始投资的 9 倍；同时，企业净资产增值 10 亿元，其产品进入世界 100 多个国家和地区，年创汇 1 000 万美元。新上马的年产 2 000 吨的扩建工程 1996 年竣工后，茅台酒生产规模实现 4 年翻一番，完成了茅台酒厂建设史上的一次飞跃。茅台酒厂在全国同类企业中率先跨入国家特大型企业行列。

### 1. 中国贵州茅台酒厂集团

中国贵州茅台酒厂集团即中国贵州茅台酒厂（集团）有限责任公司是贵州省政府确定的 22 户省现代企业制度试点企业之一。1996 年 7 月，贵州省政府批复同意贵州茅台酒厂改制为国有独资公司，更名为中国贵州茅台酒厂（集团）有限责任公司，同时，以该公司为核心企业组建企业集团，并命名为中国贵州茅台酒厂集团。集团首批成员单位包括全资子公司 2 个：茅台酒厂进出口公司、茅台贸易（香港）有限公司；控股子公司 3 个：贵州茅台大厦、贵州茅台威士忌有限公司、深圳茅台大酒家；参股单位 4 个：贵州久远物业有限公司、珠海龙狮瓶盖有限公司、茅台酒厂技术开发公司、茅台酒厂附属酒厂。原中国贵州茅台酒厂总面积 68 万平方米，建筑面 40 多万平方米，现有职工近 4 000 人，年生产茅台酒 4 000 吨，拥有资产总值 15 亿多元，固定资产 11 亿元，年利税近 3 亿元，年创汇 1 000 万美元，是国家特大型企业，全国白酒行业唯一的国家一级企业，全国优秀企业（金马奖），全国驰名商标第一名，是全国知名度最高的企业之一。贵州茅台酒与苏格兰威士忌、科涅克白兰地并列为世界三大名酒。自 1915 年巴拿马万国博览会获得国际金奖以来，连续 14 次荣获国际金奖，并获得"亚洲之星"、"国际之星"包装奖、出口广告一等奖，蝉联历次国家名酒评比之冠。茅台是中国国酒。

1950 年以前，茅台酒由三家私人作坊经营。1951 年，人民政府在赎买三家私人作坊的基础上，建立了地方国营茅台酒厂。几十年来，特别是党的十一届三中全会以来，茅台酒厂发扬传统工艺，总结操作方法，加强科研管理，增加生产投入，各方面发生了翻天覆地的变化，生产能力大幅度提高。近几年来，在建设社会主义市场经济的过程中，茅台酒厂确定了"一品为主、多品开发，一业为主、多种经营，一厂多制、全面发展"的经营战略，无论在生产规模、经营效益、出口创汇上，还是在国有资产增值、产品知名度、企业形象等方面都取得了突飞猛进的发展。"八五"期间，茅台酒厂通过投资、持股、合资等方式建立了一些不同类型的企业，形成了母子公司结构的集团格局。这些企业分布在北京、上海、海南、深圳等地，分别从事酒店业、包装材料制造、内外贸等跨行业经营管理；先后开发了43%（V/V）、38%（V/V）、33%（V/V）茅台酒，以及汉帝茅台酒、茅台女王酒、茅台不老酒、贵州醇、贵州特醇、茅台醇等系列产品，形成了多品开发、多种经营、多元发展的新格局，各项经济、技术指标均呈两位数增长。1994年，茅台酒厂质量管理一次性通过GB/T19002-ISO9002质量体系认证，在白酒行业中率先与国际质量标准接轨；1995年，在美国纪念巴拿马万国博览会金奖80周年名酒品评会上，茅台酒再次夺得特别金奖第一名。1951年到1997年，茅台酒厂固定资产总值从10万元发展到15亿元，茅台酒年产从75吨发展到4000吨。仅1992年到1995年4年间，茅台酒厂就为国家创利税8亿多元，上缴利税6亿多元，出口创汇2000多万美元。1996年，实现产量4365吨，实现销售收入5.3亿元，利税完成2.9亿元，创外汇1000多万美元。

**2. 质量求生存，管理出效益**

改革开放以后，与其他许多传统品牌一样，茅台酒遇到了老牌子如何跟上飞速发展的新形势的问题。首先是如何对待产品质量，在这个问题上，茅台酒确定并坚持了"质量第一，以质促效"的方针。在这个方针指导下，茅台人从三个方面诠释"质量"。

（1）质量就是企业的长远效益。领导班子对此保持高度共识。茅台酒是世界名酒、中国国酒，从1915年夺得巴拿马万国博览会金奖后，在海内外市场上一直是"奇货可居"、"皇帝女儿不愁嫁"，特别是在市场经济中，在茅台的金字招牌下，企业只要愿意增加产量，就意味着随时可增加效益。但是，集团党委书记兼董事长季克良和总经理袁仁国说："面对来自市场的各种诱惑，国酒人始终头脑清醒。茅台之所以近百年金牌不倒，创造出如此的市场信誉度，根本原因即在于其拥有卓尔不群的品质。酒是陈的香，如果目光短浅，丢掉这个根本去杀鸡取卵，无疑最终反过来会葬送企业的长远效益。"

（2）质量先于产量、效益和发展速度。强烈的质量意识已渗透到每个国酒人血脉。近20余年间，茅台集团生产能力由原来不足千吨攀升至5000余吨，但是，产品必须经过5年以上的酿造窖藏周期才能出厂的规定，以及相应的质量否决制却不折不扣地得以执行。每道工序、每一环节的质量都要与国酒、"中国第一酒"的身份地位相符合。当产量、效益、发展速度与质量发生矛盾时，都要服从于质量。茅台酒厂借助于现代化的科学仪器，从辅助材料、原材料、半成品到成品，对几十个项目要做科学、严密的分析、检验，使每一个项目都符合产品质量指标。与此同时，不丢掉在长期实践中形成和传授下来的品评茅台酒的绝招，使用"眼观色，鼻嗅香，口尝味"的传统方法，凭人的感觉器官检验产品质量。现代科学检测手段与专家品评绝招相结合，恰似给茅台酒的质量检测上了双保险。

（3）质量的稳定和提高需要创新。茅台人很重视先进质量管理方法和手段的引进、创新。早在20世纪80年代中期，茅台酒厂就引进了日本全面质量管理办法，一改长期以来主要靠师傅把质量关的管理方法为全体员工都参与、经过全员培训，规范操作程序和操作工艺，使质量有了全面提高。继80年代中期推广了全面质量管理方法，90年代又通过了ISO9000国际标准产品和质量保证体系认证，结合企业特点建立起一套行之有效的质量检评制度。迄今，集团一直坚持每年按季度做内部质量审核，每年主动接受权威质量保证机构的审核。生产工艺基本上实现机械化、现代化的操作；同时，发挥技术中心的作用，大量更新科研管理设备，加大科技成果的转化力度，为产品质量的稳定、提高，提供了坚实的基础。

3. 及时转变观念

从1997年开始,白酒市场格局发生了新的变化,形成了多种香型、多种酒龄、不同酒度、不同酒种并存,各种品牌同堂竞争、激烈争斗的格局;我国酒业的生产也进入了前所未有的产品结构大调整时期,啤酒、葡萄酒等发展迅猛,风头甚劲。一批同行企业异军突起,后来居上,产量和效益跃居同类企业前列;同时,消费者的消费习惯也发生了改变,传统的白酒生产面临着严峻的挑战。面对这种市场经济条件下严峻的竞争现实,以及白酒产量总体过大等因素的影响,全国白酒行业市场情况呈现总体下滑的趋势,到1998年形势更加严峻,1月至7月,茅台酒全年销售任务只完成33%。酒还是那个酒,但前所未有的困难却蓦然而至,根子到底在哪里?关键时刻,茅台酒厂集团领导班子进行了大调整。一次次决策会议上,领导班子成员展开了热烈的讨论,最后得出的结论让人并不轻松:排除宏观因素不说,就企业内部的微观原因而言,还是在于上上下下思想解放不够,观念还没有真正转变到市场经济的要求上面来,整个运作方式、思维模式事实上依然处于计划经济的状态。如果这种自以为"皇帝女儿不愁嫁"的状态得不到及时而根本的改变和突破,企业的未来将会非常危险。就这样,以季克良带头的领导班子将大部分时间都花在了市场调研上,马不停蹄地跑遍了全国有代表性的地方,一方面为自己"洗脑",吸收新鲜气息,一方面寻求市场决策的突破口。稍后不久,一系列大气魄的面向市场的举措便在茅台酒厂集团接踵而出了。首先是大力充实销售队伍,在全厂范围内公开招聘了一批销售员,经过一个月的培训,迅速撒向全国各地。紧接着,集团破天荒地在全国10个大城市开展了多种形式的促销活动,季克良等领导带头出现在商场、专柜,亲自宣传自己的产品,一下拉近了与消费者的距离,效果极佳。半年的奋斗下来,年终盘点,茅台酒厂(集团)公司本部不但弥补了上半年的亏空,而且全年实现利税4.41亿元,销售收入8.16亿元,比上年又有大幅度的上升。

4. 该出手时就出手

然而,"在有些人眼里,茅台酒这块金字招牌,却成了块不吃白不吃的肥肉",茅台酒厂集团董事长季克良道出了茅台人内心深处的苦衷。自1984年在武汉发现第一批假茅台酒起,茅台酒成了我国最早一批被侵害的名酒之一。随着市场经济体制的逐步建立,茅台酒所遭受的商标、企业名称等知识产权的侵犯也呈现出不同的演变趋势:80年代,市场刚刚启动,各种直接盗用茅台酒包装、打茅台酒牌子的"茅台酒"横行于市,以致造成了人们爱茅台而不敢买茅台的恶劣局面,"假茅台"成了茅台酒厂集团的心腹大患。进入90年代以后,茅台酒厂集团依靠各级政府支持,加大打击假冒的力度,并理顺销售渠道,采用一系列防伪技术,使得假冒"茅台"猖獗的气焰得以有效遏制。但是,不法分子又"暗度陈仓",改在"侵权"上做文章,打起了茅台商标的"擦边球",并纷纷由"阵地战"转为"游击战",由公开转入地下、省内转向省外,由固定制售转向流动产销,而且制造商、经销商相互勾结,打一枪换一个地方,需要什么牌子就包装什么,日益狡猾。茅台酒厂集团法制处负责人称,"李鬼"暗箭难防,已成为茅台酒最可怕的敌人。集团副总经理戴传典向会议做的报告,将不法商贩的种种侵权现象做了如下归纳:其一,侵犯"茅台"注册商标专用权;其二,伪造带有"茅台"二字的企业名称,或者把未经工商登记的名称使用在产品包装装潢上,用以误导消费者;其三,仿冒茅台酒包装外观图形;其四,在宣传上有意进行误导,如某些企业生产的产品,将茅台酒厂集团全貌作为广告照片印在酒盒上;其五,玩书法游戏,如产品名称取名与"茅台"十分相近等,包装上再刻意写成接近"茅台"的字样。面对假冒侵权产品对茅台酒厂集团权益的侵害和市场的蚕食,季克良忧心忡忡:"假冒侵权产品不根除,老祖宗千年留下的国宝,就可能要毁在我们这代人手中。""如果任其发展下去,就会断送我国的民族工业。"总经理袁仁国如是说。为了最大限度地击退假冒侵权,为了保护名牌、保护企业和消费者的合法权益,茅台酒厂积极、主动地打假,抓大案、要案,同时大力协助各地工商、公安部门打假。在打假的同时,防假方面走出了几大步:第一步用激光防伪,第二步使用条码,第三步进口日本瓶子,第四步进口意大利瓶盖,第五步不惜高代价采用美国3M的防伪技术。茅台酒厂集团每年为此的花费都在千万元以上。

当前，我国白酒产大于销、供过于求成为主要矛盾。1996年白酒产量达到我国白酒产量最高水平，超过了800万吨。1997年全国白酒生产开始出现负增长，为780多万吨；1998年大幅下挫为600万吨。白酒总量下降，据专家分析原因有多种：国家对白酒行业实行限制发展政策，对葡萄酒、啤酒的饮用进行建议和推崇，造成市场的分流；由于白酒的"烈性"，人们对白酒的需求降低；由于工作和生活的限制，人们不再放纵自己，且午餐时间饮酒减少，以致耗酒量下降；高档的洋酒吸引了一部分消费者；公款消费减少。中源信咨询有限公司曾针对白酒的现状在北京、上海、广州、南昌做过调查，结果见附表。由此可见，茅台酒面临的形势是严峻的。

（资料来源：唐定娜，万后芬．中国企业营销案例〔M〕．北京：高等教育出版社，2001.）

分析讨论：
1. 如何看待茅台酒厂转变营销观念？对此你有什么建议？
2. 假如你是茅台酒的老总，面对严峻的市场形势，应如何考虑茅台酒厂的发展战略？

# 实训应用

【实训项目】
市场营销观念的理解与案例分析。

【实训目的】
1. 建立市场营销的基本概念。
2. 形成现代市场营销观念。
3. 建立营销职业意识，学习用营销的思想分析问题。

【实训指导】
1. 结合地区经济发展的状况，对一具体的企业市场行为进行调查，应用营销基本原理分析其企业行为的科学性。
2. 案例应形成文字资料。
3. 学生对案例进行分析，写出书面分析意见。
4. 教师除对学生收集的案例进行评阅外，还可以组织交流，选择某些较好的案例要求学生进行讲评。

【实训组织】
据教学班级学生人数来确定数个小组，每一小组人数以5～8人为宜，小组中要合理分工。在教师指导下统一认识、统一口径、统一判断标准；而后针对选题并分别采集不同的资料和数据，并以小组为单位组织研讨。在充分讨论的基础上，形成小组的课题报告。

【实训考核】（百分制）
1. 实训准备工作（10分）。
2. 实训的组织、分配、管理等过程（20分）。
3. 实训成果汇报及其提交（45分）。
4. 项目团队成员间的团队合作精神（15分）。
5. 学生互评，教师点评（10分）。

## 模块二

# 市场调研分析

# 项目二 市场营销环境分析

 **任务描述**

作为企业的市场营销人员,要想正确地制定市场营销策略,必须首先学习市场营销环境分析的相关基础知识,正确地认识企业所处的宏观和微观市场营销环境。理解环境是市场营销活动不可忽略的影响因素。

 **任务目标**

**知识目标**
1. 了解市场营销环境的含义。
2. 熟悉市场营销环境所包含的内容。
3. 掌握正确分析市场营销环境的方法。

**能力目标**
1. 能够灵活运用营销环境理论分析、评价企业所处的营销环境。
2. 提高对营销环境的重要性的认识能力,能够站在企业的角度抓住机会,避免威胁。

 **任务导入**

找一家身边的企业,帮助其做一个微观环境的分析,看看它们对企业的市场营销有何影响。

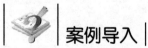 **案例导入**

### 从诺基亚手机兴衰谈当今企业生存之道

1998年,诺基亚第1亿部手机诞生,一举超越摩托罗拉,正式登上了全球手机老大的宝座。而今天,其销量锐减、债券评级下降、股价大跌、市值萎缩,昔日王者诺基亚不得不靠裁员和高层洗牌来应对全线的崩盘。仅仅只有14年的时间,诺基亚就从顶峰直接坠向了谷底。曾经的王者还能归来吗?传统手机巨头在如今角逐更为惨烈的手机江湖该如何生存下去？这些给其他同样陷于今天激烈竞争市场中的企业又带来何种启示？

**一、实用与时尚并重，成就2G时代手机霸主**

诺基亚是一家拥有147年历史的老品牌，从纸浆业起家，逐步涉足橡胶、电缆和通信等领域。从1994年开始，诺基亚裁掉除通信外的所有产品线，全力主攻GSM产品，将诺基亚与GSM的前途紧紧捆绑在一起，这个大胆的决定带来了诺基亚的辉煌。随后的诺基亚以制造移动通讯设备而享誉全球，成为芬兰最大的国际化著名企业。从2000年起，诺基亚手机一步步打败摩托罗拉、爱立信等竞争品牌，2003年至2006年达到高峰，全球手机市场占有率高达72.8%。在那个时代，诺基亚就是手机的代名词，吸引着全世界手机消费者和媒体的目光。诺基亚全盛时期，每年贡献占国家GDP的4%。继承了欧洲优良品质传统的诺基亚，其手机的耐用性成为消费者对诺基亚手机最初的好感来源。

2000年开始，随着手机的逐渐普及，手机已经从单纯的通信工具变身为大众显示其品味与潮流的象征，手机迅速成为最新的时尚工具。企业的产品应紧紧围绕消费者的需求来不断进行创新，诺基亚认识到这一点，把手机从过去的技术产品创造成时尚产品，不仅能打电话，还让其产品通过绚丽的色彩、漂亮的外形变身为时尚产品，让当时市场第一品牌摩托罗拉望尘莫及。这一阶段的诺基亚在手机市场迎来了真正的爆发，旗下多款手机都广受欢迎。同时，诺基亚通过将销售渠道下沉大幅提升市场占有率，并最终坐上全球手机市场老大的位置。依靠对消费者需求的良好把握，诺基亚成为2G时代的手机市场"霸主"。

**二、固步自封，自负自满，迷失于3G时代**

2006年，全球掀起3G浪潮，手机获得了可以媲美电脑上网的速度。手机的重点功用不再是打电话发短信，而是随身的电脑，智能机成为手机市场争夺的制高点。在移动互联网崛起的时候，人人都想从手机上面分一杯羹，而曾经的巨头诺基亚却错判形势，逐渐失去了全球霸主地位。诺基亚的衰落与移动互联网的兴起密切相关。随着移动互联网的加速普及，实际上智能手机已经成了移动互联网的应用终端，而不再只是打电话的工具了。在2G时代通过良好把握消费者需求而获得快速发展的诺基亚，这次却没能再次精准把握住社会前进的步伐。2007年可以说是手机市场发展的一个转折点。2007年以前，苹果还只是混音乐圈的，Google还只是搞搜索引擎的。2007年，第一款iPhone诞生，并迅速成为手机界的一朵奇葩。紧接着，Google也带着刚刚买来的安卓系统强势踏进了移动通信领域。

真正的移动互联网时代应该从2007年苹果发布iPhone算起。在iPhone发布之前，全球的很多移动运营商已经构建了完备的3G网络基础设施，只是没有找到好的商业模式。而苹果iPhone的出现，构建起了全新的App Store商业模式：一方面，能为消费者提供更多的功能；另一方面，则吸引更多的应用开发者利用苹果的平台在为自己赚钱的同时，帮助苹果打造起强大的生态平台。一个既不同于PC互联网、又不同于传统手机的创新商业模式就这样建立起来了。而安卓的出现，更是迅速超越塞班，成为当今世界最流行的智能手机操作系统。随着安卓的发展壮大，各大手机品牌纷纷搭载安卓系统，很多曾经名不见经传的手机品牌，与三星等知名品牌一起，在诺基亚面前形成了一个强大的竞争者集团。

App Store和安卓系统的出现推动了手机行业的革命,使得产业的竞争重心从硬件转向软件并进而提升到整体生态链的竞争。在此期间,诺基亚却选择了固守传统优势,没有意识到竞争已经上升到了生态平台层级。普通手机的成功麻痹了决策层,让其失去抢占智能手机市场先机的机会。在安卓和苹果ios系统对自身不断进行完善的时候,诺基亚虽早就意识到塞班系统的问题,但自以为有过亿用户群,并高估了消费者对品牌的忠诚度,所以并没有立刻去开发适用于3G的操作系统,也没有放下身价去生产安卓的手机。忽视消费者变化了的需求,坚守塞班和硬件至上的诺基亚逐步在竞争中败下阵来,昔日的杀手铜成为如今巨人前进的绊脚石。

**三、与时俱进,布局谋变求生存**

世界上没有不可战胜的品牌和企业,再强大的企业帝国如果不能顺应产业和商业模式的变化,也会在一夜之间轰然倒塌。在手机市场,传统手机巨头必须与时俱进,绝不能忽视因新技术、新趋势的出现所带来的"机遇"与"风险"。

正因为抓住了消费者需求的变化这一根本点,成就了2G时代的诺基亚;同样也是因为这一点,诺基亚在3G时代失败走麦城。而我们也可以由此得到宝贵的启示:企业只有根据环境的变化、消费者行为方式的变化、技术的变化而持续不断地对自己的运营模式、经营策略和产品线进行动态的调整,以积极和开放的态度面对市场趋势的转变,不断创新,与时俱进,围绕消费者起舞,踏好每一个节拍,才能在激烈竞争的市场中立于不败之地!

(资料来源:http://www.tech-food.com2012—11—30)

问题引入:
1. 市场营销环境的内容是什么?
2. 诺基亚的沉浮历史说明了什么?

# 任务1 市场营销环境内涵解读

## 一、市场营销环境的含义

企业的市场营销环境是指与企业市场营销有关的,影响产品的供给与需求的各种外界条件和因素的综合。对企业来说,在这些条件和因素里,随时蕴藏着商业机遇和潜在的威胁,但是它们错综复杂且瞬息万变。企业尽管没有能力控制或左右营销环境,但企业可以选择其中有利的环境因素,并运用适当的营销决策来利用机遇、躲避威胁和风险。

根据营销环境对企业营销活动发生影响的方式和程度,可以将市场营销环境概括为两大类:微观环境和宏观环境。微观环境是与企业营销活动紧密相连,直接影响企业服务顾客的能力的各种力量,包括企业本身、营销渠道企业、顾客、竞争者和公众等,也称为直接营销环境。宏观环境是那些作用于直接营销环境,并可能给企业带来市场营销机会或潜在威胁的主要社会力量,包括人口、经济、政治法律、科技、自然及社会文化等企业不可控的因素，也称为间接营销环境。

【相关链接】

> 美国营销学家弗雷德里克·拉斯和查尔斯·柯克帕特里克在他们的《销售学》一书中指出："企业的营销活动不管规划得多么完美，都不可能在真空中实施，而要受到机遇的摆布及瞬间变化的影响和干扰。"今天的市场是一个快速变化、高度竞争的市场，企业面对的市场环境呈现了这样的特点：（1）顾客处于主导地位。顾客的需求已成为指挥企业经营方向的令旗，买方市场业已形成。（2）产品多样化。产品的种类和特色层出不穷，生命周期正在加速缩短，技术的复杂性在不断提高。（3）竞争日益加剧。随着交通运输和信息技术的突飞猛进，竞争已经在全球范围内展开；（4）市场规则渐趋统一。在市场全球化过程中，包括世界贸易组织在内的国际组织以及各国政府都纷纷制定和实施更加严密而统一的市场竞争规范。

## 二、企业市场营销环境的特征

1. 客观性。企业市场营销环境不以营销者意志为转移地客观存在着，有着自己的运行规律和发展趋势。企业的营销活动能够主动适应和利用客观环境，但不能改变或违背它。主观臆断营销环境及发展趋势，必然会导致营销决策的盲目与失误，造成营销活动的失败。

2. 关联性与相对分离性。关联性表明市场营销环境各因素都不是孤立的，而是相互联系、相互渗透、相互作用的。如一个国家的体制、政策与法令总是影响着该国的科技、经济的发展速度和方向，继而改变社会习惯；同样，科技、经济的发展又会引起政治、经济体制的相应变革。这种关联性给企业营销带来了复杂性。同时，在某一特定时期，环境中某些因素又彼此相对分离。各因素对企业活动影响的大小不一样。如在政局稳定的和平时期，经济、科技、自然因素对企业营销影响的作用大；而在战争时期，企业营销则受到军事、政治因素的影响强烈。此外，不同的环境因素对不同的营销活动内容影响的重点不同。营销环境因素的相对分离性为企业分清主次环境提供了可能。

3. 变化性。环境的变化性主要指两个方面：一是由于相关性影响，一种环境因素的变化会导致另一种环境随之变化；二是每种环境内部的子因素（如文化环境中的宗教文化）变化也会导致环境因素的变化。因此，市场营销环境总是处于不断变化的动态过程中。

4. 环境的不可控性与企业的能动性。市场营销环境作为一个复杂多变的整体，单个企业不能控制它，只能适应它；对于市场营销环境因素中的绝大多数单个因素，企业也不可能控制，而只能在基本适应中施加一些影响。然而，企业通过本身能动性的发挥，如调整营销策略、进行科学预测或联合多个企业等，可以冲破环境的制约或改变某些环境因素，从而取得成功。

【阅读与思考】

> 亚都超声波加湿器20世纪90年代初在北京拥有很高的知名度与市场占有率,但在天津市场上却受到冷遇。北京亚都人工环境科技公司市场部人员在思考:京津两地纬度基本相同,气候条件也差不多,同样是大都市,居民收入水平与消费水平也差不太多;两地传媒对新生事物同样都有浓厚的关注兴趣;该产品在天津市场虽然处于引入期,但潜在市场应该很大。为此,他们借阅了大量描述天津市民生活的通俗读物,派人去天津各主要商场了解其购买意向及同类产品的销售情况,听取天津商界有关人士的意见和建议,与天津新闻记者座谈,比较天津地区发行量在前10位的报纸的编排风格、发行、广告价格等。一个个促销方案经过形成、被否定的多次反复后,最终形成了一个投入高额促销费用的"亚都加湿器向天津市民有偿请教"的活动方案。
>
> 思考:亚都超声波加湿器是如何进行市场营销环境分析的?

# 任务2 微观市场营销环境分析

企业的微观市场营销环境包括企业、营销渠道企业、顾客、竞争者和公众。

## 一、企业

企业的市场营销活动不是一个孤立的职能,它必须同时与企业的其他职能部门,包括财务、研发、管理、采购、生产等部门相互配合,这是企业营销内部环境的第一个层次,即部门与部门之间的分工。不同部门之间的业务活动虽各有侧重,但却是互相联系的一个整体,任何部门的决策都要考虑到其他部门的业务活动情况,相互之间应密切协作,共同制定企业的各项长期计划。

企业营销内部环境的第二个层次是最高管理层,即由厂长、经理或董事会等组成的决策层,公司的任务、目标、重大决策和政策都由最高层管理部门制定。

企业各个职能部门的合理分工、密切配合和相互协作是开展成功的市场营销工作的关键。

## 二、营销渠道企业

企业的市场营销渠道企业包括各类资源的供应者和各类营销中间人。资源供应者是向企业及其竞争者提供生产经营所必需的原材料、零部件、能源、劳动力和资金等资源的企业或个人。供应商这一环境因素对企业的营销活动有着重大的影响。供应商提供资源的价格、品种以及交货期,直接制约着公司产品的成本、利润、销售量及生产进度安排。因此,企业既要与主要的供应商建立长期的信用关系,又要避免因资源的单一化而受制于人。寻找质量和效率都信得过的供应商是企业取得竞争优势的一个重要条件。

营销中间人是指为企业融通资金、推销产品、提供各种便利营销服务的企业和

个人。从各自不同的职能出发,营销中间商可分为以下几种类型:

1. 经销中间商。如批发商、零售商,他们购销商品,对其经营的商品拥有所有权。
2. 代理中介商。如经纪人、代理商等,他们是买卖双方之间的交易中介,不拥有商品的所有权,以收取佣金作为收入来源。
3. 实体分配公司。包括仓储公司和运输公司,负责储存商品并把货物从生产地运送至目的地。
4. 营销服务机构。主要有两类:一类是提供促销服务的各类调研公司、广告公司、传播媒介公司、咨询公司等;另一类是提供信贷和资金融通的各类金融中介机构,如银行、保险公司、信托投资公司等。这些机构虽不直接经营商品,但对促进批发和零售商品流通发挥着举足轻重的作用。企业应与这些力量建立稳定、有效的协作关系。

### 三、顾客

市场营销微观环境的第三种力量是顾客,也即目标市场。这是每家企业都在积极关注的核心,研究和分析目标市场是企业营销活动的出发点和决定性因素。现代营销学通常按顾客及其购买目的的不同来划分不同的市场,一般可以分为消费者市场、生产者市场、转卖者市场、政府市场和国际市场五种。

### 四、竞争者

在市场经济蓬勃发展的时期,完全垄断的行业已经很少,绝大部分企业将面临异常激烈的市场竞争。从购买者的角度观察,每家企业的经营活动,都面临着四种类型的竞争者:愿望竞争者,也称为欲望竞争者,主要满足购买者当前的各种需求;一般竞争者,也叫类别竞争者或平行竞争者,主要生产满足某种愿望的各类产品;产品形式竞争者,主要是指满足某种愿望的各种产品形式之间的竞争;品牌竞争者,主要是指满足同种愿望的各种品牌之间的竞争。以自行车生产为例,竞争者的类别主要体现如表2-1所示。

表2-1 自行车的竞争者类别

| 竞争者类型 | 能满足消费者 | 产品属于 | 产品与需求特征 | 重点 | 竞争产品举例 |
| --- | --- | --- | --- | --- | --- |
| 愿望竞争者(欲望竞争者) | 各种目前需求 | 非同类产品 | 不同产品满足不同需求 | 需求 | 自行车 { 服装 食品 |
| 一般竞争者(类别竞争者或平行竞争者) | 某种愿望的各种方法 | 同类不同种 | 不同产品满足同一需求 | 收入 | 自行车 { 摩托车 汽车 |
| 产品形式竞争者 | 某种愿望的产品类型、品种和型号 | 同种不同样 | 同类产品满足同种需求 | 创新 | 普通自行车 { 跑车 山地车 |
| 品牌竞争者 | 某种愿望的各种品牌 | 同种不同品牌 | 同种产品满足同样需求 | 产品 | 飞鸽自行车 { 永久牌 凤凰牌 |

## 五、公众

公众是指对一个组织实现其目标的能力有实际的或潜在兴趣或影响的任何团体。企业在争取满足目标市场时，不仅要与对手竞争，而且它的营销活动也会影响到公众的利益，因而公众必然会关注、监督、影响和制约企业的营销环境。

**【相关链接】**

> 在通常情况下，一家企业所面临的公众主要有七种：
> (1) 融资公众。指关心并可能影响企业获取资金能力的金融机构，其中包括银行、投资公司、保险公司、证券交易所等。
> (2) 媒介公众。主要指报纸、杂志、电台、电视等有广泛影响的大众传播媒介。
> (3) 政府公众。基于企业有关的政府机构，包括行业主管部门及财政、工商、税务、物价、商品检验等部门。
> (4) 群众团体。包括消费者组织、环境保护组织及其他有影响力的公众团体。
> (5) 地方公众。指企业所在地附近的居民群众、社团组织等。
> (6) 一般公众。除上述外，企业经营活动中所面临的其他具有实际或潜在影响力的团体。一般公众虽然可能是一种松散的、非组织性的公众，但他们对企业的印象却影响着消费者对该企业及产品的看法。因此，企业必须关注自身的"公众形象"，可以通过赞助慈善事业、设立消费者直接投诉系统等途径来改善和创造良好的微观环境。
> (7) 内部公众。指企业内部的公众，包括企业决策层、管理人员、工人等。一些大公司发行企业内部通讯，以激励其内部公众。处理好内部公众关系是搞好外部公众关系的基础和前提，因为内部公众对企业的态度会影响到企业之外的公众对企业的看法。

# 任务3 宏观市场营销环境

宏观环境是企业的外部环境，任何企业都在一定的时空内活动，所以宏观环境会对企业产生不同程度的影响。一般来说，对企业营销具有较大影响的宏观环境包括人口、经济、自然、科技、政治法律及社会文化等，它们都作用于并影响着企业的市场营销活动。

## 一、人口环境

人口环境之所以对企业市场营销有影响就是因为人口是市场营销活动的直接对象。对于企业来说，掌握人口变动状况是决定自己产品及市场定位的前提。

1. 总人口。总人口是指某市场范围内人口的总和。某一市场范围内的总人口基本上反映了该消费市场生活必需消费品的需要量。在其他经济和心理条件不变的情况下，总人口越多，市场容量就越大，企业营销的市场就越广阔。

2. 人口的地理分布。农村与城市、东部与西部、南方与北方、热带与寒带、山区与平原等地区不同地理环境下的人口，由于自然条件、经济、生活习惯等差异，其消费需求方面有着显著的区别，从而要求企业根据不同地域的消费区别，提供不同的产品和服务。与人口的地理分布相联系的人口密度同样是影响企业营销的重要因素。一般来说，人口密度越大，顾客越集中，营销成本越低；相反，营销成本就高。

3. 年龄结构。人口的年龄结构也直接影响市场需求。消费者年龄的差别，使得他们对商品和服务产生不同的需要。并且这也在一定程度上意味着收入的多少、家庭规模的大小和对商品不同的价值观念。

【阅读材料】

### 消费者年龄结构的影响及变化趋势

首先，根据消费者的年龄结构，可以将市场细分成许多各具特色的消费者市场，如老年人市场、成年人市场、青少年市场、儿童市场、婴儿市场等等。各个市场的消费者对于消费品均有不同的需要。儿童市场畅销儿童食品、服装、玩具等；青少年市场注重游戏机、随身听、电视机、计算机、服饰、发型、运动器材等；而老年人市场更多的是对老年营养品、保健品和旅游娱乐的需求。

其次，随着经济发展和科学技术的进步，人口的年龄结构也在发生变化。变化的趋势主要呈现在两个方面：一方面人口平均寿命在增加，这意味着人口趋于老龄化，人口老龄化趋势的加剧，使老年人市场成为一个很有潜力的市场；另一方面，随着世界各国计划生育和控制人口增长等一系列政策的实行，儿童在总人口中所占比例下降，尤其是发达国家，人口出生率下降、儿童减少，企业不得不针对这一市场人口的变化而调整其市场营销策略。我国虽然近些年来控制人口增长，儿童在总人口中所占的比例在下降，但由于儿童在家庭中的地位上升，而且过去对儿童市场未充分开发，因此，儿童需求对整个市场需求的影响越来越大。儿童市场也已发展成为我国的一个非常重要的市场，并日益引起企业的关注。

4. 人口性别。比较男性和女性的市场需求，可以看到他们对于商品的需求以及购买行为都有明显的差别。由于家庭中大多数日用消费品由女性采购，因此，很多家庭用品及儿童用品也可纳入妇女市场。这样，女性市场的容量就比男性市场大得多。

【小贴士】

近二三十年来，世界各国妇女就业人数剧增，这就给市场带来了深刻的变化：一是由于妇女就业，家庭收入增加为市场提供新的容量；二是妇女就业者多，职业妇女对于市场上较好的服装、汽车、托儿服务等物品和劳务的需求增加；三是双职工家庭数量的增加，时间显得越来越宝贵，市场上任何能节省家务劳动时间的产品和服务（如代替家务劳动的家用电器及快餐业等）都具有很大的吸引力。这些市场需要的变化都给某些行业提供了市场机会。

5. 家庭。在发达国家，多方位的现代化已使家庭结构出现了某种性质的变化，值得借鉴。少生由于使家庭规模缩小，孩子数量减少，随之而来的必然是婴儿食品、玩具、儿童服装及其他儿童用品的需求减少，但对品质层次的要求会更高。高离婚率的直接后果是单亲家庭的增加，家庭区域小型化，家庭户数迅速增加，导致市场对电视机、电冰箱、洗衣机、家具等家用品的需求大大增加，并且要求这些产品更加小型精巧，以适应小家庭的需要；此外，房屋市场需求也相应呈现出扩大的趋势。

6. 人口地区的流动性。在市场经济条件下，会出现地区间人口的大量流动。对营销者来说，这意味着一个流动的大市场。而人口流动的总趋势是人口从农村流向城市、由城市流向市郊、从非发达地区流向发达地区、由一般地区流向开发开放地区。

7. 其他因素。包括人口的出生率、增长率、职业、籍贯、民族等，都对消费行为产生很大影响。

**【小贴士】**

> 应该指出，目前人口环境正在发生重要的变化，变化的趋势是：（1）世界人口迅速增长；（2）美国、日本等经济发达国家出生率下降，儿童减少；（3）许多国家人口趋于老龄化；（4）许多国家家庭数量、人口规模、家庭生命周期出现新的变化；（5）西方国家非家庭住户也在迅速增加；（6）许多国家的人口流动性增大；（7）有些国家的人口是由多民族构成的。这些变化需要引起营销者的注意和重视。

## 二、经济环境

经济环境是指企业市场营销活动所面临的社会经济条件及其运行状况和发展趋势，其中最主要的指标是社会购买力，而社会购买力又与居民的收支、储蓄和信贷以及物价等因素密切相关。所以，企业不仅要研究消费者的收入状况、支出模式及储蓄和信贷情况的变化等几个方面，还要研究经济的宏观指标，比如，本年度工农业生产的增长、货币流通、就业、资源、能源等问题。

与人口因素一样，一定时期内社会各方面用于购买产品（包括劳务）的货币支付能力（即社会购买力）是构成市场的要素之一。从某种程度上讲，这一因素甚至比人口因素更为重要，因为市场规模的大小，归根到底取决于消费者购买力的大小。

### （一）收入因素

社会购买力是一系列经济因素的函数。具体而言，就是购买力的大小取决于国民经济的发展水平以及由其决定的国民平均收入水平。从市场营销的角度来看，收入因素是由下面几个方面决定的。

1. 国民收入。即一个国家物质生产部门的劳动者在一定时期内新创造的价值的总和。这是决定收入水平的重要指标。以一年的国民收入总额除以人口总数，即得人均年国民收入。人均年国民收入大体上反映了一个国家经济发展水平和社会购买力的大小。

2. 个人收入。概括而言，个人收入是指消费者个人的工资、红利、租金、退休金、馈赠等形式以及从其他来源所获得的总收入。个人收入是影响社会购买力、市场规模大小以及消费者支出模式的一个重要因素。

3. 个人可支配收入。个人收入并不是消费者可以完全支配的，其中要扣除消费者个人缴纳的各种费用和交给政府的非商业性开支（如个人所得税等）之后，才是个人可以用于消费或储蓄的所得。可支配的个人收入是影响消费者购买能力和消费者支出的决定性因素。

4. 个人可任意支配收入。在个人可支配收入中，有相当一部分要用来维护个人或家庭的生活以及支付必不可少的费用。只要在可支配收入中再减去消费者用于购买生活必需品的支出和固定支出（如房租、保险费、分期付款、抵押借款等）后余下的才是个人可任意支配的收入，这是影响消费需求变化的最活跃的因素。

对市场上绝大部分商品品种而言，消费者是用个人可任意支配收入部分来支付的。因此，对大多数企业而言，研究个人可任意支配收入的变化，制定相应的产品营销策略，争取消费者把个人可任意支配收入中更大的部分投入购买本企业所营销的产品是至关重要的。

### （二）消费者储蓄与信贷

消费者购买力受消费者储蓄与信贷的直接影响。消费者个人收入总有一部分以各种形式储蓄起来，它是一种推迟的、潜在的购买力。个人储蓄的形式很多，包括银行存款、公债、股票、保险、不动产和其他财产等。这些储蓄是购买大额商品所必需资金的重要来源。当然储蓄的动机是各不相同的，如：后备动机、持币待购、获利增收、安全保险、习惯影响、经济约束、理财专用及诱发储蓄和冲动储蓄等。此外，储蓄的目的也不同。动机和目的往往影响到消费的潜在需求量、消费模式、消费内容和消费发展方向。这就要求企业市场营销人员在调查、了解储蓄的基础上，制定不同的营销策略，为消费者提供有效的产品与服务。

消费者还可以通过借款来增加购买力，这就是消费者信贷。它是一种预支的购买力，是一种经济杠杆，可以调节积累与消费、供给与需求之间的矛盾。当生活资料供大于求时，通过鼓励消费者信贷，可以刺激需求；当生活资料供小于求时，通过紧缩消费者信贷，可以适当抑制需求。消费者信贷是促进经济增长的一个因素，它使消费者超越了现有收入和储蓄的限制去购买更多的商品和劳务，为社会提供更多的就业机会，但是由于信贷的利率较高，又会阻碍像住房、耐用消费品等主要依靠信贷资金购买的商品市场的进一步发展。

### （三）消费者支出模式的变化

消费者个人收入用于各种消费支出中的比例关系，可用恩格尔定理加以描述。恩格尔定理一般表述为：随着家庭收入的增加，用于购买食品的支出占家庭收入的比重下降，即恩格尔系数降低；用于住房、装修和家务经营的支出，占家庭收入的比重大体不变；用于其他方面的支出，如服装、娱乐、交通、卫生保健、教育等，占家庭收入的比重会上升。

【相关链接】恩格尔系数是食品支出变动百分比与收入变动百分比的比值

表 2-2　格尔系数与富裕程度关系

| 恩格尔系数 | 富裕程度 |
| --- | --- |
| 59%以上 | 绝对贫困 |
| 50%～59% | 勉强度日 |
| 40%～50% | 小康水平 |
| 20%～40% | 富裕社会 |
| 20%以下 | 非常富裕 |

### （四）其他因素

消费支出模式除了主要受消费者收入影响外，还受家庭生命周期所处阶段及消费者家庭所在地点以及价值观念等多种因素的影响。家庭生命周期处于不同阶段，其支出模式有很大的不同。比如，在一个没有孩子的年轻人家庭，往往会把收入用于购买电冰箱、家具、陈设品等耐用消费品；而在一个有孩子的家庭，收入预算会更多地用于食品、服装、教育等方面的支出，而等到孩子自主之后，父母的大量可任意支配收入增加，其支出的重点又有可能偏重于医疗保健、旅游、购置奢侈品或储蓄等。所在地点不同的家庭用于住宅、交通、食品等方面的支出情况也有所不同，如住在中心城市的消费者和住在市郊的消费者相比，前者用于交通方面的支出较少，用于住宅方面的支出较多；而后者用于交通方面的支出较多，用于住宅方面的支出较少。

## 三、政治法律环境

政治法律环境是指与企业营销相关的各种法规、执法机构及社会团体的活动。在任何社会制度下，企业的营销活动都必定要受到政治与法律环境的约束。政治与法律环境显示出政府与企业的关系：一方面反映在国家的方针政策上，它不仅规定了国民经济的发展方向和速度，也直接关系到社会购买力的提高和市场消费需求的增长。另一方面，反映在国家的法规上，特别是有关经济的立法，它不仅规范企业的行为，而且会使消费需求数量、质量和结构发生变化，能鼓励或限制某些产品的生产和消费。

【阅读材料】

### 政治法律环境的内容

对企业而言，政治法律环境主要包含三个层次：

1. 政府的有关经济方针、政策。政府的经济方针、政策一般具有动态的特点，随政治经济形势的变化而变化，国家在不同的阶段和不同时期，依据不同的经济目标制定和调整方针、政策，这必然对企业的营销产生直接或间接的影响。国家的宏观经济政策主要体现在：(1) 人口政策；(2) 产业政策；(3) 能源政策；(4) 财政、金融货币政策。所有这些是企业研究经济环境、调整自身的营销目标和产业结构的前提和依据。

2. 政府颁布的各项经济法令、法规。相对于方针、政策而言，法令、法规具有相对的稳定性。各项经济法令、法规的颁布，其目的可以是多方面的：有的意在维护市场运行秩序，保护正当竞争；有的则是维护消费者利益，保护消费者免受不公平商业行为（假冒伪劣产品）的损害；有的是维护社会利益，保护生态平衡，防止环境污染；等等。

我国的经济立法起步较晚，各项法规、法令也待进一步完善，已经颁布的法令、法规主要有《中外合资经营企业法》《中外合作经营企业法》《经济合同法》《环境保护法》《专利法》《商标法》《标准计量法》《广告管理条例》《物价管理条例》《进出口货物许可证制度暂行条例》《法人登记条例》《外汇管理条例》等。企业必须了解、遵守这些法律、法规，维护企业的合法权益，开展公平竞争，在法律允许的范围内进行营销活动。

3. 群众团体。这是指为了维护某一部分社会成员的利益而组织起来的，旨在影响立法、政策和舆论的各种社会团体。这一团体也被称为"压力集团"，对政府立法、执法和舆论导向有很大的影响力。近年来，来自保护消费者和保护环境方面的团体力量在迅速壮大。例如，1985年经国务院批准成立的中国消费者协会，在维护消费者权益方面做了大量的工作，得到广大消费者的信任。社会公众团体的活动，会对企业的营销活动产生一定的压力和影响。企业的营销者既要善于应对消费者保护运动的挑战，又要善于捕捉消费者保护运动所提供的机会。

【阅读与思考】

美国大企业家哈默1931年从苏联回到美国时，正是罗斯福逐步走近白宫总统宝座的时候。罗斯福提出解决美国经济危机的"新政"，但因"新政"尚未得势，故很多人对此持怀疑态度。一些企业家因对"新政"怀疑，在经营决策中举棋不定。而哈默深入研究了当时美国的国内形势，分析结果认定罗斯福会掌握美国政权，"新政"定会成功。据此，他做了一项生财的决策。

哈默认为，一旦罗斯福"新政"得势，1920年公布的禁酒令就会废除，为了解决全国对啤酒和威士忌酒的需求，那时市场将需求空前数量的酒桶，当时市场上却没有酒桶供应。哈默在苏联住了多年，清楚苏联人有制作酒桶用的木板可供出口。于是，他毅然决定向苏联订购了几船木板，并在纽约码头附近设立一间临时性的酒桶加工厂，后来又在米尔敦建造了一个现代化的酒桶加工厂，名叫哈默酒桶厂。

当哈默的酒桶从生产线上滚滚而出的时候，正好是罗斯福出掌总统大权和废除禁酒令的时候，人们对啤酒和威士忌酒的需求急剧上升，各酒厂生产量也随之直线上升，哈默的酒桶成为抢手货，获得了可观的盈利。

思考：政治环境如何对企业产生影响？

## 四、科技环境

科技是第一生产力。科技水平是经济发展水平的集中体现，它决定着一个国家经济建设的未来。科技环境作为企业市场营销环境的一部分，直接影响着企业的生产和经营。企业市场营销活动，无论是开发新产品，还是生产适销对路的产品，都离不开科技的应用。具体而言，科技环境对企业市场营销的影响表现在以下几个方面。

1. 科技的进步使大部分产品的生命周期明显缩短。有些市场营销专家称新技术是"创造性的毁灭力量",它使许多传统产业受到冲击和淘汰。科技进步提高了劳动生产率,缩短了科研与生产的周期,从而使产品增多,产品变化速度加快,消费者对产品选择的空间增大,最终造成产品销售困难,并给企业带来风险。

2. 科技的进步有利于改善经营管理。目前许多国家在企业经营管理中使用了现代通信设备,这对提高企业管理水平和提高经济效益具有巨大作用。同时,新技术、新设备的使用,对企业的领导素质提出了更高的要求,促使其更新观念,掌握现代管理的理论和方法,不断提高经营管理水平。

3. 科技的进步影响企业的市场营销组合。在产品策略上,企业要适应产品生命周期明显缩短的趋势,重视新产品的开发,关注相关领域中科技发展的新成果,采用新技术、新工艺、新材料,加速产品的更新换代。在价格策略上,企业要运用现代信息系统,掌握各种价格信息,运用各种定价技巧,做好定价工作。在分销策略上,随着科技的发展,流通渠道将更加现代化,企业更多采用顾客自我服务的销售方式和各种直销方式。在商品实体分配上,要重视采用集装运输和自动库房等。在促销策略上,由于科技进步使广告媒体更加多样化,信息传播更快,促销方式更加灵活,使企业有更大的选择余地。

4. 科技的进步会影响消费者的购买习惯。随着通讯、电子技术的飞速发展,出现了新的购物方式:电视购物、网上购物、电话购物等。但是,科技进步在为人们带来便利生活的同时,也会造成一些难以预见的后果。一项新的科技成果引发的后果并不都是可以预见的。

【小贴士】

> 科技创造了许多奇迹,如青霉素、心脏手术、避孕药品;科技也造出了恐怖的魔鬼,如氢弹、神经性毒气、冲锋枪。

## 五、自然环境

任何企业都处在一定的自然环境中,处在一定的地理位置上,必然要面对一定的气候、矿产等自然环境与自然资源。世界经济史表明,一个国家在工业化过程中,通常会造成严重的环境污染、生态失衡以及资源使用上的巨大浪费等。欧美发达国家近几十年来重视环境保护,成效显著。发展中国家,特别是中国,工业发展还严重地威胁着自然环境。政府加强环境保护方面的立法和执法成为必然的趋势和结果,企业的营销活动就不能漠然视之。

【阅读材料】

### 自然环境变化的趋势影响企业的市场营销

1. **自然资源日趋短缺。** 自然资源分为:无限资源(空气、水等,近些年来水也有成为稀缺资源的趋势,新疆维吾尔自治区就有很多地区无水);有限可再生性资源(农作物、森林等);有限非可再生性资源(石油、煤炭、矿产品等)。许多有限非再生性资源正在日益枯竭,在替代品难以寻找的情况下,必然会增大生产成本。但如果能找到替代品,将会有无限的机会。现代世界经济是以石油为能源中心的经济体系,因而石油的价格对于企业发展战略的制定和营销活动的开展具有重要影响。20世纪70年代以来,世界市场上的石油价格已从每桶两三美元上升到几十美元,直至现在的一百美元。国际市场石油价格上涨,对整个世界经济产生巨大的冲击。企业在未来的市场营销活动中如能摆脱对石油的过度依赖,开发出新的太阳能、核能和风能等,将会成为又一代"大王"。因此,企业要勇于研究、开发新能源。

2. 环境污染依然严重。现代工业创造了巨大的物质财富,但同时也造成了自然环境的巨大破坏,土壤、空气、水等所受到的化学污染已经成为经济现代化的主要副产品,并正在损害着人类生活的进一步改善。对此,全世界各方面都给予极大关注,这在另一种意义上也为企业的发展提供了市场营销机会:一方面,可以加强用于污染治理技术设备的研究、开发;另一方面,努力采用新的可维护生态平衡的生产技术和包装方法。北京已经有许多汽车不到加油站加油而是到特定的"气站"换气,既经济又符合环保要求,开发单位想必有利可图。可见,企业要注意研究、开发环境保护产品。

3. 绿色营销势在必行。企业在从事市场营销活动中,要顺应可持续发展战略的要求,注重地球生态环境保护,促进生态与经济协调发展,以实现企业利益、消费者利益、社会利益及生态环境利益的统一。各国随着环保意识的增强,纷纷对进口商品提出了"环保检验"的有关标准,以此作为新的非关税壁垒。为了使环保认证有一个统一的标准,以打破一些国家的绿色壁垒,国际标准化组织(ISO)于1996年颁布了关于环境管理体系的建立、实施与审核的通用标准ISO 14000。通过了ISO 14000认证,就如同获得了一张绿色通行证。政府对自然资源管理的干预日益加强,有时与经济增长、企业扩大生产和增加就业机会发生矛盾,但从长远来看,这种从全社会的整体利益出发的观点无疑是正确的。

## 六、社会文化环境

任何市场营销活动都是在一定的社会与文化环境中进行的,价值观念、道德规范、宗教信仰、风俗习惯等等都会不同程度地影响人们的消费方式、购买行为。20世纪后半期欧美许多国家甚至包括部分发展中国家在人生观上形成"以我为中心"的社会时,常人追求的是个人生活的多彩、舒适、快乐和幸福,高层次的则是追求事业的成功和自我实现的成就感,于是,人们的物欲追求和个人成就急剧地甚至是戏剧性地膨胀起来,买房、买车、旅游、度假、健身、娱乐性消费一浪高过一浪,休闲产业发展尤其迅速。在20世纪末和21世纪初形成"以我们为中心"的社会时,社会性产品和服务的发展前景十分乐观,如健康俱乐部、家庭集体度假和运动、网络设备及计算机等会有极大的发展空间。

我国南方与北方的价值观念、风俗习惯、道德规范就有很大的差异,如果市场营销活动到了海外,东西方的社会文化有时就已经不只是差异的问题了,在很多情况下是迥然不同甚至对立的。价值观念、性格性情、思维逻辑、言谈举止、举手投足、穿衣打扮、请客送礼、姓名称谓、喜好禁忌等等,都有很大差异。

1. 语言文字。市场营销必然要在不同的语言文字环境中进行，而语言的差异常常会给营销带来很大的麻烦，这种语言也包括形体语言。国内有八大方言、五大文字，世界绝大多数国家都有自己的语言文字。对不同国家的民族语言文字不通，常常成为商业活动的主要障碍。语言文字的环境必须引起足够的重视，是因为许多公司或企业在将自己的产品推向国际市场时出现过严重的麻烦，特别是在广告和商标翻译上还出现过很多令人啼笑皆非的事。美国通用的 NOVA 车在西班牙语里竟然是"走不动"的意思。

2. 教育水平。世界各国的经济发展水平不一，教育普及程度、教育水平当然不一样，美国哈佛大学一年的经费支出几乎相当于我国全部的高等教育经费。欧美国家都已经普及了大学教育，而我国还有很多失学儿童。社会制度和历史传统不一，也使得知识结构存在很大差异。西方国家的学校把素质教育放在核心位置，注重学生创造力和实际工作能力的培养。我国的大学教师普遍缺乏实践经验，学生更是死记硬背，是一种典型的应试教育，培养了许多书呆子。我国总体教育水平虽然不高，但各地也不同，北京、上海等中心城市的教育水平就高。教育水平高就会导致图书资料、音像制品、信息产品、电脑等具有较大的市场需求。

3. 宗教信仰。随着科学技术的发展，人类认识世界和征服世界的能力在提高，人们的生活水平也在不断提高，有些人对宗教的起源产生怀疑，对神产生怀疑，对宗教信仰越来越淡化，逐渐形成拜物主义和实用主义。但当今世界仍有基督教、佛教、伊斯兰教等等，在信奉不同宗教的地区，市场营销活动应采用不同的策略。

4. 价值观念。东西方国家的价值观差异很大，在对同一问题好坏的认识上经常是截然相反的。中国人喜欢炫耀父母、祖父乃至祖先的社会地位或财富，美国人则以自我实现和自我发展为最高境界；中国人爱面子，美国人则讲求实际；中国人以消费外国商品而得意，韩国人则以消费国货而骄傲。

5. 风俗习惯。世界各国的风俗习惯千差万别，人们很难对所有的风俗习惯都了解和掌握，但如果不对各国的风俗习惯尽可能掌握，在交际、谈判等商务活动中就会出现大问题。同欧美人交往、谈判时不能问及对方的年龄、婚否、家庭、子女、宗教信仰、个人收入等隐私。不能动辄送礼，更不能送厚礼。英国人居然厌恶孔雀，日本人居然偏爱乌龟，美国人居然讨厌谦虚，地处寒带的俄罗斯人居然喜欢冬天吃冰淇淋。

因此，营销活动中的商品开发设计、商标、广告、服务等，都要与一定的社会和文化环境相适应，否则，营销活动就不会取得预期的效果。对于企业市场营销人员来说，必须了解、掌握这种环境。

# 习　题

一、名词解释

1. 市场营销环境　　　　　　　2. 微观市场营销环境
3. 宏观市场营销环境　　　　　4. 个人可任意支配收入
5. 消费者支出模式　　　　　　6. 社会公众

## 二、单项选择题

1. 下列不属于企业微观环境的因素是（　　）。
   A. 企业　　　　　　　　　　B. 竞争者
   C. 社会经济因素　　　　　　D. 顾客
2. （　　）是向企业及其竞争者提供生产经营所需资源的企业或个人。
   A. 供应商　　　　　　　　　B. 中间商
   C. 广告商　　　　　　　　　D. 经销商
3. （　　）就是企业的目标市场，是企业服务的对象，也是营销活动的出发点和归宿。
   A. 产品　　　　　　　　　　B. 顾客
   C. 利润　　　　　　　　　　D. 市场细分
4. "捷安特"自行车公司是"桑塔纳"轿车生产厂的（　　）。
   A. 愿望竞争者　　　　　　　B. 一般竞争者
   C. 产品形式竞争者　　　　　D. 品牌竞争者
5. 旅游业、体育运动休闲业、图书出版业、文化娱乐业为争夺消费者而相互竞争，它们彼此之间是（　　）。
   A. 愿望竞争者　　　　　　　B. 一般竞争者
   C. 产品形式竞争者　　　　　D. 品牌竞争者
6. 影响汽车、旅游等奢侈品销售的主要因素是（　　）。
   A. 可支配个人收入　　　　　B. 可随意支配的个人收入
   C. 消费者储蓄和信贷　　　　D. 消费者支出模式
7. 恩格尔定律表明，随着消费者收入的提高，恩格尔系数将（　　）。
   A. 越来越小　　　　　　　　B. 保持不变
   C. 越来越大　　　　　　　　D. 趋近于零
8. 代理中间商是属于市场营销环境的（　　）因素。
   A. 内部环境　　　　　　　　B. 竞争者
   C. 市场营销渠道企业　　　　D. 公众环境
9. 保险公司、证券交易所属于企业的（　　）。
   A. 政府公众　　　　　　　　B. 媒介公众
   C. 金融公众　　　　　　　　D. 群众团体
10. 广告公司属于市场营销渠道企业中的（　　）。
    A. 供应商　　　　　　　　　B. 商人中间商
    C. 代理中间商　　　　　　　D. 辅助商

## 三、思考题

1. 什么是市场营销环境？它包括哪些内容？
2. 试区别个人可支配收入与个人可任意支配收入。
3. 科技环境对企业市场营销有哪些影响？
4. 试述市场营销活动与市场营销环境的关系。

## 四、案例分析

### 【案例1】　　　　　　　美国罐头大王的发迹

1875年，美国罐头大王亚默尔在报纸上看到一条"豆腐块新闻"，说是墨西哥畜群中发现了病疫，有些专家怀疑是一种传染性很强的瘟疫。亚默尔立即联想到，毗邻墨西哥的美国加利福尼亚、德克萨斯州是全国肉类供应基地，如果瘟疫传染至此，政府必定会禁止那里的牲畜及肉类进入其他地区，就会造成全国的肉类供应紧张，价格上涨。于是，亚默尔马上派他的家庭医生调查，并证实了此消息，然后果断决策：倾其所有，从加、德两州采购活畜和牛肉，迅速运至东部地区，结果一下子赚了900万美元。

分析讨论：
通过该案例我们能得到什么启示？

【案例2】 <center>红叶超市</center>

红叶超级市场营业面积260平方米，位于居民聚集区内的主要街道上，附近有许多各类商场和同类超级市场。营业额和利润虽然还过得去，但是与同等面积的商场相比，还是觉得不理想。通过询问部分顾客，得知顾客认为店内拥挤杂乱、商品质量差、档次低。听到这种反映，红叶超市经理感到诧异，因为红叶超市的顾客没有同类超市多，经常看到别的超市人头攒动而本店较为冷清，本店怎会拥挤呢？本店的商品都是货真价实的，与别的超市相同，怎么说质量差、档次低呢？经过对红叶超市购物环境的分析，找出了其中的原因：原来，红叶超市为了充分利用商场的空间，柜台安放过多，过道太狭窄，购物高峰时期就会造成拥挤，顾客不愿入内，即使入内也不易找到所需的商品，往往是草草转一圈就很快离去；商场灯光暗淡，货架陈旧，墙壁和屋顶多年没有装修，优质商品放在这种背景下也会显得质量差、档次低。为了提高竞争力，红叶超市的经理痛下决心，拿出一笔资金对商店购物环境进行彻底改造：对商店的地板、墙壁、照明和屋顶都进行了装修；减少了柜台的数量，加宽了走道，仿照别的超市摆放柜台和商品，以方便顾客找到商品。整修一新重新开业后，立刻见到了效果，头一个星期的销售额和利润比过去增加了70%。可是随后的销售额和利润又不断下降，半个月后又降到了以往的水平，一个月后低于以往的水平。为什么出现这种情况呢？观察发现，有些老顾客不来购物了，增加了一批新顾客，但是新增的顾客没有流失的老顾客多。对部分顾客的调查表明，顾客认为购物环境是比原先好了，商品档次也提高了，但是商品摆放依然不太合理，同时商品价格也提高了，别的商店更便宜些，一批老顾客就到别处购买了。听到这种反映，红叶超市经理再次感到诧异，因为总的来说，红叶超市装修后商品的价格并未提高，只是调整了商品结构，减少了部分微利商品，增加了正常利润和厚利商品，其价格与其他超市相同。

究竟怎样才能适应顾客呢？

分析讨论：

1. 红叶超市原先的购物环境中哪些因素不利于吸引顾客的注意？
2. 红叶超市原先的购物环境导致顾客对其所售商品怎样的认知？装修后的购物环境导致顾客怎样的认知？
3. 红叶超市应当怎样改造和安排购物环境才能增加消费者的注意，并诱导消费者的认知朝着经营者所希望的方向发展？

# 实训应用

【实训项目】
市场营销环境分析，提出对策，寻找商机。

【实训目的】
通过实训要求学生收集大量的事实和数据资料，通过对资料的分析，认识营销环境对企业发展影响的重要性及营销环境的内容。

【实训指导】
1. 对事实和数据资料收集，也就是对企业宏观和微观环境资料的收集，可以采取两种方式：

一种方式是在近期的报纸、杂志、相关网站上查阅资料；另一种方式是通过各种途径访问有关的企业管理人员。

2. 事实和数据资料应分别进行归类，做出具体分析，写出书面分析意见。

3. 教师除对学生收集的资料进行评阅外，还可以组织交流，选择某些较好的案例要求学生进行讲评。

【实训组织】

1. 把全部学生分为两组，第一大组学生在近期的报纸、杂志、相关网站上查阅案例，第二大组学生开展访问，收集案例。

2. 第一大组和第二大组分别以5～6人一组分成几个小组，每组选出1名组长，采取组长负责制查阅资料或走访企业。各组在查阅资料或走访企业前做好登记，以免重复。

3. 每组学生应写出案例分析，在班内进行交流、展示。

【实训考核】（百分制）

1. 实训准备工作（10分）。

2. 实训的组织、分配、管理等过程（20分）。

3. 实训成果汇报及其提交（45分）。

4. 项目团队成员间的团队合作精神（15分）。

5. 学生互评，教师点评（10分）。

# 项目三 消费者购买行为分析

 **任务描述**

成功的市场营销者是那些能够有效地开发对消费者有价值的产品,并运用富有吸引力和说服力的方法将产品有效地呈现给消费者的企业和个人。因而,研究影响消费者购买行为的主要因素及其购买决策过程,对于开展有效的市场营销活动至关重要。

 **任务目标**

**知识目标**

1. 掌握消费者市场特征。
2. 把握消费者购买决策过程及其影响因素。

**能力目标**

能针对企业市场营销实际,分析企业目标市场消费者购买行为,有效制定营销决策,促进消费者购买行为。

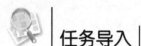 **任务导入**

请你以一次购买商品的经历分析购买行为的决策过程,并指出影响你购买的因素有哪些。

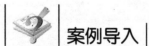 **案例导入**

### 她们为什么不购买速溶咖啡?

当方便、快捷的速溶咖啡进入美国市场,美国的家庭主妇并不买账。厂商对美国的家庭主妇进行调查,询问其不购买速溶咖啡的原因,绝大多数家庭主妇回答是不喜欢速溶咖啡的口味。为了了解她们的口味偏好,厂商对家庭主妇进行了一次测试:请主妇们品尝没有标志的天然咖啡和速溶咖啡,比较哪种咖啡的品质好,结果家庭主妇根本分不出两种咖啡的区别。这说明拒绝购买的原因并不在生理上,而在其他原因上。于是厂商又做了一个"购物单"法调查：假设两张家庭主妇购买8种商品的购物单，前7种商品完全一样，只是购买的第8种商品不一样，一位家庭主妇购买了天然咖啡，另一位购买了速溶咖啡，请被测试的家庭主妇描绘两位购买者的形象。购买天然咖啡的主妇被测试者描绘是一位责任感强的贤妻良母，而购买速溶咖啡的则是缺乏家庭责任感、偷懒的人。找到阻止家庭主妇购买速溶咖啡的埋藏在其心灵深处的潜意识后，厂商重新设计了广告的主题：购买速溶咖啡的家庭主妇是善于持家的贤妻良母，使用速溶咖啡提高了操持家务的效率，她们腾出更多的时间相夫教子。这一广告改变了速溶咖啡购买者的形象，速溶咖啡很快成为美国市场上的畅销品。

问题引入：
美国的家庭主妇不购买速溶咖啡的原因是什么？

# 任务1 消费者市场与消费者购买行为模式

## 一、消费者

研究消费者市场，实际就是讨论最终消费者的购买决策和购买行为是如何发生的，以及它们受到哪些因素的影响，这些因素又是如何产生影响的。营销大师菲利普·科特勒是这样给最终消费者下定义的："为个人消费而购买商品或服务的个人和家庭即最终消费者"。他们是商品的最终使用者，也就是企业产品所要服务的对象。而他们所购买的商品种类繁多、千差万别，表现出来的购买行为也复杂多样。因此，研究消费者市场即成为企业营销工作的前提，成为营销战略和策略制定的基础。

一个人从其出生之日起，就会产生各种各样的需要，消费各类社会产品和服务，成为一个地地道道的消费者。人的需要可以分为生理性需要和社会性需要，因此，所消费的产品和服务也多种多样（见表3-1）。从表3-1中可以看出，这些物品与服务的内容相当广泛，已经远远超出了人们通常或传统意义上对它们的理解。从消费对象的有形性或有形程度来看，可以分为有形物品、无形物品和介于两者之间的混合型物品与服务；从消费对象的性质来看，可以分为个人用品与服务、家庭用品与服务、集体用品与服务。

表3-1 消费品和服务的分类

|  | 有形物品 | 混合型物品与服务 | 无形服务 |
| --- | --- | --- | --- |
| 个人用品与服务 | 护理用品、手表等 | 餐馆用餐、汽车修理等 | 导游、信息咨询等 |
| 家庭用品与服务 | 家具、电器等 | 家政、室内装修等 | 家庭财务咨询等 |
| 集体用品与服务 | 收费公路等 | 教育、养老院等 | 天气预报、消防服务等 |

## 二、消费者市场

消费者市场是指所有为了满足个人消费而购买产品和服务的个人和家庭所构成的市场。生活消费是产品和服务流通的终点,所以消费者市场也称为最终产品市场。消费者市场是市场体系的基础,是起决定作用的市场,是现代市场营销理论研究的主要对象。

### (一) 消费者市场的特点

1. 分散性。从交易的规模和方式来看,消费品市场购买者众多,市场分散,成交次数频繁,但交易数量零星,绝大部分产品和服务都通过中间商销售,以方便消费者购买。因此,面向消费者市场的企业应特别注意分销渠道的选择、设计和管理。

2. 差异性。消费者市场提供生活消费用产品,购买者是受众多不同因素影响的个人或家庭,因而市场需求呈现较大的差异性、多样性。这些因素主要有消费者的年龄、性别、身体状况、性格、生活经历、习惯偏好、教育程度、社会地位、收入水平、家庭环境等。随着消费购买力的不断提高,人们更加注重个性选择、个性消费,新的细分市场不断涌现,需求差异有不断扩大的趋势。企业应在市场细分的基础上准确选择目标市场,开展有效的市场营销活动,满足目标顾客的消费需求。

3. 多变性。消费者市场产品的专业技术性不强,同种产品较多,消费者选择余地大,需求多变。自20世纪后半叶起,科学技术的发展突飞猛进,这些新技术应用到消费品生产领域,使得新产品层出不穷,连同市场竞争的加剧,导致消费需求愈加多样化。越来越多的消费者追随消费潮流,更加关注产品性能质量、外表款式乃至产品品位,而对一成不变的商品感到厌倦。比如,消费者需求的日益多样正是手机厂商不断推陈出新、产品更新换代周期迅速缩短的主要原因。企业要密切注视市场变化,通过增加产品花色、品种等满足消费者不断变化的需求。

4. 替代性。消费者市场产品种类繁多,不同产品之间往往可以互相替代,这与组织市场情况差异较大。比如,近年来各种功能饮料陆续亮相,彼此之间具有很强的替代性,如乐百氏的"脉动"和康师傅的"劲跑",而饼干与方便面虽是不同种类产品,亦可互相替代。因此,消费者经常在替代品之间进行购买选择,导致购买力在不同产品、品牌和企业之间流动。

5. 非专业性。从购买行为来看,消费者的购买行为具有很大程度的可诱导性。一是因为消费者在决定实施购买行为时,不像组织市场的购买决策那样要经历一套行之有效的审批手续或审批程序,而是具有自发性、感情冲动性;二是消费品市场的购买者大多缺乏相应的产品知识和市场知识,其购买行为属于非专业性购买,他们对产品的选购受广告宣传的影响较大。因此,企业应做好宣传广告,明晰产品定位、产品特征,强化其在消费者头脑中的形象,这样既可以当好消费者的参谋,也能有效地引导消费者的购买行为。

6. 网络化。从20世纪90年代中叶开始,互联网的发展拉开了新经济的序幕。随着互联网技术的日趋成熟,电子商务通过网络将消费者带入全新的网络交易时代,消费者的购买行为也随之发生改变。年轻一代的消费者已经开始习惯于通过网络来搜索自己想要的商品,并且在网上进行出价、比价,最终完成交易过程。人们的购买模式较之传统的线下交易发生了巨大的变化：冲动性购买大幅度增加，消费者主动参与产品的定制等，这些行为的改变都与网络经济的飞速发展密切相关。企业在电子商务时代已经不能仅满足于传统的线下宣传，而是要跟随时代的发展，建立自己的网络，在网络上吸引消费者的关注。

### （二）消费者市场的购买对象

消费者市场上的产品纷繁复杂、种类繁多。一般情况下，一家购物中心就会经营数十万品种、规格的消费品，根据消费者购买、消费的习惯不同，我们可以把消费者市场的产品划分为便利品、选购品、特殊品三类。对于同一类别的消费品，各国消费者的购买行为是相似的，企业应根据所经营产品的类型，采用相应的营销措施。

1. 便利品。又称日用品，是指顾客经常购买或即刻购买，并几乎不做购买比较和购买努力的商品，比如报纸、饮料、肥皂、食盐等。消费者在购买这类商品时，一般不愿花很多时间比较价格和质量，愿意接受其他代用品，多数选择就近购买。企业在经营此类商品时，为顾客提供购买的"便利性"非常重要，即应做到整个市场营业网点密布，避免缺货断档，让顾客随时随地能买到产品。不过，随着越来越多的企业注重执行品牌战略，消费者将越加青睐一些特定品牌的日用消费品，譬如雕牌肥皂、碧浪洗衣粉等。

2. 选购品。指价格比便利品要贵，消费者在选购过程中对产品的适用性、质量、价格和式样等方面进行有针对性比较后，才能决定购买的商品，如服装、家具、家电等。这些商品或者由于价值较高，人们购买时较慎重；或者由于式样多，差异化程度大，人们难以抉择。因此常需花费较多的时间和精力反复挑选、比较。企业应将销售网点设在商业网点较多的商业区，并将同类产品销售点相对集中，以便顾客进行比较和选择；同时，要使用受过良好训练的推销人员，为顾客提供信息和咨询。

3. 特殊品。指具备独有特征和（或）品牌标记的产品，消费者对其有特殊偏好并愿意花较多时间和精力去购买。对于这种商品，消费者不愿意接受替代品，宁愿花费较大精力去寻找、等待，如高级服装、小汽车、专业摄影器材等。经营特殊品的企业，不必过多考虑销售地点是否方便，只要让潜在的顾客知道购买地点即可。

上述产品分类，说明产品特性对营销策略有很大的影响。当然，市场营销策略还取决于产品生命周期的阶段、竞争者的实力、市场细分的程度以及社会经济状况等许多因素。

## 三、消费者购买行为模式

消费者的购买行为是指消费者在寻求、评估、购买、使用预期能满足其需要的产品和服务时表现出来的行为。研究消费者的购买行为，是市场营销观念指导下的企业营销管理的基本任务之一，是企业制定营销策略的基础。通过研究消费者的行为可以有效地发现市场机会，开发新产品。经济学、心理学及社会学等学科的理论为我们更好地研究消费者行为奠定了坚实的基础，我们所要做的就是以一个市场营销者的视角去讨论问题。如果一个企业不注重研究消费者的行为，只是片面依靠商品销售方面的统计数字，市场调研的结果就难以符合实际，而以此为依据所制定的市场营销计划也只能落空。随着市场变得日益复杂，许多营销经理失去了同消费者直接接触的机会，经理们不得不越来越多地借助于消费者调研来回答关于市场的关键问题，这样就形成了7O的框架：

该市场有谁构成？（Who） 购买者（Occupants）
该市场购买什么？（What） 购买对象（Objects）
该市场为何购买？（Why） 购买目的（Objectives）
谁参与购买行为？（Who） 购买组织（Organizations）
该市场怎样购买？（How） 购买行为（Operations）
该市场何时购买？（When） 购买时间（Occasions）
该市场何地购买？（Where） 购买地点（Outlets）

消费者的购买行为是与购买商品有关的各种可见的活动，如收集信息、比较方案、购买等，这些活动不是凭空产生的，它们受到诸多因素的影响，有来自消费者自身的，也有来自外部环境的。消费者接受外部刺激，在内心经历一个非常复杂的转化过程后，表现出营销人员能观察到的一系列行为。但是，他的内心经历了一个怎样的决策过程，该过程又受到哪些因素的影响？这是营销人员最感兴趣，但又无法完全认识的领域。

在对消费者购买行为的分析理论中，"刺激-反应"模型是一种比较经典的分析模型（如图3-1）。该模式表明，在企业可控的市场营销因素和不可控的环境因素共同刺激下，消费者根据自己的特性处理这些信息，经过一定的决策过程产生一系列购买决定，即消费者对刺激因素做出的反应。我们要重点研究影响消费者行为的因素和消费者的购买决策过程。

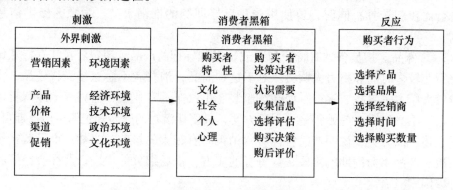

图3-1 刺激-反应模型

## 任务2 影响消费者购买行为的因素

消费者的购买行为受到多种因素的影响，概括起来主要有社会因素、文化因素、个人因素和心理因素四种。其中，社会因素和文化因素属于外在因素，个人因素和心理因素属于内在因素,如图3-2所示。

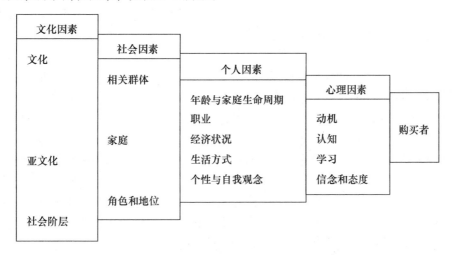

图3-2 影响消费者行为的因素

# 一、文化因素

## (一) 文化

广义的文化是指人类所创造的一切物质文明和精神文明的总和。具体来说,文化是在一定的物质、社会、历史传统基础上形成的价值观念、道德、信仰、思维和行为方式的综合体。文化犹如空气一般,看不见、摸不着,但又无时无刻不在影响着人们的行为。每个人都在一定的文化环境中,通过潜移默化的方式形成了基本的文化观念。文化是决定人类需要和行为的基本因素,文化的差异引起消费行为的差异,表现为衣食住行、婚丧嫁娶、建筑风格、节日和礼仪等物质和文化生活等各个方面的不同特点。在全球经济一体化趋势越来越明显的今天,了解文化,尤其是了解不同文化之间的区别,可以说是成功营销的关键。

**【相关链接】**

> 中国的社会传统是以儒家文化为核心的,表现为仁、义、礼、智、信、忠孝、上进、尊老爱幼和尊师重教等。而美国的文化观念则表现为成就与成功、行动与参与、高效与实用性、进取、个人主义、自由、人道主义等。
> 同为东方文化的中、日差异:黄色在中国被视为尊贵的象征,用于包装效果很好;而在日本,黄色包装则代表绝交。

## (二) 亚文化

在每一种社会文化中,除了存在全体社会成员共有的基本文化即主文化之外,通常还存在着许多亚文化群体,即拥有共同的独特信念、习惯和价值观的次级文化群体。亚文化赋予成员一些可以辨别出来的身份和特征,使其相互产生认同,有时,亚文化对个体的影响比主文化还要大。亚文化主要表现为以下几种类型:

1. 民族亚文化。世界上许多国家都存在着多民族现象,各民族经过长期的发展

形成了各自的语言、风俗习惯和文化传统,这些会使各民族的消费者之间在欲望和购买行为上存在或多或少、或大或小的差别。比如,我们国家的不同民族在过春节时就有不同的饮食习惯,汉族吃饺子,蒙古族吃手把肉,朝鲜族吃八宝饭,土家族则吃红曲鱼等。

2. 宗教亚文化。宗教是一种深层次文化,也是人类社会发展过程中形成的一种意识形态,各国都可能存在不同的宗教群体,基督教、伊斯兰教和佛教都有数量众多的信徒。每种宗教都有自己的教规和戒律,这对信仰不同宗教的人群的购买行为和消费方式产生影响。

3. 种族亚文化。全世界有四大主要人种:白色、黑色、黄色和棕色,这些差异不仅表现在肤色上,更表现在人们的购买行为方面。比如向亚裔美国人提供产品时,文化敏感度对营销效果很关键,需要注意不同数字、颜色所代表的不同含义。在开拓市场时,有亚裔背景的名人会非常有帮助,锐步厂商使用网球明星张德培做广告以后,其运动鞋在亚裔消费者中的销售量大增。

4. 地理亚文化。居于不同地理区域的国家以及同一个国家的不同省份,由于自然地理环境、生活习惯和经济发展水平的差异,人们在生活习惯、爱好等方面各显不同,这也影响其购买行为。一个地理分布广袤的国家比地理分布狭小的国家在消费者需求上要更为复杂。如闻名全国的粤、川、鲁、京等八大菜系就风格各异,自成一家。

### (三) 社会阶层

社会阶层是指一个社会中具有相对同质性和持久性的群体。社会学家一般根据职业、收入来源、教育水平、财产数量、居住区域等因素划分社会阶层。同一阶层的人在生活习惯、消费水准、消费内容以及价值观念、兴趣和行为方面比较接近,甚至对某些商品、品牌、商店、传媒等有共同的偏好。

【相关链接】

> 美国社会学家曾将美国社会划分为九类:看不见的顶层、上层、中上层阶级、中产阶级、上层贫民、中层贫民、下层贫民、赤贫阶层和看不见的地层。
> 根据中国社会科学院《当代中国社会阶层研究报告》,目前中国形成了十大社会阶层:国家与社会管理者阶层、经理人员阶层、私营企业主阶层、专业技术人员阶层、办事人员阶层、个体工商户阶层、商务服务人员阶层、产业工人阶层、农业劳动者阶层和城乡无业失业半失业者阶层。

消费者往往会把产品的品牌和服务与特定的社会阶层相联系,许多产品也是针对特定的社会阶层而设计的。工薪阶层的消费者通常从实用角度评价商品,而中上阶层则更看中产品的风格和时尚。因此,社会阶层观点可以被应用于市场细分和市场定位。企业在制定产品定位策略时,需要全面了解目标市场的特征,以便在消费者心目中塑造对产品形象的看法,而社会阶层就是其中一个很重要的概念。有研究表明,社会中想成为高级社会阶层的人总比实际处于这一阶层的人多,许多中产阶层都购买对高阶层有吸引力的产品。

## 二、社会因素

### (一) 参考群体

任何消费者作为社会的一员,身上都交织着多种多样的社会关系,深受其他消费者的影响。在实践社会行为时,某些群体的价值目标和行为规范被个体作为自己的行为动机来评估自己和他人及社会事件的参照标准,这些群体即参考群体。消费者的消费行为往往以参考群体为样板。从个体的态度出发,参考群体有两种基本类型:肯定群体和否定群体(见表3-2)。还可以依据对个体的重要程度分为主要群体和次要群体:主要群体是给个体以最大影响的群体,如家庭、朋友、同事、同学等;次要群体是给个体影响较小的群体,如各类协会、商业俱乐部等。

表3-2 参考群体的类型

| 个体态度 \ 个体隶属关系 | 成员 | 非成员 |
| --- | --- | --- |
| 肯定群体 | 接触群体 | 渴望群体 |
| 否定群体 | 拒绝群体 | 回避群体 |

参考群体对消费者行为的影响主要表现在以下方面:首先,专家力量。消费者在购买活动中容易相信权威,尤其是对消费者而言不熟悉的产品,营销策划重点应该放在群体中的领导者身上,产品代言人最好是具有专业知识的权威人士;其次,群众力量。对于日常消费品,人们更愿意接受朋友或邻居的意见,这一点有助于理解为什么洗涤用品等一些日用品,企业会请一些普通人做广告;再次,自我观念。消费者在选择商品时,往往更愿意购买他心目中象征渴望群体形象的产品或品牌,或者模仿渴望群体的消费行为,因为对他而言,渴望群体代表着心目中的理想自我。基于此,企业的产品形象代言人常常是名人、明星等偶像人物。

### (二) 家庭

家庭是指居住在一起,由拥有血缘、婚姻或者领养关系的两个人或更多人组成的群体。家庭是社会的基本单位,也是社会中最重要的消费者购买组织,它强烈地影响着人们的价值观、人生观和购买行为。一个人在其一生中一般要经历两个家庭:第一个是父母的家庭,在父母的养育下逐渐长大成人;然后又组成自己的家庭,即第二个家庭。当消费者做购买决策时,必然要受到这两个家庭的影响,其中,受原有家庭的影响比较间接,受现有家庭的影响比较直接。

【相关链接】

#### 家庭的决策类型

1. 各自做主型,亦称自治型:指每个家庭成员对自己所需的商品可独立做出购买决策,其他人不加干预。
2. 丈夫支配型:指家庭购买决策权掌握在丈夫手中。
3. 妻子支配型:指家庭购买决策权掌握在妻子手中。
4. 共同支配型:指大部分购买决策由家庭成员共同协商做出。

> 家庭决策类型会随着社会、政治、经济状况的变化而变化。由于社会教育水平增高和妇女就业增多，妻子在购买决策中的作用越来越大，许多家庭由"丈夫支配型"转变为"妻子支配型"或"共同支配型"。

家庭主要成员的职业、文化也会影响购买决策模式。一份国外的研究报告显示，在受教育程度比较低的家庭里，妻子一般掌控日用消费品的购买决策权，丈夫则对耐用消费品的决策起主导作用。而在受教育程度较高的家庭里，妻子决定贵重商品的购买，一般日用品家庭成员自主、随意决策。

在耐用品的购买决策中，性别也起着一定作用。一般来说，丈夫主要在汽车、电视等商品的购买决策中更具影响力，而妻子则对洗衣机、厨卫用具及地毯等商品的购买决策更有影响。在住房、家具等商品的购买中双方的影响力相当。丈夫一般在是否购买、购买时间、购买地点等方面影响较大，妻子则一般对所购商品的款式、颜色等方面更有影响。

### （三）角色和地位

一个人的一生会从属于许多群体，如家庭、公司、社团及各类组织。一个人在群体中的位置可用角色和地位来确定。角色是周围的人对一个人的要求或一个人在各种不同场合应起的作用。比如，某人在孩子面前是父亲，在妻子面前是丈夫，在公司是经理。每种身份都伴随着一种地位，反映了社会对他的总评价。消费者做出购买选择时往往会考虑自己的角色和地位。企业可以根据消费者的需求，将产品设计为专为某种角色和地位的人群服务的关联产品。

## 三、个人因素

### （一）年龄和家庭生命周期

人们在一生中会不断改变他们对产品和服务的选择，尤其是对食品、服装、家具及娱乐的需求常常和其年龄有关。比如，一个人处于孩童阶段，较多关注的是糖果、玩具等产品；处于青少年时期，更多关注的是时装和刺激性的娱乐节目；成年人则把目光投向了家具和子女教育；老年人是保健品的主要消费者。

此外，消费者的购买还受到了家庭生命周期（一个家庭随时间推移从产生到成长直至最后解体的全过程）的影响。

【相关链接】

> **西方营销学家把家庭生命周期分为七个阶段**
>
> 1. 单身青年：大量购买时装和从事文体、娱乐活动；
> 2. 已婚无子女家庭：是电器、家具、汽车、旅游产品的主力购买者；
> 3. 满巢Ⅰ：即有6岁以下子女的年轻夫妇，是婴幼儿用品的主要需求者；
> 4. 满巢Ⅱ：即6岁以上子女的年轻夫妇，对食品、清洁用品、教育和娱乐产品有巨大需求；
> 5. 满巢Ⅲ：即子女长大但尚未独立的中年夫妇，在孩子用品和教育方面支出较多，并开始更换耐用消费品；

6. 空巢：即子女长大且离开了家庭的中年夫妇，对非生活必需品、礼品、保健品和旅游有一定的需求；

7. 单身老人：多数已退休，失去配偶，主要购买特殊食品、保健用品和医疗服务。

### （二）经济状况

经济状况的好坏、收入水平的高低对消费者的购买行为有着直接的影响。人们的消费心理和购买模式往往随着其经济状况的变化而变化。不同的收入水平，决定了不同的购买能力，决定了需求的不同层次和倾向。德国统计学家恩格尔早在1857年就发表了有关收入与食品支出之间关系的报告，并由此得出著名的恩格尔定律：随着家庭收入的增加，食品支出的费用在整个家庭支出的比重逐步下降，而用于住房、教育、健康、休闲等方面的支出比重却在增加。如一个人的收入刚够维持温饱时，他的购买倾向是重视产品的价格多于其品质，其消费支出中用于食物的比重较高。敏感型产品的营销者应该关注个人收入、储蓄及利率的发展趋势。如果经济指标显示将要出现经济衰退，那么营销者就应该采取行动来重新设计、重新定位、重新对产品定价。

### （三）生活方式

生活方式是指一个人生活的形式。可以通过AIO项目——Activity（工作、嗜好、购买行为、运动、社会活动等）、Interest（食品、服装、家庭、休闲）和Opinion（有关自我意识、社会问题、商务和产品等）来表示。生活方式是影响个人行为的心理、社会、文化、经济等多种因素的综合反映。根据对消费者生活方式的了解，可以预测消费者的行为。比如，一个有"环保"价值观的人更热爱自然的生活方式，换句话说，这个人将更喜欢去购买自行车而不是汽车，更喜欢成为一个素食者而不是吃大鱼大肉的人，等等。因此，通过知道一个人的基本生活方式，就能够对他的购买行为、产品的类型和对于这个人最具有吸引力的宣传做出预测。如两类海外旅游者——"变革者"与"恋家者"，前者总是积极地参与变革他们所生活的世界，比如积极介入社会和政治事务、积极参与体育活动、听音乐会、喜欢乘飞机到海外旅游等。而后者却有着完全不同的生活方式，家对于他们有着较重要的意义。他们花许多钱购置家具，还花费很多时间修缮、油漆和粉刷房屋。他们对汽车很感兴趣，爱看电视，爱读报纸。总之，通过对这两类人的生活方式的了解，我们就可以清楚地看出他们的购买或消费倾向。比如，我们可以预测前者要比后者更愿意旅游，或者更愿意到国外去旅游。

### （四）个性

个性是一个人所特有的心理特征，它导致一个人对其所处环境的相对一致和持续不断的反应。个性通常可用自信心、控制欲、自主、顺从、保守、适应、交际等特征来描述。消费者的个性直接或间接地影响其购买行为。比如，保守的人往往不容易接受新产品，自信的人购买决策过程较短，控制欲强的人喜欢在决策中居于支配地位。

【相关链接】

#### 基于个性划分的六种购买风格

（1）几乎不变换产品的种类和品牌的习惯型；（2）经冷静分析、理性思考后购买的理智型；(3) 重视价格胜过其他的经济型；(4) 易受外界刺激而购买的冲动型；(5) 将商品和情感联想在一起的想象型；(6) 缺乏主见或无固定偏好的不定型。

### 四、心理因素

#### (一) 需要和动机

人类的行为是由动机支配的，动机则是由需要引发的。需要是人们由于缺少而导致的一种不平衡状态，当它达到一定程度时，便成为一种驱策力，当这种驱策力被引向一种可以减弱或消除它的刺激物时，便成为一种动机。因此，动机是一种推动人们为达到特定目的而采取行动的迫切需要，动机是行为的直接原因。

心理学家在解释人的行为时往往用动机而非需要这个概念，原因在于：需要本身不一定引起个体的行为；需要是抽象的，它仅仅为行动指明总的目标，但不规定实现目标的方法；个体的行动既可以由内在需要驱使，也可以由外在刺激引发。

动机理论有多种模式，如弗洛伊德的精神分析理论、马斯洛的需要层次论和赫兹伯格的双因素理论。

1. 西格蒙特·弗洛伊德的精神分析理论。西格蒙特·弗洛伊德认为，人在成长的过程中，不断地会有一些渴望被压抑，但这些渴望并不是完全消失，而是存在于人的潜意识中。它们会以梦境或无意的话语和行为表现出来。例如，某人幼年家境贫困，无法满足对服装的渴求，当他成年后，一旦具备足够的经济实力，就会表现出强烈的服装购买欲。

西格蒙特·弗洛伊德理论常常被用来指导消费者动机的研究，研究者常常会得出一些有趣的结论。比如，研究发现：(1) 消费者不喜欢吃干果的原因是因为它们看起来皱巴巴的，让人看了联想起老年；(2) 男人喜欢抽味道浓烈的雪茄烟，以便体现其男子汉气概；(3) 女人在烘制蛋糕时，神情严肃，因为在无意识里她正在做着一件象征生育的行为。弗洛伊德用释梦、自由联想等方法探索无意识。尽管精神分析理论目前还存在很多争议，但它仍然是一种深入理解消费者行为的有效工具。

2. 亚伯拉罕·马斯洛的需要金字塔理论。亚伯拉罕·马斯洛于1951年提出需要金字塔理论。他认为人的众多需要是有层次的，他把人的需要按高低层次排成五个等级，如图3-3所示。

亚伯拉罕·马斯洛认为，人的需要的满足是按照从低到高的顺序实现的。首先是生理需要，只有在低级的需要得到满足后，人们才会继续满足下一个需要，同时产生新的行为动机。例如，一个食不果腹的人是不会考虑食物的卫生问题的，更不会考虑别人的目光；同样道理，只有当人处于衣食无忧的情况下，才会去考虑交友、自尊，才会有所谓的"享受生活"。

值得注意的是，需要和动机并不是一一对应的关系，而是多对多的关系。一个需要可能产生多个动机；同理，一个动机也可能由多个需要所引起。比如，满足饥饿的需要既可以吃面条，也可以吃面包……再如，一个人想买一件衣服既可以是生理需要（保暖），也可能出于社交需要（让自己更美丽），也可能出于被尊重的需要（穿名牌显示自己的实力和地位）。马斯洛理论运用时重点在于，当多个需要并存

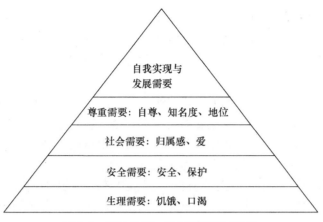

图 3-3 亚伯拉罕·马斯洛需要层次论

时,人会首先满足较低层次的需要。

3. 赫兹伯格的双因素理论。赫兹伯格在其双因素理论中提出了动机需要和保健需要。动机需要是工作满足的充分条件,保健需要是工作满足的必要条件,只有动机需要得到满足时才能产生工作满足。对消费者的购买行为而言,也存在着动机因素和保健因素:质量、性能和价格等属于保健因素,情感、设计等大多属于动机因素。消费者对产品质量、性能、价格等不满意的情况下一定不会购买;但仅仅对上述方面满意也不一定购买,只有在情感上接受、对设计等也满意时消费者才会购买。不过,值得注意的是,在不同时期和产品生命周期的不同阶段,影响消费者购买行为的保健因素和动机因素可能有所不同。

### (二) 感觉和知觉

感觉是指人脑对直接作用于感觉器官的外界事物的个别属性的直接反映。主要借助于感觉器官的形成,包括视觉、味觉、嗅觉、听觉和触觉。例如,看见色彩、听到声音、闻到气味、尝到味道、摸到东西,这些都是感觉的反映。人的不同感觉可以使人从各个方面了解事物的属性、特点。但是,消费者通过以上感觉只能获得对外界事物的个别属性,而非整体属性的反映。

知觉则是把这些感觉进行整理、综合的过程,是指人脑对直接作用于感觉器官的外界事物的整体反映。营销实践中往往有这种现象:在相同情况下,有相同动机的两个人可能会采取完全不同的行动,原因是他们对情况的知觉不同。人们对同样的刺激会产生不同的知觉,是因为知觉所具有的选择性注意、选择性扭曲、选择性保留。图 3-4 为知觉过程示意图。

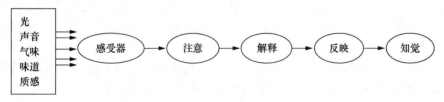

图 3-4 知觉过程

选择性注意是指在众多信息中,人们易于接受对自己有意义的信息以及与其他信息相比有明显差别的信息。例如人们平均每天会面对很多广告,但不可能对所有这些刺激都加以注意。不购买某项产品的人不会注意该企业发布的广告,即使是购买这个产品的目标顾客也可能注意不到这些信息,除非它们在浩如烟海的广告中十分引人注目。

选择性扭曲是指人们将信息加以扭曲使之符合自己原有的认识,然后加以接受。由于存在选择性扭曲,消费者所接受的信息不一定与信息的本来面貌相一致。比如,某人偏爱联想电脑,当推销员向他介绍其他品牌的电脑时,他总是设法挑出毛病或加以贬低,以维持自己固有的"联想电脑最好"的认识。

选择性保留是指人们易于记住与自己的态度和信念一致的信息,忘记与自己的态度和信念不一致的信息。比如,一个海尔冰箱的品牌忠诚者可能会记住关于海尔冰箱的优点而忘记其他竞争性品牌的优点。

由于存在选择性注意、扭曲及保留,营销者在如何让消费者了解他们的信息问题上需要动更多脑筋。这一事实可以解释为什么企业在向目标市场传送信息时使用大量生动的手段以及多遍重复传送。也有很多企业由于宣传手段单一或没有找到合适的切入点而造成了促销资源的大量浪费。

【阅读与思考】

### 卖切糕的秘密

有一家卖糕点的店铺,店老板切糕点时,故意少切一点,过秤后见分量不足,切一点添上,再称一下,还是分量不足,又切下一点儿添上,最终使秤杆尾巴翘得高高的。

思考:如果你是一位顾客,见到卖糕点的过程有怎样的感受?如果老板先切一大块糕点上秤,再一下一下往下切,直到称足你所要的分量,你的感受是什么?

### (三)学习

学习是指由经验所引起的个人行为的改变。消费者由于内在需要而产生购买某种商品的动机,但这种动机可能在此次购买行为结束后继续产生或从此消亡,这就是后天经验即学习的结果。学习过程是驱策力、刺激物、诱因、反应和强化诸因素相互影响和相互作用的结果,如图3-5所示。

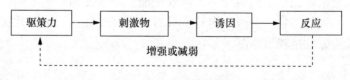

图3-5 学习的模式

1. 驱策力。指存在于人体内驱使人们产生行动的内在刺激力,即内在需要。心理学家把驱策力分为原始驱策力和学习驱策力两种:原始驱策力是指先天形成的内在刺激力,如饥、渴、逃避痛苦等,新生婴儿也知道饿了要吃,渴了要喝,疼了要哭等。学习驱策力是指后天形成的内在刺激力,如恐惧、骄傲、贪婪等,成人会担心财产安全、交通安全,希望工作取得成就等,都是从后天环境中学习得到的。

2. 刺激物。指可以满足内在驱策力的物品。比如，人们感到饥渴时，饮料和食物就是刺激物。如果内在驱策力得不到满足，就会处于"紧张情绪"中，只有相应的刺激物可使之恢复平静。当驱策力发生作用并寻找相应的刺激物时，就成为动机。

3. 诱因。指刺激物所具有的能吸引消费者购买的因素。所有营销因素均可成为诱因，如刺激物的品种、性能、质量、商标、包装、服务、价格、销售渠道、销售时间、人员推销、展销和广告等。

4. 反应。指驱策力对具有一定诱因的刺激物所发生的反射行为。比如是否购买某商品以及如何购买等。

5. 强化。指驱策力对具有一定诱因的刺激物发生反应后的效果。若效果良好，则反应被增强，以后对具有相同诱因的刺激物就会发生相同的反应；若效果不佳，则反应被削弱，以后对具有相同诱因的刺激物不会发生反应。

对于营销人员来说，学习理论的指导意义在于他们可以把本企业的产品与顾客强烈的驱策力联系起来，利用刺激性诱因提供正面强化手段，从而激发人们的需求。

【讨论】举例说明学习过程是由驱策力、刺激物、诱因、反应和强化诸因素相互影响和相互作用的结果。

### （四）信念和态度

通过行动和学习，人们会获得信念和态度，而这些反过来又会影响他们的购买行为。

信念是指一个人对某些事物所持有的描述性思想。例如，一个顾客对某品牌相机的信念可能是它照相效果好、结实耐用、价格为 1 500 元，这些看法可能基于实际知识、观念或信念而产生。顾客的信念决定了企业和产品在顾客心目中的形象，决定了顾客的购买行为。营销人员应当高度重视顾客对本企业或品牌的信念，如果发现顾客的信念是错误的，并阻碍了其购买行为，就应运用有效的促销活动去予以纠正以促进产品销售。

态度是指人们对客观事物以肯定或否定的方式评价的一种心理倾向。态度使人们产生喜欢或不喜欢某些事情、接受或回避这些事情的固定想法。当消费者对某种产品持肯定态度时，购买行为很容易发生，并在以后会根据已形成的态度产生重复购买，这样可以降低消费者购买决策的复杂性，因此被消费者以肯定态度评价的产品可以保持长时间的畅销。相反，一旦消费者对某种产品形成否定态度，则会拒绝该产品，因而使生产者一败涂地。因此，营销人员工作的重点在于，了解消费者对自己的产品、品牌和企业的态度，以及如何帮助消费者对自己所提供的产品树立起积极的态度。

态度具有稳定性的特点，一旦树立很难改变。同时，一个人关于某种事物的所有态度往往会形成一个体系，要改变其中任何一个，势必要考虑改变其他相应的态度。因此，企业在确立营销策略时，应尽量使其产品去适应消费者已有的态度，而不是试图改变消费者的态度。当然事有例外，也有花费巨大的代价改变消费者态度的成功例子。

【阅读与思考】

> **塞西尔的"感情投资"**
>
> 　　对顾客进行感情投资,就要体察、理解顾客的心理活动,使他们在购物中能得到人与人之间的绵绵友情。要感情投资,就要在顾客的购买心理上做文章,以寻找企业发展的突破点。
>
> 　　美国得克萨斯州利昂时装店的推销员塞西尔虽已年逾花甲,但她一年销售的鞋子价值达60万美元,她自己的年收入达到10万美元。妇女们热衷于在她那里买鞋,并不是因为她那里的鞋特别时髦,甚至也不是店里的服务,而是看中塞西尔待她们的那种绵绵情意。塞西尔接待顾客就好像她生活中除你而外再没任何别的人一样。如果这鞋你穿着不合适,她是不会让你买的,穿在你脚上不怎么好看,她也绝不会卖给你。她会进出库房,为你拿出300双鞋让你挑,每次你试穿一双,她都陪你去照镜子,而且她会跪在你脚下,帮你穿上脱下,直到你满意为止。有些顾客20多年来一直是塞西尔的老主顾。
>
> 　　思考:你认为企业经营者怎样做才能赢得顾客?

# 任务3　消费者的购买决策过程

消费者的购买决策过程是购买动机转化为购买行为的过程。在购买不同类型的消费品时,参与购买决策过程的人员构成不同,购买行为有差异,购买决策过程也不尽相同。

## 一、消费者购买决策过程的参与者

人们在购买决策过程中可能扮演不同的角色,包括:

1. 发起者,即首先提出或有意向购买某一产品或服务的人。
2. 影响者,即其看法或建议对最终决策具有一定影响的人。
3. 决策者,即对是否购买、为何购买、如何购买、何处何时购买等购买决策做出完全或部分最后决定的人。
4. 购买者,即具体执行购买决策的人。
5. 使用者,即实际消费或使用产品或服务的人。

消费者的购买行为按照购物目的的不同可分为个人购物和家庭购物两种模式:个人购物是为了个人消费而购买产品;家庭购物则是为了家庭成员共同使用而购买产品。当消费者进行个人购物时,可能同时扮演上述五种角色,而在进行家庭购物时,往往是由家庭成员承担不同的决策参与角色,而且随着购买环境和产品的不同,家庭成员在购买决策过程中的角色往往也会发生变化。

对营销人员来说,首先要关注购买决策者,因为他们对购买活动的成败最为关键。许多消费品的购买决策者很容易识别,如女性一般是化妆品的购买决策者,男性在购买烟酒等产品时最有发言权,小零食的购买一般由儿童说了算,家具则往往由家庭成员特别是夫妻双方共同决策。有些消费品的购买决策不那么容易被识别，这时就要分析家庭不同成员的营销力。正确地识别购买决策者，可以帮助企业有针对性地制定适合目标市场的促销策略。

**【阅读与思考】**

**老年人消费行为分析**

某服装企业在为老年人提供服装时采用了以下一些营销措施：

1. 在广告宣传策略上，着重宣传产品的大方、实用，易洗、易脱，轻便、宽松；
2. 在媒体的选择上，主要是电视和报纸杂志；
3. 在信息沟通的方式、方法上主要是介绍、提示、理性说服，而力求避免炫耀性、夸张性广告，不邀请名人明星；
4. 在促销手段上，主要是价格折扣、展销会；
5. 在销售现场，生产厂商派出中年促销人员，为老年消费者提供热情、周到的服务，为他们详细介绍商品的特点和用途，若有需要，就送货上门；
6. 在销售渠道的选择上，主要选择大商场且靠近居民区，并设立了老年专柜或老年店中店；
7. 在产品的款式、价格、面料选择上分别采用了以庄重、淡雅、民族性为主，以中低档价格为主，以轻薄、柔软为主，适当地配以福、寿等喜庆寓意的图案。
8. 在老年顾客的接待上，厂家再三要求销售人员在接待过程中要不急不躁，以介绍质量可靠、方便健康、经济实用的产品为主。在介绍品牌、包装时注意顾客的神色、身体语言，适可而止，不硬性推销。

某一天，在该厂设立的老年服装店里来了大约四五位消费者，从他们亲密无间的关系上可以推测出这是一家子，并可能是专为老爷子来买衣服的。老爷子手拉一位十来岁的孩子，面色红润、气定神闲、怡然自得，走在前面，后面是一对中年夫妇。中年妇女转了一圈，很快就选中了一件较高档的上装，要老爷子试穿，可老爷子不愿意，理由是价格太高、款式太新。中年男子说反正是我们出钱，你管价钱高不高呢，可老爷子并不领情，脸色也有点难看。营业员见状，连忙说，老爷子你可真是好福气，儿孙如此孝顺，你就别难为他们了。小男孩也摇着老人的手说好的好的，就买这件好了。老爷子说小孩子懂什么好坏，但脸上已露出了笑容。营业员见此情景，很快将衣服包装好，交给了中年妇女，一家人高高兴兴地走出了店门。

经过这八个方面的努力，该厂家生产的老年服装很快被老年消费者所接受，销售量急剧上升，企业得到了很好的经济效益。

思考：
1. 这八个方面体现了老年消费者怎样的消费心理和购买行为？他们和青年人、妇女等在消费心理、购买行为上有什么区别？
2. 请分析这户人家不同的购买角色和营业员的销售技巧。

## 二、消费者购买决策类型

消费者在购买不同商品时，其购买行为的复杂程度差异很大。有些购买活动非常简单，有些购买行为则极其复杂，不仅参与购买决策的人员多，而且决策过程也长。因此，在考察购买决策过程之前，有必要先对消费者购买行为类型进行划分。阿萨尔根据购买者的参与程度和产品品牌差异程度把购买行为划分为四种类型，如表 3-3 所示。

表 3-3

| 介入程度<br>品牌差异 | 高度介入 | 低度介入 |
|---|---|---|
| 品牌差异大 | 复杂型购买行为 | 交换型购买行为 |
| 品牌差异小 | 协调型购买行为 | 习惯型购买行为 |

1. 习惯型购买行为。它是一种对于价格低廉、经常购买、品牌差异小的产品，不需花时间进行选择，也不进行信息收集、产品评价就进行购买的最为简单的购买行为类型。属于习惯型购买的消费者只是被动地接受信息，出于熟悉而购买，也不一定进行购后评价。企业可以用价格优惠、电视广告、独特包装、销售促进等方式鼓励消费者试用、续购其产品。

2. 变换型购买行为。它是一种对于品牌差异明显的产品，不愿花长时间来选择和估价，而是不断变换所购产品品牌的购买行为类型。消费者这样做并不是因为对产品不满意，而是为了寻求更多的尝试、比较和评价。针对这种购买行为类型，企业可采用销售促进和占据有利货架位置等方法，保障供应，鼓励消费者购买。

3. 协调型购买行为。它是一种面对品牌差异小而购买风险大的产品，花费大量时间和精力去选购，购后又出现不满意、不平衡的心理，为寻求协调平衡而在使用过程中继续搜集产品信息的购买行为类型。有些产品品牌差异不大，消费者不经常购买，而购买时又有一定的风险，所以，消费者一般要比较、看货，只要价格公道、购买方便、机会合适，消费者就决定购买。购买以后，消费者也许会心理不平衡或不够满意，在使用过程中，会了解更多情况，并寻求种种理由来减轻、化解这种失衡，以证明自己的购买决定是正确的。经过由不协调到协调的过程，消费者会有一系列的心理变化。针对这种购买行为类型，企业应注意运用价格策略和人员推销策略，选择最佳销售地点，并向消费者提供有关产品评价的充分信息，使其在购买后坚信自己做了正确的决定。

4. 复杂型购买行为。它是一种面对品牌差异大的产品，广泛收集相关信息，慎重选择，仔细比较后才购买，以求降低风险的购买行为类型。当消费者购买一件贵重的、不常买的、有风险的而且又非常有意义的产品时，由于产品品牌差异大，消费者对产品缺乏了解，因而需要有一个学习过程，以广泛了解产品性能、特点，从而对产品产生某种评价，最后决定购买。对于这种复杂型购买行为，企业应采取有效措施帮助消费者了解产品性能及其相对重要性，并介绍产品优势及其给购买者带来的利益，从而影响他们的最终选择。

### 三、消费者购买决策过程

消费者购买过程是消费者购买动机转化为购买活动的过程。不同消费者的购买过程有特殊性，也有一般性，对此加以研究可以更有针对性地开展营销活动，满足需求，扩大销售。不同购买类型反映了消费者购买过程的差异性或特殊性，但是消费者的购买过程也有其共同性或一般性，西方营销学家对消费者购买决策的一般过程做了深入研究，提出若干模式，采用较多的是五阶段模式，如图3-6所示。这五个阶段分别是：确认需要、信息收集、评价方案、决定购买和购后行为。

图3-6 消费者购买决策过程

显然，购买过程在实际购买做出之前早就开始了，而且会持续到购买之后，营销者应关注整个购买过程，而不是仅仅关注购买决策本身。上述模式是指消费者在每次购买中都经过这五个步骤，不过在日常购买中，消费者经常省略其中几步，甚至把它们的次序颠倒。经常购买同一品牌牙膏的妇女在发现需要牙膏时会直接做出购买决定，省掉了信息收集和评价这两个步骤。我们使用这种模式，是因为它表示了当消费者面临新的与复杂的购买情况时所做出的所有考虑。

### （一）确认需要

需要是购买活动的起点，升高到一定程度时就变成一种趋力，驱使人们采取行动予以满足。需要可由内在刺激或外在刺激唤起：内在刺激是人体内的驱使力，如饥、渴、冷等；外在刺激是外界的"触发诱因"，如食物的香味，衣服的款式等都可以成为触发诱因，形成刺激，导致对某种需要的确认。但是需要被唤起后可能逐步增强，最终驱使人们采取购买行为，也可能逐步减弱以至消失，营销人员在这个阶段的任务是了解消费者有什么样的需求或问题，它们是怎么产生的，以及如何把消费者引向特定的产品。通过市场调研，营销人员可以识别出哪些因素最能引发人们对产品的兴趣，然后制定出包含这些因素的营销计划。

### （二）信息收集

消费者的需要被激发起来后，他会不会接着收集信息仍取决于多种因素。如果消费者的需要很强烈而且商品很容易获得，他就可能马上采取购买行为，而不去收集信息。否则，消费者就可能暂时保留这个愿望。随着这个愿望由弱转强，消费者还可能采取两种做法：一种是消费者适度注意，即对该类商品信息比较敏感，但只是被动接受信息，比平时更加关注该产品的广告以及别人对其的使用评价；另一种是积极地收集信息，如阅读介绍材料、浏览各种广告、向亲朋好友询问，甚至亲自去商场了解。消费者收集多少信息，取决于他的驱策力的强度、已获知信息的数量和质量，以及进一步收集信息的难度。

一般而言，消费者的信息来源一般可以分为内部信息和外部信息。

1. 内部信息。内部信息是指消费者的记忆来源，通过过去的信息搜寻活动、个人经验和学习所形成的记忆是消费者最直接、最有效的信息来源。很多情况下消费者仅靠储存在记忆中的信息就可以解决他所面临的购买问题，比如买一只牙膏，绝大多数消费者是凭借过去的经验、印象或习惯做出选择，而不需要求助于他人。值得注意的是，今天的记忆来自昨天的信息收集，即被储存于大脑中的信息，最初获得的时候也是来源于外部。

2. 外部信息。外部信息包括三个方面：

（1）个人来源。包括朋友、同事、家人和邻居等。美国一家汽车调研公司的调查发现，三分之二的新车购买者说他们购买哪一款汽车主要受周围接触的人的影响。有资料表明，同为外部信息，来源于个人的信息对消费者影响程度是其他外部信息的18倍。由此可知在消费者心目中树立良好的形象对企业营销意义非凡。

（2）大众来源。包括大众媒体、政府机构、消费者组织等公众机构传播的信息。大众媒体刊载的有关消息、报道及有关生活常识的介绍对某些产品的购买也是很有帮助的。政府质量监督部门、消费者保护组织等机构不定期发布的产品质量检测结果等信息，也是消费者获取信息的有效途径。

（3）商业性来源。即从广告、营业员介绍、产品说明书、店内信息、宣传手册等渠道获得的信息。这些是企业提供给消费者的信息，是与产品本身关系更为密切的信息来源。

### （三）评价方案

经过信息收集阶段，消费者逐步缩小了可供选择品牌的范围，接下来就是对这些可选品牌进行评价。并没有一个所有消费者都适用的统一评估模式或评估过程，但一般而言，消费者的评价行为涉及以下方面：

1. 产品属性。指产品所具有的能够满足消费者需要的特性，产品实际上由一系列属性构成。如打印机的属性体现在打印速度、清晰度、对纸张要求等方面；冰箱的属性体现在制冷效率高、耗电少、噪音低、经久耐用等方面。在价格不变的情况下，增加产品的属性能提升对顾客的吸引力，但却会增加企业的成本。不过，消费者对产品各种属性的关心程度有所不同，这就是属性权重。消费者会根据自己独特的需要和希望而区别不同属性的重要性程度。比如，在购买电脑时，有的消费者认为运行速度是最重要的，信息存储量是次要的；而有的消费者却可能与此相反，认为信息存储量是最重要的属性。在不同时期，不同细分市场的消费者对同一产品属性的属性权重有所不同，营销人员必须了解其目标顾客主要对哪些属性感兴趣，进而确定本企业产品应具备属性的主次。

2. 品牌信念。即消费者对某品牌产品属性和利益多形成的认知。消费者的品牌信念是对该品牌的每个属性进行综合评价后形成的总体看法，这种信念可能与该品牌的实际性能相符合，也可能并不符合实际情况。

3. 效用要求。即消费者对某品牌每一属性的效用功能应当达到何种标准的要求。它表明品牌的属性达到什么标准时消费者才能满意。

明确了上述三个问题以后，消费者会有意无意地运用一些评价方法对不同品牌进行评价和选择。比如，有的消费者会购买与他的理想品牌之间差距最小的产品；有的则会只根据一种因素如价格做出购买决策；而有的消费者要综合考虑很多因素，并对其进行仔细的评估，根据总的得分来进行选择。举例如下：

假设某消费者已经把数码相机的品牌选择范围缩小为四种，而他所关注的属性方面是像素、价格、样式和使用的便利性，并且，他已经按属性明确了对各品牌的信任程度，如表3-4所示。

表 3-4　某消费者对数码相机的评估

| 数码相机 | 像素 | 价格 | 款式 | 使用便利性 |
|---|---|---|---|---|
| A | 10 | 8 | 7 | 5 |
| B | 8 | 9 | 8 | 4 |
| C | 6 | 8 | 10 | 6 |
| D | 4 | 4 | 7 | 9 |

该消费者最简单的评估办法是认定所有属性中某一种属性，如像素或价格最重要，他就会选择此项属性得分最高的品牌（如 A 品牌或 B 品牌），而不管其他。但大部分消费者不会只考虑一种属性，而是权衡多种属性做出判断。此时，消费者可能采用以下评估方法中的一种：

1. 期望价值法。消费者依次赋予数码相机四种属性以不同的权重，如像素 0.4，价格 0.2，款式 0.3，使用便利性 0.1，然后将权重与每种品牌每种特性的信念值相乘后求和，得出对每种品牌的评分，比如，A 品牌 = $0.4 \times 10 + 0.2 \times 8 + 0.3 \times 7 + 0.1 \times 5 = 8.2$。用此方法分别计算出其他品牌的得分，得分最高的品牌显然就是消费者最满意的。在本例中 A 品牌得分最高，因此被该消费者选中。

2. 理想品牌法。消费者根据自己的需要设想出一种理想的品牌，但并非所有特性的得分都需要达到最高水平。假定他给四种特性规定的理想水平分别是 10 分、8 分、8 分、5 分，然后将四种品牌的实际得分与理想品牌的分数对比，同理想品牌最接近的实际品牌就是消费者偏爱的品牌。在本例中，也是 A 品牌最符合他的理想。

3. 结合法。消费者规定出可接受品牌的最低限度的特性水平，如要求四种特性分别高于 7 分、7 分、8 分、4 分，这样他会选择品牌 B。

## 四、决定购买

评价行为会使消费者对可供选择的品牌形成某种偏好，从而形成购买意图，进而购买所偏好的品牌。但是在现实中，消费者并不一定全部实现购买行为，即使购买也不一定是他最初选定的品牌，原因有以下三点。

1. 其他人的态度。他人态度的影响力取决于：
（1）他人否定态度的强度。否定态度越强烈，影响力越大。
（2）他人与消费者的关系。关系越亲密，影响力越大。
（3）他人的权威性。他人对此类产品的专业水准越高，影响力越大。

2. 意外情况发生。消费者购买意向是以一些预期条件为基础而形成的，如预期收入、预期价格、预期质量和预期服务等，如果这些预期条件受到一些意外因素的影响而发生变化，购买意向就可能改变。比如，预期的奖金收入没有得到，原定的商品价格突然提高，购买时销售人员态度恶劣等都可能导致顾客购买意向改变。

3. 预期风险大小。在购买性能复杂、价格昂贵的商品时，消费者往往会承担较大风险。为减少风险，他们往往会采用避免或减少风险的办法，暂缓购买就是其中之一。

在这个阶段，营销人员要设法降低消费者的购买风险，并在价格、服务、促销等方面采取措施，以引发消费者产生购买行为。

图 3-7 表明了一项特别具有典型意义的最终购买行为。对 100 名声称年内要购买 A 品牌电脑的消费者进行追踪研究发现，只有 44 名消费者实际购买了电脑，而真正购买 A 品牌电脑的消费者只有 30 名。

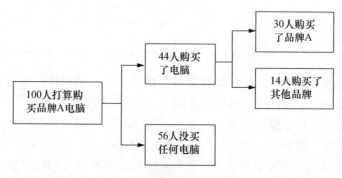

图 3-7　典型的最终购买行为

## 五、购后行为

现代营销理论越来越关注消费者购后过程。消费者在购买产品并使用以后会对多察觉的产品实体性能与以前对产品的期望进行比较。如果产品性能与期望基本吻合，消费者就会基本满意；如果产品性能超过预期，他就会惊喜；否则，产品性能低于预期，他就会不满意。

消费者的期望值往往来源于他们从销售商、朋友及其他方面获得的信息，如果企业夸大了产品的性能，消费者的期望就不会得到满足，必然导致不满意。期望和性能之间的差距越大，消费者的不满意程度越高。这表明企业应诚实地描述产品的性能以便让购买者满意。一些企业甚至低调描述性能水平以提高消费者对产品的满意程度。例如，波音公司销售的飞机每架都至少上千万美元，消费者的满意程度对重复购买和公司的信誉来说非常重要。波音的销售人员在估计其产品潜在益处时趋于保守。他们总是低估燃料效率——他们保证节油 5%，而结果是 8%，顾客对这种超过期望的表现非常满意，他们会重复购买，并可能告诉其他顾客波音公司做得比其许诺得还好。

消费者对产品满意与否直接决定着以后的购买行为。满意的顾客会重复购买，向他人推荐该产品，并且不留意竞争性品牌及广告，还会买该公司的其他产品。不满意的顾客反应就不同了，平均来说，满意的顾客会向 3 个人讲述自己买了件好产品，而不满意的顾客却会向 11 个人进行投诉。实际中，一份研究显示，13% 对某个公司不满的人会向超过 20 人进行抱怨。显然，坏话比好话传得更快、更远，并会迅速危及消费者对某个公司及其产品的态度。

企业应当采取有效措施减少或消除消费者的购后不满意感。比如，有的电脑销售部门在产品售出以后，请顾客留下姓名、地址和电话等，定期与顾客联系，寄贺信，祝贺他买了一台理想的电脑，通报本企业电脑的质量、服务和获奖情况，提供适用软件，知道顾客正确使用产品，征询改进意见等，还建立良好的沟通渠道处理消费者意见并迅速赔偿消费者所遭受的不公平损失。事实证明，与消费者进行购后沟通可减少退货和取消订货的情况，如果让消费者的不满发展到向有关部门投诉或抵制产品的程度，企业将遭受更大的损失。

# 习　题

一、名词解释

1. 消费者市场　　　　　2. 相关群体　　　　　　　3. 品牌信念
4. 复杂性购买　　　　　5. 习惯性购买

二、单项选择题

1. 消费者的购买单位是个人或（　　）。
   A. 集体　　　　　　　　　　B. 家庭
   C. 社会　　　　　　　　　　D. 单位
2. （　　）是影响消费需求和行为的最基本因素。
   A. 个人因素　　　　　　　　B. 心理因素
   C. 商品因素　　　　　　　　D. 社会文化因素
3. 人的购买动机来源于（　　）。
   A. 欲望　　　　　　　　　　B. 需要
   C. 需求　　　　　　　　　　D. 企图
4. （　　）是指由于经验而引起的个人行为的改变。
   A. 知觉　　　　　　　　　　B. 感觉
   C. 学习　　　　　　　　　　D. 动机
5. 体育明星、成功人士属于（　　）。
   A. 首要群体　　　　　　　　B. 次要群体
   C. 向往群体　　　　　　　　D. 厌恶群体
6. 对于减少失调感的购买行为，营销者要提供完善的（　　），通过各种途径提供有利于本企业和产品的信息，使顾客确信自己购买决定的正确性。
   A. 售前服务　　　　　　　　B. 售后服务
   C. 售中服务　　　　　　　　D. 无偿服务
7. 能对消费者购买行为和态度产生影响的人的群体，称为（　　）群体。
   A. 公众　　　　　　　　　　B. 参考
   C. 模仿　　　　　　　　　　D. 次要
8. 以下哪一项不是消费者市场购买行为的特点（　　）。
   A. 购买者的广泛性　　　　　B. 需求的差异性
   C. 购买者的非专业性　　　　D. 派生需求
9. 钢琴属于哪种商品类别（　　）。
   A. 便利品　　　　　　　　　B. 选购品
   C. 特殊品　　　　　　　　　D. 非谋求品
10. 有些产品品牌差异明显，但消费者并不愿花长时间去选择和估价，这时一般采用（　　）购买行为。
    A. 习惯性　　　　　　　　　B. 寻求多样化
    C. 复杂　　　　　　　　　　D. 化解不协调

### 三、思考题

1. 联系实际分析消费者市场的特点。
2. 影响消费者购买行为的内在和外在因素有哪些?
3. 在为一个咖啡产品设计广告时,有消费者人口统计和消费者生活方式两类资料,你认为哪种资料更有用?为什么?请举例说明。
4. 参考群体对消费者行为产生怎样的影响?
5. 知觉的特性对消费者行为产生怎样的影响?

### 四、案例分析

【案例1】　　　　　　　　　　我国迎来第五次饮料浪潮

又是一个烈日炎炎、蝉鸣风长的夏季。气温逐渐升高,饮料市场的热度也随之升温。中国饮料市场的品类繁多和竞争激烈的景象,不仅体现在中国饮料企业群星璀璨,世界饮料巨头也参与到中国这个大市场来同台竞技,而且还表现在各种不同风格和卖点诉求的广告铺天盖地,市场终端的各种饮品琳琅满目,使人目不暇接⋯⋯

中国饮料行业的发展是从20世纪80年代开始的,仅用了20多年的时间就几乎走完了欧美国家80年的饮料发展全过程。

**第一波:碳酸饮料浪潮**

80年代以中国可乐、健力宝和可口可乐、百事可乐为主导的碳酸饮料风靡一时。

80年代的中国大地掀起了碳酸饮料热,主要有中国可乐、少林可乐等八大饮料企业,健力宝是这个时期最有影响力的品牌,由于不断地赞助中国体育运动,多次被指定为运动会专用饮料。当可口可乐和百事可乐进军中国后,七大可乐企业均被兼并("水淹七军"),唯有健力宝一枝独秀,被誉为"东方魔水"。

**第二波:瓶装饮用水浪潮**

90年代以娃哈哈、乐百氏、农夫山泉为代表的瓶装饮用水掀起饮用水革命。

1996年针对自来水的二次污染,娃哈哈以高标准、大投入推出娃哈哈纯净水,掀起了一次饮用水领域的革命。瓶装饮用水成了中国90年代中后期的主流饮料,产生了一大批瓶装饮用水的品牌,如乐百氏、农夫山泉、娃哈哈、润田等。

**第三波:茶饮料浪潮**

2001年至今,以康师傅、统一、娃哈哈为代表的茶饮料掀起了又一波消费高潮。

中国茶饮料的先导者应该算是旭日升,1996年旭日升的冰茶开始热销,它的技术特点是在茶饮料中充入碳酸气。康师傅从1999年开始做终端陈列、启蒙市场,至2001年茶饮料在中国开始逐渐形成高潮。当时群雄并起,许多企业在全力跟进,如康师傅、统一、娃哈哈、可口可乐(天与地、岚风)、乐百氏、旭日升、健力宝、汇源、春都、椰树、露露、三得利、麒麟、茶韵、旺旺、找茶族、冬雨、鲜奇茶、午后红茶等。在如火如荼的"茶水大战"中,最后的赢家主要是康师傅、统一和娃哈哈。

**第四波:果汁饮料浪潮**

2001年统一"鲜橙多"开了先河,2002年康师傅"鲜的每日C"、娃哈哈果汁、可口可乐"酷儿"跟进,2003年"农夫果园"再次将果汁饮料消费高潮升级。

据2001年第四季度和2002年4月份的资料分析,从90年代中期一直保持国内果汁领先地位的汇源已被统一超过。2001年统一在以汇源为代表的100%浓缩还原汁,以及利乐包以家庭、酒店为主要消费对象的基础上另辟蹊径,推出了PET装25%的鲜橙多果汁饮料,以大众即饮消费为主,一举成功,为果汁饮料的快速发展开了先河,使众多饮料企业群情激发、迅速跟进,2002年果汁饮料市场异彩纷呈。

**第五波：功能性饮料浪潮**

2004年夏季出现了以乐百氏的"脉动"、娃哈哈的"激活"、农夫的"尖叫"、雀巢的"舒缓"、统一的"体能"、康师傅的"劲跑"、汇源的"他＋她－"为代表的功能性饮料的新一波浪潮。

中国功能性饮料其实早就有，从80年代健力宝的电解质运动饮料到90年代红牛维生素保健型饮料、澳的利的葡萄糖饮料、王老吉的清凉饮料，以及2000年后上海热销的三得利、佳得乐等，但是一直没有形成主导性饮料的消费者高潮。2003年中国出现非典疫情之后，人们的保健意识空前加强，保健型饮料开始赢得消费者的青睐。娃哈哈推出"补充人体养分和调节体液平衡"的电解质饮用水"康有利"，尤其是乐百氏推出以"补充人体水分和身体必需的维生素，令身体保持活力"为诉求的"脉动"的成功带动了功能饮料新一轮的浪潮。

在众多功能性饮料中，汇源的"他＋她－"令消费者耳目一新。2004年3月汇源旗下国内首款分性别饮料"他＋她－"营养素水上市一周内订货量突破2亿元，到5月底，总订单数达到了5亿元。在国内竞争激烈的饮料市场上，这是一件优异的市场业绩，相当于很多市场表现优秀的饮料品牌一年的销量。

北京他加她饮品公司的首款男女营养素水研发项目于2003年11月11日正式启动。在此之前，国内饮料界、水厂商的市场细分方法主要按年龄段纵向切分，或是按照饮品的品种来分类，而他加她饮品的细分方法却跳出了这种思路：横向切开，按男女来分。

在品牌内涵上，"他＋"是增强抵抗力，增进精力、活力；"她－"是减去岁月留下的痕迹，减肥、减压。在功能属性和产品成分上，"他＋"含有肌醇、牛磺酸，为男人补充活力；而"她－"含有芦荟和膳食纤维，有助于女性减肥和美容。在产品包装方面，公司设计了两种不同的水瓶"男左女右"放在一起：冷峻蓝调的男性头部轮廓与妩媚粉紫的女性头部轮廓恰似深情相望的一对情侣。有意思的是，许多购买者却将两瓶水"女左男右"放在一起，深情相望的一对情侣变成了深情相依的一对情侣。

（资料来源：1. 尚阳. 功能性饮料市场大战，掀起第五次饮料浪潮［N］. 中国营销传播网. 2004—09—13. 2. 屠建路. 饮料分性别，一周订2亿，功能性饮料"三国大战"［N］. 北京现代商报. 2004—03—09.）

分析讨论：
1. 我国饮料行业的五次浪潮体现了消费者怎样的需求变化轨迹？
2. 消费者对饮料的需求受到哪些因素的影响？
3. 你认为饮料分"男女"说明了什么？

## 【案例2】　　　　　　　　　　"聚件成套"显奇功

日本日绵公司主要经营陶瓷器生意。在日本，他们经营的高级陶瓷器非常畅销，于是公司董事土桥久男就准备把业务拓展到美国去。

刚开始时，陶瓷器在美国并不好销。经过仔细的调查研究后，土桥久男发现，过去专门销售陶瓷器的百货公司效率很低，运转速度慢，产品销量不大，不如改用超级市场来销售。于是，他把陶瓷器摆到了纽约的各家超级市场里，占据了橱窗的醒目位置，销量上升很多。但他并不满足于眼前的成绩，他认为销量还可以扩大。通过对美国大众习惯心理和消费行为的分析，在他头脑中形成了一套完整的销售计划，这就是以超级市场为中心，开拓市场，扩大销量的"聚件成套"计划。"聚件成套"的具体做法是：第一步，在超级市场推出4个一组的陶瓷咖啡杯，同时赠送购买者四个咖啡碟子。第二步，当咖啡杯卖出相当数量的时候，以较高的价格开始出售糖罐，因为喝咖啡要加糖，所以买了咖啡杯，就要买糖罐。第三步，当糖罐卖出相当数量的时候，再以更高的价格开始出售陶瓷调羹、托盘和碟子。前后推出的这几种产品在花样、色泽、质地等方面完全一致，风格也完全一样，购置全了可配成一套喝咖啡的用具。

有了销售计划，土桥久男又凭着卓越的经商才干和口才，说服了超级市场的经营者，使自己的"聚件成套"计划得以实施，最后日绵公司终于获得了丰厚的利润。

美国是个咖啡消费大国，推出咖啡陶瓷用具是有的放矢，而且美国人对日常用具很讲究配套和特色。土桥久男运用"聚件成套"的销售法，先以低价和馈赠吸引美国顾客的购买，再以高价出售配套的糖罐、调羹等，利用美国人对日用品讲究配套的心理特点，分阶段地实施销售计划，使美国人欲罢不能，最终达到了扩大瓷器销售量的目的。

（资料来源：世纪风云网）

分析讨论：
1. 土桥久男利用美国人的消费心理取得销售的成功，我们从中可以得到什么启示？
2. 如果是你，你将采取何种营销策略来销售这些高级陶瓷器？

## 实训应用

【实训项目】
消费者行为分析。

【实训目的】
分析市场，了解消费者的购买心理与购买行为。

【实训指导】
1. 根据商品类目分组，任课教师调控整个实训过程。如超市参与时，主要根据他们的实际需要项目进行开展。
2. 以在实地观察、接触消费者的实际感受，结合消费行为理论剖析消费者二至三种行为过程，说明其有可能受哪些心理活动的影响。

【实训组织】
对有关超市进行调查，了解销售资料，由学生组织分析研究，得出结论。分析的具体内容由教师指导学生拟定，如超市有需要，可作为真正的实训。

【实训考核】（百分制）
1. 实训准备工作（10分）。
2. 实训的组织、分配、管理等过程（20分）。
3. 实训成果汇报及其提交（45分）。
4. 项目团队成员间的团队合作精神（15分）。
5. 学生互评，教师点评（10分）。

# 项目四
## 生产者市场及购买行为分析

 **任务描述**

在组织市场时,生产者市场的购买行为有典型意义,它与消费者市场的购买行为既有相似性,又有较大差异性。因此,要学会区分生产者市场与消费者市场在市场结构与需求、购买单位性质、购买行为类型与购买决策过程等方面的差异。

 **任务目标**

**知识目标**

1. 明确了解生产者市场的概念及特点,了解生产者市场与消费者市场的联系及差异。
2. 掌握生产者市场购买者决策过程。
3. 了解影响生产者市场购买决策的主要因素。

**能力目标**

1. 能够运用生产者购买决策程序做出正确的购买决策。
2. 能够分辨出生产者市场中的参与者。

 **任务导入**

结合网络资源及生活中的企业采购信息,分析在整个购买行为中影响决策过程的主要因素有哪些。

 **案例导入**

### 芯片危机,诺基亚与爱立信的胜败抉择

**背景**

世界手机市场三巨头诺基亚、摩托罗拉和爱立信当中有两家是北欧邻国。手机市场的龙头老大诺基亚诞生于1865年的芬兰,当时是造纸厂,一直到20世纪90年代才集中制造以手机为主的通信设备。在芬兰的邻国瑞典,爱立信先生早在1876年

就开了一家修理电话的店铺,然后就开始制造电话。进入90年代,手机开始普及,诺基亚和爱立信在手机市场展开了激烈的竞争。

**事故**

2000年3月17日星期五,晚上8点,美国新墨西哥州大雨滂沱,电闪雷鸣。雷电引起电压陡然增高,不知从哪里迸出的火花点燃了飞利浦公司第22号芯片厂的车间,工人们虽然奋力扑灭了大火,但火灾仍然带来了巨大的损失。诺基亚和爱立信一起购买的芯片占这家工厂总芯片的40%,此外还有30多家小厂也从这家芯片厂订货。

**反应**

3月31日,也就是火灾两个星期以后,高亨召集了中国、芬兰和美国诺基亚分公司负责采购的服务工程师、芯片设计师和高层经理共同商讨怎样处理这个棘手的问题。高亨专门飞到飞利浦公司总部,十分激动地对飞利浦公司的CEO科尔·本斯特(Cor Boonstra)说:"诺基亚非常非常需要那些芯片,诺基亚公司不能接受目前的这种状况,即使是掘地三尺也要找出一个方案来。"经过高亨的不懈努力,他们找到了日本和美国的供应商,承担生产几百万个芯片的任务,从接单到生产只有5天准备时间。诺基亚还要求飞利浦公司把工厂的生产计划全部拿出来,尽一切努力寻找可以挖掘的潜力,并要求飞利浦公司改变生产计划。飞利浦公司迅速见缝插针,安排了1 000万个Asic芯片,生产芯片的飞利浦工厂一家在荷兰,另一家在上海。为了应急,诺基亚还迅速改变了芯片的设计,以便寻找其他的芯片制造厂生产。诺基亚公司还专门设计了一个快速生产方案,准备一旦飞利浦新墨西哥州的工厂恢复正常以后,就可快速地生产芯片,把火灾造成的200万个芯片的损失补回来。

与诺基亚形成鲜明对照的是,爱立信反应要迟缓得多,表现出对问题的发生准备不足。爱立信公司几乎是和诺基亚公司同时收到火灾消息,但是爱立信公司投资关系部门的经理说,当时对爱立信来说,火灾就是火灾,没有人想到它会带来这么大的危害。

爱立信公司突然发现,生产跟不上了,几个非常重要的零件一下子断了来源。火灾后遗症在2001年1月26日达到了高潮,飞利浦公司的官员说:实在没有办法生产爱立信所急需的芯片,"已经尽了最大努力"。而在20世纪90年代中期,爱立信公司为了节省成本简化了供应链,基本上排除了后备供应商。当时,爱立信只有飞利浦一家供应商提供这种无线电频率晶片,没有其他公司生产可替代的芯片。在市场需求最旺盛的时候,爱立信公司由于短缺数百万个芯片,一种非常重要的新型手机无法推出,眼睁睁地失去了市场。面对如此局面,爱立信公司只得宣布退出移动电话生产市场。

(资料来源:http://wenku.baidu.com/view/7554ec0e844769eae009ed8f.html)

生产者市场不仅需要满足顾客需求,打开销路,还要建立和供应商之间的密切联系,为企业生产经营打下坚实的基础。本章节将介绍生产者市场的概念、特点、购买过程、分析影响生产者市场购买行为的主要因素,为企业建立起稳定的供求关系做好工作。

# 任务1　生产者市场的概念

生产者市场也可以称为产业市场或工业品市场，是指为了满足各种赢利性的制造业企业和服务业企业为了制作或提供社会需求而提供服务和产品的市场，是组织者市场的一种形式。

在市场分类中，我们按照交易对象可以将市场分为生产者市场和消费者市场。生产者市场与消费者市场的竞争程度都比较激烈，两个市场的区别在于：消费者市场的商品用于个人消费，属于最终消费；生产者市场的商品用于生产消费，属于中间消费。

生产者市场所涉及的行业有重工业、建筑业、农业、金融业、化工业等。

【阅读材料】

### 空调原材料涨价，企业压力巨大

苏宁电器发布的《2011中国空调行业白皮书》预测，2011年中国空调市场仍将稳中有升，或有10%左右的增长，但依然面临很大的涨价压力。

苏宁电器调研数据显示，2010年国内空调市场创下的3 674万台的零售量以及1 035亿元的零售额均为历史新高，同比增速分别高达23.6%和24.4%。虽然2010年中国空调行业非典型性增长不具有连续性和可复制性，但是政策的拉动、经济的持续繁荣、房地产的刚性需求、极端天气等因素对2011年空调产业的拉动仍不可小视。

但从《白皮书》对2011年空调价格行情分析来看，空调行业涨价压力依然很大，涨价主要来自企业运营成本增加以及政策力度减弱的影响。一方面，空调需求扩容，空调产能扩大，空调原材料和用工需求加大，但同时原材料价格和用工成本却在急速飙升。

据了解，空调主要原材料铜、铝等价格自2009年起一直呈现上升趋势，跟2009年初相比，2011年初铜价上涨2.6倍，仅此一项1P挂机的成本将增加250元左右，2P柜机的成本也增加了约600元。此外，由于国家政策导向，空调生产企业对高能效空调压缩机需求量剧增，加上钢铁、石油、煤炭、水电等价格居高不下，直接导致空调生产成本增加。

（资料来源：http://it.sohu.com/20110222/n279465391.shtml）

# 任务2　生产者市场的购买特征

从前面的讲述中，我们知道消费者市场属于最终消费，也就是说购买者以个人或家庭为主，从实际生活中我们能了解到，这样的一些购买者购买量小，购买者地理位置也较为分散，他们的购买方式、购买习惯也多种多样，再加之收入问题、文化因素、历史因素、地理位置的差异也影响消费者市场购买者的购买。那么生产者市场的购买者是否也存在以上的特点呢？下面我们详细地分析一下生产者市场的购买特征：

1. 购买者较少，但规模较大。生产者市场面对的顾客涉及诸如制造业、建筑业等，这些企业相对集中，一些行业虽只有少数几家这样的买主构成，但却占有了大部分购买量。由于生产者市场买主数量少，资本比较集中，因此具有管理方便、降低成本的好处。

2. 购买者地理位置集中。由于资源、人员、交通等问题，产业市场在地域分布上更为集中。比如我国钢材的生产虽然主要集中在华南和广大的西部地区，但我国钢材的消费主要集中在华东地区和华南地区。再如，我国的空调制造业主要集中在华南地区，这就表明华南地区也是我国最大的铝制品消费地之一。

3. 供需双方关系一般较稳定。由于买主人数较少，资本较集中，因此买主对供应商来说显得更为重要，供应商会按顾客的要求提供产品。同时为了进一步促进双方关系的稳定性，产品的供应商和购买者也会进行商品的互购。比如铝制品生产厂商为某空调公司提供铝制品，而这家厂商在购买空调时也会首先考虑该空调公司的产品。

4. 需求的派生性。所谓派生性是指购买者对生产资料的需求归根到底是由消费者市场上的消费需求所派生出来的，并随之变化。比如消费者对皮衣的需求派生出服装生产者对皮革的要求，进一步派生出皮货商对兽皮的需求，还派生出养殖业对配种及饲料的需求。

5. 需求缺乏弹性。由于多数工业用品、服务业等的需求取决于消费者的需求，所以短期内生产者用户需求的刚性更为明显，受价格变动的影响不大，一般规律是：在需求链条上距离消费者越远的产品，价格的波动越大，需求弹性越小。比如粮食价格的上涨，酒厂未必会减少购买，除非酒厂找到了其他代用品或发现了节约原料的方法。

6. 波动需求。这是指消费者市场需求的小量波动会引起生产者市场的剧烈波动，这种现象称为"加速原理"。有时消费者需求只增加10%，就能使上游一系列产业购买者需求出现远远超过10%的增减，增减的比例取决于上游环节的多少，环节越多，增减的比例越大。造成这种现象的另一个原因是产业市场存在的大量投机行为。

7. 影响购买的人多。大部分企业都有专门的采购组织，它们往往由技术专家和高级管理人员组成。由于购买过程涉及成本与利润的问题，这就要求必须多人共同决策来保证决策更加合理，从而达到降低成本、提高利润的目的，这就使决策过程变得更为复杂。

8. 直接采购。所谓直接采购是指购买者向生产者直接订购所需的产品，而不经过其他中间环节。购买者亲自与生产者进行洽谈，可以很好地了解对方的实际生产与销售情况，再加之减少了中间环节，可以以一个较低的价格取得产品，同时使物流环节更直接，可以有效地将损失降到最低。这种采购方式特别适合价格昂贵且技术含量高的产品。

9. 专业采购。生产者市场的采购不像消费者市场中的消费采购那么随意,其采购人员必须具备专业知识。由于所采购的生产资料在生产过程中所起的作用很大,甚至会关乎企业的生死存亡,因此往往由工程技术人员和高层管理人员组成专门的采购小组采购,具有很强的专业性。

【相关链接】

**需求决定产能,玻璃基板企业谨慎扩产**

工信部的新政有望刺激中国高科技产业。昨天,工信部《新材料产业"十二五"发展规划》正式出台。对于中国高科技产业的分光片、太阳能电池薄膜和玻璃基板以及半导体等行业均有着巨大的促进作用。规划预计,到2015年,需要平板显示玻璃基板约1亿平方米/年,TFT混合液晶材料400吨/年。

玻璃基板是京东方等液晶面板厂商的上游材料,一块液晶面板需要两片玻璃基板加其他材料来构成。

以此产能估算,上述液晶面板所需液晶基板每年尚不足1亿平方米。中国光学光电子行业协会液晶分会(CODA)产业研究部副主任胡春明指出,上游液晶基板厂商生产时还要看市场需求,"如果需求不高,生产出的玻璃基板产品就会转为库存。"

不过对于京东方等面板企业来说,国产玻璃基板供应实现本土化之后,有助于降低成本。胡春明表示:"还会带动下游电视机等整机企业成本的降低。"

此外,在《新材料产业"十二五"重点产品目录》中"功能性膜材料"栏列出的23个产品中,15个产品与乐凯集团相关,其中的光学聚酯薄膜等8个产品已经实现产业化,批量供应市场,另外7个产品乐凯集团正在进行研发。乐凯胶片方面并未对昨日工信部新政进行回应,乐凯集团官方回应《第一财经日报》时表示,此次新政策对新材料产业无异于注入一针强心剂,乐凯集团会"积极争取和用好国家的相关政策,快速提高乐凯在高性能膜材料领域的发展质量和规模"。

数据显示,自2005年乐凯集团开始进行产品和产业结构调整,截至2011年年底,以光学TAC、PET薄膜、扩散膜、热敏磁票等为代表的高性能膜材料已经占到乐凯集团主营收入的22%,利润占到同期利润总额的73%。

(资料来源:http://www.p5w.net/news/cjxw/201202/t4096090.htm)

# 任务3 生产者市场的购买类型和购买参与者

## 一、生产者市场的购买类型

在生产者市场中,根据生产者市场的决策过程和决策项目的多少,生产者市场的购买可以分为直接重购、修正重购和新购三种类型。

1. 直接重购。生产者用户的采购部门按过去的订货目录和基本要求继续向原先的供应商购买产品。这是最简单的购买类型。当然这是基于生产者用户对供应商的服务和产品满意的前提下。所以，为了维持与现有客户的良好关系，被列入重购名单的供应商应努力维护其产品和服务质量，尽量简化手续，提高工作效率，节约顾客时间。未被列入重购者名单的供应商，也不能轻易放弃，应努力寻找创造顾客价值的机会，可以试图突出新的产品或更全面的服务，先促使部分购买者转移，力争一席之地，然后再逐渐扩大其市场份额。

2. 修正重购。当发现所采购的产品已不能满足生产的需要或为了更好地完成采购任务，要适当地改变采购产品的规格、价格、发货要求等条件甚至是供应商时，就要求进行修正重购。在进行修正重购时，买卖双方都会有较多的人员参与，这就使得原来选中的供应商具有危机感。他们应及时地了解采购方提出新要求的原因和具体内容，并根据自己的实际开展有针对性的行动，要么全力以赴继续保持交易，要么放弃该顾客。而此时对原来未被选中的供应商则是争夺市场的好时机，应充分利用时机争夺大额订单。

3. 新购。是指首次购买某种产品或服务，这是最复杂的购买类型。由于是初次购买，需要掌握大量的市场信息，如供应商的数量、分布，产品的规格、数量、价格、范围，以及交货方式、服务内容、付款方式等。显然，需要掌握的信息量越大，参与购买决策的人就越多，制定购买决策所需的时间就越长，再加之新购产品的成本费用越高，其风险就越大，这就构成了该类型的复杂性。但由于采购方没有一个现成的供应商名单，所以对所有的供应商来说都是机会，各供应商应及时地向顾客提供相关信息，并帮助顾客解决疑难问题，向顾客提供满意的服务，从而建立良好的关系，以便夺得该顾客。

## 二、生产者市场的购买参与者

1. 发起者。即提出购买需求的人。生产商在实际生产经营过程中发现生产需求的不足，就需要进行采购。因此，发起者可能是使用者或是技术人员。

2. 使用者。顾名思义就是使用产品或服务的个人或组织。如前所述使用者可能是最先发现问题的人，并协助确定购买决策。

3. 影响者。主要是指影响采购的人。这些人员可以是直接影响也可以是间接影响，可以来自组织内部也可以来自组织之外。他们协助确定产品的规格、购买条件，并能提供大量的市场信息，来影响产品的采购。比如企业的财务人员关注的是资金的支出情况，他们所能支付资金的多少直接影响采购的数量和质量。

4. 决策者。在诸多影响因素的作用下，发起者所提出的采购要求会受到干扰，这时就要有人来决定买与不买、买什么、买多少、买谁的、愿意支付的价格等问题。这个做出决定的人我们就称之为"决策者"。在大部分的企业中通常由企业的主管来担任这一角色。

5. 批准者。有权批准决策者或购买者所提购买方案的人员。他们一般是企业的高层领导。

6. 采购者。是指被赋予权力按采购方案进行采购的人员。在采购过程中，他们要协助制定产品规格，选择优秀的供应商，并负责对价格等问题进行谈判。

7. 控制者。有时也叫把关者，是指阻止销售商或其他信息流向参与采购的人员，以防影响采购活动。

采购中心平均参与购买决策的人数是 3~5 人。日常使用的产品和服务的购买，平均参与决策的人数约为 3 人，大型项目的产品和服务购买，平均参与决策的人数约为 5 人。采购中心的发展趋势是由来不同部门和执行不同职能的人组成小组以制定购买决策。

## 任务 4  生产者市场的购买决策过程

### 一、识别问题

企业在内外部刺激的作用下，会引发一些需要。这些需要可以通过产品或服务解决，比如企业可能需要生产新的产品，可能需要引进新的机械设备或新的原料，也可能需要供应商来改进服务。总之，企业所认识到的这些需要就是所要识别的问题。

【阅读材料】

**有思考力才有领导力**

领导力，顾名思义即领导者的能力，与领导的思考力是高度正相关的。领导倘若失去了思考力，那么就失去了在其位、谋其职的基本素质，更谈不上领导力了。每一种执行的后面必定有一种理念或思维来支撑和延续着这种执行，并带来可预期或者可控的效果。许多成功的领导，他们首先自己保持敏锐的思考力，高瞻远瞩地思考问题，直接、准确地分析问题，才能提出激动人心的愿景与目标，制定出符合企业发展的战略，带领、管理好整个团队，推动企业不断向前发展。

思维最直接、简单的领导者往往最具有领导力。并购康柏后的新惠普，其前任 CEO 卡莉因在其任期内的 20 个财务季度中，7 个财务季度的利润未达华尔街预期，公司股价下跌了 55% 而被免职。现任的 CEO 马克·赫德仅用一年的时间迅速清除了这些灾难性的影响，并使惠普释放潜能，销售与利润同时上扬，赢得赞誉声一片。他做了什么呢？他只关注和全力做好了经营管理的最基本层面的两件事：提高效率和控制成本。在卡莉时代，惠普的组织结构过于复杂，销售人员往往需要对每一种产品都要有所了解才敢和客户进行沟通，这样往往导致效率低下、增加不必要的协调成本。而马克·赫德在精简结构后，各个产品线的销售人员只专注自己负责领域的产品推销，如打印部门的销售人员再也不用对服务器的性能做详细了解。这种调整让惠普的产品线更加清楚，客户也会对其一目了然，不但降低了销售成本，而且提高了运营效率。而节省下来的资金又投向了研发、销售等能保持长期发展的业务或者部门中，为从长期提高公司的竞争力打下了坚实的基础。马克·赫德在用人方面也体现了他的精准的思考力。在选拔首席营销官时，马克·赫德先画出一张"技能图"，然后根据这些技能对所有人进行筛选，最后选定了在惠普工作了 26 年的凯西·里昂。他运用了最基本却常被忽视的逻辑层面,即需要什么就寻找什么。马克·赫德有句名言:"好的公司要么善于成长,要么精于效率,而只有伟大的公司才能同时做好这两件事情。"

(资料来源:http://www.boraid.com/article/html/79/79557.asp)

### 二、确定需要

经过问题的识别后,我们要确定需要。企业需要的确定要按主次的顺序进行。在确定需要的过程中我们要会同有关的技术人员和管理人员共同制定所需品种的特征,比如可得性、可靠性等以及相应的数量。

### 三、说明需要

所谓说明需要是指在总需要确定之后,要写出详细的技术规格说明书,来详细地说明产品的性能、规格、质量、品种、数量及所需的服务等内容,用以作为采购人员的采购依据。

一般来说,企业会派专门的产品价值分析工程组投入这项工作。所制定的技术规格说明书除了为采购人员提供依据外,还有一个重要作用就是对产品进行价格分析,通过价格分析来说明怎样利用最少的耗资来获取最大的利益。

### 四、物色供应商

在确定了以上内容之后,为了选购满意的产品,企业会物色服务周到、产品质量高、声誉好的供应商。企业及其采购人员会尽全力去搜索与供应商有关的信息。调查表明,企业采购部门信息来源及重要性的排列顺序是:

(1) 内部信息:如采购档案和采购指南,推销员的电话访问和亲自访问;
(2) 外部信息:如卖方的产品质量调查、其他公司的采购信息、新闻报道、广告、产品目录、电话簿、商品展览等。

### 五、征求建议

对已物色的多个供应商,购买者应要求其写出供应建议书,特别是对于价格昂贵的产品,其供应建议书要尽可能详细。买方可根据供应建议书来选择理想的供应商。为了取得买方的信任与好感,供应建议书应在实事求是的基础上,尽可能地有吸引力,不管在技术还是服务上要尽可能高出竞争对手,才能有实力淘汰他人。

### 六、供应商选择

经过比较、分析,采购者会选择比较满意的供应商。其选择的标准是:交货及时性、产品质量、产品价格、产品品种、技术能力、生产设备、服务质量、付款结算方式以及企业信誉、财务状况、地理位置等。对部分供应商特别是需求量大且产品较普遍的,其供应商一般有多个,以免受制于人,同时也可以使他们形成竞争,以便促进他们改进服务质量。

## 七、签订合约

签订合约是指采购方根据所购产品的数量、价格、服务规格、交货、退货等内容签订最后的订单,以保证双方有效实施、有法可依。不管是供应方还是采购方都希望保持长期的供求关系,以减少重复签约的麻烦,于是在此基础上就形成了一份长期有效的合同,我们称之为"一揽子合同"。这样买方就可以在需要产品的时候随时由供应方供货,将存货成本转移给了卖方,减少了库存成本,从而形成了"无库存采购计划"。

## 八、绩效评价

完成上述采购步骤后,采购方的工作并没有完成,当产品购进后还需要进行绩效评估。评估的方法可以是通过与最终用户的接触来询问他们的评估意见,也可以制定几个标准来进行加权评估。通过评估来决定是否继续选用该供应商。对于供应商来说也应有积极的态度,随时了解采购方的意见,加强售后服务,以取得采购方的信任,从而保持长期的往来。

【阅读材料】

### 国家电网公司:集中规模招标,降低采购成本

2009年初,在国家电网公司,一份《关于开展"节约一分钱、节约一张纸、节约一寸导线"活动的意见》,以一号文件的形式制定、下发。"三节约"活动有力推动了公司降本增效。其中,集中规模招标是国家电网公司降低发展成本、推进精益管理和标准化建设的创新之举。截至2009年7月份,累计中标金额达到842亿元,节约68.9亿元。

自2005年开始,公司对输变电工程主要设备和材料实施集中规模招标采购。国际金融危机发生后,国家电网公司按照循序渐进、分步实施、规范程序、不断完善的原则,逐步扩大集中招标的规模与范围。目前,220千伏及以上输变电工程主要设备材料和二次设备、重要输变电工程的设计、施工和监理由公司总部集中招标,110千伏及以下输变电工程设备材料由各网省公司集中招标。在此基础上,全面推广办公用品集中招标采购,扩大二次设备集中招标采购范围,从场站端(变电站)扩大到主站端(调度中心),降低采购成本。

为推动集中规模招标顺利实施,国家电网公司制定公司招标活动管理办法,形成较为完善的招投标管理制度体系;推行集中招标电子化,保证招标活动公开、公平、公正。目前两级招标采购平台已全面实现网上发标、投标、开标;建立统一的监造管理体系和物资管理体系,累计派出48个驻厂监造组,对集中招标的220千伏及以上电压等级的主要设备实行集中监造,确保设备质量与交货进度;健全招标、监造、验收等环节的问责制,加大招投标工作督查力度,及时、完整地发布招标计划、招标结果等信息,建立厂家接待日制度,主动接受监督。

实践证明,国家电网公司积极推行集中规模招标,有效地控制了建材工程造价,节约了规划、设计、融资、运营等各项成本,降低了各项消耗、可控管理费

用和非生产性支出。目前，降本增效已成为国家电网公司员工的一种习惯。

（资料来源：http://finance.qq.com/a/20090908/002023.htm）

# 习　题

一、名词解释

1. 生产者市场　　　　2. 修正重购　　　　3. 直接重购
4. 全新采购　　　　　5. 影响者　　　　　6. 决策者

二、单项选择题

1. 关于生产者市场叙述正确的是（　　）
   A. 购买者较分散　　　　　　　　B. 需求较稳定
   C. 需求缺乏弹性　　　　　　　　D. 是间接购买
2. 生产者市场上对水电气一般办公用品的购买采用（　　）
   A. 修正重购　　　　　　　　　　B. 新购
   C. 直接重购　　　　　　　　　　D. 以上都不对
3. （　　）类型的产业购买给"已经入门的供货企业"造成威胁。
   A. 修正重购　　　　　　　　　　B. 新购
   C. 直接重购　　　　　　　　　　D. 以上都不对
4. （　　）情况下，生产者市场购买者做出的购买决策最多。
   A. 修正重购　　　　　　　　　　B. 新购
   C. 直接重购　　　　　　　　　　D. 以上都不对
5. 在（　　）情况下，购买过程的阶段最少。
   A. 修正重购　　　　　　　　　　B. 直接重购
   C. 新购　　　　　　　　　　　　D. 以上都不对
6. 在产业采购中心的影响者中，（　　）是最主要的影响者。
   A. 采购员　　　　　　　　　　　B. 经理
   C. 技术人员　　　　　　　　　　D. 财务人员

三、思考题

1. 生产者市场与消费者市场相比存在的差异？
2. 生产者市场的特点有哪些？
3. 在新购情况下主要包括哪些购买阶段？
4. 生产者市场的购买行为类型有哪些？
5. 生产者购买决策的参与者有哪些？
6. 简述生产者市场购买决策过程。

四、案例分析

## T公司

　　T公司是一家主要研制、开发、生产、销售系列除雪车的专业公司。其产品主要用于吹除机场跑道、高速公路、城市路桥地面的积雪，以及消除空中雾气、清除地面薄冰、清理公路沙尘等。2002年公司开发出新一代多功能喷气除雪车，该新产品具有较高的科技含量，工作效率较之以前的机械式除雪车要高很多，三台机器30分钟之内能"吹"净一条机场跑道，并且不污染环境，不损伤地面，是真正的绿色环保车。业内人士认为其市场潜力较大。

海滨先生半年前被任命为该公司销售部经理，主要负责该产品的市场开拓。他一上任就展开调研，制订营销计划，策划营销活动，积极寻找真正买主。2002年9月在公司所在地举行了规模较大的产品发布会，进行了现场操作表演，吸引了媒体和买主的注意，电视台、民航报、汽车报等多家媒体进行了报道，达到了预期效果。海滨先生现正与其下属一起制定营销组合策略，力争在销售旺季到来之前做好各项工作，实现销售的突破。

分析讨论：
1. 从购买者角度来分析，这类市场购买行为是哪一种？
2. 影响该类购买者购买决策的主要因素有哪些？

## 实训应用

【实训项目】
生产者市场分析。

【实训目的】
加深学生对产业市场分析重要性的认识，培养学生多产业市场购买行为分析能力与判断能力。

【实训指导】
结合当地主要产业市场营销实际，任选熟悉的某一工业品或服务，对该工业品或服务市场特征及其用户购买行为进行分析，并提出相应的营销策略建议。

【实训组织】
1. 以5～6人为一组，根据搜索的案例进行分析。
2. 每组学生应写出分析报告，在班内进行交流、展示。

【实训考核】
1. 实训准备工作（10分）。
2. 实训的组织、分配、管理等过程（20分）。
3. 实训成果汇报及其提交（45分）。
4. 项目团队成员间的团队合作精神（15分）。
5. 学生互评，教师点评（10分）。

# 项目五 竞争者行为分析

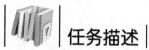

## 任务描述

竞争是商品经济的基本特征。在竞争日益激烈的市场经济条件下,如何更好地超过竞争对手,如何成功地完成从商品到货币"惊险的跳跃",成为任何一个企业必须面对的现实问题。因此,在营销环境和购买者行为分析的基础上,有必要对市场竞争者的情况做进一步分析,从而制定出有效的竞争策略,在竞争中做到"知己知彼,百战不殆"。

## 任务目标

**知识目标**
1. 了解竞争者分析相关内容、竞争者分析的一般步骤。
2. 掌握市场领导者、挑战者、跟随者和补缺者的特征及各自的战略实施方法。

**能力目标**
1. 学习识别竞争者并进行分析。
2. 能准确区分竞争者在市场竞争中的角色,制定切实可行的竞争战略。

## 任务导入

利用网络资源,搜索同行业中各家企业所处的竞争状态,并尝试为其制定相应的竞争战略。

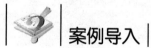

## 案例导入

### "百事可乐"中国营销策略

本土化与本土化生产是当前全球跨国公司的趋势。具体到某一种具体的产品、某一个公司的本土化,则是一个长期的过程。百事在中国的本土化进展成绩斐然。百事中国区的领导层70%已经由中国人担任,其中只有一个人不是中国内地土生土长的。可以肯定,百事与贵格的合并会加速百事在中国的本土化进程。

**多元化的品牌策略**

目前,百事可乐国际公司在中国市场的旗舰品牌是百事可乐、七喜、美年达和激浪。此外,还包括亚洲、北冰洋和天府等著名地方品牌。国际著名的调查机构尼尔森(ACNIELSEN)公司 2000 年的调查结果表明,百事可乐已成为中国年轻人最喜爱的软饮料之一。

**传播策略**

传播(IMC)的中心思想是在与消费者的沟通中,统一运用和协调各种不同的传播手段,使不同的传播工具在每一阶段发挥出最佳的、统一的、集中的作用,其目的是协助品牌建立起与消费者之间的长期关系。百事可乐的传播就是把广告宣传、人员推销、营业推广等集于一身,在传播中,各种宣传媒介和信息载体相辅相成,相互配合,相得益彰。

名人广告效应众所周知,百事可乐的广告策略往往别出心裁。在与老对手可口可乐的百年交锋中,百事可乐广告常有好戏出台,使可口可乐倍感压力。其中,百事可乐运用的名人广告,是它的一个重要传播手段。

**独特的音乐推销**

音乐的传播与流行得益于听众的传唱,百事的音乐成功正在于它感悟到了音乐的沟通魅力,这是一种互动式的沟通。好听的歌曲旋律、打动人心的歌词,都是与消费者沟通的最好语言。有了这样的信息,品牌的理念也就自然而然深入人心了。

**大手笔公关**

长期以来,百事可乐始终致力于建立以"百事可乐基金"为切入点的良好体系,热心赞助体育赛事以及其他公益事业。例如赞助"八运会"、赞助中国甲 A 足球联赛、支持中国申奥成功等等。

直接从事百事可乐饮料业务的中国员工近 1 万人,同时,拥有至少 5 倍于这个数字的间接雇员通过供应商、批发商和零售商等渠道参与百事可乐的有关业务。由于百事可乐公司在引进资金的同时,大力推广先进的市场和经验,推行本土化,参与饮料国有企业的改造和人才培训,使中国的饮料行业在短短的 20 年中,由工艺简单、生产粗放的落后状况,发展到今天成为世界上规模最大、竞争最激烈、专业化程度较高、充满勃勃生机的饮料市场。

(资料来源:http://www.cn176.com/market/71867_0.html)

问题引入:

"百事可乐"在中国市场是如何取得成功的?

# 任务 1 竞争者分析

市场竞争是指两个或两个以上的企业在特定的市场上通过提供同类或类似的商品或劳务,为争夺市场地位而做的较量,并产生优胜劣汰的结果。随着社会生产力的高度发达,卖方市场总体上向买方市场转化,市场竞争也变得越来越激烈、越来越具有多重性。20 世纪 80 年代初,世界著名竞争战略大师迈克尔·波特(Michael

Porter）指出，行业中存在着决定竞争规模和程度的五种力量，即行业内竞争者现在的竞争能力、潜在竞争者进入的能力、替代品的替代能力、供应商的讨价还价能力以及购买者的讨价还价能力，如图5-1所示。下面我们将分别介绍这五种竞争力量。

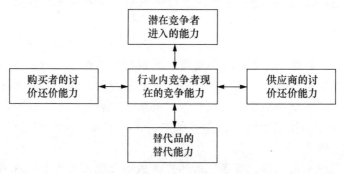

图5-1　迈克尔·波特的五竞争力模型

【阅读材料】

### 竞争战略之父：迈克尔·波特

迈克尔·波特是哈佛大学商学研究院著名教授，当今世界上少数最有影响的管理学家之一。

他曾在1983年被任命为美国总统里根的产业竞争委员会主席，开创了企业竞争战略理论并引发了美国乃至世界的竞争力讨论。他先后获得过大卫·威尔兹经济学奖、亚当·斯密奖，五次获得麦肯锡奖，拥有多所大学的名誉博士学位。

迈克尔·波特博士获得的崇高地位缘于他所提出的"五种竞争力量"和"三种竞争战略"的理论观点。作为国际商学领域最备受推崇的大师之一，迈克尔·波特博士至今已出版了17本著作及70多篇文章。其中，最有影响的有《品牌间选择、战略及双边市场力量》（1976）、《竞争战略》（1980）、《竞争优势》（1985）、《国家竞争力》（1990）等。《竞争战略》一书已经再版了53次，并被译为17种文字；另一本著作《竞争优势》也已再版32次。

（资料来源：http://wiki.mbalib.com/wiki）

## 一、同行业现有竞争者

行业是指为同一个商品市场生产和提供产品的所有生产厂商的总体。因此，同行业内现有企业之间的竞争是最直接、最主要的竞争类型。只有那些比竞争对手的战略更具优势的战略才能获得成功。企业需要在市场、价格、质量、功能、服务、研发等方面建立自己的竞争优势，从而增强盈利能力。

行业的发展是不断演进、变化的动态过程。当一个行业处于投入期时，行业内的企业数量很少；当行业进入成长期时，产品销售额迅速增加，越来越多的竞争者纷纷介入，此时行业趋向于分散；当行业进入成熟期时，产品销售额增长率逐步下降，同时由于竞争的加剧，一部分实力较弱的企业就会退出该行业，这样就会产生明显的集中趋势；最后，只剩下少数实力强大的企业，形成寡头垄断。因此，根据行业内企业对市场上产品数量和价格影响能力的大小，可以把行业竞争结构划分为完全竞争与不完全竞争两大类型，其中不完全竞争又可以划分为完全垄断、寡头垄断和垄断竞争三种类型，其主要特征如表5-1所示。

表5-1 不同竞争形态的主要特征比较

| 主要特征 | 完全竞争 | 完全垄断 | 寡头垄断 | 垄断竞争 |
| --- | --- | --- | --- | --- |
| 可替代性 | 完全 | 完全 | 完全或不完全 | 不完全 |
| 可进入性 | 自由进入 | 极困难 | 困难 | 较容易 |
| 企业数量 | 众多 | 独家 | 少数 | 很多 |
| 市场份额 | 很小 | 完全 | 很大 | 较小 |

### （一）完全竞争

完全竞争，又称纯粹竞争，是指竞争不受阻碍和干扰的市场结构。在完全竞争的行业内，竞争者很多，但规模都很小，它们提供的产品是无差别的，没有任何一个企业能够影响和控制商品市场的价格水平，所有企业都只能是价格的接受者。同时，每个企业可以毫无障碍地自由进出该行业。完全竞争市场在现实生活中极为少见，仅仅是理论上的抽象，如同"真空"一样。完全竞争大多存在于均质产品市场，如食盐、农产品、水泥等。

### （二）完全垄断

完全垄断，又称纯粹垄断，是指整个行业中只有一家企业的市场结构。在这种市场中，行业内不存在其他的竞争者，一个企业提供了整个行业所需要的全部产量，在理论上企业可以自由地决定供给数量和价格。这样，企业和行业的概念就完全重合，行业中唯一的企业是垄断企业，这个垄断企业也就构成了一个行业。引致完全垄断的原因主要有：一是由于法律或政府作用而产生的排他性，比如拥有专利权、独家经营权等；二是对全部生产资源或关键资源的完全独占；三是自然垄断，比如某些行业要想发挥大规模生产的优势，必须有巨大的产量水平和相应巨大的技术设备，这样一家企业就能够提供整个市场的需求量，只要有一个企业在经营，其他的企业就不愿冒很大的风险与之竞争。同完全竞争一样，完全垄断的市场也很难在现实中存在。即使存在，也只是局限在一定的时空范围之内。

### （三）寡头垄断

寡头垄断是指少数企业完全控制一个行业的生产和销售的市场结构。在寡头垄断的行业中，供给者只有少数几个企业，因而每一个厂商在市场中都有相当大的份额，当它改变自己的产量和价格时，会对市场的均衡价格和销售量产生影响，并且会影响竞争对手的利润。因此，任何一个企业对自己的价格和产量的决策，都是在充分考虑了相互影响的条件下做出的。寡头垄断被认为是一种普遍存在的市场结构，西方发达国家的许多重要行业都被少数几家企业所控制。比如，全球汽车行业主要由大约10家企业集团所左右，德国的汽车行业被戴姆勒-克莱斯勒、大众和宝马所垄断，这是典型的寡头垄断。

寡头垄断可以按照不同的方式进行分类。根据产品是否存在差别，可分为纯粹寡头和差别寡头两类。根据寡头之间是否存在勾结，可以分为有勾结行为的（即合作的）寡头垄断和独立行动的（即不合作的）寡头垄断。

### （四）垄断竞争

垄断竞争是指许多企业生产和销售有差别的同类产品，市场中既存在竞争因素又存在垄断因素的市场结构。垄断程度取决于产品差别程度。产品差别越大，垄断程度越高。但是由于企业较多，且新企业进入比较容易，有差别的产品比较接近，可以相互替代，因而存在着竞争。与寡头垄断相比，垄断竞争行业中的企业较多，但还没有多到完全竞争的程度，每个企业都可以在较小的范围内部分地决定自己的价格，并认为自己的决策不会对市场产生影响，也不会引起竞争对手的反应。在现实生活中，垄断竞争是一种常见的市场结构，比如日用消费品行业、服务行业等就是如此。

【相关链接】

## "马歇尔冲突"

关于垄断和竞争的关系问题存在着著名的"马歇尔冲突"，即自由竞争会导致生产规模扩大，形成规模经济，提高产品的市场占有率，又不可避免地造成市场垄断，而垄断发展到一定程度又必然阻止竞争，扼杀企业活力，造成资源的不合理配置。面对如何求得市场竞争和规模经济之间的有效、合理的均衡，1940年经济学家克拉克（J. M. Clark）提出了有效竞争的概念。所谓有效竞争，就是既有利于维护竞争，又有利于发挥规模经济性作用的竞争格局。1958年，美国经济学家史蒂芬·索斯尼克（Stephen Sosnick）采用三分法概括了判断有效竞争的15条标准。这些标准是：

1. **市场结构标准**

不存在进入或流动的人为限制；

存在对上市产品质量差异的价格敏感性；

交易者的数量符合规模经济的要求。

2. **市场行为标准**

厂商之间不互相勾结；

厂商不使用排外的、掠夺性的手段；

在推销时不搞欺诈；

不存在"有害的"价格歧视；

对抗者对其他人是否会追随他们的价格变动没有完备的信息。

3. **市场效果标准**

利润水平刚好可以酬报创新、效率和投资；

质量和产量随消费者需求而变化；

厂商尽其努力引进技术上更优的新产品和新的生产流程；

没有"过度的"销售开支；

每个厂商的生产过程是有效率的；

最好地满足消费者需求的卖者得到更多的报酬；

价格变化不会加剧周期的不稳定。

> 这15条标准对有效竞争的界定仍然是比较理想化的，然而与完全竞争的市场条件相比，则是更加贴近现实了。如果把有效竞争的市场形态作为追求目标，那么，在现实市场中，只要找到与之相悖的环境机会，企业就可以找到市场机会。

## 二、潜在竞争者

除了要面对行业内现有竞争者以外，企业还要密切注意潜在竞争者的威胁。受行业利润的吸引，这些潜在的竞争者可能会介入该行业。介入的方式可能是新建企业，也可能是联合、兼并或者重组。不管采取哪种形式，都将进一步加剧行业的竞争程度。

潜在竞争者能否成为现实的竞争者，除了要有进入意愿以外，还要受许多因素的影响和制约，主要有经济规模、专卖产品的差别、商标专有、资本需求、分销渠道、绝对成本优势、政府政策、行业内企业的预期反击等。

### （一）行业进入壁垒

1. 经济规模。任何行业都有特定的经济规模。其中，仅仅能够使企业的单位生产成本维持在行业产品最低销售价格水平的规模称为最低经济规模；能够使企业的单位生产成本低于行业平均投资盈利水平要求的规模称为合理经济规模。当一个行业的最低经济规模和合理经济规模较高时，进入该行业的资金需求量很大，经营管理的难度也很大，也就是通常所说的行业进入门槛较高。

2. 产品差异。顾客可能会对某种品牌形成消费偏好。消费偏好越强烈，就越难接受新的品牌，进入该行业就越困难。

3. 资金需求。进入一个行业的投资量由经济规模和技术复杂程度决定。经济规模越高，技术工艺越复杂，所需的投资量就越大，进入该行业就越困难。

4. 分销渠道。如果一个新进入的企业不能有效利用原有的分销渠道，那么它就不得不建立新的分销渠道。分销渠道建立越困难，该行业就越难进入。

5. 转换成本。新进入一个行业不仅要付出固定资产投资、工艺设备改造、原材料供应渠道再设以及人员培训等费用，还要有迎接风险挑战的准备，同时还有促使顾客进行品牌转换的心理成本。转换成本越大，进入该行业越困难。

6. 技术进步。一个行业的技术进步程度越快，固定资产折旧越快，产品更新换代的时间越短，该行业就越难进入。

7. 资源供应。资源有遍布性与非遍布性之分。资源越难以获得，该行业越难进入。

8. 政府政策。政府为了防止某个行业过度发展，或者保护行业现有竞争优势，通常会制定准入政策和措施。比如，2005年7月，国家发展和改革委员会颁布的《国家钢铁产业发展政策》出台了严格的技术经济标准，并明确提出此后原则上不再单独建设新的钢铁联合企业、独立炼铁厂、炼钢厂，必须依托有条件的现有企业，结合兼并、搬迁，在水资源、原料、运输、市场消费等具有比较优势的地区进行改造和扩建。

另外，能否进入一个行业，还要受到宏观经济形势、行业中既有企业的反抗能力等多种因素的影响和制约。

## （二）行业退出壁垒

企业在综合权衡是否要进入一个行业时，不仅要看行业的进入壁垒，也要未雨绸缪，科学地预见以后退出可能面临的障碍与困难。

1. 资产的再利用性。资产的再利用性是指企业原有资产可以再度利用的程度。资产的专用性越强，再利用性越差，退出该行业就越困难。

2. 善后处理费用。善后处理费用包括对依法解除劳动合同的原有职工的安置费用，到期不能履行供货合同、供应合同等的赔偿费，以及停用厂房、设备等的维护费用等。善后处理费用越高，退出该行业越难。

3. 感情因素。包括企业主要领导的感情、员工的感情、顾客的感情、上下游企业的感情、政府的感情以及公众的感情等。人们对企业的感情越深，企业就越难退出。

4. 社会影响。如果社会反对企业退出该行业，就会设置各种各样的壁垒，造成企业退出的困难。

## 三、替代品竞争者

一种产品的替代品就是能够给顾客提供相同或相似效用的其他产品。替代产品会限制细分市场内企业逐利时的上限价格，从而限制利润的增长。

决定替代品威胁大小的因素主要有：替代品的相对价格表现、转换成本、客户对替代品的使用倾向等。替代品价格越低、质量越好、用户转换成本越低，其替代性就越强。企业必须通过提高产品质量，或者通过降低成本来降低售价，或者使其产品富有特色，否则就难以增强其竞争优势。

## 四、供应商

企业是"资源的转换器"。企业的生存和发展离不开从上游企业获得必需的技术、设备、原材料等生产要素。供应商可以通过提价或降低企业所购产品的质量和服务等手段，来向企业施加压力。对于一些中介企业而言，其销售的产品几乎全部来自供应商，因而经常要受到供应商的摆布。

决定供应商力量的因素主要有：供方的集中程度、替代品投入的现状、批量大小对供方的重要性、行业中企业前向整合相对于后向整合的威胁等。在以下情况下，供应商会给企业带来较大的压力。

1. 供应商集中的程度高于企业所在行业的集中程度。供应商在向相对分散的企业出售商品时，往往能够在质量、价格、交货期等方面施加较大影响。

2. 企业所在行业并非供应商的主要客户。供应商的命运与该行业没有多大的关系，供应商往往会显示其压力。

3. 供应商在行业生产中占有重要位置。供应商提供行业所需的关键投入，具有较强的讨价还价的能力，对于不可储存的服务产品更是如此。

4. 供应商具有前向联合（前向一体化）的倾向。供应商生产的产品将优先保证集团自身的需要，行业的议价能力就会变得极其有限。

比如，石油输出国组织欧佩克（OPEC）是全球原油的主要供应商，对原油价格具有极强的影响能力。

### 五、购买者

购买者包括消费者和经销商。根据消费者行为理论，购买者总是试图使产品提供的效用达至最大，但是这种效用要受到产品购买上的限制。因此，购买者参与竞争的做法就是压低价格，要求较高的产品质量或索取更多的服务项目，并且置卖方于彼此对立的状态。

决定购买者力量的因素主要有：购买者的集中程度相对于企业的集中程度、购买者的数量、购买者转换成本相对企业转换成本、购买者信息、购买者利润等。在下列集中情况下，购买者的力量相对较强。

1. 相对于企业的销售量而言，购买是大批量的和集中进行的。如果销售量的很大一部分由某一个特定顾客所购买，购买者讨价还价的能力会非常强。

2. 购买者购买的产品占其成本或购买额的相当部分。在这种情况下，购买者总是不惜为获得一个优惠价格耗费精力并且进行有选择地购买。

3. 购买者可以找到可供替代的供应商。购买者可以掌握更多的关于卖方的信息，具有更多的讨价还价的筹码。

4. 购买者面临的转换成本很小。由于成本较小，购买者完全可以从购买某一企业的产品转到购买其他企业的产品。

【阅读材料】

> 2004年日本新日铁钢铁公司与澳大利亚的哈默斯利公司、必和必拓公司和巴西的淡水河谷公司等全球主要铁矿石生产商达成了铁矿石价格协议。由于议价能力弱等原因，中国国内钢铁企业不得不接受铁矿石价格大涨71.5%的结果。2008年年初，中国钢铁企业又不得不接受铁矿石涨价65%的现实。宝钢集团证实，已经与世界上最大的铁矿石生产商巴西淡水河谷就2008年度国际铁矿石基准价格达成了一致。淡水河谷的南部系统粉矿价格在2007年基础上上涨65%，同时考虑到卡拉加斯粉矿质量的优异性，卡拉加斯粉矿的价格在2008年南部系统粉矿的价格上溢价0.0619美元/千吨度铁，也就是上涨71%。新的2008矿石年度南部系统粉矿和卡拉加斯粉矿的基准价格分别为1.1898美元/千吨度铁和1.2517美元/千吨度铁。

【阅读与思考】

#### 中式快餐马兰拉面的五力分析

> 1995年，马兰拉面快餐连锁有限责任公司成立。1999年年底，马兰拉面第一家海外连锁店在美国洛杉矶开业，标志着中式快餐迈出了跨国经营的战略。2001年8月，马兰公司董事长与法国凯宾斯基总裁签署了在法国巴黎开办3家连锁店的合作协议，马兰拉面顺利进军欧洲。2003年4月马兰新加坡店开业。2000年11月，"马兰拉面"被评为全国特许经营优秀品牌之一，是中国餐饮业发展中式快餐最成功的企业之一。

1. 供应商讨价还价能力

马兰拉面基本上控制了其上游供应系统,而就其供应系统其他供应商而言,如果其原材料价格上涨,导致马兰拉面涨价,这势必会影响马兰拉面的市场状况,其业务量会开始萎缩,这势必引起上游供应系统的不稳定。这种密切的利益关系使得双方被紧密地绑在了一起,在市场中同进退。因此,马兰拉面的上游供应商的议价能力相对来说不是很强。

2. 购买者的讨价还价能力

马兰拉面消费者群体比较大,单个消费者在讨价还价方面的优势很小。就卖方马兰拉面而言,它是大型连锁企业,在买卖中应居于主要决策地位;购买者有能力实现后向一体化,而卖主不可能前向一体化。

可见,风味独特的马兰拉面的讨价还价优势并不明显,实际上,价格低廉的马兰拉面并不会遭遇到很多购买者的讨价还价。

3. 新进入者的威胁

新进入者在给行业带来新生产能力、新资源的同时,将希望在已被现有企业瓜分完毕的市场中赢得一席之地,这就有可能会与现有企业发生原材料与市场份额的竞争,最终导致行业中现有企业盈利水平降低,严重的话还有可能危及这些企业的生存。

4. 替代品的威胁

马兰拉面定位的主要消费群体是成年工薪阶层,国际快餐品牌的替代作用不是很大。而其目标群体与大部分中国国内快餐相近,替代性比较明显。但是,消费者在快餐中的选择范围比较广,各种快餐都极具特色,加之,消费者对快餐品牌的忠诚度不是很高,特别喜欢频繁地更换口味。因此,对马兰拉面来说,替代品的威胁比较大。

5. 行业内现有竞争者的竞争

中国快餐业的两大主要矛盾:西式快餐和即中式快餐两个品类的竞争,多数时间会掩盖了另一个潜在的矛盾即中式快餐相互之间的竞争。

[资料来源:张婧. 波特五力模型分析中式快餐马兰拉面 [J]. 企业家天地下半月刊(理论版),2010,3.]

【小贴士】

**市场竞争是市场经济的基本特征**

1. 在市场经济条件下,企业从各自的利益出发,为取得较好的产销条件、获得更多的市场资源而竞争。
2. 通过竞争,实现企业的优胜劣汰,进而实现生产要素的优化配置。

# 任务2 竞争者行为分析

实行市场经济体制和经济全球化是当今世界经济发展的总体趋势。目前,越来越多的国家,包括中国在内,正在逐步建立和完善市场经济体制,鼓励市场力量对资源配置发挥基础性作用；越来越多的企业开始主动融入经济全球化的洪流，开展全球化营销。因此，企业面临的国内国际竞争也越来越激烈。

在制定竞争策略之前对竞争者的行为进行分析的重要性是显而易见的，但是真正操作起来也是十分困难的。企业在对竞争者行为的分析中，至少应该包括五个方面的问题，即：谁是竞争者？它们的战略是什么？它们的目标是什么？它们有什么优势和劣势？面对竞争它们会产生什么样的反应？竞争者行为分析的一般步骤如图 5-2 所示。

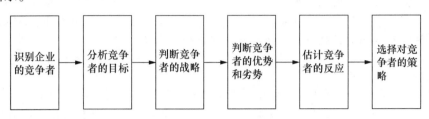

图 5-2　竞争者行为分析的步骤

## 一、识别企业的竞争者

在市场经济和存在购买者预算约束的情况下，企业将面对非常多的竞争者。我们可以根据产品替代程度或竞争程度的大小，把竞争者分为四个层次。

1. 品牌竞争者。指以与本企业相同的价格向同一购买群体提供同样产品的其他企业。由于竞争能力非常接近，它们往往采用相同的策略，提供相同的产品，并且产品的形式、价格也基本相同，主要靠品牌进行市场竞争。这些在既定目标市场上实施相同战略的企业通常被称为战略群体。比如，国内彩电市场上康佳、海信之间的竞争，乳制品市场上伊利、蒙牛之间的竞争，就表现为品牌竞争。康佳可以将海信、伊利可以将蒙牛视为自己的品牌竞争者。

【阅读材料】

### 海尔的品牌战略

海尔集团是世界第四大白色家电制造商、中国最具价值的品牌。海尔在全球 30 多个国家建立本土化的设计中心、制造基地和贸易公司，全球员工总数超过 5 万人，已发展成为大规模的跨国企业集团。2011 年海尔集团实现全球营业额 1 509 亿元。

**名牌战略阶段（1984—1991 年）**

特征：只生产冰箱一种产品，探索并积累了企业管理的经验，为今后的发展奠定了坚实的基础，总结出一套可移植的管理模式。

**多元化战略阶段（1992—1998 年）**

特征：从一个产品向多个产品发展（1984 年只有冰箱，1998 年时已有几十种产品），从白色家电进入黑色家电领域，以"吃休克鱼"的方式进行资本运营，以无形资产盘活有形资产，在最短的时间里以最低的成本把规模做大，把企业做强。

**国际化战略阶段（1998—2005 年）**

特征：产品批量销往全球主要经济区域市场，有自己的海外经销商网络与售后服务网络，Haier 品牌已经有了一定知名度、信誉度与美誉度。

**全球化品牌战略阶段（2006 至今）**

特征：为了适应全球经济一体化的形势，运作全球范围的品牌，从 2006 年开始，海尔集团继名牌战略、多元化战略、国际化战略阶段之后，进入第四个发展战略创新阶段——全球化品牌战略阶段。国际化战略和全球化品牌战略的区别是：国际化战略阶段是以中国为基地，向全世界辐射；而全球化品牌战略则是在每一个国家的市场创造本土化的海尔品牌。海尔实施全球化品牌战略要解决的问题是：提升产品的竞争力和企业运营的竞争力；与分供方、客户、用户都实现双赢利润；从单一文化转变到多元文化，实现持续发展。

（资料来源：http://baike.baidu.com/history/id=7190862）

2. 形式竞争者。指所有生产同样产品或同类产品的其他企业。它们以不同的价格或产品形式向同一购买群体提供产品。比如，康佳可以将所有其他家电制造商视为自己的形式竞争者。

3. 一般竞争者。指所有生产相近产品的其他企业。它们用部分替代或全部替代的产品去满足同一购买群体的欲望，产品的替代性越强，竞争就越激烈。比如，汽车生产企业可以将摩托车、电动车等生产企业视为自己的一般竞争者。

4. 愿望竞争者。指所有争夺消费者购买力的其他企业。它们用不同的产品去满足同一购买群体目前各种不同的欲望。比如，房地产开发企业可以将中高档汽车生产企业视为自己的愿望竞争者。

识别竞争者，既要有行业竞争观念，也要有市场竞争观念，既要从行业角度，也要开阔视野，从市场角度来界定竞争者。识别竞争者，就是从上述竞争者群体中找出影响企业生存和发展的直接竞争者，最好是从中确定对本企业生存和发展最具威胁的企业。

## 二、分析竞争者的目标

企业经营目标是企业在一定时期内，按照经营思路，考虑到企业的内外条件与可能，沿其经营方向所要预期达到的理想成果。分析竞争者的战略目标，就是要分析每个竞争者在市场上追求什么、其行为动力是什么。了解竞争者的战略目标，有助于企业预测竞争者的战略行动，从而找到一个能尽量避开竞争者的有利位置，减少来自竞争者的威胁，实现本企业的目标。因此，分析竞争者的目标是竞争者行为分析非常重要的环节。

利润最大化是企业的第一追求。因此，我们首先可以假设竞争者以利润最大化为战略目标。但是不同的企业，其对长期利润和短期利润的追求是有区别的。比如，多数的美国企业是按照最大限度扩大短期利润的模式来经营的，这因为其当前经营绩效的好坏是由股东们进行评判的。如果股东们对经营绩效不满意，可能会出售股票并使得公司资金成本增加。也有部分企业并不以利润最大化而是以确定的目标利润为导向，只要实现目标利润，它们就感到满足了。

有的企业比较看重较高的市场占有率。它们认为，只要能够占领市场，扩大生产销售规模，单位成本就会下降，企业就具有一定的竞争优势。比如，日本的企业主要按照最大限度扩大市场份额的模式来经营。这是因为，它们可以从银行获得低利率的贷款，资金成本较低，因而也能满足于较低的利润收益。

实际上，竞争者的目标是由多种因素确定的，其中包括规模、历史、目前的经营管理和经济状况等。竞争者通常追求的目标是一个目标束，主要包括：目前获利的可能性、市场份额增长、现金流量、技术领先和服务领先等。这样就需要了解竞争者对上述子目标所赋予的权重，并了解竞争者的加权组合目标等。

### 三、判断竞争者的战略

每个企业都有自己的战略组合，所以，企业应详尽了解每个竞争者的产品、价格、分销和促销方案，了解其研究与开发、制造、采购、财务及其他战略。

在一个战略群体内竞争是最激烈的。企业必须认真判断战略群体内其他企业的产品质量、工艺技术水平、营销范围等等。同时，企业也需要关注其他群体，因为即使是群体之间也存在着竞争。第一，某些战略群体所吸引的顾客群相互之间可能有所交叉。第二，顾客看不出它们的供应品有多少差异。第三，每个群体都想扩大其市场份额，特别是在彼此的规模和实力相当以及在各群体之间流动障碍较小的情况时，这种愿望尤为强烈。

企业必须不间断地观测竞争者的战略，并不断丰富、完善自己的战略。比如，在全球汽车市场上，福特是早期的赢家，因为它成功于低成本生产。后来，通用汽车超过了福特，因为它响应了市场上对汽车多样化的欲望。再后来，日本公司取得了领先地位，因为它们供应的汽车省油。当美国的汽车制造商注重质量时，日本汽车商又开始注重汽车的外观与驾乘体验。

### 四、评价竞争者的优势和劣势

竞争者的战略能否奏效、目标能否实现，取决于其竞争能力。所以，在分析、判断竞争者的目标与战略之后，还要进一步评判竞争者参与市场竞争的能力，即优势和劣势。

评价竞争者的优势和劣势首先要掌握丰富的资料。任何信息，尤其是销量、市场份额、毛利、投资报酬率、现金流量、新增投资、生产能力利用情况等，都是十分有效的。有些信息是很难直接获得的，这就需要通过第二手资料、个人经验甚至是传闻来获得，通过向顾客、供应商、中间商等进行市场调查来获得。

在评价竞争者的优势和劣势时，有三个十分重要的变量需要充分重视，即市场占有率、心理占有率和情感占有率。其中，市场占有率指的是企业的商品销售量在同类行业商品销售量中所占的比例；心理占有率指的是认知该企业的顾客占全部顾客的比例；情感占有率则反映的是喜好该企业的顾客占全部顾客的比例。值得注意的是，心理占有率和情感占有率对市场份额和盈利能力有着至关重要的影响。因此，每个企业都应高度重视市场占有率、心理占有率和情感占有率这三个变量的有关信息。

### 五、估计竞争者的反应

每个竞争者都有一定的经营哲学、某些内在的文化和某些起主导作用的信念。对竞争者的分析,还包括估计竞争者对竞争的态度。面对外部竞争,一般有以下几种反应模式:

1. 从容不迫型竞争者。竞争者对某一特定竞争者的行动没有迅速反应或反应不强烈。缺少反应的原因是多方面的,比如,它可能感到其顾客是忠于它的,可能对竞争者主动行动的反应迟钝,也可能没有做出反应所需要的资金等条件,企业一定要弄清楚竞争者从容不迫的原因。

2. 选择型竞争者。竞争者只对某种类型的攻击做出反应,而对于其他攻击则无动于衷。例如,竞争者可能对削价行为做出迅速反应,以表明对手是枉费心机的,奈何它不得。但它对广告费用的增加可能不做任何反应,认为这些做法并不构成威胁。了解竞争者会在哪些方面做出反应,可以为企业采取最为可行的攻击方案提供线索。

3. 凶猛型竞争者。这类竞争者对其领域内任何进攻都会做出迅速而又猛烈的反应。凶猛型竞争者意在向其他企业表明最好不要向其发动进攻,因为防卫者将会抵抗到底。

4. 随机型竞争者。有些竞争者并不表露可预知的反应模式。这类竞争者在特定场合可能会或不会做出反应。而且无论根据其经济、历史或其他情况,都无法预见其反应。许多小企业都是随机型竞争者,它们往往会根据竞争成本的高低选择是反击还是回避。

### 六、制定本企业的竞争策略

企业确定了主要竞争者并分析了竞争者的优、劣势和反应模式之后,就可以根据以下情况,就攻击或避开竞争者做出决定。

1. 竞争者的强与弱。多数企业认为应以较弱的竞争者为进攻目标,因为这可以节省时间和资源、事半功倍,但是获利较少。反之,有些企业认为应以较强的竞争者为进攻目标,因为这可以提高自己的竞争力并且获利较大,而且即使强者也总会有弱点。

2. 竞争者的"近"与"远"。多数企业主张与相近似的竞争者展开竞争,但同时又认为应避免摧毁相近似的竞争者,因为那样做的结果很可能反而对自己不利。例如,丰田汽车2009年先后在中国一汽丰田和广汽丰田生产RAV4、汉兰达两种城市型SUV,以南北夹击之势,攻击在中国市场上旺销的本田CRV,以夺取市场份额。

3. 竞争者的"良性"与"恶性"。波特认为每个行业都包含"良性"和"恶性"竞争者。良性竞争者有一些特点:遵守行业规则;对行业的增长潜力所提出的设想切合实际;依照与成本的合理关系来定价;喜爱健全的行业;把自己限制于行业的某一部分或细分市场里;推动他人降低成本,提高差异化;接受为它们的市场份额和利润所规定的大致界限。恶性的竞争者则违反规则:企图花钱购买而不是靠自己努力去赢得市场份额;敢于冒大风险;生产能力过剩但仍继续投资。简言之,良性的竞争者会维护行业的竞争平衡，而恶性的竞争者则不断打破行业的平衡。比如，内蒙古伊利、蒙牛两大龙头企业你追我赶的良性竞争，不仅促进了双方的高速发展，还成为带动内蒙古当地农业产业化发展的动力引擎。一个企业应明智地支持好的竞争者，攻击坏的竞争者，尽力维护一个只有由良性的竞争者所组成的行业。例如，2010年格兰仕微波炉在中国市场占有61.07%的份额，占全球50%的市场份额，但如果有哪国政府要反垄断，格兰仕必定受到严重影响。

## 任务3　竞争策略解析

市场竞争的策略多种多样。企业应综合权衡内部条件和营销环境，采取一种或几种适用的策略，并根据形势变化及时进行调整，以保持竞争优势。

### 一、基本竞争策略

波特认为基本竞争策略有三种，即成本领先策略、差异化策略和集中化策略。企业必须从这三种战略中选择一种，作为其主导策略。如果一个企业未能从中选择一个适合自身的策略，而是被夹在中间，那么这样的企业常常会处于极其糟糕的战略地位。三种基本策略的主要特征如表5-2所示。从表中可以看出，成本领先策略和差异化策略分别追求整个行业市场范围内的成本领先或差异化，集中化策略则是前两种策略类型的一种具体的、特殊的表现形式，所不同的只是所追求的市场范围大小的不同。

表5-2　三种基本策略的区别

| 战略目标 | 战略优势 | |
|---|---|---|
| | 低成本 | 独特性 |
| 整个行业范围 | 成本领先策略 | 差异化策略 |
| 特定目标市场 | 成本集中策略 | 差异化集中策略 |

**（一）成本领先策略**

成本领先策略，又称低成本策略，是指企业在提供相同的产品和服务时，其成本费用明显低于行业平均水平或重要竞争对手的竞争策略。

成本策略是三种基本策略中最明确的一种，其实质是通过低成本来保证低价格，从而赢得顾客、赢得市场。因此，企业必须建立起高效、规模化的生产设施，严格控制管理费用及研发、服务、推销、广告等方面的成本费用。

1. 类型。实现低成本有多种途径，比较常见的有简化产品型、改进设计型、节约材料型、降低人工费用型、创新生产过程和自动化型以及降低流通成本型等。

2. 优点。只要成本低，企业尽管面对强大的竞争力量，仍然可以在本行业中获得竞争优势。这是因为，实施成本领先策略，有助于抵挡住现有竞争对手的对抗，有助于抵御购买者讨价还价的能力，有助于更加灵活地处理供应商的提价行为，有助于对潜在竞争者形成进入障碍,有助于树立与替代品的竞争优势。

3. 风险。采用成本领先策略的风险也是显而易见的,这是因为:降价过度会引起利润率降低;新加入者可能会后来居上;可能会丧失对市场变化的预见能力;技术变化会降低企业资源的效用;容易受外部环境的影响。

4. 适用条件。低成本战略是一种重要的竞争战略,但是也有适用的范围。当具备以下条件时,采用该策略更有效力:一是现有竞争企业之间的价格竞争非常激烈;二是企业所处产业的产品基本上是标准化或者同质化的;三是实现产品差异化的途径很少;四是多数顾客使用产品的方式相同;五是购买者的转换成本很低;六是购买者具有较大的降价谈判能力。

### (二)差异化策略

差异化是指为使企业产品与竞争对手产品有明显区别、形成与众不同的特点采取的策略。其核心是取得某种独特性,并赢得购买者的认可。

1. 类型。实现差异化的方式也是多种多样的,归纳起来,主要有四种:产品差异化、服务差异化、人事差异化和形象差异化。

2. 优点。一是有助于建立起顾客对企业的购买偏好;二是有助于形成强有力的产业进入障碍;三是有助于增强企业对供应商讨价还价的能力;四是有助于削弱购买者讨价还价的能力;五是有助于抵御来自替代品的竞争。

3. 风险。一是可能丧失部分客户,如果采用成本领先战略的竞争对手压低产品价格,使其与实行差异化战略的企业的产品价格差距拉得很大,在这种情况下,购买者可能宁愿牺牲差异化产品的性能、质量、服务和形象,转而选择物美价廉的产品;二是当购买者变得越来越老练时,对产品的特征和差别体会不明显时,可能会发生忽略差异的情况;三是当产品发展到成熟期时,拥有技术实力的厂家很容易通过逼真的模仿,减少产品之间的差异;四是过度追求差异化也会导致竞争策略的失败。

4. 适用条件。一是实现差异化的途径很多,并且这种差异被购买者认为是有价值的;二是购买者对产品的需求和使用要求是多种多样的,即购买者需求是有差异的;三是采用类似差异化途径的竞争对手很少,即真正能够保证企业是"差异化"的;四是技术变革很快,市场上的竞争主要集中在不断地推出新的产品特色。

### (三)集中化策略

集中化策略是指企业的经营活动集中于某一特定的购买者集团、产品线的某一部分或某一地域市场上的一种策略。其核心是瞄准某个特定的用户群体、某种细分的产品线或某个细分市场。

1. 类型。主要有产品线集中化策略、顾客集中化策略、地区集中化策略、低占有率集中化策略等。

2. 优点。一是有利于集中使用整个企业的力量和资源,更好地服务于某一特定的目标;二是将目标集中于特定的部分市场,企业可以更好地调查研究与产品有关的技术、市场、顾客以及竞争对手等各方面的情况,做到"知彼";三是战略目标集中、明确,经济效果易于评价,战略管理过程也容易控制,从而带来管理上的简便。

3. 风险。一是由于企业全部力量和资源都投入了一种产品或一个特定的市场，当购买者偏好发生变化，技术出现创新或有新的替代品出现时，企业会受到市场需求下降的冲击；二是竞争者可能会打入企业选定的目标市场，并且采取优于企业的更集中化的战略；三是产品销量可能变小，产品要求不断更新，造成生产费用的增加，使得采取集中化战略的企业成本优势得以削弱。

4. 适用条件。一是具有完全不同的购买群，这些购买群或者有不同的需求，或者以不同的方式使用产品；二是在相同的目标细分市场中，其他竞争对手不打算实行重点集中战略；三是企业的资源不允许其追求广泛的细分市场；四是行业中各细分部门在规模、成长率、获利能力方面存在很大差异，致使某些细分部门比其他部门更有吸引力。

## 二、市场地位策略

在任一行业内部，由于能力的差异，不同的市场主体会有不同的市场占有率。对于处于不同市场地位的企业来说，其市场竞争策略也会存在差异。

### （一）市场领导者策略

市场领导者是指在相关产品的市场上市场占有率最高的企业。一般来说，大多数行业都有一家企业被公认为市场领导者，它在价格调整、新产品开发、配销覆盖和促销力度等方面处于主导地位。市场领导者是市场竞争的导向者，也是竞争者挑战、效仿或回避的对象。市场领导者的地位是在竞争中自然形成的，但不是固定不变的，随时会面临着竞争者的无情挑战。因此，企业必须随时保持警惕并采取适当的措施，以保持自己的领导地位。市场领导者通常可以采取三种策略：一是设法扩大整个市场需求；二是采取有效的防守措施和攻击战术，保护现有的市场占有率；三是在市场规模保持不变的情况下，进一步扩大市场占有率。

1. 扩大市场总规模的策略。在产品结构基本不变的条件下，当市场总规模扩大时，市场领导者总是最大的受益者，新增加的市场有很大一部分比例仍属市场领导者所有。所以，市场领导者总是首先考虑扩大市场规模，其主要途径有：

（1）寻找新用户。每一种产品都有吸引顾客的潜力，有些购买者可能因为不知道这种产品，或者因为其价格不合适或缺乏某些特点等而不想购买这种产品。寻找新用户就是将这种潜在的购买力转化为现实的购买力，这是扩大市场总规模最简便的途径。企业寻找新用户的方法一是开拓新市场，即开辟新的细分市场，说服尚未使用产品的顾客采用产品；二是市场渗透，即说服现有细分市场中偶尔使用产品的顾客增加使用量；三是扩展地理区域，即将产品销售到国外或其他地区市场中去。

（2）开拓新用途。每项新用途都会使产品开始了一个新的生命周期。比如尼龙，首先是用作降落伞的合成纤维，然后是用作女袜的纤维，接着成为衬衫的主要原料，再后又成为汽车轮胎、沙发椅套和地毯的原料。

（3）扩大产品的使用量。促使购买者增加用量也是扩大需求的一种重要手段。比如宝洁公司劝告用户，在使用海飞丝洗发精洗发时，每次将使用量增加一倍，效果会更佳。

2. 保持现有市场份额的策略。作为市场领导者，在努力扩大整个市场规模时，

必须注意保护自己现有的业务,防备竞争者的攻击。进行适当的防御以保持现有市场份额,这是市场领导者经常要实行的竞争策略。

(1)先发防御。在竞争对手对自己发动进攻之前,先发制人抢先攻击。具体做法是:当竞争者的市场占有率达到某一危险的高度时,就对它发动攻击;或者是对市场上的所有竞争者全面攻击,使得对手人人自危。有时,这种以攻为守是着重心理作用,并不一定付诸行动。

(2)反攻防御。当市场领导者已经受到竞争对手攻击时,采取主动的甚至是大规模的进攻,以挫败对手。

(3)阵地防御。阵地防御是防御的基本形式,是一种被动的、消极的、静态的防御。其典型做法是向市场提供较多的产品品种和采用较大的分销覆盖面,并在同行业中尽可能采取低价策略。对于营销者来讲,单纯防守现有的阵地或产品,就会患"营销近视症"。美国的福特汽车公司和克勒斯勒汽车公司都曾由于采取过这种做法而先后从顶峰上跌下来;而美国可口可乐公司在不同的时期都积极地向市场提供消费者喜欢的产品,而不是据守于单品种的可乐饮料市场,公司不仅开发了各种非可乐饮料得以在软饮料市场上不断进取,而且在酒精饮料市场上也大肆图谋。这就没有给竞争对手更多的可乘之机。作为世界饮料业的巨子,可口可乐公司的市场领先地位长期得以稳固。

(4)侧翼防御。市场领导者除保卫自己的阵地外,还在侧翼或易受攻击处建立防御阵地,显示出较大的业务经营能力或更大的进取意向,防止对手乘虚而入。比如,80年代中期,当IBM公司在美国连续丢失个人计算机市场和计算机软件市场份额后,对行业或是组织市场的用户所使用的小型计算机加强了营销力度,率先采用改良机型、降低产品销售价格的办法来顶住日本和原西德几家计算机公司在这一细分市场上的进攻。

(5)收缩防御。当受到来自多个方面的竞争对手的攻击时,将力量集中到企业应该主要保持的市场范围或业务领域内。收缩防御是在特定时期放弃较弱的领域,集中优势,应付来自各方面竞争的威胁和压力。可口可乐公司在80年代放弃了公司曾经新进入的房地产业和电影娱乐业,以收缩公司力量对付饮料业80年代中越来越激烈的竞争。

(6)运动防御。通过市场扩展,增加企业的战略回旋余地。市场扩展可以通过市场扩大化和市场多元化两种方式实现。如美国施乐公司为保持其在复印机产品市场的领先地位,从1994年开始,积极开发电脑复印技术和相应软件,并重新定义本公司是"文件处理公司"而不再是"文件复制公司",以防止随着计算机技术对办公商业文件处理领域的渗入而使公司市场地位被削弱。

3.扩大市场份额的策略。根据市场情况变化调整自己的营销组合,努力在现有市场规模下扩大自己的市场份额。主要做法有产品创新、保证质量、多品牌、大量广告、强有力的销售促进等。

努力扩大市场份额对于维持市场领导地位是十分必要的。但是,市场占有率提高并不意味着受益的增长,在有些情况下,过于追求市场占有率会付出较大的代价。因此,企业在提高市场占有率时应十分注意:第一,市场占有率超过一定限度,可能会招致反垄断诉讼和制裁;第二,市场占有率提高到一定水平时,边际成本可能会非常大；第三，有些营销手段对提高市场占有率很有效，但却未必能提高利润。

【阅读与思考】

### 九阳豆浆机——市场领导者的竞争战略

山东九阳小家电有限公司成立于 1994 年 10 月，工程师王旭宁和他年轻的北方交通大学的师兄弟们下海创业，发明了集磨浆、滤浆、煮浆等诸功能于一身的九阳全自动豆浆机，结束了中国人过去一直用石磨做豆浆的时代。九阳牌系列家用豆浆机拥有 23 项国家专利，年销量突破百万台，年产值几个亿，成为全球最大的豆浆机制造商。

作为豆浆机行业的主导品牌，九阳面对纷至沓来的激烈竞争，并未显得手忙脚乱，采取的主要措施是：

1. 技术创新。在 2001 年度投入大量科研经费，研发了全新的专利"浓香技"；推出九阳"小海豚"浓香豆浆机，迅速畅销全国。在品质管理方面，除进行常规的各项生产检验外，还单独成立了多个实验室，如电机实验室、成品实验室等，对关键配件和整机进行全面实验检测。由于在技术方面不断推陈出新，2001 年九阳豆浆机销量达到 160 万台，远远甩开了竞争对手，市场占有率始终维持在 80% 以上，销量年年第一。

2. 战略调整。为了在新技术、新材料、新工艺等方面赶上潮流，同时降低制造成本，在北方驻守了近十年后的九阳决定将公司的研发和制造重心南移，利用当地丰富的 OEM（Original Equipment Manufacturing）资源，将研发、制造和销售三个重点减为两个重点，其中的制造环节将慢慢淡出。

3. 产品多元化。九阳 2001 年进入电磁炉行业，九阳人想通过电磁炉再现成功的一跃。九阳电磁炉自上市以来，也取得了不凡业绩。2003 年 3 月，九阳电磁炉荣列"全国市场同类产品六大畅销品牌"。2003 年度，九阳位居全国电磁炉行业前两名，成为电磁炉行业主导品牌。

（资料来源：http://wenku.baidu.com/view/ab12cc7a1711cc7931b71602.html）

思考：九阳豆浆机长时间占据市场领导地位的原因是什么？

### （二）市场挑战者策略

市场挑战者是指市场占有率仅次于市场领导者的企业。它们拥有一定的实力，甚至未必低于市场领导者，其对待竞争的态度是向市场领导者和其他竞争者发动进攻，以夺取更大的市场占有率。市场挑战者如果要向市场领导者和其他竞争者挑战，首先必须确定自己的战略目标和挑战对象，然后再选择适当的进攻策略。

1. 明确战略目标和挑战对象。战略目标同进攻对象密切相关，针对不同的对象确定不同的目标。一般来说，挑战者可以有以下三种选择作为挑战对象。

（1）攻击市场领导者。这种进攻风险很大，但是潜在的收益可能很高，所以吸引力也很大。市场挑战者要成功地进攻市场领导者需要满足三个基本条件：一是拥有一种持久的竞争优势，比如成本优势或创新优势；二是市场挑战者必须有某种办法部分或全部地抵消市场领导者的其他固有优势；三是具备某些阻挡市场领导者报复的办法，使市场领导者不愿或不能对挑战者实施旷日持久的报复。

（2）攻击与自己实力相当者。对与自己实力相当的企业，市场挑战者可选择其中经营不善、发生亏损者作为进攻对象,以夺取它们的市场。

(3) 攻击地方性小企业。对一些地方性小企业中经营不善而发生财务困难的,可作为挑战攻击的对象。

2. 选择进攻策略。在确定了战略目标和进攻对象之后,挑战者要考虑进攻的策略问题。其原则是集中优势兵力于关键的时刻和地方。总的来说,市场挑战者可选择以下五种战略:

(1) 正面进攻。集中全力向对手的主要市场阵地发动进攻,即进攻对手的强项而不是弱点。在这种情况下,进攻者必须在产品、广告、价格等主要方面大大超过对手,才有可能成功。正面进攻的胜负取决于双方力量的对比。正面进攻的另一种措施是投入大量研究与开发经费,使产品成本降低,从而以降低价格的手段向对手发动进攻,这是持续实行正面进攻战略最有效的基础之一。

(2) 侧翼进攻。集中优势力量攻击对手的弱点,有时可采取"声东击西"的战略,佯攻正面,实际攻击侧面或背面。这又可分为两种情况:一种是地理性侧翼进攻,即在全国或全世界寻找对手力量薄弱地区;另一种是细分性侧翼进攻,即寻找领先企业尚未为之服务的细分市场,在这些小市场上迅速填空补缺。侧翼进攻是一种最有效、最经济的策略,较正面进攻有更多的成功机会。

(3) 围堵进攻。包围进攻是一个全方位、大规模的进攻战略,它在几个战线发动全面攻击,向市场提供竞争者能供应的一切,甚至比对方还多,迫使对手在正面、侧翼和后方同时全面防御。当市场挑战者拥有优于对手的资源,并确信围堵计划的完成足以打垮对手时,可采用这种战略。日本的索尼公司在向原由美国几大公司控制的世界电视机市场进攻时,采用了此类做法。即提供的产品品种比任何一个美国公司提供的产品品种都齐,使当时这些老牌大公司节节败退。

(4) 迂回进攻。这是一种最间接的进攻战略,完全避开对手的现有阵地而迂回进攻。具体办法有三种:一是发展无关的产品,实行产品多元化;二是以现有产品进入新地区的市场,实行市场多元化;三是发展新技术、新产品,取代现有产品。

(5) 游击进攻。主要适用于规模较小、力量较弱的企业,其目的在于以小型的、间断性的进攻干扰对手的士气,以占据长久性的立足点,因为小企业无力发动正面进攻或有效的侧翼进攻。需要指出的是,要想打倒对手,光靠游击战不可能达到目的,还需要发动更强大的攻势。

**【阅读材料】**

### 市场竞争日益激烈　比萨行业借创新获得生命力

跟许多白手起家的创业者一样,赵志强不是一开始就选择了自助比萨行业。在踏上西式餐饮之路前,赵志强开过台球厅,办过室内溜冰场,做过小食品批发。百科全书般的从业经历练就了他敏锐的市场判断能力。面对必胜客、达美乐、好伦哥等市场先行者,赵志强从黑龙江来到北京,以一名后来者的身份迅速在市场上脱颖而出。赵志强说,高品质的产品、时尚整洁的环境、感动式的服务是比格在自助比萨行业立足的三张王牌。

1. 选准方向切入目标市场。在北京的自助比萨行业,比格是众多年轻白领和学生钟爱的品牌。目前，比格在全国有31家连锁店，其中北京市场23家，成为北京市场两大知名中档自助比萨品牌之一。

2. 创新产品和环境寻求差异化。在比格发展过程中，赵志强亲眼目睹了许多比萨品牌的没落和消失，这对赵志强触动很大。赵志强认为，选址和开店节奏对于商业流通企业很重要，"比格一般会选择相对成熟商圈的二类位置，既依托于商圈的客流量又能减少租金成本；而在开店节奏方面，我们遵循门店规模与企业管理能力、资金结构相匹配的原则。"

赵志强说："一方面，比格始终将品质放在首位，通过选择与国际顶级原料供应商合作来构建比格比萨、沙拉、意大利面及各种精美配餐的高品质产品体系。同时，针对自助餐行业产品种类长期不更新的普遍情况，比格专门成立了产品研发团队，每一季度都会定期推出不同美食主题的新品，并不定期地调整食品结构。"

为了与其他品牌形成差异化，赵志强在餐厅环境创新方面也投入了巨大精力。比格在发展过程中，不断对门店进行改良设计，优化餐厅配置，定期对店面环境、招牌、桌椅、服装等进行升级，以提升餐厅的文化品位。赵志强说，在餐厅环境方面求新求变，始终是围绕比格的目标客层来进行，营造休闲、时尚的氛围，体现意式比萨餐饮文化。

3. 顾客留言引出感动式服务。产品丰富高品质、环境整洁时尚、明厨营销别具匠心，所有这些都能做到最好，但即使这样，还不足以让顾客达到百分之百的满意度。在赵志强看来，感动式的服务才是比格追求的最高目标。

赵志强明白，直接接触顾客的一线员工是传递感动的最终载体，为了确保每一位一线员工都能将感动顾客作为自己的最高服务目标，比格的管理层开始了从上至下的"感动传递"。"我们的管理层做到关爱员工，为每一位员工谋福利，而后员工再把这种关爱传递到顾客，形成企业的'感动文化'。"赵志强说，包括比格在内的自助比萨行业的服务顾客满意度仍然有很大的改进余地，而如果有一天，每一位比格人都能本着感谢、感恩、感动的心态去面对生活、对待工作，并将此发展为企业的核心文化，那么比格的发展就有了巨大的动力。

（资料来源：http://shipin.people.com.cn/GB/7343756.html）

## （三）市场跟随者策略

市场跟随者的市场份额远小于市场领导者，没有实力与之抗衡。市场跟随者与市场挑战者不同，它不是向市场领导者发动进攻并图谋取而代之，而是跟随在市场领导者之后自觉地维持共处局面。这种"自觉共处"（Conscious Parallelism）状态在资本密集且产品同质的行业中是很普遍的现象，比如钢铁、化工等。在这些行业中产品差异性很小，而价格敏感度甚高，随时都有可能发生价格竞争，结果导致两败俱伤。因此，这些行业中的企业通常彼此自觉地不互相争夺客户，不以短期的市场占有率为目标，即效法市场领导者为市场提供类似的产品，因而市场占有率相当稳定。

市场跟随者也不是被动地单纯追随市场领导者，它必须找到一条不致引起竞争性报复的发展道路。以下是三种可供选择的跟随战略：

1. 紧紧跟随。指市场跟随者在各个细分市场和市场营销组合方面，尽可能仿效市场领导者。这种跟随者有时好像是市场挑战者，但只要它不从根本上侵犯到市场

领导者的地位,就不会发生直接冲突。

2. 距离跟随。指市场跟随者在目标市场、产品创新、价格水平和分销渠道等方面都跟随市场领导者,但仍与市场领导者保持若干差异,不使市场领导者和市场挑战者觉得有侵入的态势和表示。

3. 选择跟随。市场跟随者在某些方面紧跟市场领导者,而在另外一些方面又自行其道。选择跟随是择优跟随,在跟随的同时注重发挥自己的独创性,但不进行直接的竞争。这类跟随者之中有些可能发展成为市场挑战者。

**【阅读材料】**

### 月入10亿比亚迪借S6输血

在自主品牌阵营里,比亚迪一直都是属于不甘于平庸的那一类——继创造"F3神话"后,由S6缔造的比亚迪版"林书豪"大有取而代之之势。数据显示:比亚迪首款SUV车型S6自上市以来销量迅速攀升,2011年12月份销量达到15 012辆,在国内市场SUV销量中的份额为8.04%,排名第三。1月份数据显示,由于受到春节长假的影响,各品牌车型销量都大幅回落,S6的销量回落至6 000辆,但依然进入了销量前十名。

以低价取得销量,不仅再次缔造了F3的神话,更为重要的是,S6的热销在一定程度上缓解了比亚迪本已吃紧的资金链。"如果定价高一些,销量势必受影响,(但考虑销量因素)其实最终的利润是一样的。"吴经胜表示。

但业界人士认为,以低价策略和外观模仿赢得市场,S6尚存一定风险。据了解,比亚迪传统主打车型F3自去年以来销量持续下滑,今年1月销量则降为1.5万辆,较其顶峰时惨遭腰斩。对此,比亚迪方面表示,"比亚迪坚持技术创新和研发,S6运用的是比亚迪技术的沉淀,科技含量非常高。此外,比亚迪横跨IT、汽车和新能源三个领域,S6的质量监控引入了最先进的IT质量管理,保证了产品的高质量。"

S6的未来还将交给市场去检验,但正如吴经胜所言,S6销量的打开可以恢复市场对比亚迪的信心,这比单辆车的利润率更重要。

(资料来源:http://business.sohu.com/20120303/n336586168.shtml)

### (四)市场补缺者策略

市场补缺者是指精心服务于市场的某些细小部分,通过专业化经营来占据有利的市场位置的企业。在现代市场经济条件下,每个行业几乎都有些小企业,它们专心关注市场上被大企业忽略的某些细小部分,在这些小市场上通过专业化经营来获取最大程度的收益,也就是在大企业的夹缝中求得生存和发展。这种有利的市场位置称为"Niche",即补缺基点。一个最好的"补缺基点"应具有以下特征:有足够的市场潜量和购买力;利润有增长的潜力;对主要竞争者不具有吸引力;企业具备占有此补缺基点所必要的机会和能力;企业既有的信誉足以对抗竞争者。为了减少风险,企业通常选择两个或两个以上的多重补缺基点。如台湾地区就有不少照相器材产品制造商,专为世界大公司主流产品生产配套产品,如快门线、镜头盖用的连接线、脚架套等;台湾地区也是目前世界上最大的计算机配套产品生产地。再如我国许多街道小厂,原来生产冰箱保护器这类小产品等。由于这些企业对市场的补缺,可使许多大企业集中精力生产主要产品，也使这些小企业获得很好的生存空间。

补缺战略的关键在于专业化，即利用分工原理，专门经营具有特色的或是拾遗补缺的、为市场需要的产品或服务。具体可供选择的策略有以下10种：

按最终用户专业化——专门致力于为某类最终用户服务。

按垂直层面专业化——专门致力于分销渠道中的某些层面。

按顾客规模专业化——专门为某一种规模（大、中、小）的客户服务。

按特定顾客专业化——只对一个或几个主要客户服务。

按地理区域专业化——专门在营销范围集中的较小地理区域内提供产品或服务。

按产品或产品线专业化——专门生产某一大类的产品。

按客户订单专业化——专门按客户订单生产预订的产品。

按质量和价格专业化——专门生产经营某种质量和价格的产品。

按服务项目专业化——专门提供某一种或几种其他企业没有的服务项目。

按分销渠道专业化——专门服务于某一类分销渠道。

【阅读与思考】

### 维珍：永远的"补缺者"

补缺战略：做一只跟在大企业屁股后面抢东西吃的小狗，但以鲜明的创新风格、自己独特的品牌内涵，为特定的目标客户服务。

补缺结果：维珍品牌在英国的认知度达到了96%，从金融服务业到航空业，从铁路运输业到饮料业，消费者公认这个品牌代表了质量高、价格廉，而且时刻紧随时尚的消费趋势，这是其他品牌无法与之相比的。

从1970年到现在，维珍集团成为了英国最大的私人企业，旗下拥有200多家大小公司，涉及航空、金融、铁路、唱片、婚纱直至避孕套，俨然半个国民生产部门。布兰森曾经说过，如果有谁愿意的话，他可以这样度过一生：喝着维珍可乐长大，到维珍唱片大卖场买维珍电台上放过的唱片，去维珍院线看电影，通过virgin.net交上一个女朋友，和她坐维珍航空去度假，享受维珍假日无微不至的服务，然后由维珍新娘安排一场盛大的婚礼，幸福地消费大量virgin避孕套，直到最后拿着维珍养老保险进坟墓。当然，如果不幸福的话，维珍还提供了大量的伏特加以供选择。

红白相间的维珍品牌在英国的认知度达到了96%，在"英国男人最知名品牌评选"中排名第一，在"英国女人最知名品牌评选"中位列第三。但是，维珍产品在所处的每一个行业里都不是名列前茅的老大或老二，而是一只"跟在大企业屁股后面抢东西吃的小狗"。这正是维珍的老板布兰森本人所期望的。维珍总是选择进入那些已经相对成熟的行业，给消费者提供创新的产品和服务。可以说，在它进入的每一个行业里，维珍都成功地扮演了"市场补缺者"和"品牌领先者"的角色。

补缺——维珍集团进入每一个行业时，很多分析家认为市场已很成熟，已经被一些大集团瓜分得差不多了。维珍集团在这个时候进入市场先天就已经落后了，如果不想捡别人剩下的东西吃，只能找到"利基市场"，只能创新。这正是科特勒关于"落后进入战略"（Laggard-Entry Strategy）的核心所在。布兰森认为，在一个成熟的市场环境里竞争，竞争的压力反过来加剧了企业间的相互模仿，追

求标准、降低成本、回避风险成了企业的游戏规则，企业自身的创新潜力受到了压制，而消费者只能在价格上进行比较。这导致了相当糟糕的局面：管理者思想僵化、新的创意越来越少。这正是维珍的机会。维珍提供给目标顾客的是那些老大们没有想到，或者是不愿意去做，而消费者其实很欢迎、很需要、能够从中得利的产品和服务。

如维珍移动采用横向、纵向市场并重的策略，在对市场、客户进行细分之后，将单一的移动通信产品或服务有机地捆绑打包，形成具有维珍品牌特色的增值服务产品，再通过在线和离线两个渠道进行销售。从纵向市场来看，维珍移动把其客户群分成四大类：体育爱好者、文艺爱好者、旅行者、家居者；再针对这些细分的市场把其服务分成三大类：标准服务、特别服务、其他服务。标准服务包括：免费留言信箱、短消息、来电显示、来电等候、传真及数据、无线上网、MP3下载播放、电话热线以及服务质量保证，这些服务都是标准化的。特别服务则是定制化的服务，包括通过短消息给兴趣群体传送即时新闻、体育比赛、文娱项目的售票信息、无线电广播、基于地理位置的信息、交通信息、手机购物等。其他服务则给客户和合作伙伴提供了开发交叉销售、升级销售的机会，例如客户可购买手机保险、汽车路上修理应急服务、预付费卡月度明细账单、长达三个星期的语音留言保存以及国际漫游等等。他的电信促销以非常趣味的方式开展，并将"一种新的生活方式"概念销售给年轻人。如将预设的配置装在手机里，只要打个特定的号码，有关的商品可以送到顾客手中。维珍移动还与其集团旗下深受年轻人欢迎的航空公司、旅游业务公司、音乐公司等相互合作，捆绑销售，为年轻的电信用户提供不同的优惠与配套服务。

布兰森认为，这种跨企业结构和产品领域的品牌发展思维可以在现代日本的企业管理模式中得到很好的体现。如一个骑着雅马哈牌摩托车的人回到家后可以弹着雅马哈电子琴；或者一边听着三菱音响，一边开着三菱汽车经过一家三菱银行。在这种模式中，不同的公司完全可以在同一品牌下共同发展。在维珍看来，一个公司能够树立良好的品牌信誉主要是基于以下五个关键因素：产品物有所值、保证产品质量、时刻创新、挑战精神，还有就是很难定义但却可以感觉得到的一点——带给消费者一种情趣。

在传统公司看来，布兰森的种种举动和创意会损害品牌形象。他们的创意和公关原则是品牌绝不能和不健康的东西联系在一起，如性、战争、同性恋等。包括可口可乐在内的大公司都设有专门的品牌监测人员，时时关注自己的品牌在互联网上的表现，一旦自己的品牌和一些性及不健康的网站发生联系，这些跨国公司便会采取相应措施消除这种联系。维珍的做法恰恰相反。在波斯湾战争期间它斡旋于英国和伊拉克之间，布兰森亲自带领他的飞机直接进入巴格达接回人质；布兰森为了宣传维珍集团在英吉利海峡浅滩裸跑；维珍还开了全球第一家同性恋用品专卖店。维珍的广告和促销活动也总是标新立异。1991年维珍开通伦敦到美国波士顿航线的告知广告，广告上只有一个特写镜头把一双硕大无比的穿着鲜红袜子的脚伸在了受众面前。因为维珍大西洋航空公司在航空史上第一次取消头等舱的做法，让无数坐经济舱的乘客第一次可以将双腿伸展开来了。维珍可乐的平面广告上是被压碎的可口可乐和百事可乐易拉罐，以显示维珍可乐在产品测试结果中超过了这两个老大。维珍彩色饮料在进入保守的台湾市场举行促销活动时，4个女模特身上画着象征维珍饮料的人体彩绘，在当地引起了不小的震动。

这些看似疯狂的举动其实都是为了更好地诠释维珍的品牌形象。经过多年的努力，它们使维珍品牌对于年轻消费者来说，有了一个很重要的附加值——维珍同时还意味着一种生活态度：自由自在的生活方式、叛逆、开放、崇尚自由以及极度珍贵的浪漫。

（资料来源：http://wenku.baidu.com/view/a97dd336eefdc8d376ee325e.html）

思考：市场补缺者如何才能竞争中求得生存和发展？

# 习　　题

## 一、名词解释

1. 竞争者　　　　　　2. 市场领导者　　　　　　3. 市场挑战者
4. 市场追随者　　　　5. 市场补缺者　　　　　　6. 随机型竞争者

## 二、单项选择题

1. 对竞争者的攻击有无反应和反应强弱无法根据其以往的情况加以预测的竞争者属（　　）。
   A. 从容型竞争者　　　　　　　　B. 选择型竞争者
   C. 凶狠型竞争者　　　　　　　　D. 随机型竞争者

2. （　　）战略是指企业通过内部挖潜尽可能地降低生产经营成本，并以低成本获取行业领导地位，吸引市场上众多对价格敏感的购买者。
   A. 成本领先战略　　　　　　　　B. 集中化战略
   C. 差异化战略　　　　　　　　　D. 分散化战略

3. 从行业方面来看，企业的竞争者不包括（　　）。
   A. 现有厂商　　　　　　　　　　B. 潜在加入者
   C. 替代品厂商　　　　　　　　　D. 供应商

4. 某一行业内有许多卖主且相互之间的产品有差别，顾客对某些品牌有特殊偏好，不同的卖主以产品的差异性吸引顾客，开展竞争，这属于（　　）。
   A. 完全竞争　　　　　　　　　　B. 完全垄断
   C. 不完全垄断　　　　　　　　　D. 垄断竞争

5. 生产家用电器的企业与房地产公司是（　　）。
   A. 行业竞争者　　　　　　　　　B. 一般竞争者
   C. 品牌竞争者　　　　　　　　　D. 形式竞争者

6. 在激烈的市场竞争中，有些位居次席者则采取以进攻为主的竞争策略，以攫取更多的市场占有率，菲利普·科特勒称之为（　　）。
   A. 市场领先者　　　　　　　　　B. 市场跟随者
   C. 市场挑战者　　　　　　　　　D. 市场补缺者

7. 市场补缺战略的特点是（　　）。
   A. 进攻性　　　　　　　　　　　B. 跟随性
   C. 防御性　　　　　　　　　　　D. 专门化

8. 一般来说，"好"的竞争者的存在会给公司（　　）。
   A. 增加市场开发成本　　　　　　B. 带来一些战略利益
   C. 降低产品差别　　　　　　　　D. 必然造成战略利益损失

### 三、思考题
1. 竞争者分析包括哪几个步骤？
2. 企业对竞争行为的反应可以分为哪几种？
3. 市场竞争一般性战略有哪几种？
4. 市场领导者的防御战略有哪些？

### 四、案例分析

#### 洋快餐比拼"快跑"，麦当劳首家汽车餐厅开业

麦当劳中国内地首家"得来速"汽车餐厅昨天在广东省东莞市开业。作为一个酝酿已久的尝试，汽车餐厅将开启麦当劳在中国内地市场的另一种经营模式。

汽车车主不用下车，即可通过餐厅的车道，在专门开设的"窗口"点食、付款和获取外卖，这就是所谓的"汽车穿梭餐厅"。此次麦当劳在东莞新开业的"得来速"餐厅，占地645平方米，拥有50多个停车位。虽然"得来速"刚刚进入中国内地市场，但在麦当劳全球市场却十分成熟。1975年，麦当劳第一家"得来速"餐厅在美国亚利桑那州建立，随后这种经营模式遍及全美。目前，在日本、新加坡、马来西亚和中国台湾地区已开始有逾1 000家麦当劳"得来速"餐厅。

其实，"汽车穿梭餐厅"在国外已非常普遍。在美国，快餐业的营业额中有超过一半的收入来自"汽车穿梭餐厅"。但在中国市场，肯德基于2002年在北京开出一家"汽车餐厅"之后，这种经营模式就一直受到"冷落"。直到今年，肯德基、麦当劳才把开设"汽车餐厅"提上日程。今年10月，肯德基在上海开出又一家"汽车穿梭餐厅"，并同时宣布肯德基今后将在中国各大城市以及加油站、高速路出口大量布局同类餐厅。

麦当劳也把今后的市场下注在了"得来速"身上，麦当劳中国有限公司首席执行长施乐生表示，麦当劳"得来速"将成为麦当劳在中国的一种重要经营模式。目前，公司已做好充分准备在中国内地的一些主要城市，包括上海、北京、广州和深圳，进一步开设"得来速"餐厅。

（资料来源：http://www.southcn.com/finance/financenews/meiti/200512120052.htm）

分析讨论：
1. 案例中麦当劳是如何与快餐行业竞争者"快跑"的？
2. 观察生活中，KFC的竞争战略与麦当劳有哪些不同？请举例说明。

## 实训应用

【实训项目】
以小组为单位，自行收集公司案例，并为其制定竞争战略。

【实训目的】
1. 学会识别竞争者并进行分析。
2. 判断企业在目标市场内的竞争地位，并采取相应的竞争战略。

【实训指导】
1. 案例收集可以采取两种方式：一种方式是在近期的报纸、杂志、相关网站上查阅资料；另一种方式是通过各种途径访问有关的企业管理人员，收集案例。
2. 案例应形成文字资料，可以是成功的案例，也可以是失败的案例。
3. 除案例本身外，学生还要对案例进行分析，写出书面分析意见。
4. 教师除对学生收集的案例进行评阅外，还可以组织交流，选择某些较好的案例要求学生进行讲评。

【实训组织】

1. 各小组根据模拟公司情况，在市场营销调研和 STP 的基础上，识别出本公司的竞争者并对其进行分析。

2. 判断案例公司在目标市场内的竞争地位。

3. 每组学生应写出案例分析，在班内进行交流、展示。

【实训考核】

1. 实训准备工作（10 分）。

2. 实训的组织、分配、管理等过程（20 分）。

3. 实训成果汇报及其提交（45 分）。

4. 项目团队成员间的团队合作精神（15 分）。

5. 学生互评，教师点评（10 分）。

# 项目六
## 市场营销调研

 **任务描述**

市场营销调研是现代市场营销活动不可或缺的重要环节。通过市场调研，企业可以比较准确地把握市场历史与现状，预测市场未来的发展趋势，从而为企业的经营决策提供科学依据。

 **任务目标**

**知识目标**
1. 理解市场营销信息的含义和特点。
2. 了解市场调查的定义、作用和特点。
3. 掌握市场调查的步骤和方法。
4. 了解市场需求预测的含义和步骤。
5. 理解市场需求预测的方法。

**能力目标**
能够对相关行业进行一次市场调研，并提交市场调研报告。

 **任务导入**

到一两家企业了解市场调研，并说明进行市场调研预测的必要性。

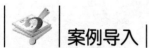

### 市场调查报告的作用

吉利公司创建于1901年，其产品因使男人刮胡子变得方便、舒适、安全而大受欢迎。进入20世纪70年代，吉利公司的销售额已达20亿美元，成为世界著名的跨国公司。然而吉利公司的领导者并不以此为满足，而是想方设法继续拓展市场，争取更多用户。就在1974年，公司提出了面向妇女的专用"刮毛刀"。

这一决策看似荒谬，却是建立在坚实可靠的市场调查的基础之上的。

吉利公司先用一年的时间进行了周密的市场调查，发现在美国30岁以上的妇女中，有65%的人为保持美好形象，要定期刮除腿毛和腋毛。这些妇女之中，除使用电动刮胡刀和脱毛剂之外，主要靠购买各种男用刮胡刀来满足此项需要，一年在这方面的花费高达7500万美元。

根据市场调查结果，吉利公司精心设计了新产品，它的刀头部分和男用刮胡刀并无两样，采用一次性使用的双层刀片，但是刀架则选用了色彩鲜艳的塑料，并将握柄改为弧形以利于妇女使用，握柄上还印压了一朵雏菊图案。这样一来，新产品立即显示了女性的特点。

最后，公司根据多数妇女的意见，选择了"不伤玉腿"作为推销时突出的重点，刊登广告进行刻意宣传。结果，雏菊刮毛刀一炮打响，迅速畅销全球。

问题引入：
1. 吉利公司推出的新产品为什么能够一炮打响？
2. 市场调研活动应该如果具体实施？

# 任务1　市场营销信息系统

营销信息（marketing information）是反映企业内、外部营销环境以及市场营销活动的实际状况、特性和相关的消息、数据的总称。在市场竞争愈发激烈的情况下，企业之间的竞争从单纯的价格竞争发展到非价格竞争，企业从满足购买者物质需求到心理需求，企业营销活动对信息的数量和质量要求也越来越高。因此，科学建立并有效运作市场营销信息系统便成为许多企业的当务之急。

## 一、市场营销信息系统的概念

市场营销信息系统（marketing information system，MIS）是由营销管理人员、信息处理机器设备和运作程序组成的相互作用的复合体，它收集、分类、分析、评价和分配内、外部信息，并对营销计划进行改进、执行和控制。

市场营销信息系统由四个子系统组成——内部报告系统、营销情报系统、营销调研系统和营销分析系统。系统组成及其运作过程如图6-1所示。

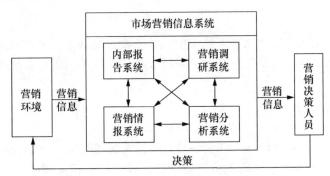

图6-1　市场营销信息系统及其运作

## 二、内部报告系统

内部报告系统（internal reports system），又称内部会计系统或订货处理系统，它是营销管理人员最先接触并经常使用的最基本的系统。内部报告系统的功能是向营销管理人员及时提供有关订货数量、销售额、产品成本、存货水平、现金余额、应收账款等反映企业经营状况的信息。从中营销管理人员可以发现市场机会，找出经营中存在的问题。其中由订单至汇款的循环是系统的核心，销售报告是营销管理人员最迫切需要的信息。

内部报告系统由企业各部门协作建立，相互定期与不定期地报告与彼此运作有关系的特定信息。需要注意的是，所提供信息的数量和质量应便于营销管理人员使用。对于一个营销管理人员而言，并不是信息量越大、即时性越强、信息复杂程度和精确程度越高就越好。过于复杂的和过量的营销信息往往会超过营销管理人员的信息处理能力，而过于频繁和即时性过强的信息也会耗费营销管理人员大量的时间。因此，在设计内部报告系统时，营销管理人员应当具备敏锐的营销思维和判断能力，将自己所需信息的种类、时间期限等各种要求明确通知信息的提供者，并准确、有效地甄别信息的偏向性，合理利用信息，为企业的营销决策提供合理的数据分析参数。

## 三、营销情报系统

营销情报系统（marketing intelligence system）是指营销管理人员为获取有关营销环境及营销活动的日常信息所采用的方法程序和信息来源。与内部报告系统不同，营销情报系统为营销管理人员提供外部正在发生的情况信息，而不是企业内部的事后数据。

对于外部的即时情况，营销管理人员可以通过阅读专业报刊、参加行业举办的各种活动来获得。但是通过这种方式获得信息可能不够全面，也可能比较滞后。因此，需要通过其他途径来获取充分、有效的信息。通常采用的做法主要有：第一，培训和鼓励企业的销售人员向其报告营销环境及营销活动的发展变化；第二，鼓励经销商等合作伙伴提供营销情报；第三，向市场调查公司、行业信息机构购买营销情报；第四，实力雄厚、规模较大的企业设立自己的信息中心，比如浙江巨化集团成立了专门负责竞争情报整理、分析的部门，建立了竞争情报系统ECIS。

【小贴士】

> 营销情报系统与内部报告系统不同，其主要区别在于：内部报告系统为管理人员提供结果数据，而营销情报系统则为管理人员提供正在发生的数据。

## 四、营销调研系统

营销调研（marketing research system）是指系统地收集、加工、分析以及传输数据资料，并提出与本企业面临的特定营销状况或问题的相关调研结果的过程。与上述两个子系统相比，内部报告系统和营销情报系统主要是收集、传递和报告有关日常的和经常性的信息情报，而营销调研系统则侧重于营销活动中特定问题的解决。通过市场营销调研可以准确、及时地掌握市场动态，使企业决策建立在坚实、可靠的基础之上。

根据营销活动中出现问题的性质以及研究目的的不同，可以把营销调研分为探测性调研、描述性调研、因果性调研和预测性调研。探测性调研是指当营销管理人员对面临的问题不太清楚，尚未确定具体的调研内容时进行的试探性的调研。描述性调研是指营销管理人员对某一特定问题进行深入研究之前，对某些相关事物或现象的基本特征进行全面了解而进行的调研。因果性调研是指针对某一现象的产生，寻找其原因并证明其因果关系的调研。预测性调研是指为了预判与营销决策有关的事物或现象的未来变化趋势而进行的调研。

营销调研涉及营销环境及营销活动的方方面面，内容和范围十分广泛。通常的调研内容是：市场环境调研（包括政治环境、经济状况、社会环境等）；市场需求调研（包括市场容量、购买者行为等）；市场供给调研（包括生产能力、生产布局、工艺技术等）；市场行情调研（包括商品供给的丰富程度、存货状况、市场竞争格局、同类产品的状况、新产品定价及价格变动等）；市场销售调研（包括销售渠道、销售趋势等）。

一般而言，有效的营销调研应该包括五个基本步骤，即提出问题并确立目标、制定调研方案、收集信息、分析信息、提出研究报告。营销调研是为了探究营销活动中存在的问题，寻求解决问题的方法和途径。因此，首先，营销调研要确定调研应该弄清楚的问题和所要达到的目标。其次，要确定调研的项目、方式和工作计划，包括需要收集的具体资料，还要确定调查的地点、调查对象、调查方法，以及调查人员安排和培训、经费预算、进度安排等。再次，组织调查人员深入实际，有组织、系统、细致地收集各种相关资料。随后，对所收集到的资料进行筛选、分类、统计、分析，得出结论。最后，编写调研报告。

【相关链接】

> 宝洁公司安排营销调研人员到每一个产品部门对现行品牌进行调研。它有两个独立的公司内部调研小组，一个负责整个公司的广告调研，另一个负责市场预测。每组成员包括营销调研经理、其他专家（调查设计组、统计学家、行为科学家）和负责执行与管理访问工作的内部现场代表。每年宝洁公司电话与上门访问超过100万次，访问的内容涉及大约1000个调研项目。

## 五、营销分析系统

营销分析系统（marketing analysis system），也称营销决策支持系统，它通过对营销数据的统计分析、建立数学模型，帮助营销管理人员分析复杂的市场营销问题，做出最佳的市场营销决策。营销分析系统由两个部分组成，一个是统计库，另一个是模型库，如图6-2所示。其中：统计库的功能是采用各种统计分析技术从大量数据中提取有意义的信息；模型库则包含了解决各种营销决策问题的数学模型，如新产品销售预测模型、广告预算模型、厂址选择模型、竞争策略模型、产品定价模型以及最佳营销组合模型等。

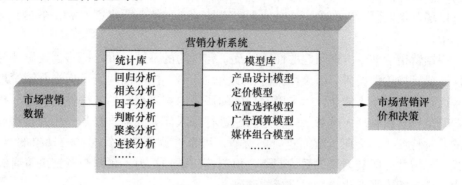

图 6-2 营销分析系统

# 任务 2　制定市场调研方案

为了圆满完成调研工作，事先制定一个科学、严密和可行的调研方案是十分必要的。调研方案也称为调查计划，确定了调研问题和调研目标之后，研究人员便要着手设计详细的调研计划，搜集所需信息并编制市场调研策划书。调研策划书是指导调研活动开展的纲领性文件，一般应指明所要搜集的具体信息、来源、采用的方法、时间进度、经费预算等。

市场调研的具体步骤如下：

## 一、分析调研背景

前言或序言是调研方案正式内容前的情况说明部分，内容应简明扼要，主要包括概要和调查背景。

概要是指整个调查方案的概括以及各部分的要点。

调查背景是指有关调查项目总体状况的描述和分析。在分析调研背景时，首先对项目所处行业的发展状况、社会、经济和法律等进行简要描述和分析，以此说明此项目目前的生存环境和市场空间；其次针对企业的现状和所面临的主要问题展开分析，从而确定本次调研工作的原因和主题。

## 二、确定调研目的和内容

确定调研目的，就是明确在调研中要解决哪些问题，通过调研要获取哪些资料，这些资料将用于什么用途等；确定调研内容，就是在调研目的的基础上，调研目的展开和细化的过程。衡量一个市场调研方案的设计是否科学，主要是看该方案的设计能不能体现调研目的和要求、符合客观实际。

## 三、确定调查范围和调查对象

根据调查目的确定调查的范围以及所要调查的对象，调查资料均由这些人或者单位来提供。在确定调查对象的过程中，应给予严格界定，以免在调研活动实施时因界定不清导致信息发生偏差。

【小贴士】

> 市场调研的几大误区：
> 1. 轻视调研
> （1）消费者自己也不清楚想要的是什么。
> （2）怀疑调查方式及调查结果。
> （3）产品差异化相对较大的情况下，消费者极其分散，什么样的产品都会有相当大的市场。
> 2. 轻信调研
> 3. 盲目调研
> （1）贪多不够细。
> （2）只看结果不看过程。

### 四、选择调研方法

调研方法是指取得资料的方法，它包括在什么地点、找什么人、用什么方法进行调研。一般课题研究的基本方法主要分为一手资料收集即实地调查法，包括访问法、观察法和实验法；二手资料主要以文案查阅法为主。

#### （一）访问法

访问法是指市场调研人员通过向被调查者提问，由被调查者回答，从而获取所需信息资料的一种调研方法。访问法是企业获取市场第一手信息资料常用的调研方法，其特点是回答性、多样性、简明性和计划性。

根据访问调研过程中调研者与被调研者接触的方式，可分为面谈访问法、邮寄访问法、电话访问法、留置问卷访问法和网络访问法。

1. 面谈访问法

面谈访问法是指调研者直接与被调研者接触，通过有目的的当面交谈获得资料的一种方法。其具体形式有多种，必须事先设计好周密的调研方案，按照设计好的问卷或提纲对调查对象进行访问。

面谈访问法的优点是信息沟通直接、问卷回收率高、信息准确性高；缺点是调研成本高、可靠性容易受调研者主观因素影响、容易遭被调研者拒绝。

2. 邮寄访问法

邮寄访问法是指通过邮寄方式将调查问卷寄达被调查者，由被调查者自行填写，然后将问卷寄回的一种调查方法。邮寄访问法是一种标准化的调查，且调查范围较大，在实践中常被调研者采用。

邮寄访问法的优点是调查成本低、抽样误差低、调研范围较广，通过采取被调研者匿名的方式可以对某些敏感和隐私情况进行调研；缺点是问卷回收率低、信息反馈时间长、影响资料的有效性、调研对象的确定有一点难度。

3. 电话访问法

电话访问法是调研者根据拟定调研事项，以电话的形式向被调查者征询意见，从而获得信息资料的一种调查方法。这种调研方法适用于被调研者对调研问题比较熟悉或者调研问题比较简单的市场调研。

电话访问法的优点是时效性、调研成本低，被调研者的心理压力比较小、容易合作，问卷简单、对调研人员素质要求不是特别高；缺点是问卷简单、无法深入调研，电话受限、询问时间不宜过长，难以辨别资料的真伪和准确性。

4. 留置问卷访问法

留置问卷访问法是指将调查问卷当面交给被调查者，说明调研目的和要求，由被调研者自行填写回答，调研者按约定时间将问卷收回的一种方法。其是介于面谈访问和邮寄访问之间的一种折中方法。

留置问卷访问法的优点是回收率高，被调研者的意见不会受到调研人员的影响，时间充裕、被调研者可以认真作答；缺点是难以进行大范围的调研、费用相对较高。

5. 网络访问法

网络访问法是指将问卷的设计、样本的抽取、具体的调查和数据处理等整个调查过程都通过计算机和互联网来完成的一种调查方法。

网络访问法的优点是便利快捷、提高调查效率、调研成本低；缺点是在调查过程中有可能受到电脑病毒的破坏和侵扰。

【小贴士】

### 问卷设计

在大多数市场调查中，研究者都要依据研究的目的设计各种形式的问卷。问卷设计没有统一、固定的格式和程序，一般来说有以下几个步骤：(1) 确定需要的信息；(2) 确定问题的内容；(3) 确定问题的形式；(4) 确定问题的措词；(5) 确定问题的顺序；(6) 问卷的试答改进。

### (二) 观察法

1. 定义

观察法是指调研者在现场对被调研者的情况进行观察、记录，以及取得市场信息资料的一种调研方法。

2. 分类

(1) 按照观察的情境条件可分为自然情境观察法和实验室观察法。

(2) 按照观察者是否参与被观察者所从事的活动可分为参与式观察和非参与式观察。

(3) 按照观察结果的标准化程度的方法可分为控制观察和无控制观察。

(4) 按照实施观察的方法不同可分为人员观察和机器观察。

(5) 按照观察对象的不同可分为直接观察和间接观察。

3. 优缺点

(1) 优点。观察法所观察的是处于自然状态下的市场现象，较好地保证了观察结果的客观性和真实性；观察者只记录实际发生的情况，没有历史的或将来的意愿影响；观察者到现场观察，不仅可以了解现象发生的全过程，还能身临其境获得更深入的资料；有时对于特定问题，观察法是唯一可用的调研方法。

（2）缺点。观察结果容易受到观察者的主观影响；观察时间长，需要人员多，成本较高；观察对象如果感觉被观察，可能改变其行为方向，从而影响观察的持续进行；受时空影响，只能观察表面现象和外在行为，难以观察内在因素。

4. 注意事项

（1）为使得观察结果具有代表性，应设计好抽样方案。

（2）正确、灵活安排观察顺序。

（3）为了了解被调查者的自然反应，最好不让被观察者有所察觉。

（4）在实际观察中，必须实事求是、客观公正，不得带有主观偏见。

（5）调查人员的记录用纸和观察项目最好有格式，便于观察结果的对比和整理。

（6）为了观察客观事物的发展、变化过程，需要长期、反复地观察，进行动态对比研究。

5. 实际应用

法国居伊·梅内戈点子公司采用的"神秘购物法"（Mystery Shopping Studies）就是观察调查法在实际中的一种应用。他们依靠那些经过专门训练的神秘顾客（他们本身是普通消费者），由他们进行伪装购物，详细记录下购物或接受服务时发生的一切情况，发现商家在经营管理中存在的各种缺陷。

### （三）实验调查法

1. 定义

实验调查法是指调查者通过改变一个或几个影响因素（自变量），来测试这些因素的变化对其他因素（因变量）的影响，通过实验对比分析，来确定市场中各因素的因果关系的一种实地调查方法。常用的实验方法主要有实验室实验法、销售区域实验法、模拟实验法等。

2. 优点

（1）科学性较强。应用该方法所得的实验结果是经实际验证获得的，能直接而真实地反映市场需求情况。

（2）揭示事物之间的因果关系。实验调查法通过实验测试各因素的因果关系，证明一种变量的变化能否引起另一种变量产生一些预见性变化，从而采取相应策略。

（3）应用广泛，可重复操作。企业在经营活动中经常采用此方法，如开展包装实验、价格实验、广告实验、新产品的销售实验等，并且实验可反复进行，以提高实验效果的准确性。

（4）时间长，费用高。采用此方法进行的调查要在某个时间周期内进行，时间较长，并且调查要在条件相同或相似的测试区域进行，测试区的寻找以及调查的实施需付出的成本较高。

3. 缺点

（1）保密性较差。现场实验或者市场测试可能会暴露在真实市场中将要实施的营销计划，这将会给竞争对手带来反应的时间及采取对策的机会，失去了出奇制胜的效果。

（2）实施较难。调查的实施可能会碰到来自方方面面的阻碍，如组织内部难以合作、外部干扰等，致使调查难以实施。在实际调查过程中，某测试地区的市场经理可能并不愿意他所管理的市场区域被作为测试市场，因为这可能会降低此区域的销售量；购买者居住在测试地区附近，可能会因为测试地区产品较低的价格、折扣等这些特殊的原因才购买此产品，这样会扭曲实验结果。

【阅读材料】

> **雀巢准备改进咖啡杯的设计市场实验**
>
> 据说，雀巢咖啡采用绛红的包装色彩还有一段故事。在雀巢公司确定采用什么色彩来包装雀巢咖啡产品之前，该公司的色彩设计师曾做过一项有趣的试验：他们将同一壶煮好的咖啡，分别倒入棕、绿、红、黄四种颜色的咖啡杯里，让几十个人同时进行四杯咖啡的品尝、比较。当家庭主妇们面对放在四种颜色的容器里的四杯咖啡做抽样调查（所有的咖啡质量都是相同的，但她们并不知道）时，75%的人感到放在棕色容器里的咖啡味道太浓，近85%的人认为放在红色容器里的咖啡香味最佳，几乎所有的人感到放在绿色容器里的咖啡味道偏酸，而放在黄色容器里的咖啡香味偏淡。由此，雀巢公司确定采用绛红色的色彩来包装雀巢咖啡，因为绛红色与咖啡本身的色彩更趋向一致，给消费者一种天然色彩的感觉。当产品一进入市场，果然赢得了消费者的热烈认同。

### （四）文案查阅法

**1. 定义**

文案调查法，又称间接调查法，是指围绕一定的调查目的，通过查阅、索取、交换、购买、复制等手段，收集历史和现实的各种资料，并对其进行分类、整理、统计、分析的一种调查方法。这种方法收集的是第二手资料，是一些调查者已经根据特定的调查目的收集、整理过的各种现成资料。若调查者将要调查的市场中已有一些可靠的信息情报时，通常采用此方法。

**2. 优点**

（1）便于取得那些不可能直接接近或其他方法不能取得的资料。

（2）成本较低。

（3）间接资料调研可以不受时间和空间的限制，可能搜集到比直接调研法更为广泛的多方面资料。

（4）由于该方法收集的资料都是书面形式的，因此不受调研人员和被调研者主观因素的干扰，反映的信息内容更为真实、客观。

**3. 缺点**

（1）随着时间的推移和市场环境的变化，间接数据资料会出现时效性问题。

（2）文献内容很难与调研人员实际从事的调研活动要求相一致，尚需进一步加工处理。

（3）由于间接资料的分析工作常需要使用难度较高的数量分析技术，这在一定程度上降低了其利用率。

（4）向有关部门、单位查阅资料时，有时因保密性而不能取得所需要的资料。

4. 局限性

文案调查法有一定的局限性，主要表现在以下几个方面：

（1）文案调查依据的主要是历史资料，其中过时资料比较多，现实中正在发生变化的情况、新问题难以得到及时的反映。

（2）所收集、整理的资料和调查目的往往不能很好地吻合，对解决问题不能完全适用，收集资料时易有遗漏。

（3）文案调查要求调查人员有较扎实的理论知识、较深的专业技能，否则在工作中将力不从心。此外，由于文案调查所收集的文案的准确程度较难把握，有些资料是由专业水平较高的人员采用科学的方法收集和加工的，准确度较高；而有的资料只是估算和推测的，准确度较低。因此，应明确资料的来源并加以说明。

## 五、制定抽样计划

设计抽样是指根据调研项目自身的特点，采用最适合调研项目的抽样方法，以使调研的样本具有代表性，并能真实、客观地反映调查总体的情况。其包括三个问题：抽样总体、样本大小的确定、抽样方法。

抽样总体又是调研对象的总体构成，其具体范围由调研特性和调研目的决定。

样本大小的确定对调研结果有一定的影响，样本越大，调研结果越可靠，反之，调研结果的代表性就越差。样本量根据调研费用的限制、允许的抽样误差，结合项目的具体情况，选择最适合调研项目的抽样方法。

【相关链接】

> 1936年美国《文学摘要》主持的总统选举民意调查是一个著名的失败案例。这次的总统候选人是富兰克林·德拉诺·罗斯福和阿尔弗雷德·兰登。编辑部设定所有的选民为调研总体，并以电话号码簿和汽车注册簿为抽样框（以往也是这样做的，并在1920年、1924年、1928年和1932年大选前做出了准确的预测），采用随机抽样，抽取了200万人进行调查。根据数据分析结果，《文学摘要》极为自信地预言兰登将当选，但结果却是大出所料，罗斯福获胜了，《文学摘要》也因此关了门。而与此同时，社会学家约翰·格兰和艾伦尔·朗乌利仅依据4 000份问卷的调查结果就准确地预测了罗斯福当选。那么，《文学摘要》失败的原因何在？

## 六、确定调查人员

确定调查人员主要是指调研的组织管理、调研项目组的设置、调研人员的选择与培训、调研质量的控制等。

## 七、调研时间及进度安排

通常运用表格的形式，将各阶段的工作任务和起止时间进行规划，确保调研工作能够及时开展、按时完成。

## 八、预算调研经费开支情况

调查费用是指根据调查工作的种类、范围来全面考虑各阶段的费用支出。在调查的前期，计划准备阶段的费用占总预算的20%，具体实施调查阶段的费用应占总预算的40%；后期整理数据、分析报告阶段的费用占总预算的40%。

## 九、提交报告

目前提交报告的方式主要包括书面报告和口头报告，提交内容主要包括报告的形式、份数、基本内容、原始数据、分析数据、演示文稿和原始问卷等。

【阅读材料】

Juan Carlos（JC）是墨西哥饭店的老板，他遇到了同其他许多小企业主一样的问题。他想在一个中小型社区成功地经营一家墨西哥饭店，直到6个月前这种理想一直是在很成功地实现着。从那时起，他注意到平均每周顾客数量开始小幅下降，相应的利润也遭受到了波及。他很重视这件事，曾花费了大量时间在高峰时间到饭店观察他的雇员对主顾需要的满足是否够好和有效。

Juan Carlos 于是请当地大学教授 Gilmore 进行市场调研，以帮他解决利润下降的问题。Gilmore 教授承诺下个星期领着一组学生来，开展这项调研工作。Garlos 向学生们讲了饭店的历史和这些时期的所有财务指标。学生们向 Juan Garlos 问了很多有关当地饭店、行业趋势的问题，以及任何可能存在的周期性变化。大部分情况下，Garlos 都能向小组的提问传递信息。不过，有一件事他没有做，就是调查他的顾客以弄清楚他的饭店和菜肴对消费者有哪种吸引力。小组确定了下列目标用来指导针对饭店的调研。

（1）在空气、服务、位置、饭菜质量和数量以及饭菜价格方面确定JC的墨西哥饭店最有吸引力的特色。

（2）评估顾客在空气、服务、位置、饭菜质量和数量以及饭菜价格方面满意度的重要性。

（3）确定在空气、服务、位置、饭菜质量和数量以及饭菜价格方面选择墨西哥饭店时考虑的因素。

（4）确定顾客对于将来在这里就餐的意识和最有可能的反映。

（5）根据地区和顾客人口统计量评估顾客在人口统计和地理方面的特征。

（6）推导结果的战略性含义。

小组在这些研究领域选择了一种两步取样法。第一步涉及对一组饭店员工的取样。感觉在这一步收集的信息会在准备设计用于第二步的问卷时对小组有帮助，第二步应用问卷调查对一组随机挑选的饭店顾客进行了调查。

这个样本包括了在两个不同的星期天的下午5点到7点随机挑选的顾客，总共收到了91份有效答卷。小组首先总体上对数据进行了分析，接着使用 SPSS 对结果进行了交叉制表处理，以便分析与具体的人口统计和个人品质相关的具体问题。使用概率、交叉表和百分率对数据进行了系统分析，而且确定了基于人口统计和个人品质差异的调查对象差异。基于收集的这些信息，制定了从 JC.1 到 JC.3 的表格。

**表格 JC.1　消费者是如何评价 Juan Carlos 的墨西哥饭店的**

| 评　分 | 百分率/（%） |
| --- | --- |
| 最好 | 77 |
| 第二 | 8 |
| 第三 | 5 |
| 第四 | 4 |

**表格 JC.2　对 Juan Carlos 的饭店进行改善的建议**

| 改　善 | 百分率/（%） |
| --- | --- |
| 停车场 | 34.5 |
| 油漆 | 17.2 |
| 空气 | 13.8 |
| 儿童食品 | 10.3 |
| 位置 | 6.9 |
| 墨西哥音乐 | 17.2 |

**表格 JC.3　不同年龄段的满意度**

| 年　龄 | 很好 | 好 | 一般 |
| --- | --- | --- | --- |
| 小于 20 | 5 | 2 | 1 |
| 21～30 | 22 | 7 | 1 |
| 31～40 | 10 | 2 | 2 |
| 41～50 | 14 | 5 | 2 |
| 51 及以上 | 14 | 2 | 2 |

从上面的案例中，我们比较清楚地了解了市场抽样调查的具体程序以及抽样调查的特点。

调查小组首先确定了此项调查的总体对象，即对饭店员工和顾客进行调查，同时为了更好地进行饭店市场调查，调查小组列出六条目标作为市场调查的指导目标。

接着，调查小组设计了样本范围，采用两步取样法对饭店员工和顾客进行抽样。同时，在抽样时，调查小组严格坚持抽取样本的客观性，按照随机的原则，这充分体现了抽样调查抽取样本的客观性的特点。

收集样本资料后，调查小组首先总体上对数据进行了分析，接着使用 SPSS 对结果进行了交叉制表处理，以便分析与具体的人口统计和个人品质相关的具体问题。使用概率、交叉表和百分率对数据进行了系统分析。

最后，用样本指标推断总体指标，制定了消费者如何评价 Juan Carlos 的墨西哥饭店、对 Juan Carlos 的饭店进行改善的建议以及不同年龄段的满意度三个有价值的表格，进而给墨西哥饭店的成功经营带来了有效的决策参考。

# 任务 3　市场需求测定与预测

市场需求预测是指在市场调研的基础上，综合运用预测理论和方法，对未来市场需求的估计。通过市场需求预测，企业能生产出顾客需要的产品，提供更多的顾客价值，从而取得优异的市场成绩。

## 一、市场需求预测

1. 按照预测时间的长短，可以分为短期市场需求预测（年度、季度、月度预测）、中期市场需求预测（1年以上、5年以下的预测）和长期市场需求预测（5年及以上的预测）。
2. 按照预测的空间，可以分为国内市场需求预测和国际市场需求预测。
3. 按照预测的范围，可以分为宏观市场需求预测和微观市场需求预测。
4. 按照预测的对象，可以分为所有商品市场需求预测、商品群市场需求预测和单个商品市场需求预测。

## 二、基本原则

为了提高市场需求预测的准确程度，市场需求预测应坚持以下基本原则：

1. 客观性。市场需求预测是一种客观性的研究活动。预测工作不能想当然，更不能弄虚作假。
2. 全面性。影响市场活动的因素多种多样，其中既有经济的，也有政治的、社会的和科技的。要从各个不同的方面归纳和概括市场的变化，防止以偏概全。
3. 及时性。为了给营销决策及时地提供依据，要求市场需求预测能够快速地提供必要的信息。
4. 科学性。预测采用的信息资料和模型必须建立在分析整理和精心筛选的基础之上，必要时还要进行试验，最大限度地降低预测误差。
5. 持续性。市场是连续变化的，市场需求预测也应根据市场变化的情况，及时地进行比对与修正，以保持较高的动态准确性。
6. 经济性。坚持量力而行，讲求经济效益，避免因过多的人力、物力和财力消耗给企业的正常生产经营带来负担。

## 三、一般程序

对市场需求进行预测，一般要经过七个步骤，即明确预测目标、收集资料、选择预测方法和模型、进行营销环境预测、进行行业需求预测、进行企业需求预测、分析和修正结果。

1. 明确预测目标。对市场需求进行预测前，首先应明确目标，即预测什么、通过预测要解决什么问题，同时还应明确市场需求产生于哪些购买群体。

2. 收集资料。有关市场需求的资料应该能够反映营销环境以及市场需求变化的规律性。营销管理人员还应该对收集的资料进行分析、整理，努力确保资料的广泛性、适用性和可靠性。

3. 选择预测方法和模型。根据预测目标和已有的信息资料，选择适当的方法，拟定预测模型。一般而言，进行定性预测，可以建立逻辑思维模型；进行定量预测，可以建立数学模型。

4. 进行需求预测。包括对营销环境的预测、行业需求的预测以及企业市场需求的预测。其中，宏观环境预测的内容主要包括经济、政治和法律、社会文化、人口、技术、自然环境等宏观因素以及竞争者、供应商等微观因素。

5. 分析和修正预测结果。预测结果出来后，要综合分析未考虑到的因素可能产生的影响、可能产生的误差等，进一步修正预测，最终提出比较准确、完善的预测结果。

## 四、预测方法

### （一）市场预测方法分类

市场预测方法主要分为定性预测和定量预测。

定性预测是指营销管理人员根据个人的经验和分析能力，对营销变量之间的关系进行逻辑推理，并以个人判断来预测营销变量未来发展趋势的方法。采用定性分析的优点是相对简单易行，对时间、经费、数据资料等的要求不高；缺点是不够精确、主观随意性大。

定量预测是指运用一定的数值信息，通过数学模型来确定营销变量未来变动趋势的预测方法。采用定量预测的优点是预测结果比较精确；缺点是对基础数据的要求比较高，许多政治、经济、文化等因素难以量化。常见的定量预测方法有时间序列法、回归分析法、计量经济学模型、投入产出法以及替代效应模型等。

### （二）市场需求预测的主要方法

1. **购买者意向调查法**

由于潜在购买者数量很多，难以逐个调查，故此法多用于工业用品和耐用消费品，适宜作短期预测。

2. **综合销售人员意见法**

分别收集销售人员对预测指标估计的最大值、最可能值及最低值及其发生的概率，集中所有参与预测者的意见，整理出最终预测值的方法。

3. **专家意见法**

以专家为索取信息的对象，其预测的准确性主要取决于专家的专业知识和与此相关的科学知识基础，以及专家对市场变化情况的洞悉程度。有多种形式，如小组讨论法、单独预测集中法、德尔菲法。

【相关链接】

> 德尔菲法：先由各个专家针对所预测事物的未来发展趋势独立提出自己的估

计和假设，经企业分析人员（调查主持者）审查、修改、提出意见，再发回到各位专家手中。这时专家们根据综合的预测结果，参考他人意见修改自己的预测，即开始下一轮估计。如此往复，直到各专家对未来的预测基本一致为止。其基本特点是匿名性、反馈性和统计性。

4. 市场实验法

如果购买者对其购买并没有认真、细致的计划，意向变化不定，就需要利用市场实验这种预测方法。尤其是在预测一种新产品的销售情况、现有产品在新的地区和通过新的分销渠道进行销售时，利用这种方法效果最好。

5. 时间序列分析法

将某种经济统计指标的数值，按时间先后顺序排列形成序列，再将此序列数值的变化加以延伸、进行推算，预测未来发展趋势。

6. 统计需求分析法

统计需求分析是指运用一整套统计学方法，发现影响企业销售的最重要的实际因素及其影响力大小的方法。

【阅读与思考】

国内某化妆品有限责任公司于20世纪80年代初开发出适合东方女性需求特点的具有独特功效的系列化妆品，并在多个国家获得了专利保护。营销部经理初步分析了亚洲各国和地区的情况，首选日本作为主攻市场。为迅速掌握日本市场的情况，公司派人员直赴日本，主要运用调查法收集一手资料。调查显示，日本市场需求潜量大，购买力强，且没有同类产品竞争者，这使公司人员兴奋不已。在调查基础上又按年龄层次将日本女性化妆品市场划分为15~18岁、18~25岁（婚前）、25~35岁及35岁以上四个子市场，并选择了其中最大的一个子市场进行重点开发。营销经理对前期工作感到相当满意，为确保成功，他正在思考再进行一次市场试验。另外，公司经理还等着与他讨论应采取梯级定价策略。

思考：该公司运用的收集一手资料的调查法一般有哪几种方式？各有何特点？

# 习　题

一、名词解释

1. 市场调查  2. 抽样调查
3. 观察法  4. 实验法
5. 调查问卷  6. 市场预测
7. 市场需求预测

二、单项选择题

1. 市场调查首先要解决的问题是（　　）。

  A. 确定调查方法  B. 选定调查对象
  C. 明确调查目的  D. 解决调查费用

2. 在访问法中，哪种方法获得的信息量最大？（  ）
   A. 面谈调查　　　　　　　　　B. 邮寄调查
   C. 电话调查　　　　　　　　　D. 留置调查
3. 下列有关信息，通过实验调查法可以获得的是（  ）。
   A. 国民收入的变动对消费的影响　　B. 物价指数的变动对消费行为的影响
   C. 改变包装对消费者行为的影响　　D. 股价对房价的影响
4. 企业为了解市场表现开展市场调查，其目的是（  ）。
   A. 单纯为市场调查　　　　　　B. 不直接的
   C. 只是为了预测提供基础　　　D. 为企业经营决策提供依据
5. 依据数字资料，运用统计分析和数学方法建立模型并做出预测值的方法称为（  ）。
   A. 定量预测法　　　　　　　　B. 定性预测法
   C. 长期预测法　　　　　　　　D. 短期预测法
6. 对产品质量的调查属于（  ）。
   A. 需求调查　　　　　　　　　B. 产品调查
   C. 产品生命周期调查　　　　　D. 价格调查
7. 当对调查问题一无所知时，宜采用（  ）。
   A. 描述性调查　　　　　　　　B. 因果性调查
   C. 探索性调查　　　　　　　　D. 入户调查
8. 市场预测的程序是（  ）。
   A. 明确目的、收集资料、分析、预测　　B. 收集资料、明确目的、分析、预测
   C. 分析、明确目的、收集资料、预测　　D. 明确目的、收集资料、预测、分析
9. 下列活动中，哪种不属于实地调查？（  ）
   A. 在商店随机采访顾客　　　　B. 请顾客参观新产品展示会
   C. 从零售商收集电器销售额历史数据　D. 在商场入口记录客流量
10. 对不愿接受访问的对象，最适宜采用的调查方式是（  ）。
    A. 电话访问　　　　　　　　　B. 邮寄问卷
    C. 人员访问　　　　　　　　　D. 上门调查

### 三、思考题

1. 为什么要进行市场调查？市场调查的内容有哪些？
2. 简述市场调查的主要步骤。
3. 现实生活中，有哪些常见的市场调查方法？试举例说明。
4. 什么是市场需求预测？它的一般程序是什么？

### 四、案例分析

## 旧床单里的大市场

襄阳县第一提花织物厂厂长胡洪政，3 年前用一个大袋子装了几十条新床单登上了南下的列车。在广西茂林、在广州市、在武汉汉正街，胡洪政走街串巷，给人说好话，用他的新床单换别人家里的旧床单，只要他看中，就缠着别人换。出门时一大包新床单，回来时变成了塞得满满的旧床单。

"厂长这样干，亏得要卖裤子的。"在人们惊讶的议论声中，胡洪政找来了技术科长、车间主任，在会议室拉上绳子，把旧床单一一挂在绳子上，然后关上门，胡洪政就向他的"大臣"们说："这是全国畅销的床单，请大家来就是要发挥集体智慧，把我们厂床单花色品种变成全国最新颖的。"

这些"臭皮匠"们拆东补西,有的用边,有的用花,广泛收集、整理几日,竟然搞出了17个市场上从没有过的花色品种。然后,胡洪政又从中选出4大规格、7种花色、5大系列的式样作为主导产品。

胡洪政吃了小"亏",却占了个大"便宜"。

外贸部门和国家商检局的专家慕名到来。这些专家一进产品库,眼睛个个都瞪直了:这哪儿是商品,简直是花色品种的艺术陈列馆!信手翻开一卷织物,像翻开一幅幅画和线条构成的美的乐章。专家叹服:"这种产品出口是免检的"。

襄阳县第一提花织物厂的产品出口到韩国以及东南亚、美洲的一些国家和地区,创汇50万元。今年,出口产量将翻两番,出口额可突破200万元。

胡洪政一面盯住国际市场的大老板,一面盯住国内批发户,宁肯自己吃点小亏,也要把个体批发户吸引到厂里来。他通过多方联系,产品俏销18个省,其中个体批发户都是先付款后提货,使厂里流动资金比往年增加了两倍。

分析讨论:

为什么说"胡洪政吃了'小亏',却占了大'便宜'"?

## 实训应用

【实训项目】

引导学生对我国的连锁餐饮行业某一地区进行市场调研,并完成调研报告。

【实训目的】

让学生掌握市场调查总体方案设计。

【实训过程】

1. 学生分组确定各调查小组成员,确定调查的主题项目。
2. 各调查小组根据已选定的调查项目进行市场调查总体方案设计。
3. 各调查小组派代表上台讲解本小组的市场调查方案,用PPT形式展示。
4. 其他小组成员对各小组的市场调查方案进行提问,并提出相应的修改建议。
5. 各调查小组根据所提意见进行方案修改。
6. 上交修改后的市场调查方案。

【实训考核】(百分制)

1. 市场调查方案的内容是否完整、科学,市场调查方案是否可行(20分)。
2. 发言代表口头表达是否顺畅,仪态是否大方得体(10分)。
3. PPT制作水平(20分)。
4. 回答问题的水平(15分)。
5. 项目团队成员间的团队合作精神(15分)。
6. 上交书面市场调查报告(20分)。

模块三

# 目标市场策略

# 项目七
## 目标市场策略的选择与进入

### 任务描述

作为企业的市场营销人员,要想熟练运用相关知识与技能选择合适的目标市场,使产品适销对路,必须学习目标市场策略,在市场细分的基础上,选择适合自身情况的目标市场,并进行准确的市场定位。

### 任务目标

**知识目标**
1. 了解目标市场策略的含义。
2. 熟悉市场细分、目标市场和市场定位的概念。
3. 掌握正确选择并进入目标市场的策略。

**能力目标**
1. 能够灵活运用目标市场策略分析、评价企业的现状,描绘各种细分市场的轮廓,判定最具吸引力的细分市场,确定每一目标细分市场的位置。
2. 提高对目标市场策略重要性的认识能力。

### 任务导入

到一家企业了解其经营的某项产品,分析研究目标顾客,找准目标市场,制定市场定位策略。

### 案例导入

**江崎糖业公司开发日本泡泡糖市场**

日本泡泡糖市场年销售约为740亿日元,其中大部分为"劳特"所垄断,可谓江山唯"劳特"独坐,其他企业再想挤进泡泡糖市场谈何容易。但江崎糖业公司对此却并不畏惧。公司成立了市场开发班子,专门研究霸主"劳特"产品的不足和短处,寻找市场的缝隙。经过周密的调查、分析,终于发现"劳特"的四点不足:第一，以成年人为对象的泡泡糖市场在扩大，而"劳特"却仍旧把重点放在儿童泡泡糖市场上；第二，"劳特"的产品主要是果味型泡泡糖，而现在的消费者的需求正在多样化；第三，"劳特"多年来一直生产单调的条板状的泡泡糖，缺乏新型式样；第四，"劳特"产品价格是110日元，顾客购买时需多掏10日元的硬币，往往感到不便。通过分析，江崎糖业公司决定以成人泡泡糖市场为目标市场，并制定了相应的市场营销策略。不久，它便推出功能性泡泡糖四大产品：司机用泡泡糖，使用了高浓度薄荷和天然牛黄，以强烈的刺激消除司机的困倦；交际用泡泡糖，可清洁口腔，祛除口臭；体育用泡泡糖，内含多种维生素，有益于消除疲劳；轻松性泡泡糖，通过添加叶绿素，可以改变人的不良情绪。它还精心设计了产品的包装，产品像飓风一样席卷全日本。江崎公司不仅挤进了由"劳特"独霸的泡泡糖市场，而且占领了一定的市场份额，从零猛升至25%，当年销售额达到175亿日元。

问题引入：
江崎糖业公司是如何在泡泡糖市场获得成功的？

# 任务1　市场细分

面对千差万别的市场需求和剧烈的市场竞争，企业要想更好地生存和发展，就必须在市场细分的基础上，选择适合自身情况的目标市场，并进行准确的市场定位。只有这样，才能充分发挥企业优势，很好地满足市场需求，使企业在市场竞争中立于不败之地。

## 一、市场细分的概念

【阅读材料】

> **日本资生堂公司按年龄变量对化妆品消费市场进行划分**
>
> 一是15～17岁的消费者。他们讲究打扮，追求时髦，对化妆品的需求意识强烈，但购买的往往是单一的化妆品。
>
> 二是18～24岁的消费者。他们对化妆品也非常关心，采取积极的消费行动，只要中意的商品，价格再高也在所不惜，并且往往购买整套的化妆品。
>
> 三是25～34岁的消费者。他们大多数已经结婚，需求心理与消费行为有所变化，使用化妆品多半成为日常生活的习惯。
>
> 四是35岁以上的消费者。他们中间可以分为积极派和消极派。有的需求仍较旺盛，有的已经衰弱，购买显示出单一的化妆品倾向。
>
> 日本资生堂的这种市场划分方法，在营销管理理论中被称为"市场细分"。

市场细分是指营销者通过市场调研，依据消费者的需求与欲望、购买行为和购买习惯等方面的明显差异，把某一产品的整体市场划分为若干消费群体的市场分类过程。每一个消费群体就是一个细分市场或子市场,在每个子市场内,大家的需求和爱好大致相同,企业可以用一种产品和一种营销策略予以满足。但在各个消费者群体之间,其需求与爱好则各有差异,需要企业生产不同的产品并采取不同的营销策略分别予以满足。因此,市场细分实际上是以"求大同存小异"为原则,对消费者的需求与爱好进行分类的方法。

**【阅读材料】**

## 市场细分的产生和发展

市场细分概念是1956年由美国著名市场学家温德尔·史密斯(Wendell R. Smith)提出的,它是现代市场营销观念和竞争日益激烈的产物。企业营销战略经历了三个主要阶段,即大量营销阶段、产品多样化营销阶段和目标市场营销阶段。

1. 大量营销阶段。在资本主义国家工业化初期,由于商品供不应求,多数企业通过大量生产、大量分销、大量促销品种和规格单一的产品,可以把产品生产成本、分销成本、促销成本最小化,从而降低产品售价,并创造出最大的潜在市场,企业也因此获利丰厚,如福特汽车和可口可乐,其营销方式就是大量营销。

采用大量营销方式开展经营是企业信奉生产观念的最好佐证。保证大量营销方式成功的前提条件是:

(1) 市场供应不能满足市场需求,处在卖方市场状态;
(2) 通过降低生产、分销和促销成本,以低价刺激市场,扩大市场规模;
(3) 市场竞争不激烈,价格是主要竞争手段;
(4) 消费者需求具有相似性。

2. 产品多样化营销阶段。企业采用不同于大量营销的方式,生产规格、式样、质量各不相同的产品,使消费者可以在不同产品之间进行选择,这就是产品多样化营销。

20世纪20年代以后,西方国家逐渐出现"生产过剩",市场逐渐由卖方市场向买方市场过渡,卖方不能完全控制产品销售价格,导致大量营销取得成功所需的前提条件丧失。于是一些企业开始认识到产品多样化的潜在价值,开始着眼于利用自己现有的技术能力生产多种不同质量、性能和外观的产品吸引卖主,以此提高竞争能力,由此迈入产品多样化营销阶段。这种做法由通用汽车公司在20世纪30年代首开先河。

3. 目标市场营销阶段。从20世纪50年代开始,西方国家由于社会、经济、政治和文化环境发生了深刻变化,在新的市场条件下,企业已不能再沿用原有的营销方法。正是在这种背景下,目标市场营销的提出不仅引起了人们的兴趣,而且也实实在在地引发了一场营销理论史和营销实践史的变革。

目标市场营销战略倡导企业要在市场分析的基础上,运用恰当的变量细分整体市场,将之分割为若干小的细分市场;同一细分市场中的消费者具有类似需求,而不同细分市场的消费者需求相异。在此基础上,选取其中一个或者若干细分市场作为企业的目标市场,并根据细分市场的竞争情况,为所提供的产品或服务进行有效的目标市场定位,围绕定位设计差异化的营销组合方案。

目标营销体现了现代营销理论的精髓,指出企业要从需求和竞争两个角度来认识市场、适应市场和驾驭市场,才能提高营销的精确性和成功概率。

## 二、市场细分的作用

1. 为企业提供了有效的市场细分工具。
2. 有助于企业发现新的市场机会。
3. 有利于减少竞争对手。
4. 有利于企业扬长避短,增强竞争力。

【小贴士】

> 市场细分可以增加企业战略目标的准确性,在企业资源有限的前提下,通过产品计划、分配渠道、价格策略、推销宣传等的营销组合来满足细分后的特质市场的需求,以求获得利润的最大化。

## 三、消费者市场细分的依据

营销消费者市场细分的因素主要有四个:地理因素、人口因素、心理因素、行为因素。细分标准如表7-1所示。

表7-1 消费者市场细分标准

| 细分因素 | 举 例 |
| --- | --- |
| 1. 地理细分 | |
| 气候区别 | 温带、热带、亚热带、寒带 |
| 国家区别 | 发展中国家、发达国家 |
| 地形区别 | 山区、半山区、平原、丘陵 |
| 城乡状况区别 | 农村、乡镇、中小城市、大城市 |
| 2. 人口细分 | |
| 年龄 | 婴幼儿、儿童、少年、青年、中年、老年 |
| 性别 | 男、女 |
| 职业 | 工人、农民、医生、教师、军人 |
| 收入 | 高收入、中等收入、低收入 |
| 教育程度 | 大学以上、大专、中专、高中、初中、小学 |
| 家庭人数 | 5人以上、4人、3人、2人、1人 |
| 家庭生命周期 | 单身、成家、满巢、空巢 |
| 民族 | 汉族、少数民族 |
| 宗教信仰 | 佛教、伊斯兰教、基督教 |
| 3. 心理细分 | |
| 性格 | 外向型、内向型、理智型、冲动型 |
| 生活方式 | 节俭、奢侈、实用 |
| 购买动机 | 求实、求新、求美、从众 |
| 4. 行为细分 | |
| 购买理由 | 日常购买、应急购买、冲动购买、慎重购买 |
| 追求利益 | 主要利益、次要利益 |
| 使用程度 | 大量使用、中量使用、少量使用 |
| 使用者情况 | 未使用者、曾使用者、以后可能使用者、初次使用者、经常使用者 |

## （一）地理因素

地理因素是指企业按照因消费者所在的地理位置不同而形成的不同的国别、城乡等地理和区域因素来细分市场。地域之所以用作细分变量，是因为不同地域的消费者对产品的需求或对营销组合的反应存在很大的差别。康师傅方便面最初以北方消费者作为目标市场也主要是因为北方人习惯吃面食，更容易激发出对其营销组合的反应。地域差异不仅表现在饮食、衣着上，还表现在文化、价值观和购买行为上。

按地理变量细分市场，还可以清楚地识别出市场发育程度，尤其是在国际市场营销中，按照产品在不同国家的上市时间，可以将全球市场划分为引入期国家市场（1～5年）、成长期国家市场（6～11年）、成熟期市场（11年以上）。这种划分方法，有助于企业采用国别市场营销方式，制定针对性很强的营销方案。

地理变量虽然容易识别，但大多数地理变量是一种静态变量，而且同一地理环境中的消费者还会由于其他因素的影响而对同一类商品表现出不一样的需求特征，因此还需结合其他变量进一步细分市场。

## （二）人口因素

所谓人口细分，就是企业按照人口变量（包括年龄、性别、收入、职业、教育水平、家庭规模、家庭生命周期阶段、宗教、种族、国籍等）来细分消费者市场。人口变量很久以来一直是细分消费者市场的重要变量，这主要是因为人口变量比其他变量更容易测量。

某些行业的企业通常用某一个人口变量来细分市场。例如，我国服装、化妆品、理发等行业的企业长期以来一直按照性别细分市场；汽车、旅游等行业的企业长期以来一直按照收入来细分市场。而许多公司通常采用"多变量细分"，例如，某公司通过市场营销研究，发现家具市场的需求主要受户主年龄、家庭人数和收入水平这三个变量影响。这家公司按照这三个变量把整个家具市场细分为21个子市场，每个家庭都属于这21个子市场中的一个。公司在细分市场之后，还要调查、研究每一个子市场的家庭数目、平均购买率和竞争程度等。综合分析这些信息，就可以估计出每一个子市场的潜在价值，然后选择目标市场。

【小贴士】

### 人口因素的影响是十分复杂和不稳定的

人口因素的影响是十分复杂和不稳定的，仅靠人口统计因素很难准确把握需求。比如，同是年轻人，有的生机勃勃，紧跟潮流，而有的老气横秋，思想保守；同是老年人，有的心系家庭，外出较少，有的则心系社会，社交活动较多。再如，名牌服装并非都是高收入者购买，收入并不高的年轻人光顾也很多。在美国，体力劳动阶层往往是最昂贵彩电的购买者，因为这对他们来说，比看电影和上餐馆要便宜；高档的卡迪拉克汽车体力劳动购买者也不乏其人，普及型的雪佛兰汽车也常被许多经理用作备用车。此等现象要求营销者不可"一叶障目"，有时必须考虑多类因素，并结合多个变量分析，才能看准市场。

## （三）心理因素

所谓心理细分，就是按照消费者的生活方式、个性等心理变量来细分消费者市场。产品是帮助消费者表达其心理特征的最好载体，比如通过服装、化妆品、家具、汽车、餐饮、娱乐等产品的消费，可以告诉别人：我是怎样的一个人；我处在社会的哪个阶层；我向往何种生活方式；我有什么样的价值取向等。尤其在如今个性张扬的时代，消费者具有表达自我的强烈愿望和动力，企业就可以通过提供产品来迎合消费者的这种愿望。其前提就是要根据消费者心理特征来细分市场，并据此设计不同消费者心理特征的提供物。细分消费者市场的心理变量包括个性、购买动机、社会阶层、生活方式、价值取向等。

1. 个性。前面已经有所叙述，人有各种各样的个性特征，这些个性特征往往潜在地影响人们的消费观念和购买动机，因此人们倾向于选择那些能够与其个性相吻合的商品。实际上，当企业采用人的个性来细分市场时，肯定能够吸引具有类似个性的消费者。比如，万宝路香烟就吸引了众多具有独立、豪爽个性的男性烟民，因为万宝路香烟通过产品设计、广告宣传等营销手段，已经使产品本身就具有独立、豪爽的个性。

2. 社会阶层。随着社会经济向前发展，不可避免地造成人和人之间的差异。因职业、经济、社会地位的不同，就形成了不同的社会阶层，每个阶层拥有本阶层的独特规范。这种阶层规范又会约束人们的行为，从而影响人们对消费产品的选择，这就提供了按照社会阶层细分消费者市场的理论依据。社会阶层会影响人们对汽车、服装、家具、娱乐、阅读和零售商等的选择，企业可以根据社会阶层来细分市场，为特定的阶层设计产品和营销方案，可以营造出适合不同阶层的产品和服务特色。

3. 生活方式。即使人们个性相同，社会阶层相同，但由于其兴趣、观念、生活态度上的差异，也会选择不同的生活方式，从而导致生活方式的差异。与生活方式相关的产业往往又通过有形的吃、穿、住、用、行的不同选择而表达出来。因此就消费者市场而言，根据生活方式来细分，更加能够勾勒出具有营销意义的消费者特征。前面已经谈到，人们的生活方式可以通过 AIO 项目测试反映出来。按照生活方式不同，可以把消费者划分为"传统型"、"新潮型"、"节俭型"、"奢靡型"、"严肃型"、"活泼型"、"爱好家庭生活型"等消费群体。

### （四）行为因素

1. 时机细分。在现代营销实践中，许多企业往往通过时机细分，试图扩大消费者使用本企业产品的范围。如在加拿大，消费者一般都是在早餐时饮用橙汁，某橙汁公司就向消费者宣传在午餐或宴会上饮用橙汁的益处，以促进橙汁销售。

2. 利益细分。消费者往往因为各有不同的购买动机、追求不同的利益，所以购买不同的产品和品牌。以购买牙膏为例，有些消费者购买高露洁牙膏，主要是为了防止龋齿；有些消费者购买芳草牙膏，主要是为了防治口腔溃疡、牙周炎。正因为这样，企业还要按照消费者购买商品时所追求的不同利益来细分消费者市场。企业可以根据自己的条件权衡利弊，选择其中某一个追求某种利益的消费者群体为目标市场，设计和生产出适合目标市场需要的产品，并且用适当的广告媒体和广告词，把这种产品的信息传达给追求这种利益的消费者群体。实践经验证明，利益是一种非常重要的行为变量。

3. 使用者细分。许多商品的市场都可以按照使用者情况，如非使用者、曾经使用者、潜在使用者、初次使用者和经常使用者等来细分。资金雄厚、市场占有率高

的大公司，一般都对潜在使用者这类消费者群发生兴趣，他们着重吸引潜在使用者，以扩大市场阵地；中小企业资金薄弱，往往更注重吸引经常使用者。当然，企业对潜在使用者和经常使用者要酌情运用不同市场营销组合，采取不同的市场营销措施。

4. 使用率细分。许多商品的市场还可以按照消费者对某种产品的使用率如少量使用者、中量使用者、大量使用者来细分。这种细分又叫作数量细分。大量使用者往往在实际和潜在购买者总数中所占比重不大，但他们所消费的商品数量在商品消费总量中所占比重却很大。研究表明，某种产品的大量使用者往往有某些共同的人格、心理特征和广告媒体习惯。我国一家市场研究公司发现，大量喝啤酒者大多数是工人，他们年龄在25~50岁之间，每天看电视3.5小时以上，而且喜欢看体育节目。企业掌握了这种市场信息，就可以据以合理定价、撰写适当的广告词，选择适当的广告媒体。

5. 忠诚度细分。企业还可以按照消费者对品牌的忠诚度来细分消费者市场。所谓品牌忠诚，是指由于价格、质量等诸多因素的引力，使消费者对某一品牌的产品情有独钟，形成偏爱，并长期地购买这一品牌产品的行为。提高品牌的忠诚度，对于一个企业的生存与发展、扩大市场占有率极其重要。

【阅读材料】

### 如何衡量品牌忠诚度的高低

（1）顾客重复购买次数。在一定时期内，顾客对某一品牌重复购买的次数越多，说明对这一品牌的忠诚度越高；反之，则越低。由于产品的用途、性能、设计等因素也会影响顾客对产品的重复购买次数，因此在确定这一指标的合理界限时，需根据不同产品的性质区别对待，不可一概而论。

（2）顾客购买挑选时间。顾客购买产品都要经过挑选这一过程，但由于对产品信赖程度的差异，不同顾客购买同一产品的挑选时间是不同的。因此，从购买挑选时间的长短上，也可以鉴别顾客对某一品牌的忠诚度。一般来说，顾客挑选时间越短，说明他对这一品牌的忠诚度越高；反之，则说明他对这一品牌的忠诚度越低。例如，有人长期使用中华牌牙膏，并形成了偏爱，产生了高度的信任感，在需要时往往直接购买，几乎不需要挑选。当然，在运用顾客购买挑选时间标准时，也必须剔除产品设计、用途等方面差异所产生的影响，才能得出正确的结论。

（3）顾客对价格的敏感程度。消费者对价格都是非常重视的，但这并不意味着消费者对各种产品价格的敏感程度相同。事实表明，对于喜爱和信赖的产品，消费者对其价格变动的承受能力强，即敏感度低；而对于不喜爱和不信赖的产品，消费者对其价格变动的承受能力弱，即敏感度高。所以，据此可以衡量顾客对某一品牌的忠诚度。运用这一标准时，要注意考察人们对产品的需求强度、产品供求状况以及产品竞争程度三个因素的影响。产品的需求强度越高，人们对价格的敏感度越低；需求强度越低，则对价格的敏感度越高。当某种产品供不应求时，人们对其价格不敏感，价格的上涨往往不会导致需求的大幅度减少；当供过于求时，人们对价格变动非常敏感，价格稍有上涨，产品就可能滞销。产品的市场竞争程度也会影响人们对产品价格的敏感度。如果某种产品市场上替代品种多，竞争激烈，则人们对其价格的敏感度高；如果某种产品在市场上处于垄断地位，没有竞争对手或者竞争对手较少，那么，人们对它的价格敏感度就低。实际工作中，只有排除以上三个方面因素的干扰，才能通过价格敏感度指标正确评价一个品牌的忠诚度。

按照消费者对品牌的忠诚度这种行为变量，可以把所有的消费者细分为四类不同的消费者群体。

(1) 坚定品牌忠诚者，即只忠诚于某一固定品牌的消费者。假设有A、B、C、D、E五种品牌，这类消费者群体在任何时候都只购买某一种品牌。在品牌选择上表现为A、A、A、A、A。

(2) 有限品牌忠诚者，即忠诚于有限的两三种品牌的消费者。在品牌选择上表现为A、A、B、B、A、B。

(3) 游移忠诚者，即从忠诚于某一种品牌转移到忠诚于另一种品牌的消费者。在品牌选择上表现为A、A、A、B、B、B。

(4) 非忠诚者，即购买各种品牌，并不忠诚于某一种品牌的消费者。在品牌选择上表现为A、C、E、B、D、B。

每一个市场都包含有不同程度的上述四种类型的消费者群体。坚定品牌忠诚者人数多、比重大的市场叫作品牌忠诚市场。显然，某些企业要想进入这种市场是困难的。即使已进入，要想提高市场占有率也不容易。企业通过分析、研究上述四种类型的消费者群体，可以发现问题，以便采取适当措施，改进市场营销工作。例如，企业在分析、研究时发现有游移忠诚者，他们从前忠诚于本企业的品牌，现在转而忠诚于其他品牌，这说明本企业的营销工作有缺陷，需要立即采取措施予以改进。又如，企业发现有非忠诚者，他们不习惯于本企业的品牌，应采取适当措施（如提高产品质量、强化服务、加强广告宣传等）来吸引他们，促进销售。企业分析、研究上述四种类型的消费者群体时，必须持慎重态度。

例如，假设某些消费者的购买品牌选择为B、B、B、B、B、B，从表面来看，这类消费者群体似乎一贯忠诚于B品牌，是坚定品牌忠诚者。但如果深入分析、研究就可能发现，他们之所以会这样，是因为这种品牌的价格偏低，或者是因为没有其他代用品，这些消费者不得不购买B品牌，所以这种购买类型并不能说明这些消费者是坚定的品牌忠诚者。

再如，假设某些消费者的购买类型是B、B、B、A、A、A，从表面来看，这些消费者似乎是游移忠诚者，但是深入分析、研究即可发现，这些消费者之所以会这样，是因为有些商店一向经营的B品牌暂时断档脱销，或者是因为A品牌降价促销，所以这些消费者转向购买A品牌。在分析、研究上述四种类型的消费者群时，切记不要被其表面现象所迷惑，应进行深入的分析、研究。

6. 待购阶段细分。在任何时候，人们都处于购买某种产品的不同阶段。在某种产品的潜在市场上，有些消费者根本不知道有这种产品，有些消费者知道有这种产品，有些消费者已得到信息，有些消费者已发生兴趣，有些消费者正考虑购买，有些消费者已经决定购买。企业之所以要按照消费者待购阶段来细分消费者市场，是因为企业对处于不同待购阶段的消费者，必须酌情运用适当的市场营销组合，采取适当的市场营销方案，才能促进销售，提高经济效益。

例如，企业对那些根本不知道企业产品的消费者群体，要加强广告宣传，使他们知晓本企业的产品；对那些已知道本企业产品的消费者群体，要着重宣传、介绍购买和使用本企业产品的利益等,以促使他们进入发生兴趣阶段、考虑购买阶段、决定购买阶段,从而促成交易,促进销售。

7. 态度细分。即企业要按照消费者对产品的态度来细分消费者市场。消费者对某种产品的态度有五种:热爱、肯定、不感兴趣、否定和敌意。企业对持不同态度的消费者群体,应分别采取不同的市场营销对策。例如,对那些不感兴趣的消费者,企业要找出他们不感兴趣的原因,并通过适当的营销策略,使其转变为感兴趣的消费者。

### 四、产业市场细分依据

我们可以借鉴细分消费者市场的很多变量细分产业市场,比如地理变量、人口统计变量、利益变量等都可以作为细分产业市场的参考变量。但是在购买行为、购买目的等方面,产业市场用户与消费者市场用户存在明显的差异,因此两个市场在细分变量选择上也存在很多不同之处。

由两位美国学者波罗玛和夏皮罗提出的产业市场细分变量表(见表7-2)对产业市场细分具有很高的参考价值。

表7-2 产业市场主要细分变量

人口变量
- 行业:我们应把重点放在购买该种产品的哪些行业?
- 公司规模:我们应把重点放在多大规模的公司上?
- 地理位置:我们应把重点放在哪些地区?

经营变量
- 技术:我们应把重点放在顾客所重视的哪些技术上?
- 使用者或非使用者地位:我们应把重点放在经常使用者、较少使用者、首次使用者还是从未使用者身上?
- 顾客能力:我们应把重点放在需要很多服务的顾客上,还是只需少量服务的顾客上?

采购方法
- 采购职能组织:我们应把重点放在那些采购组织高度集中的公司上,还是那些采购组织相对分散的公司上?
- 权力结构:我们应侧重那些工程技术人员占主导地位的公司,还是财务人员占主导的公司?
- 与用户关系:我们应选择那些现在与我们有牢固关系的公司,还是追求最理想的公司?
- 总的采购政策:我们应把重点放在乐于采用租赁、服务合同、系统采购的公司,还是采用密封投标等贸易方式的公司上?
- 购买标准:我们是选择追求质量的公司、重视服务的公司,还是重视价格的公司?

形势因素
- 紧急:我们是否应把重点放在那些要求迅速和突击交货或提供服务的公司上?
- 特别用途:我们应将力量集中于本公司产品的某些用途上,还是将力量平均花在各种用途上?
- 订货量:我们应侧重于大宗订货的用户,还是少量订货者?

个性特征
- 购销双方的相似点:我们是否应把重点放在那些人员及价值观与本公司相似的公司上?
- 对待风险的态度:我们应把重点放在敢于冒风险的用户,还是不愿冒风险的用户上?
- 忠诚度:我们是否应该选择那些对本公司产品非常忠诚的用户?

上述产业市场细分变量表清楚表明，细分产业市场需要考虑两大因素：一类是反映产业用户宏观特征的因素，即行业、规模和地理位置；另一类是反映产业用户微观特征的因素，即经营变量、采购方式、形势因素、个性特征等。在实际操作中，企业一般也遵循由宏观到微观的顺序来细分产业市场。

### 五、市场细分的有效标志

1. 可衡量性。可衡量性指细分市场的规模大小、购买力水平及其他市场特征要能够被衡量。如果不能衡量，就不能清晰地勾勒出细分市场的轮廓，细分对企业也就没有实际意义。要满足可衡量性标准，必须选择有效的细分变量或者变量组合，使得细分出来的市场规模大小、购买力水平等指标能够大致测量出来。比如以"爱好家庭生活"为细分变量，就不能对市场进行有效细分，因为很难估算出有多少消费者属于爱好家庭生活类型，因此这种细分方式也就没有多少实际意义。

2. 可获得性。可获得性指细分出来的市场应该是企业营销努力可以到达的市场。具体来说，企业要有能力在该市场运作，广告信息要能够被传播到该市场，分销渠道要能够触及该市场。如果企业很难在该市场展开营销活动，这种细分也就没有多少实际意义。比如专门针对白领阶层设计服装，就可获得性而言，会比较有效，因为作为白领群体，有特定的消费观念和购买习惯，市场中也有专门针对他们的媒体、报纸、杂志、购物和休闲场所等。这些基本条件的存在为企业的营销活动提供了很好的载体，否则看似存在的市场，也只能是镜中月、水中花，可望而不可即。

3. 可盈利性。可盈利性指细分市场必须大到足以使企业实现其利润目标。在进行市场细分时，企业必须考虑市场上顾客的数量、他们的购买能力和产品的使用频率。有盈利性的细分市场，应是那些拥有足够的潜在购买者的市场，并且他们有充足的货币支付能力，使企业能够补偿生产与经营成本，并获得利益的市场。摩托罗拉公司曾经启动"铱星全球通信系统"项目，而导致该项目最终失败的原因就是该细分市场不能为企业提供可持续发展的合理利润。

4. 可行性。可行性是指要能为细分市场设计出行之有效的营销组合方案，以使同一细分市场内的顾客对该方案的反应大体一致。否则，只能说明要么是细分变量选择有误，需要重新选择；要么就是细分还不够精确，需要进一步细分。

# 任务2 目标市场的选择

市场细分的目的在于有效地选择并进入目标市场。所谓目标市场，就是指企业决定投其所好，为之服务，且其需求具有相似性的顾客群。在市场细分的基础上，正确选择目标市场，是目标市场营销战略成败的关键环节。

### 一、选择目标市场的原则

目标市场内的消费者对企业的营销方案有大约一致的反应。目标市场是在市场细分的基础上,根据一定的选择原则确定的。一般来说,选择目标市场的基本原则有三个。

1. **市场规模和成长性**。市场规模越大,提供给企业运作的空间也越大,容易形成规模经济,降低生产和营销成本,企业获得利润的可能性也越大;市场成长性越好,提供给企业未来发展和获利的空间也越大。企业根据历史和现实的销售数据,运用统计分析工具,可以大致判断出细分市场的规模和成长性。但由于市场规模和成长性只是相对指标,企业在选择目标市场时,还要结合市场竞争结构及企业目标和资源能力来考虑。

2. **市场竞争结构**。一个规模适宜、成长性良好的市场,有时并不一定是最有吸引力的市场,原因在于衡量市场是否具有吸引力还需看市场是否具备长期盈利潜力。而市场长期盈利潜力与市场竞争结构密切相关,所以,企业在选择目标市场时需要结合市场竞争结构来分析。

【相关链接】

> 竞争战略专家迈克尔·波特认为,一个市场(行业)的长期盈利前景是由该市场(行业)竞争结构中的五种竞争力量相互作用所决定的。市场(行业)竞争结构中的五种竞争力量分别是:市场中的现有竞争者、潜在进入者、替代品、供方和买方。
>
> 市场中现有竞争者数量的多少,直接决定了市场竞争的激烈程度和盈利潜力,也决定了该市场吸引力的大小。其他四种竞争力量也分别以不同的方式影响该市场的竞争状况,进而影响该市场的长期盈利前景。比如,潜在进入者时刻威胁着市场竞争结构的稳定,那些进入壁垒很低的市场,所受到的潜在进入者威胁很大,该市场上现有的竞争者不仅要相互竞争,还要为树立市场、进入壁垒展开竞争;如果进入壁垒低,而退出壁垒却很高,市场竞争就更激烈了。替代品的威胁不仅表现在限制了市场的价格上限,而且随着替代品所在的市场(行业)的发展,有可能导致现有市场的衰亡。供方和买方力量的相对强弱程度,直接影响市场上现有竞争者的谈判地位,市场上供方和买方力量很强时,会降低市场上现有竞争者的谈判地位,挤压市场的利润空间。

3. **企业目标和资源潜力**。仅以市场规模和成长性及市场竞争结构作为选择目标市场的标准,有可能导致企业忽视自身目标和资源能力的限制。一个规模、成长性和竞争结构都适宜的市场,有可能不适合某一具体企业。其原因在于:一是企业的发展目标决定了企业的资源投入方向,如果该市场与企业发展目标相悖,进入该市场将分散企业的资源,进而会影响到企业长远目标的实现;二是即使该市场与企业发展目标相符,但如果企业不具备获得市场竞争胜利所必需的资源能力,也不得不放弃该市场。因此,要做出正确的目标市场选择,不仅需要考虑市场规模、成长性及竞争结构,还必须结合企业自身的目标和资源能力。

## 二、目标市场的范围选择

对细分市场评估后,企业可能发现若干值得进入的细分市场,接下来就要考虑从中选取几个或哪些细分市场作为目标市场以备开发,这就是目标市场范围的选择策略问题。目标市场范围选择是否恰当，直接关系到企业资源能否有效发挥和能否取得良好的营销效果。假如以企业产品和市场需求两种因素分析，目标市场的范围选择有五种策略，如图7-1所示（图中行代表产品，列代表顾客）。

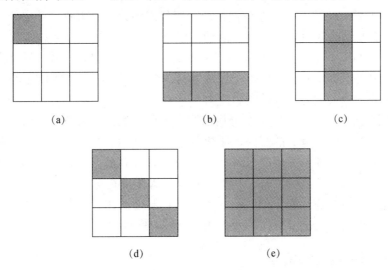

图7-1 市场覆盖的五种模式

1. 市场集中化策略。是指企业仅选择一个细分市场，集中力量为这一市场提供产品和服务，即图7-1（a）所示。例如，某汽车制造商专门经营小轿车市场；某服装公司专门经营高档男士服装。

采用单一市场集中策略的原因是：或者限于资金能力只能经营一个细分市场；或者该细分市场中没有竞争对手；或者准备以此为出发点，以求取得成功后向更多的细分市场逐步发展。此种选择策略的优点是：企业能集中精力对这一市场做深入了解和细分，使产品最佳地适应市场需要，以获取最大的市场占有率；而且，由于生产经营过程的专业化，还可以节省营销成本，提高投资效率。但这一策略也存在明显的缺点，即由于经营的产品和市场范围过于狭小，面对的市场风险也会随之增大，一旦竞争者侵入，或需求突然发生变化，企业的处境也会走向艰难，甚至一蹶不振。因此，采用这一策略时一般应同时选择几个备用的市场，在使用集中化策略取得成功后也应及时转向其他的目标市场策略，以预防和减少经营风险。

2. 产品专业化策略。是指企业决定只生产一种产品，但产品面向各类不同的顾客，满足不同市场对这一类产品的共同需求，即图7-1（b）所示。例如，空调生产厂家只生产一种空调，同时面向家庭、机关、学校、宾馆等各不相同的用户销售。

采用产品专业化的优点是：企业专注某一种产品的生产，利于形成和发展生产与技术上的优势，形成产品的规范化经营，在该领域树立较高的市场信誉，并能节省成本。但也存在风险，这就是，如果该产品的替代技术出现，企业就会被淘汰。不过，此策略毕竟面向的市场广，其风险程度要比单一产品市场集中化小得多。

3. 市场专业化策略。是指企业专门为某一顾客群生产其感兴趣的各种产品，即图7-1（c）所示。例如，某服装公司专门为中年人提供各种档次的服装。

由于产品种类多，采用市场专业化策略，能有效地分散经营风险；由于能满足各类顾客的多方面需求,也便于与其建立稳定的关系,塑造企业在这一市场上的良好形象。但由于集中于某一类顾客,一旦这个顾客群的需求潜力降低,企业就会有收益下降的风险。

4. 选择专业化策略。是指企业选择若干细分市场为目标市场,其中的每个细分市场都有机会且适合于企业开展经营活动,但每个细分市场很少或根本没有任何联系,即图7-1(d)所示。可以认为这是企业的一种多元化经营模式,其优点是能有效分散经营风险,即使某个细分市场经营失利,企业还能在其他的市场上取得盈利。但这种策略要求企业拥有较高的资源能力。

5. 全面覆盖策略。指企业把细分后的所有细分市场都选为自己的目标市场,力图用各种产品满足各类顾客的需要,即图7-1(e)所示。只有大型企业才有能力选用全面覆盖策略。例如,美国的IBM计算机公司在计算机市场上、通用汽车公司在汽车市场上就是采用的这种策略,其优点是能最大限度地分散经营风险,把经营的触角伸向各个领域,建立起企业广泛的大市场。但选择此策略对企业的人、财、物资源和组织管理能力提出了更高的要求和更严峻的挑战。

### 三、目标市场营销策略

不同的目标市场选择范围需要相应的目标市场选择策略予以配合。有三种目标市场选择策略可供企业选择,即无差异营销、差异性营销、集中营销,如图7-2所示。

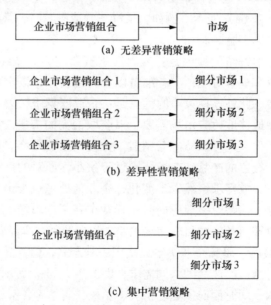

图7-2 三种目标市场营销策略

1. 无差异营销。当企业不考虑细分市场间的差异性,把整体市场视为同质市场,采用单一产品、单一营销组合方案开展市场营销活动时采用的就是无差异市场营销。比如食盐市场就可以被视为差异性很小的同质市场,企业可以针对该市场采用统一的营销方案。

采用无差异营销可以节约企业成本。大量生产和销售单一产品,降低了生产、运输、库存以及销售成本；统一的广告宣传，也减少了促销费用；不需要对市场进行细分，也就减少了市场调查、产品研发等的成本。但对大部分产品市场，这种策略并不适用。

【阅读与思考】

### 无差异营销中的竞争

麦当劳和肯德基是一对"欢喜冤家"，有麦当劳的店铺，相隔不远便会看到肯德基。这种亦步亦趋、短兵相接，就是无差异产品销售的必然手法。

肯德基和麦当劳在中国是多年的老对手，肯德基之所以占得上风，是因为中国人爱吃鸡。鸡鸭鱼肉，鸡排在首位；而麦当劳在全世界最畅销的是牛肉巨无霸，中国人的胃，帮了肯德基的忙。

面对形势，麦当劳当然要设法扭转下风，其后推出麦香鸡、麦辣鸡腿汉堡，一场"鸡战"便揭开序幕。这件往事突出了两个问题：

第一、产品的市场深度和广度，当然是决胜的前提。同样是快餐食品，如果鸡肉的市场广度和深度比牛肉大，竞争自然占了上风。

第二、在某种程度上（从快餐食物的宏观角度来看），对消费者来说，几乎是"同类"的选择。在这种市场结构下，如果不对竞争对手亦步亦趋，很快便发现会落在下风，最终失利收场。

思考：肯德基和麦当劳为什么采用无差异营销策略？

2. 差异性营销。以市场细分为基础，选取其中几个细分市场作为目标市场，为这些目标市场设计不同的产品和营销组合，以满足各个细分市场的差异化需求，就是差异化营销。

例如，宝洁公司为洗涤市场推出了10多个品牌，每个品牌分别针对一个细分市场。实施这种战略带给宝洁的好处是：首先，很好地满足了各个细分市场消费者的需求，为赢得顾客忠诚奠定了基础；其次，有效地抵御了竞争者在不同细分市场的进攻；最后，树立起企业在洗涤市场良好的整体形象，促进整体销售收入的增长。

毋庸置疑，像宝洁公司一样采取差异化营销的企业可以获得各细分市场目标顾客的忠诚，有效抵御竞争对手攻击，树立市场良好整体形象等利益。但实施差异化营销会提高企业的营销成本和管理难度：设计、生产不同的产品，很难做到像无差异营销一样采取大规模生产方式，势必增加生产成本；市场调研费用、促销费用、分销费用都会随着选择更多细分市场而增加。企业能否采用这种目标市场选择策略，需要结合自身实力和目标通盘考虑。

3. 集中营销。集中营销是一种资源积聚型目标市场选择策略，即企业专注于某一个细分市场，为该市场量身定做产品，实施高度专业化的生产和销售。实施这种策略，企业可以获得专业领域的声誉，在小的细分市场里占据很大的市场份额，也有可能因此而获得可观的利润。

一般来说，中小企业很难与大企业进行全面抗争，有效的做法之一就是集中资源于小的细分市场。大企业没有注意到的，或者是不愿顾及的小细分市场，往往能够使中小企业获得成功。当年日本的汽车就是通过开发轻便、省油的小型轿车击败美国三大汽车公司的。当然，这种策略也面临一定的市场风险，尤其是当市场不景气，消费者需求偏好发生变化时，有可能导致企业陷入困境。因此，采用这种策略的企业一是要关注环境变化，适时调整经营方向；二是要在适当的时机，遵循一定的发展逻辑，进军其他细分市场。表7-3为三种目标市场营销策略对比。

表7-3 三种目标市场营销策略对比

| 营销策略类型 | 市场范围 | 适宜条件 | 优点 | 缺点 |
| --- | --- | --- | --- | --- |
| 无差异营销 | 不经细分的整体市场 | 市场供不应求或同质性高，大企业 | 成本经济性好 | 满足需要的程度低，竞争力较弱 |
| 差异性营销 | 经过细分的整体市场或大部分市场 | 异质的产品或市场，大中型企业 | 满足需要的程度较高，竞争力强，经营风险低 | 费用高 |
| 集中营销 | 一个细分市场 | 异质产品或市场，小企业 | 满足需要的程度高，市场占有率高，费用低 | 经营风险大 |

## 四、选择目标市场营销策略的条件

上述三种目标市场营销策略各有利弊，企业在选择时需考虑五方面的因素，即企业资源、产品同质性、市场同质性、产品所处的生命周期阶段、竞争对手的目标市场营销策略等。

1. 企业资源。指企业在生产、技术、销售、管理和资金等方面力量的总和。如果企业资源雄厚，可以考虑实行差异市场营销；否则，最好实行无差异市场营销或集中市场营销。

2. 产品同质性。指产品在性能、特点等方面的差异性的大小。对于同质产品或需求上共性较大的产品，一般宜实行无差异市场营销；反之，对于异质产品，则应实行差异营销或集中市场营销。

3. 市场同质性。如果市场上所有顾客在同一时期偏好近似，购买的数量相似，并且对市场营销刺激的反应相似，则可视为同质市场，宜实行无差异市场营销；反之，如果市场需求的差异较大，则为异质市场，宜采用差异市场营销或集中市场营销。

4. 产品所处的生命周期阶段。处在导入期和成长期的新产品，市场营销的重点是启发和巩固消费者的偏好，最好实行无差异市场营销或针对某一特定子市场实行集中市场营销；当产品进入成熟期后，市场竞争激烈，消费者需求日益多样化，可改用差异市场营销策略以开拓新市场，满足新需求，延长产品生命周期。

5. 竞争对手的目标市场营销策略。一般来说，企业的目标市场营销策略应与竞争者有所区别，反其道而行之。如果强大的竞争对手实行的是无差异市场营销，则企业应实行集中市场营销或更深一层的差异市场营销；如果企业面临的是较弱的竞争者，必要时可采取与之相同的策略，凭借实力击败对手。

# 任务3　市场定位

企业选定了目标市场，即确定了企业营销活动的范围和所要争取的对象之后，要从哪里入手进入市场，则是市场定位策略所要解决的基本问题。市场定位直接关系到营销组合方案的制订。因此，企业进行了市场细分、目标市场选择之后，紧接着的工作就是进行市场定位。

## 一、市场定位的概念

### （一）市场定位的概念

"定位"（position）一词是20世纪70年代由美国两位广告经理艾尔·里斯和杰克·特罗提出来的。他们认为定位是现有产品的创造性工作，并指出："定位是以产品为出发点，但定位的对象不是产品，而是针对潜在顾客的思想，是你对未来的潜在顾客心智所下的工夫。"显然，这里所谓的定位即指市场定位，是企业为适应目标顾客的特定需求，而设计和确定企业及其产品在目标市场上的相对位置。不过，此处"位置"一词并非属于空间的概念，而是一种心理反应或感觉，即产品和企业的总体形象在消费者心目中的印象和地位，并且是相对于竞争对手的产品和企业形象而言的。比如，人们一致认为，美国可口可乐是世界上最大的软饮料公司；赫兹是世界上最大的出租汽车公司；我国同仁堂中成药在同类产品中质量最好；等等。可见，市场定位就是向一切现实或潜在的顾客说明企业及其产品区别于竞争者的特色和形象，并使顾客从心理上认可购买本企业产品所能得到的特有利益。从此意义上，市场定位亦可称为"顾客心理的定位"，即能引发顾客心灵上的共鸣，留下印象并形成记忆。所以，市场定位又叫顾客"抓心策略"，即能够让企业及其产品走进顾客心灵深处的方法。

简而言之，市场定位就是企业通过对顾客利益追求的分析，认清自己，对比竞争对手，充分发掘产品中既为消费者看中，又能和竞争对手相区别的独到之处，以此在市场上确立企业及其产品的独特形象，并把它推向市场，渗透到消费者的意识之中，构成对消费者巨大而持久的吸引力，为企业发展奠定引领市场需求的基础。

【阅读与思考】

### 农夫山泉"有点甜"

在1997年以运动瓶盖"噗"的一声杀入中国水市的农夫山泉，凭借"有点甜"的独特创意，以差异化营销定位，在消费者心目中留下了深刻的印象，在当时已是群雄割据的市场中强行占领了一席之地，第二年就坐上了"康师傅"出局后空出来的中国水业"老三"的位置。农夫山泉的成功与其正确的市场定位、精湛的促销手段是分不开的。

排在水市老大和老二位置的分别是娃哈哈和乐百氏,两者在水界的地位稳如磐石,排名老三的农夫山泉会怎么做呢?

2000年4月24日,农夫山泉的出品人海南养生堂有限公司突然公开宣称,纯净水对健康无益,而含有矿物质和微量元素的天然水对生命成长有明显促进作用。作为生产厂家应该对人的健康负责,因此农夫山泉不再生产纯净水,转而全力投向天然矿泉水的生产和销售,随后又在全国一些地区的中小学中开展了纯净水与天然水的生物比较试验并广为传播。农夫山泉此举掀起轩然大波,以娃哈哈、乐百氏等为代表的全国各地数百家纯净水企业与农夫山泉针锋相对,展开了一场沸沸扬扬的"水战"。农夫山泉的纯净水一直与特定的味觉"有点甜"联系在一起,加上有效的传播策略配合事件行销,使它成为消费者高度关注的产品,消费者试用比例也非常高。农夫山泉此举从品牌角度来讲,实是完成一次品牌变身,割裂品牌原有的单一的"纯净"元素,向品牌中注入"天然"、"健康"等元素,增加其附加值,使品牌再一次充满了活力。

但是,它相对高的价格一定程度上阻挡了理性消费者的选购欲望。2001年3月20日,农夫山泉在北京、上海、广州、南京、杭州等全国几大城市的主要媒体同时打出了一则广告:"支持北京申奥,农夫山泉1元1瓶。"此前,农夫山泉天然水的零售价是每瓶1.5元。由于启用了价格利剑,2001年1月至5月,农夫山泉的销量已完成去年全年销量的90%,而此时,中央电视台"一分钱"广告正在热播:"再小的力量也是一种支持。从现在起,你买一瓶农夫山泉,你就为申奥捐出一分钱。"随着主办城市投票鼓点的密集,申奥气氛也跟着气温一天天升高,站在申奥队列的农夫山泉也不知不觉成了一锅沸水。以申奥来发动价格战,农夫山泉此举实是一举两得,一方面以低价格来扩大市场占有率,另一方面在舆论面前显示出农夫山泉的公益性。企业不以个体的名义而是代表消费者全体的利益来支持北京申奥,这个策划在所有支持北京申奥的企业行为中是一个创举。事实上,农夫山泉的出品人海南养生堂公司,与体育事业特别是中国奥运有着非同寻常的渊源。从1998年法国世界杯后的中国乒乓球队历次国际大赛、悉尼中国奥运军团的唯一训练比赛用水,直到这次全民支持北京申办2008年奥运会主办权的"一分钱"活动,海南养生堂牵手中国体育事业的脉络清晰可见。海南养生堂也借此达到了双赢甚至多赢、全赢的目的。

(资料来源:邱斌.中外市场营销经典案例[M].南京:南京大学出版社,2001:248—253.)

案例思考:农夫山泉成功的原因是什么?

### (二) 市场定位的步骤

市场定位的关键是企业要设法在自己的产品上找出比竞争者更具有竞争优势的特性。竞争优势一般有两种基本类型:一是价格竞争优势,即在同样的条件下比竞争者定出更低的价格,这就要求企业采取一切努力,力求降低单位成本;二是偏好竞争优势,即能提供确定的特色来满足顾客的特定偏好,这就要求企业努力在产品特色上下工夫。因此,企业市场定位的全过程可以通过以下三大步骤来完成,即确认本企业的竞争优势、准确选择相对竞争优势、明确显示独特的竞争优势。

1. 确认本企业的竞争优势。这一步骤的中心任务是要回答：(1) 竞争对手的产品定位如何？(2) 目标市场上足够数量的顾客欲望满足程度如何以及还需要什么？(3) 针对竞争者的市场定位和潜在顾客真正需要的利益要求企业应该和能够做什么？要回答这三个问题，企业市场营销人员必须通过一切调研手段，系统地设计、搜索、分析并报告有关上述问题的资料和研究结果。通过回答上述三个问题，企业就可从中确定自己的竞争优势。

2. 准确选择相对竞争优势。相对竞争优势表明企业能够胜过竞争者的能力。这种能力既可以是现有的，也可以是潜在的。准确选择相对竞争优势就是一个企业各方面实力与竞争者实力相比较的过程。比较指标应是一个完整的体系，只有这样，才能准确选择相对竞争优势。通常的方法是分析、比较企业与竞争者在下列七个方面究竟哪些是强项，哪些是弱项。

(1) 经营管理方面。主要考察领导能力、决策水平、计划能力、组织能力以及个人应变的经验等指标。

(2) 技术开发方面。主要分析技术资源（如专利、技术诀窍等）、技术手段、技术人员能力和资金来源是否充足等指标。

(3) 采购方面。主要分析采购方法、存储及运输系统、供应商合作以及采购人员能力等指标。

(4) 生产方面。主要分析生产能力、技术装备、生产过程控制以及员工素质等指标。

(5) 市场营销方面。主要分析销售能力、分销网络、市场研究、服务与销售战略、广告、资金来源是否充足以及市场营销人员的能力等指标。

(6) 财务方面。主要考察长期资金和短期资金的来源及资金成本、支付能力、现金流量以及财务制度等指标。

(7) 产品方面。主要考察可利用的特色、价格、质量、支付条件、包装、服务、市场占有率、信誉等指标。

通过对上述指标体系的分析与比较，选出最适合本企业的优势项目。

3. 明确显示独特的竞争优势。这一步骤的主要任务是企业要通过一系列宣传促销活动，将其独特的竞争优势准确传达给潜在顾客，并在顾客心目中留下深刻印象。为此，首先企业应使目标顾客了解、知道、熟悉、认同、喜欢和偏爱本企业的市场定位，在顾客心目中建立与该定位一致的形象。其次，企业通过一切努力强化市场形象，保持与目标顾客的沟通联络，稳定目标顾客的态度，加深目标顾客的感情来巩固企业的市场定位。最后，企业应注意目标顾客对其市场定位理解出现的偏差或由于企业市场定位宣传上的失误而造成的目标顾客模糊、混乱和误会，及时纠正与市场定位不一致的形象。

## 二、市场定位的策略

1. 初次定位。初次定位是指新成立的企业初入市场，企业新产品投入市场，或产品进入新市场时，企业必须从零开始，运用所有的市场营销组合，使产品特色符合所选择的目标市场。但是，企业要进入目标市场时，往往是竞争者的产品已在市场露面或形成了一定的市场格局。这时，企业就应认真研究同一产品在目标市场竞争对手的位置，从而确定本企业产品的有利位置。

2. 重新定位。重新定位是指企业变动产品特色，改变目标顾客对其原有的印象，使目标顾客对其产品新形象有一个重新的认识过程。市场重新定位对于企业适应市场环境、调整市场营销战略是必不可少的。企业产品在市场上的定位即使很恰当，但在出现下列情况时也需考虑重新定位。

（1）竞争者推出的市场定位于本企业产品的附近，侵占了本企业品牌的部分市场，使本企业品牌的市场占有率有所下降；

（2）消费者偏好发生变化，从喜爱本企业某品牌转移到喜爱竞争对手的某品牌。

企业在重新定位前，尚需考虑两个主要因素：

（1）企业将自己的品牌定位从一个子市场转移到另一个子市场时的全部费用；

（2）企业将自己的品牌定在新位置上的收入有多少，而收入多少又取决于该子市场上购买者和竞争者的情况，取决于在该子市场上销售价格能定多高等。

3. 对峙定位。对峙定位是指企业选择靠近现有竞争者或与现有竞争者重合的市场位置，争夺同样的顾客，彼此在产品、价格、分销及促销等各个方面差别不大。如百事可乐与可口可乐间的竞争，"汉堡王"与麦当劳的争斗，就是对峙定位的例子。由于竞争对手实力很强，且在消费者心目中处于强势地位，因此实施对峙定位策略有一定的市场风险。这不仅需要企业拥有足够的资源和能力，而且需要在知己知彼的基础上，实施差异化竞争，否则将很难化解市场风险，更别说取得市场竞争胜利了。

4. 回避定位。回避定位是指企业回避与目标市场上的竞争者直接对抗，将其位置确定于市场"空白点"，开发并销售目前市场上还没有的某种特色产品，开拓新的市场领域。比如，七喜一直定位自己为"非可乐饮料"，避免了与可口可乐和百事可乐的正面交锋。这种定位方法为大多数企业采用，成功的可能性也较大，原因在于市场竞争风险相对较小，但是要找到被市场接受的新的独特定位并非易事。

### 三、市场定位的方法

产品是企业生存和发展的基础，顾客能接触到的是不同的产品，企业定位要通过产品定位来体现和实现，因此产品定位是所有定位的基础。产品定位的实质，就是使自己的产品与市场上所有的其他同类产品有所不同。由于产品差别化的多方面存在，建立消费者心目中的产品个性和特有形象可以依据多方面进行。常用的方法有以下几种。

#### （一）产品属性和利益定位

产品本身的"属性"以及由此获得的"利益"能使消费者体会到它的定位。比如，在汽车市场上，德国的大众汽车具有"货币价值"的美誉，而德国巴伐利亚汽车强调"操纵与性能"，日本的丰田汽车侧重于"经济可靠"，而瑞典的沃尔沃汽车具有"耐用"的特点。在有些情况下，新产品应强调一种属性，而这种属性既是其他竞争者所不具有的，又是顾客认可和接受的，这种定位往往容易收效。

#### （二）产品价格定位

价格定位是指依据产品的价格特征，把产品价格确定在某一区域，在顾客心目中建立一种价格类别的形象，通过顾客对价格所留下的深刻印象，使产品在市场占据一个较显著的位置。

价格定位不能单独使用，从顾客的角度来看，价格包含一定的质量、档次、性能等信息。比如，用300多元买一把瑞士军刀的顾客，绝不能想象这把刀用上几个星期就会锈迹斑斑；同样，用50元买一把瑞士军刀的顾客，也不会指望用上一年后，它仍然能锋利无比。因此，根据顾客对价格认知的习惯，用价格定位时绝不能只单独考虑价格这一个因素，应同时要与产品的质量、服务形象、产品诉求形象、公关形象等相互配合一致；否则，就会造成价格错误，出现市场定位混乱。比如，低质高价，顾客肯定认为是假冒伪劣；高质低价，又不足以建立产品的高档形象。

### （三）产品功能定位

产品功能是产品本身存在的理由，是顾客尤为看重的，功能定位就是通过对产品功能的突现、强调，使顾客认识到购买此产品能得到比其他同类产品更多、更好的利益和满足，借此给顾客留下印象。

1. 多功能定位。即提供多种功用，期望顾客购买一件产品能获得多种用途，从而使顾客产生好感，建立起"功能齐全"的市场形象。如美国比切姆公司在宣传自己的雪白洁银牙膏时，突出了它的三种功用：防蛀牙、口味清新、洁白牙齿。显然，许多人都希望同时拥有这三种利益，该公司的做法是设计出三色牙膏，从视觉上也肯定了这三种利益。

2. 重点功能定位。尽管产品的功能很多，但总会有主次之分，定位时可只将产品关键的、最重要的功能作为市场诉求，使顾客在产品的主要功能方面获得最大的满足，形成产品独特的形象。深圳的太太药业集团推出的太太口服液就是在一种功能定位成功的典范。该公司曾将"除斑、养颜、活血"等作为产品的诉求，后来修订为重点强调产品是能够调理内分泌，令肌肤重现真正天然美的纯中药制品，与其他的保健品形成了鲜明区别，成功地实现了重点功能定位。

3. 单一功能定位。即功能越简单越好，将产品的某一种功能设计得特别突出，使一件产品能够完全满足一种功能的需要，从而突出产品差别。功能简单，不仅可以使企业容易将产品信息传至顾客心里，而且可以集中力量，专攻某一特殊功能，在某一方面做得最好，使顾客获得更大的满足。但这种定位方法要防治过窄而影响企业的规模效益和市场发展。

### （四）产品使用者类型定位

产品使用者类型定位是指根据不同使用者的需求和心理加以引导，塑造产品在这一市场上的恰当形象。例如，婴儿助长奶粉、老人高钙铁质奶粉等。再如，曾经的手机市场上，摩托罗拉面对的是成功人士的消费群体，就以体现身份的高档次定位；诺基亚面对的是商业人士的消费群体，就以体现效率和方便、快捷定位；爱立信面对的是年轻的消费群体，就以突出时髦个性的特点定位。由于定位得当，都能取得不菲的业绩。

### （五）产品品牌定位

品牌定位是一种综合定位。当产品的品牌和企业合二为一的时候，品牌定位与产品定位没有区别，如长虹、联想、日立、索尼等。有的企业一部分既是企业品牌又是产品品牌,而另一部分仅是产品品牌,如"娃哈哈"公司有娃哈哈产品,还有"非常可乐"的产品品牌。当品牌仅代表产品的时候,品牌定位就是产品定位,而非企业定位。如"乐百氏"纯牛奶、钙奶、纯净水等,虽然很多人知道这类品牌的产品,但它的生产企业——广州今日集团,恐怕知道的人并不多。然而,产品定位与品牌定位也并非是一回事,当一种品牌只代表某一特定产品时,产品定位与品牌定位没有什么区别,如人们一想到"万宝路",就会与香烟联系起来。但当一种产品代表众多产品时,产品定位就会与品牌定位有所区别。不管怎样,品牌定位的目的是为造就品牌奠定基石,通过品牌定位打开人们的联想之门,使品牌在顾客心目中占据有利的地位。当然,顾客心目中的品牌是产品信息综合的结果,这些信息不但包括构成品牌的表层内容,如品名、商标、图案、色彩、符号等,更包括那些深层的因素,如企业或产品的形象、信誉、产品性能、质量、价格、心理感受等。因此,品牌定位不仅要掌握消费心理,同时也要琢磨产品,并研究竞争者的优势和劣势。

# 习　题

**一、名词解释**

1. 市场细分  2. 目标市场
3. 无差异性营销战略  4. 差异性营销战略
5. 集中性营销战略  6. 市场定位

**二、单项选择题**

1. 下列属于消费者市场细分的依据中人口变量的是（　　）。
   A. 生活方式  B. 家庭规模
   C. 城市农村  D. 个性
2. 按照收入水平来细分市场和选择目标市场,是属于（　　）。
   A. 人口细分  B. 心理细分
   C. 行为细分  D. 地理细分
3. 上海自来水公司的水供应给千家万户,应该采用（　　）。
   A. 无差异战略  B. 差异性策略
   C. 密集型策略  D. 相关型策略
4. 蒙牛公司将"蒙牛酸酸乳"的主要消费群体确定为14～18岁的女孩子。由此可见,该公司在细分市场时,是按照（　　）变量来细分消费者的。
   A. 地区和年龄变量  B. 年龄和收入变量
   C. 年龄和性别变量  D. 职业和心理变量
5. 下表反映某手机厂家的市场细分的变量组合,请选出不属于人口因素的变量（　　）。

| A. 年龄 | B. 性别 | C. 收入 | D. 购买频率 |
| --- | --- | --- | --- |
| 青少年 | 男 | 低 | 一次 |
| 中年 | 女 | 中 | 经常 |
| 老年 |  | 高 | 潜在 |

6. 童鞋厂只生产儿童鞋,满足小孩穿鞋需求的目标市场模式称为（　　）。
   A. 市场集中化  B. 产品专业化

  C. 市场专业化         D. 选择专业化

7. 丰田汽车公司在全球汽车市场和索尼公司在全球电子产品市场上，均采取（　　）的目标市场模式。

  A. 市场集中化         B. 市场全面化

  C. 市场专业化         D. 选择专业化

8. 某工程机械公司专门向建筑业用户供应推土机、打桩机、起重机、水泥搅拌机等建筑工程中所需要的机械设备的目标市场模式称为（　　）。

  A. 市场集中化         B. 市场全面化

  C. 市场专业化         D. 选择专业化

9. 国内的酒类生产厂家根据消费者的需求特点，生产出不同档次、不同包装、不同价格、不同酒精度的产品并采用不同的营销策略，取得了良好的效益。这是（　　）市场战略的具体运用。

  A. 无差异战略         B. 差异性策略

  C. 密集型策略         D. 相关型策略

10. 对于同质产品，一般宜实行（　　）市场战略。

  A. 无差异战略         B. 差异性策略

  C. 密集型策略         D. 相关型策略

### 三、思考题

1. 如何有效细分消费者市场？
2. 目标市场覆盖模式有哪五种？各自适合什么样的企业采用？企业应如何制定有效的市场拓展计划？
3. 如何才能有效地进行市场定位？
4. 为什么市场细分战略是现代市场营销观念的产物？
5. 细分产业市场的依据主要是哪些变量？

### 四、案例分析

## "动感地带"的奇迹

  "动感地带"对于手机用户来说是一个耳熟能详的品牌，在推出15个月后，它便在国内15～25岁的年轻人中享有80%的品牌知名度、73%的品牌美誉度。它的用户递增速度达到每月近100万人，平均每3秒钟就诞生一个用户。而这一品牌也开创了电信市场第一个按照细分市场策略获得成功的先例。

  众所周知，中国移动是移动通信市场上的绝对霸主。但因为市场的进一步饱和、联通的反击，特别是面对3G牌照这一关系着未来竞争格局的大事情上，拥有着许多变数。中国电信和中国网通为了这一未来，不惜血本推出小灵通品牌，其低廉价位正好击中普通消费者，因此对其神州行产生了巨大冲击。

  市场竞争的逐渐激烈、未来竞争形势的不确定性等原因，使得中国移动通信市场弥漫着价格战的狼烟。如何吸引更多的客户资源、提升客户品牌忠诚度、充分挖掘客户的价值，成为运营商成功突围的关键，"动感地带"由此孕育而生。

  经过慎重考虑，中国移动把"动感地带"作为"全球通"和"神州行"之后的第三大品牌。"动感地带"的目标客户群是15～25岁的年轻人，该年龄层用户追求时尚、崇尚个性、乐于接受新事物、消费能力有限、对短信等数据业务有较强需求的特点，于是确立了"时尚、好玩、探索"的品牌定位。

  对于追求个性，"动感地带"以"我的地盘，听我的！"为口号，有针对性地进行了业务内容

及资费的重新设计和打包,受到了众多年轻人的追捧,为中国移动赢得了丰厚的业务收益。

针对消费能力有限,"动感地带"设计了预付费的入网方式,实时扣费、实时充值的计费方法。针对这一阶段消费者对短信业务情有独钟的特点,"动感地带"专门设计了短信套餐业务。用户每月支付20元可发300条短信;支付30元可发500条短信。为了方便用户使用短信业务,中国移动还为"动感地带"用户特别设计了STK卡。该卡拥有64k的超大容量,支持高达50条短信的存储,还内置了"动感消息"、"动感密语"、"动感乐园"、"动感休闲"等相关增值业务。

为了更好地进行目标市场运作,中国移动又将15～25岁的年轻群体再次进一步细分。分为"自由学生族"、"年轻好玩族"和"时尚白领族"。

对于自由学生族,中国移动推出了"学生套餐",专为学生设计,通过校园计划、熄灯计划、假日计划、学生聊天计划等满足了学生用户的需求。

对于年轻好玩族,中国移动推出了"娱乐套餐",推出了彩信计划、移动计划、聊天计划、周末假日计划等。

对于时尚白领族,中国移动推出了"时尚办公套餐",针对他们生活、工作特点,推出了语音计划、GPRS时尚计划、聊天计划、IP长途计划、工作漫游计划等丰富的业务。

为了更好地宣传品牌定位和自己的特色,中国移动不仅从业务组合、广告宣传上强调"动感地带"的品牌个性,而且举办了"街舞挑战赛"、"周杰伦演唱会"、"结盟麦当劳"等一系列与通信业务无关的活动,这些活动大大引发了年轻人的高度共鸣,进而激发了他们的消费热情。

2003年4月,中国移动举行"动感地带"(M-ZONE)形象代言人新闻发布会暨媒体推广会,台湾新锐歌星周杰伦携手"动感地带"。周杰伦的形象和目标手中群体的内心需求吻合,叛逆而有个性。

举办大学生街舞挑战赛为用户带来了超值的时尚体验。街舞是近年来风靡校园的新兴艺术,代表着动感与时尚,与"动感地带"所推崇的理念非常吻合,因此中国移动连续两年举办了"动感地带中国大学生街舞挑战赛"。

而与麦当劳结盟,举办只有"动感地带"用户才能参加的"周杰伦演唱会"则给用户营造了独有的"特权"感觉。各具特色、花样翻新、适合动感一族口味的演唱会、夏令营、M-ZONE人聚会,以及对体育、音乐等方面的赞助活动,都给"动感地带"用户带来了物超所值的良好体验。

分析讨论:
1. "动感地带"的推出,表明移动企业的市场覆盖模式有什么变化?
2. 针对中国移动"动感地带"的市场举措,谈谈中国联通应该如何应对?

## 实训应用

【实训项目】
目标市场策略的选择与进入。
【实训目的】
通过实训要求学生收集大量的资料,通过对资料的分析,针对某一产品分析、研究"谁是你的顾客",找准目标市场,制定市场定位策略。
【实训指导】
1. 以实地调查为主与在图书馆、互联网查找资料相结合得出相关资料。
2. 学生对案例进行分析,写出书面分析意见。
3. 最终以报告形式得出结果。
4. 教师除对学生收集的资料进行评阅外,还可以组织交流,选择某些较好的案例要求学生进行讲评。

【实训组织】

1. 把全部学生分为两组：第一大组学生在近期的报纸、杂志、相关网站上查阅案例；第二大组学生开展访问，收集案例。

2. 第一大组和第二大组分别以 5~6 人一组分成几个小组，每组选出 1 名组长，采取组长负责制查阅资料或走访企业。各组在查阅资料或走访企业前做好登记，以免重复。

3. 每组学生应写出市场定位建议书，在班内进行交流、展示。

【实训考核】（百分制）

1. 实训准备工作（10 分）。

2. 实训的组织、分配、管理等过程（20 分）。

3. 实训成果汇报及其提交（45 分）。

4. 项目团队成员间的团队合作精神（15 分）。

5. 学生互评，教师点评（10 分）。

# 项目八 制定国际市场营销策略

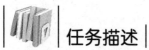

## 任务描述

全球经济一体化和企业国际化已成为令人瞩目的两大世界潮流。企业同时面对国内与国外两个市场，自然而然地加入了国际竞争。因此，企业必须善于分析、研究复杂多变的国际市场营销环境，以国际市场营销的基本理论为指导，正确地制定相应的国际市场营销策略，在国际竞争中取胜。

## 任务目标

**知识目标**

1. 熟悉国际市场营销环境的构成。
2. 了解国际市场营销的特点和意义。
3. 掌握国际营销的基本理论和基本策略。

**能力目标**

1. 能够准确把握国际市场营销环境的特点。
2. 能够正确地制定国际市场营销策略。

## 任务导入

到一两家跨国企业进行调研，了解国内与国外市场环境有哪些差别，相应的营销策略有何不同。

## 案例导入

### 开拓国际市场的难与易

有人认为开拓国际市场比国内市场难，有人则持相反的观点。阅读以下两个案例，你的观点如何？其一，某公司向伊朗出口了 200 吨肉鸭，货物刚运抵伊朗海关，即被打回票。原因是鸭子的屠宰方法不符合伊斯兰教教规，必须退货，于是肉鸭不得不"出口转内销"；其二，某钟表公司为中东市场开发了具有独特功能的手表，即无论在世界任何地方，都能将时间转换成穆斯林时间，并在应做祷告的时刻自动提醒戴表的人，表上一根"指南针"始终指向麦加。手表一投放市场，即大获全胜。

问题引入：
1. 该两案例失败与成功的原因是什么？
2. 你从中得到什么启示？

# 任务1　认识国际市场营销环境

企业的国际市场营销环境包括微观环境和宏观环境。微观环境主要包括企业自身，以及供应者、中间商、竞争者、顾客和各种公众，它们影响着企业的经营水平、经营素质以及为目标市场服务的市场营销活动。微观环境要受到宏观环境中各种因素的制约和影响。宏观环境是指那些给企业带来营销机会和环境威胁的主要社会力量和社会条件，包括社会文化环境、经济环境、政治法律环境、技术环境、物质自然环境和金融环境等。由于企业的微观环境在前面已有详细的分析，在此不再重复。下面将在简单介绍国际市场营销特点的基础上对宏观环境进行详细的介绍。

## 一、国际市场营销的特点和意义

### （一）国际市场营销的特点

为了保证企业在国际市场营销中获得成功，企业必须全面了解现代国际市场营销的基本特点。其特点主要有：

1. 风险大。国际市场营销比国内市场营销的难度大、风险高。主要受语言、环境复杂性、市场准入条件、国际惯例等因素影响，营销的难度增大；同时企业要承担各种风险，如政治法律风险、汇率变动风险、自然风险和社会风险等，比国内市场高得多。

2. 竞争的激烈性。现代国际市场是一个竞争异常激烈的市场，而且一种产品的生产和经营，往往有许多国家和地区的企业同时参加竞争，即"竞争的多国性"。

3. 市场结构的复杂性。国际市场由于受各国政治、法律、经济、生产力发展水平、地理位置、社会文化、科技水平等因素的影响，形成了复杂的市场结构。

4. 区域集团化。20世纪80年代以来，为了防止外国产品的竞争和保护本国或地区市场，国际市场的区域集团化成为一种趋势。除了北美自由贸易区、亚太经合组织、欧盟大市场等三个主要市场外，逐步出现许多区域性集团市场，如东盟自由贸易区、欧洲自由贸易联盟、南美洲共同市场等。中日韩自贸区也在谈判中。

### （二）国际市场营销的意义

尽管国际营销比国内营销复杂、困难，但国际营销给企业的发展带来了巨大机遇。

1. 由于市场范围的扩大，产品生命周期得以延长。有些产品在国内市场处于成熟期甚至衰退期,但在其他国家的市场上可能处于导入期或成长期。例如,20世纪70年代末,黑白电视机在日本已经进入衰退期,在中国则处于成长期。这时,日本企业将其淘汰的黑白电视机大举出口到中国市场,使黑白电视机的生命周期延长了多年。

2. 企业参与国际分工、国际合作与国际竞争,使企业产生并不断增强竞争意识和危机感,促使企业向内部不断挖潜,提高竞争力。市场的交融、竞争的冲击,企业会不断提高产品质量,增加产品品种,改善服务质量,更好地满足消费者多样化的需求,可以获得更高的利润。

3. 市场多样化往往比产品多样化有更大的优越性。如美国里格利公司只有口香糖一个产品系列,但其生产和营销业务遍及全球。

4. 在某些场合,国外市场上的竞争程度低于国内市场。在这种情况下,企业到国际市场上另辟蹊径,反而可以得到生存与发展,可能比国内营销获得更大的效益。

5. 从事国际营销可以给企业带来更高的声誉。一个能在国际市场上站稳脚跟的企业,一般来说其知名度较高、信誉较好。这一笔巨大的无形资产,有助于加强企业的竞争地位。

## 二、经济环境

经济环境对企业的国际营销有着直接的影响,因为进口国经济状况的好坏,影响着消费者的需求结构和需求量。经济环境一般包括国民收入水平、经济基础结构、技术经济结构、通货膨胀、经济发展阶段、消费结构等。

### (一) 国民收入水平

国民收入在某种程度上决定了市场的规模。世界各国按照国民收入分类,可以分为四种类型:

1. 多数收入国家。指家庭收入中低档、中档、高档三个层次都有,其中多数家庭为中档收入的国家。这种类型的国家,消费品市场潜力最大。

2. 均等收入国家。指以计划经济为主体的国家,多数家庭收入较低,但两极分化现象不严重。

3. 两极收入国家。指收入极端化的国家,即大多数人极穷、少数人极富,家庭收入贫富悬殊。

4. 低收入国家。指国民收入很低、家庭收入只能维持自给自足生活的国家。

### (二) 经济基础结构

经济基础结构是指一个国家的能源供应、交通运输、通讯设备、广告及营销组织等。一般来说,目标市场的经济基础结构越好,市场营销越有潜力。

1. 能源供应。指煤炭、电等能源的供应情况,这些直接影响企业的生产活动。

2. 交通运输设备。指海运码头与设备、机场、铁路、公路、货车、货船和货机、集装箱技术等,设施良好的工业化国家,能够提高货物流通的数量与速度。

3. 通讯设备。指电话、国际电话设备、电报、无线电传真设备等通信发达的国家,缩短了空间距离,可以保持良好的买卖关系。

4. 广告及营销组织。指进口国的广告及营销组织水平对产品的营销起着重要作用。广告及营销组织的水平越高，营销工作开展得越容易；相反，就越困难。

### （三）技术经济结构

依据各个国家的生产技术结构、外向程度及其差别、在经济发展中所处的地位，可以把世界各国的经济结构分为四种类型：

1. 工业化的经济。指已经实现工业化的发达国家。这种类型的经济，农业人口减少，是工业品、资本及新技术的出口国，主要进口原材料、半成品、高中档消费品及劳动密集型产品。

2. 工业化进程中的经济。指已经建立了一定的物质技术基础，但国民经济仍在开创与改革进程中的国家。这种类型的经济，在资金、技术、设备、人才等方面，都有很强的吸收与消化能力，是有巨大潜力的市场。

3. 原料输出的经济。指技术经济落后，但因输出原料特别是能源而获得大量外汇收入的国家，收入高，购买力大，如中东石油输出国。这些国家是与其单一经济有关的设备、技术和消费品的主要市场。

4. 自给自足的经济。指技术落后、生产力发展水平很低的国家。这种经济中的人口以农业生产为主，劳动生产率低，外汇短缺，购买力低，以维持生活为主，因而不是一个有吸引力的出口市场。

### （四）经济周期

经济的周期性变化制约着国际市场的价格行情和市场需求，从而影响企业的国际营销活动。经济周期一般表现为危机、萧条、复苏、高涨四个阶段，企业应针对不同阶段所表现的市场特征，采取相应的对策。

### （五）金融环境

在竞争激烈的国际市场环境中，一家营销商不可能总是用现金预付的方式进行大量销售，在长期合约的情况下尤其如此。营销商知道，如果不为国际贸易的客户提供信贷，自己的竞争对手就会提供。而大多数公司的自有流动资金不足，需要向银行借贷。可见，无论对私人企业还是对公共机构来说，同融资来源建立关系，为自己营造良好的金融环境都是很重要的。

### （六）人口状况

人口是一个国家经济中的最基本要素，人口多，市场潜力就大，特别是与人口相关的食品、服装等消费品市场。人口因素分析包括人口自然增长率、人口的性别和年龄结构、人口的地理分布、人口的民族构成等。

## 三、政治环境

国际市场营销的特殊性决定了政治环境和法律环境相比其他环境的重要性更为突出。国际营销人员必须对东道国的政治因素有深入的了解。一国的政治因素包括政治稳定性、政府的政治干预等方面。从政治因素的角度进行分析，可以了解当地政府对外资企业所持的态度，并以此作为制定国际营销策略的参考。

### （一）政治稳定性

政治稳定性是指外国在政治气候变化时的稳定程度，包括政府更迭、权力移交时的稳定性、政策的稳定性、社会环境的稳定性等。对于从事国际营销活动的企业来说，东道国政治稳定与否关系重大，因为政治环境的稳定性不仅直接影响营销中长期计划，而且政治环境的突变可能使行之有效的营销方案毁于一旦。所以，分析政治环境的稳定性，是国际营销企业进入他国市场必须完成的作业。

### （二）东道国的政治干预

东道国政府为了达到其政治或经济目的，往往通过颁布法规，对外国企业的营销活动进行干预。政治干预的形式有以下几种：

1. 本国化。东道国政府通过对外国公司进行多方面的限制，迫使该公司一步一步地出售股权，直至该公司由本国控制，巧妙地将外国公司收为己有。东道国政府对外资企业进行本国化通常有如下措施：将所有权逐步转移到本国国民手中；提升一大批本国公民担任公司的高级管理职务；本国国民拥有更多的决策权；更多的产品在本国生产，以取代进口装配；设计特别的出口管理，以便控制外资企业在国际市场上的活动。由此可见，本国化对国际营销企业来说也是一种环境威胁，这种威胁有时甚至是灾难性的。

2. 没收、征用和国有化。没收是指政府强迫企业交出财产，不给其任何经济补偿。没收是国际企业面临的最严重的政治风险。征用是指政府强迫企业交出财产，但给予一定的经济补偿。对企业来说，征用绝不是自愿的交易。国有化是指政府将企业的资产收归国有，由政府掌管。可喜的是，随着世界贸易组织影响的逐步扩大，国际贸易自由化趋势越来越明显，这些现象愈来愈少。

3. 贸易壁垒。贸易壁垒就是东道国借助关税壁垒和非关税壁垒，以达到限制进口的各种措施。关税壁垒是指一国通过用提高关税的办法，以阻止、限制外国商品进口，削减其竞争能力，用高关税来保护国内市场。非关税壁垒是指东道国政府在法律上和行政上限制进口的各项措施。主要形式包括国家垄断对外贸易、进口配额、出口补贴、反倾销措施，以及苛刻、烦琐的进口产品检验等。如美国不时规定新的卫生标准和检验方法，使其他国家的农产品很难进入美国市场。在普遍提倡贸易自由化的今天，技术壁垒更有大行其道之势。

4. 外汇控制。一些外汇短缺的国家常对外汇的使用进行严格的限制，目的是保持一定数量的外汇储备以满足其基本的需要。外汇控制在两个方面对国际企业产生影响：第一，利润和资本不能任意返回母公司；第二，原材料、机器设备和零部件等生产经营所需物资不能自由进口。

5. 其他。国际营销企业还将在东道国面临其他许多政治干预，比如劳工限制、东道国的国际关系、政治制裁、民族主义、税收管制、价格管制等。如果对这些因素的影响估计不足，很容易使企业在市场上处于被动的局面。

另外，还应注意东道国的政治体制和政治党派。政治体制是指一国政府的基本结构和基本组织形式。政权的组织形式是多种多样的，归纳起来大致可分为君主制和共和制两种。不同的体制其权力中心各不相同，这对决策有重要影响。考察一国的政治党派有助于营销人员了解执政党的政策主张，以此推测政府是保守的、中立的或激进的，是倾向于贸易保护或贸易自由。营销人员应该了解执政党对外商的态度，同时也应了解其他主要政党的政策纲要，因为他们也能对政府政策产生影响。

### 四、法律因素

法律环境是由政治环境延伸出来的。对国际营销有影响的法律环境主要是由各国不同的法律制度和有关国际规则构成。国际营销企业一方面依据法律规定来把握营销活动，另一方面也可凭借这些法律来维护自己的正当权益。所以，国际营销人员在了解国际法规和国际惯例、区域经济法律的基础上，必须掌握并遵守东道国有关经营、贸易、投资等方面的法规。

**（一）国际法规和国际惯例**

其包括了国际间双边或多边的国际条约、国际组织的协定、决议以及国际惯例。主要有：调整国际货物买卖关系的合约、调整国际海上货物运输关系的公约、调整国际航空运输关系的公约、调整国际铁路运输公约、关于国际货物多式联合运输公约、国际经济秩序的三大公约（国际货币基金协定、国际复兴开发银行协定、WTO经贸规则）、调整国际票据关系的公约、关于知识产权的公约、关于国际商事仲裁的公约、国际贸易惯例等。

**（二）区域经济法律**

20世纪70年代以后，世界经济逐步步入低谷。与此同时，世界市场的不稳定性也极度提高，很多国家一方面制定严密的国内结构调整计划；另一方面开始利用区域集团化来应付国际经济环境的激变，使世界许多地方建立了区域性经济组织。如欧盟市场、北美自由贸易区、拉丁美洲一体化联盟、东南亚国家联盟等。这些区域性经济组织制定的法律、法令、条例、规则等对企业国际营销有重要影响。

**（三）东道国法规**

营销组合的四个方面，即产品、定价、渠道、促销等活动都会受东道国法律的影响，而且这种影响在各个国家又是不同的，这正是国际营销环境复杂之处。

1. 在产品方面。企业国际营销中的产品决策，必然会受到各国法律的影响。许多国家的法规要求产品的纯度、安全性、性能等物理、化学、生物指标符合要求。例如，日本要求护发、护肤用品不能含有甲醛；而向美国出口的汽车必须装上防污染装置，否则难以满足美国防污染法对汽车排泄控制的严格要求；美国对纺织品规定有可燃点。所以出口厂商只好根据东道国的法规对产品生产做相应调整。与产品有关的法律还有产品责任法、标准法、包装法、商标法等。

2. 在定价方面。大多数国家都有控制物价的法规，但做法有很大的差异，营销人员应该有针对性地掌握。一般来说，发展中国家对价格的控制较为严格，发达国家要松一些。通常的做法是规定最高限价、最低限价或限制价格变动。有些国家则是直接控制利润率，例如：日本直接控制大米这一种商品的价格；比利时政府规定了药品的最高限价，对药品批发的毛利率和零售毛利率都有严格的限制；法国对许多商品的定价实行价格限制。

3. 在渠道方面。在营销组合中，渠道受到法律限制的程度相对要轻些，企业可以比较自由地选择其产品的分配渠道。当然，企业不能选择当地市场所不适用的渠道。例如，法国政府颁布一项法令，禁止挨家挨户推销的方式。企业与当地中间商签订合同或终止合同时会遇到许多法律问题。此外，有些国家对当地中间商的经营范围可能做出一些规定，企业在选择中间商时应考虑这一因素。

4. 在促销方面。各国的法律对促销的规定比较多。由于许多国家都制定了与广告有关的法规以加强管理，所以广告是促销活动中最易引起争论的环节。对广告的限制主要有以下几类：

（1）对广告的产品进行管制。如美国和英国政府禁止烟、酒在电视上做广告。

（2）对广告的信息进行限制。如德国禁止在广告中使用比较的词句。

（3）对广告媒体进行限制或征税。如秘鲁对所有户外广告征收一定的税款。除广告外，营业推广、人员推销和公共关系等促销策略也受到法律的不同约束。

### 五、社会文化环境

各国、各地区、各民族之间的消费需求与文化差别有着密切的关系，进入国际市场的营销者必须了解对象国的社会文化环境，自觉采取与对象国社会文化环境协调一致的营销策略。社会文化因素主要包括价值观念、商业习惯、商业道德、宗教信仰、风俗习惯、教育水平、语言文字等。

1. 价值观念。价值观念是人们选择行为目的、行为方式的精神标准。如日本重视集体的作用，美国则强调个人的力量；美国偏好革新，亚洲国家注重传统；西方国家因吝惜时间使快餐和方便食品十分盛行，而在许多发展中国家，享用快餐只是变换花样的一种方式。这些差异导致各国消费需求色彩纷呈，营销者唯有对此加以区分，方能使其营销成功。

2. 商业习惯。各国都有各自不同的商业习惯。在国际市场营销中，由于商业习惯的抵触导致贸易失败的事例并不鲜见。如果面对意大利严肃、认真的商业作风，采用迂回、诱人、随便的英国式做法，就可能适得其反。如果和中东商人做生意，在正式谈判之前要花费大量时间闲谈聊天，赢得他们的友谊和信赖，这在西方人眼里是浪费时间，但在中东人看来是绝对必要的。只有遵从各国的商业习惯，才更容易成功。

3. 商业道德。商业道德在国际市场上也很复杂，在一个国家被认为是正当的事情，在另一个国家可能完全不被接受。例如，馈赠礼品是在世界上大多数国家都认可的行为，在美国就不流行，甚至还会遭到谴责。礼品变为贿赂又是另外一种问题。世界各国都在试图区分礼品与贿赂之间的关系，简单的办法是规定一个金额范围，但这个范围却有很大的差别。例如，在德国，超过40美元的礼品就为贿赂。而有时价值200美元也仅是一件礼品。可见，了解东道国的商业道德是保证国际市场营销活动成功的重要基础。

4. 宗教信仰。宗教信仰反映了人们内在的心理活动及对客观世界的认识。世界各地聚集着各种不同的宗教信仰者，不同的宗教信仰对商品的需求有各自的特殊性，因而影响着该市场的消费结构。此外，各种宗教都有自己的节日，这些节日可以直接影响到企业营销活动的进行。例如，在伊斯兰教的斋月里，一切工作都要减速，尤其是做生意；而许多基督教国家里，圣诞节前一个月是人们大量购物的时间，其零售额往往比其他月份高出好几倍。因此，在进行国际市场营销时，应注意不同宗教信仰方面的特殊要求与禁忌，以及宗教节日对市场需求的影响。

5. 教育水平。教育水平与国际市场营销活动有密切关系。一般来说，经济发达国家，一般教育水平比较高，消费者对产品的要求也高，对新产品的辨别能力较强，购买时的理性程度较高，不容易受文字宣传的影响。

6. 风俗习惯。风俗习惯遍及人们生活的各个方面，包括消费习俗、婚丧习俗、节日习俗和经商习俗等。一方面，各国风俗习惯的不同直接导致消费需求的差距，如我国老年妇女多不打扮，而西方国家的老年妇女则喜欢浓妆艳抹，因此对老年化妆品的需求有较大的差异；另一方面，各国风俗习惯的不同体现在商业行为和方式上，如美国谈生意喜欢开门见山，而日本人很少当面做出拒绝或否定的表示。

7. 语言文字。语言文字是交易双方沟通信息、洽谈生意、签订合同必不可少的工具，在国际市场营销中其重要性更为突出。对国际通用的语言文字或对象国的语言文字缺乏了解，不能准确地运用，有可能导致营销机会的丧失。以品牌为例，我国出口的"紫罗兰"男衬衫，译成英语是"无丈夫气的男子"，"白象牌"电池译成英语是"累赘"之意，"芳芳"牌化妆品的汉语拼音在英语中意为"毒牙"，如此等等。这些听而生厌的品牌译名使这些高质量商品长期在国外打不开销路。相反，"思美得"化妆品，同音英文意为"漂亮、潇洒"，音义俱佳又耐人寻味，对打开销路起了很好的促进作用。

此外，企业还需要对影响国际营销活动的地理因素有所了解。如气候、自然资源等。气候的各种特征，如温度、雨量、湿度等，与产品设备的使用都有密切的关系。

【阅读与思考】

## 如何跨文化营销

跨文化营销是在适应和吸收东道国文化的过程中使母国文化逐渐融于其中，是双向的文化沟通，是不同文化的兼容并蓄。一家机构调查了进入中国的跨国公司的成功经验后指出：理解中国文化是跨国公司进入中国的战略要素之一。日本酱油摆在美国人的餐桌上成为普通的调味品，是龟万甲公司经过几年营销努力的结果；可口可乐从中国的大酒店渗透到千家万户，也有5年亏本推广的经历。20世纪70年代末、80年代初，日本家电企业通过赞助《排球女将》《姿三四郎》等多部电视剧大造声势，造新文化氛围，把索尼、乐声等品牌形象带进了中国。我国一些企业进入国际市场也开始实行跨文化营销战略。美国是一饮料大国，外国饮料想挤进美国市场是不容易的。我国青岛啤酒不但打进了美国市场，且销量逐年上升，10年间出口量增加了50倍。目前，上万种各国啤酒中，青岛啤酒在美国市场上的销量排第9位，价格是美国市场上两种最高的啤酒之一。青岛啤酒能打入美国市场，原因正是在于青岛啤酒的风味和品质迎合了美国众多消费者的口味和爱好，重视文化沟通，市场切入准确，营销手段得当。在促销广告形象宣传上，代表中国餐饮具的筷子与青岛啤酒合二为一，象征着中国的餐饮，在美国引起轰动。本来对中国人使用筷子的技巧、习惯怀有浓厚兴趣的美国人，自然同时也爱上了青岛啤酒。

(来源：中国论文下载中心，作者：赵子夫，唐利)

思考：
青岛啤酒如何大获全胜？

# 任务2 制定国际市场营销策略

国际市场营销策略与国内市场营销策略的基本理论是一致的,都是将企业可控制的产品策略、定价策略、销售渠道策略、促销策略进行综合运用,去适应错综复杂的市场环境,从而达到最好的市场经营效果。但是,因为国际市场环境一般比国内市场环境复杂,同时更加不被营销人员所熟知,因此,国际市场的营销策略有其自身的特点。

## 一、国际目标市场选择

任何一个企业,其资源总是有限的,它不可能占领全部细分市场,只能选择最有发展潜力、最能发挥本企业优势、最有利可图的细分市场作为企业的目标市场。企业在选择国际目标市场时,一般应考虑以下几个因素。

1. 现有市场的潜力。现有市场潜力接近现有市场销售量,其计算公式为:

$$市场销售量 = 当地产量 + 进口量 - 出口量$$

计算公式中所需数据,一般可从公开发表的统计资料中获得。企业应选择潜力大的市场。

2. 市场竞争情况。企业在评价市场潜力后,还应了解该市场上的竞争情况,如市场上是否存在其他同类产品,其优势和劣势是什么,市场被垄断的程度和竞争的程度等。

3. 估计公司的销售潜力。在分析现有市场潜力后,跨国公司还应进一步明确本公司在这一潜在市场中能够获得的市场份额,即销售潜力。为了获得这一估计,跨国公司必须收集有关市场及产品方面的信息:竞争状况;市场状况,包括市场结构和进入障碍;消费状况;产品状况;分销渠道结构;等等。

4. 风险大小。国际营销风险比国内营销要大得多,企业一定要有风险意识。风险主要来自两方面:一是商业方面,如库存资金、应收款、外汇汇率等;二是政治风险,如进口国的政局是否稳定、政治经济体制变化等。

5. 成本和利润。成本是评估市场的重要因素,在国际营销中,除考虑生产成本、销售成本、运输成本外,还应考虑当地的劳动力成本、税收制度、贸易惯例等。目标市场的选择应追求利润的最大化。

## 二、产品策略

产品策略在国际市场营销组合决策中具有重要地位。产品策略必须适应国外的市场营销环境和国外消费者的需求。本国产品打入国外市场时,在产品方面是否要加以改变?需多大程度改变?通常,国际营销的产品策略可有以下几种选择。

### (一)产品直接延伸策略

产品直接延伸策略是指将企业现有产品组合中的某种或某几种产品不做任何改

动直接销往国际市场。产品直接延伸的优点是：可以获得规模效益，把生产成本和营销费用下降到最低水平；可以壮大企业声势，在国际市场上的同样产品、同样包装、同样广告形成巨大的宣传综合效应。产品直接延伸的缺点是：对国际市场的适应性差，很多产品，特别是带有较强民族与文化传统的产品在不同国家被消费者接受的程度是不同的。这种策略适用于那些现有产品的国际市场需求与国内市场需求相同或相似，或传统名牌、手工艺品，或产品具有某一特别优势为某国际市场消费者所青睐。采用这一策略需做好市场调研，恰当选择产品可直接延伸的国际目标市场。因为产品可直接延伸至国际市场不是笼统的概念，而是具体的国别市场概念，由于需求的多样性和复杂性，可直接延伸至甲国市场的产品，不见得就能原封不动地进入乙国市场，因而选择国际目标市场就显得非常重要。

### (二) 产品更改策略

产品更改策略是指根据特定目标市场的需求偏好将企业现有产品组合中的某种或某几种产品进行适当修改后推向国际市场。多数情况下，各国对产品所需基本功能的要求相似，但产品的使用情况、消费者的收入水平、经济技术发展状况、社会文化背景和政府的要求等，从一国到另一国可能有较大差异。这就决定了推向国际市场的产品有更改的必要。由于产品的整体概念包含多层意思，产品更改策略就有多种选择。

1. 功能更改。即改进产品的功能特性来满足新市场的特殊需求。例如，就自行车来说：在发展中国家，自行车一般作为交通工具；而在发达国家，自行车则作为运动器具或旅游用品。这两类国家的消费者对自行车功能方面的需求存在着明显的差异。因此，企业应当根据国际市场上不同的消费者的需求，有针对性地改进产品的功能特性，以满足其需求。

2. 外观更改。即通过改变产品的式样、造型和色彩，使产品更好地满足不同文化背景下的消费者的消费需求。

3. 品牌或商标更改。品牌或商标设计涉及文字、色彩、图形、数字等因素，对于这些因素，各国有不同的喜好和禁忌，所以，在进入国际市场前，一定要做充分调研，如有必要就需对品牌或商标进行更改，以便适应目标国的要求。

4. 包装更改。在国际市场营销活动中，由于产品运输距离的远近、装卸次数的多少、装卸质量的好坏、运输方式的不同等，对包装坚固程度的要求相差甚远；销售环节的多少、零售组织的不同、购买习惯及使用方法的不同，也要求包装用材、包装体积大小、包装物的色彩与造型等有所不同。

5. 标签更改。标签是传递产品有关信息资料的工具，因此，在不同国家的市场上，要用不同的文字。有的国家要求在同一标签上至少要使用两种以上的文字。标签的更改，不仅有文字方面的原因，而且还要符合各国政府对标签的规定和要求。

6. 服务更改。随着产品进入国际市场，服务工作一定要想办法跟上，这样，产品才能打开销路。

产品更改策略的优点是：增加产品对国际市场的适应性，有利于扩大销路。这种策略的缺点是：增加更改费用，提高产品成本。企业决策的最终目标是利润的提高，因此，在做出产品更改决策前，先要进行成本效益分析，确信更改产品的费用小于可能取得的销售额增幅，此策略方可成立。

### (三) 产品创新策略

产品创新策略是一种全面开发设计新产品，以适应特定国际目标市场的策略。产品创新策略的核心是产品的全面创新，即在产品功能、外观、包装、品牌上都针对目标市场进行新产品的开发。

在市场具有巨大需求、企业技术规模都比较大的情况下，可以采用产品创新策略。产品创新策略的优点是：产品对国际市场的适应性强，能够大大提高对消费者的吸引力，减少销售风险，迅速、有效地进入国际市场；其缺点是：研制开发投资大、费用高、困难多。

### (四) 多种产品集合策略

多种产品集合策略是指企业根据生产能力和产品特性，选用广泛多样化或密集配套系列化等恰当形式，以若干种产品组成能够充分发挥企业综合优势的产品打入国际市场，以实现产品销售增长率、市场占有率和目标利润率同时增长的综合策略。

【阅读与思考】

#### 实施包围——日本摩托车企业的策略

出其不意对敌军实施包围，切断敌人的补给线，这是战争中最具有威胁性的作战行动。这是第二次世界大战中威名赫赫的麦克阿瑟将军对包围策略的概括和评价。

国际商战中的包围策略，从本质上看可以分为产品包围和市场包围两种形式。在产品包围策略中，包围者推出大量品质、款式、功能、特性各异的产品，以压倒对方的产品线，取得产品数量上的优势。在市场包围策略中，包围者主要通过对市场发展策略的运用，将自己的产品和服务扩张到邻近的每一个区域市场。

许多情况可能会导致包围策略的成功。在日本公司对美国公司实施包围时，这些情况都或多或少地出现过，这一事实有助于对包围策略的成功条件进行分析。

摩托车行业一直是欧美人的天下。至20世纪50年代，活跃在美国摩托车市场的主要是哈里·戴维森、诺顿、利物浦等一些欧美公司，它们所生产的产品汽缸容量大多在500CC以上，售价高达1000多美元，轻蔑地把小摩托车称作一种玩具，认定其是没有前途的。日本本田公司恰恰就把轻便摩托车市场视作"未开垦的处女地"。本田公司配备了700多位设计师推出当时质量最好的轻便摩托车，这种新型轻便摩托车结构小巧、便于驾驶，有三挡变速、自动离合器、发动机为5马力，而售价低于250美元。针对当时美国西部工业基础较东部落后的情况，本田首先在洛杉矶组建了自己的销售公司，以后一个地区一个地区逐步向东扩展。这是一场地地道道的迂回进攻。其含义包括：产品——摩托车，价格——250美元以下，地点——美国西海岸。本田公司成功地在美国市场上站住了脚跟，建立了自己的滩头阵地。

以现有的阵地为基础，整个60年代，本田公司将其产品系列从低于125CC逐步向大容量延伸。1975年一年内本田推出了25种新产品。70年代后期，本田进一步推出1000CC的摩托车，正式进入重型摩托车市场。本田的摩托车逐渐在汽缸容量、价格档次上，全系列地遍布美国市场。1974年美国摩托车市场的份额情况是：本田占43%；雅马哈占20%；川琦占13%；铃木占11%；哈里·戴维森占6%。

日本的成功向人们表明：产品多品种化是包围战中最有杀伤力的武器。

(资料来源：王煌今．国际市场营销谋略．)

思考：

日本摩托车企业采取怎样的产品策略？

【阅读材料】

## 国际产品生命周期理论

国际产品生命周期理论是美国哈佛大学教授费农 1966 年在其《产品周期中的国际投资与国际贸易》一文中首次提出的。费农认为，产品生命是指市场上的营销生命，产品和人的生命一样，要经历形成、成长、成熟、衰退这样的周期，而这个周期在不同技术水平的国家里，发生的时间和过程是不一样的。其间存在一个较大的差距和时差，正是这一时差，表现为不同国家在技术上的差距，它反映了同一产品在不同国家市场上的竞争地位的差异，从而决定了国际贸易和国际投资的变化。为了便于区分，费农把这些国家依次分成创新国（一般为最发达国家）、一般发达国家、发展中国家。

费农还把国际产品生命周期分为三个阶段，即新产品阶段、成熟产品阶段和标准化产品阶段。费农认为，在新产品阶段，创新国利用其拥有的垄断技术优势，开发新产品。由于产品尚未完全成型，技术上未加完善，加之竞争者少，市场竞争不激烈，替代产品少，产品附加值高，国内市场就能满足其摄取高额利润的要求等，产品极少出口到其他国家，绝大部分产品都在国内销售。而在成熟产品阶段，由于创新国技术垄断和市场寡占地位的打破，竞争者增加，市场竞争激烈，替代产品增多，产品的附加值不断走低，企业越来越重视产品成本的下降，较低的成本开始处于越来越有利的地位，且创新国和一般发达国家市场开始出现饱和。为降低成本，提高经济效益，抑制国内外竞争者，企业纷纷到发展中国家投资建厂，逐步放弃国内生产。在标准化产品阶段，产品的生产技术、生产规模及产品本身已经完全成熟，这时对生产者技能的要求不高，原来新产品企业的垄断技术优势已经消失，成本、价格因素已经成为决定性的因素，这时发展中国家已经具备明显的成本因素优势，创新国和一般发达国家为进一步降低生产成本，开始大量地在发展中国家投资建厂，再将产品远销至别国和第三国市场。

国际产品生命周期理论对企业的国际营销活动具有十分重要的现实意义，主要表现在：

(1) 可以为企业进行国际市场营销决策提供科学依据，及时调整产品结构，淘汰没有市场前途的老产品，推出新产品，加速出口产品的更新换代。

(2) 有利于企业根据产品在不同国家市场所处的不同阶段，调整出口产品的地区结构，将在一国市场处于下降阶段的产品，转移到尚处于上升阶段的另一国家的市场，实际上延长了产品的生命周期，达到长期占领国际市场的目的。

(3) 有利于发展中国家利用国际产品生命周期理论，从发达国家引进对本国仍属先进技术的淘汰产品，充分发挥本国的自然资源和劳动力优势，从而占领国外市场，促进本周期产业结构的调整和提高。

## 三、价格策略

国际市场营销在定价方面，不仅要遵循一般原理，还要充分了解国际市场竞争状况，熟悉国际上通行的价格术语，因而比国内市场定价要复杂。

### （一）影响国际市场营销定价的因素

1. 经营成本。除生产成本外，产品的国际市场营销成本还包括关税和其他税收、国际中间商成本、运输及保险费以及营销业务费等。特别是在定价时，应该考虑三种常用的价格术语：装运港船上交货价格（FOB）、成本加运输价格（C&F）及到岸价格（CIF）。不同术语，其包含的价格水平也各自不同。定价要结合运输费及风险等因素的变化状况，正确选择于己方有利的交货地点和交货条件，并采用相应的价格术语计算价格。

2. 国外法规。关税和非关税壁垒、反倾销法、反托拉斯法、价格控制法、产品安全法等国外法规，对产品定价也有诸多影响。

3. 供求及竞争。目前国际市场基本属于买方市场，竞争激烈，制定国际营销产品价格，必须考虑市场供求及竞争状况。

4. 交货数量。根据成交数量的大小，合理使用价格折扣，使价格更加适应竞争和促销的需要。

5. 交货时间。交货期对定价的影响表现为现货价格与期货价格的差异，比较而言，现货价格要受供求及竞争等因素的影响，因此定价较为复杂且风险较大，企业应特别慎重。

6. 经济周期与通货膨胀。国外市场经济的周期变动，会导致不同产品的价格升降；通货膨胀则会增加产品成本，引起产品价格上升。

7. 汇率变动。国际市场营销活动中使用的计价货币是可以选择的，在实行浮动汇率的情况下，汇率变动使产品价格相对发生变动，极大地影响营销的收益，企业应谨慎选择。

### （二）国际市场营销的定价策略

1. 统一定价策略。指企业的同一产品在国际市场上采用同一价格的策略。这一方式简便易行，但难以适应国际市场的需求差异和竞争变化。

2. 多元定价策略。指国际营销企业对同一产品采取不同价格的策略。采用这一策略时，企业对国外子公司的定价不加干预，各子公司完全根据当地市场情况做出价格决策。这一策略使各个国外分支机构有最大的定价自主权，有利于根据市场情况灵活地参与市场竞争，但易于引起内部同一产品盲目的价格竞争，影响公司的整体形象。

3. 控制定价策略。指国际营销企业对同一产品采取适当控制价格的策略。采用这种策略是为了利用统一定价与多元定价的优点，克服其缺点，对同一产品的定价实行适当控制，既不采用同一价格，也不完全放手由各子公司自主定价，而是对内部竞争做出控制，同时又准许子公司根据市场状况进行灵活定价。

### （三）跨国公司的转移定价

随着全球经济一体化趋势的发展，跨国公司大量涌现，公司集团成员之间的货物转移或调拨日趋活跃，其在整个国际营销中的比重越来越大，从而使货物转移定价问题也成了国际营销中的重要决策问题之一。所谓转移定价，是指跨国公司的母公司与各国子公司之间或各国子公司相互之间转移产品和劳务时所采用的定价方法。转移定价不同于市场价格，在一定程度上不受供求规律制约，而取决于跨国公司全球经营目标，母公司控制定价权，其主要目的是使公司整体利润最大化。

1. 转移定价的目标。跨国公司内部的货物转移定价有以下几种目标：减轻所得税负担、减少关税负担、保证利润和资金顺利返回、规避风险、支持子公司占领当地市场、调整利润分配等。

2. 转移定价的方法。跨国公司在制定转移价格时首先要确定一个基础价格，然后再在基础价格上调高或调低。常见的基础价格是市场价格。

跨国公司在制定转移价格的时候，一定要注意了解各有关国家法规对转移定价的规定。鉴于各国政府对转移定价采取越来越严格的限制措施，企业有必要了解政府这方面的规定，以避免被动。

## 四、渠道策略

### （一）国际分销渠道结构

国际分销渠道是指商品从一个国家的生产者向国外用户或消费者转移时所需经过的流通途径。在长期的国际市场营销活动中，国际市场形成了常见的国际分销渠道。它包括三个环节：一是出口国国内的分销渠道，它由生产者和批发商组成；二是出口国的出口商和进口国的进口商之间的分销渠道；三是进口国国内的分销渠道。由于各国的营销环境不同及各种商品性质不同等方面的因素，各国的生产者可以采用不同的出口方式，选择和使用不同的分销渠道，从而构成了各种类型的国际分销渠道。

### （二）影响分销渠道设计决策的因素

在国际营销中，出口国生产者要对渠道设计进行科学的决策。决策时主要应考虑成本（Cost）、资本（Capital）、控制（Control）、覆盖（Coverage）、特性（Character）和连续性（Continuity）这六大因素，国外营销学者称之为6"C"。

1. 成本。分销渠道中的成本分为两种：一种是开发渠道的投资成本，另一种是维持渠道的连续成本。企业应用最少的分销成本达到预期的销售目标，同时，这一分销成本能最大限度地扩展其他五个"C"的利益。

2. 资本。在国际营销中，如果企业在海外建立自己的分销机构，使用自己的销售力量，通常需要很大的现金投资。如果利用独立中间商，不需要现金投资，也不需要存货形式的资本投资，但有时却需要对他们提供信贷。如果利用代理中间商，企业不需要现金投资，但有时在开始阶段要给予补贴；同时，企业先要提供大批量的存货形式的资本投资。在渠道设计中，就需对上述情况进行比较分析，使企业在此过程中投入的各种资本之和为最低。虽然它不是渠道决策中的决定性因素，但也需足够重视。

3. 控制。企业自己建立分销机构，最有利于对分销渠道的控制。如果利用中间商，随着分销渠道的延长，企业对价格、销售量、促销方式和销售方式等方面的控制会逐渐减弱。所以，企业必须根据产品的类型及自身对渠道控制的愿望，做出国际分销渠道设计决策。

4. 覆盖。这里的覆盖是指企业在国外销售产品的市场区域。对于企业来说，市场覆盖面并非越广越好，主要把握三点：一是这一市场覆盖面中的每一个子市场，能否获取最大可能的销售额；二是这一市场覆盖面能否获得合理的市场占有率；三是这一市场覆盖面能否取得满意的市场渗透。

5. 特性。企业在进行国际分销渠道设计决策时，不仅要考虑企业的总体规模、财力、产品组合、市场营销政策等企业特性，而且要考虑产品生命周期长短、易毁易腐性、单价高低、是否需要安装及提供售后服务等产品特性，同时还要考虑市场集中程度、潜在顾客的数量、顾客的购买习惯和购买频率、销售量大小、竞争品的分销渠道和进口国的市场特性。

6. 连续性。建立一个有效的分销渠道并非易事，因此维持一个良好的分销渠道就特别重要。某些大公司所以要建立本公司控制的国外分销渠道系统，保持连续性是其非常重要的一个原因。企业要想使分销渠道具有连续性，一是要慎重地选择中间商，并采取有效的措施不断加以鼓励，同时在用户或消费者中建立品牌信誉；二是对企业已经利用的中间商不宜轻易更换；三是对那些可能不再经营本企业产品的中间商，企业应预先做出估计，预先安排好潜在的接替者，以保持分销渠道的连续性。

### （三）分销渠道决策

以上我们对 6 "C" 因素分别做出分析和研究，这 6 "C" 因素彼此之间不是分离的，而是有内在的密切联系。企业首先要根据上述各种因素，决定采用何种分销渠道：直接渠道，还是间接渠道；长渠道，还是短渠道。其次决定采用渠道的宽度：是广泛分销，还是独家分销，或选择性分销。企业经过国际分销渠道设计决策，建立起一个合理、有效的国际分销渠道系统，从而更好地为实现企业国际市场营销的目标服务。

## 五、促销策略

国际市场的营销促销，是企业同国外消费者的一种信息沟通行为，它是企业通过传播媒介帮助消费者认识商品或服务所能带来的利益，从而引起消费者的购买欲望，以实现销售的一种活动。国内市场营销促销策略中有人员推销、公共关系、营业推广、广告宣传的策略，很多内容同样适用于国际市场促销。但是由于国际市场营销环境的复杂性，国际市场促销策略的运用比国内市场的促销策略要复杂得多。

### （一）人员促销

在国际市场上，人员促销因其选择性强、灵活性高、能传递复杂信息、有效激发购买欲望、及时反馈信息等优点而成为国际营销中不可或缺的促销手段。然而国际营销中人员促销往往面临费用高、培训难等问题，因此在人员促销方面，应该招聘有潜力的优秀营销人才，严格培训并加以有效的激励促销措施。

1. 营销人员来源。通常有以下几种：

（1）企业的外销人员，其优势是与公司沟通，忠诚度高；

（2）母公司所在国移居国外的人员，其优势是懂得两国的语言和文字；

（3）国外当地人员，其优势是在当地有一定社会关系，且熟悉目标市场的政治经济和社会文化。

2. 推销人员的选拔。推销人员可以从母国企业中选拔，但一般以招聘东道国人才作为主要来源。因为当地人对本国的风俗习惯、消费行为和商业惯例更加了解，与当地政府、工商界人士、消费者或潜在客户有着各种各样的联系。但是，在海外市场招聘当地推销员会受到当地市场人才结构和推销人员的社会地位的限制，在某些国家或地区要寻找合格的推销人选并非易事。

3. 营销人员培训。对营销人员的培训集中在适应性和技能性两个方面：

（1）要使营销人员熟悉当地的社会、政治、经济、法律，特别是要适应当地的文化，包括价值观、审美观、生活方式、宗教信仰、商业习惯等；

（2）要使营销人员熟悉营销的技能和技巧，提高其市场营销的能力。

4. 营销人员激励。除对营销人员进行精神激励外，在物质上采用以下激励方式：固定薪金加奖励；佣金制；固定薪金与佣金混合制。

### （二）公共关系

公共关系是一项长期性的促销活动，其效果也只有在一个很长的时期内才能得以实际的反映，但不管怎样讲，在国际营销中，它仍是一个不可轻视的促销方式，甚至已成为影响企业开展国际营销成败的重要因素。企业声誉是企业最重要的无形财富，开展国际市场公共关系的目的之一就是要提高企业的国际声誉，从而带来产品声誉的提高。

其主要形式有举行记者招待会、公开专业讨论会、组织技术交流会、参加商业或学术团体、赞助福利事业和邀请顾客参观访问、资助体育事业等。这种方式消费者较信任，能了解企业，但只能起到间接的作用。在国际市场营销中，公共关系应特别重视以下工作：

1. 与当地政府保持良好关系，争取当地政府的支持和帮助

在与东道国的所有公共关系中，与其政府关系可能是最重要的，因为如果没有当地政府的支持，国际企业很难进入该国市场，它对海外投资、进口产品的态度，往往直接决定着国际企业在该国市场的前途。企业要通过公共关系加强与东道国政府官员的联系，了解其意图，懂得其法律，以求得企业经营活动的长期发展。

2. 多开展公益活动，利用各种媒介加强有利的信息传播

如为公用事业捐款，扶持残疾人事业，赞助文化、教育、卫生、环保事业等，扩大社会交往、不断调整企业行为，以获得当地政府和社会公众的信任与好感，树立为当地社会与经济发展积极作贡献的形象。

3. 建立多条沟通渠道，收集各阶层公众对企业的意见，及时消除相互间的误解和矛盾

### （三）营业推广

营业推广主要是针对国际目标市场上一定时期为了某种目标而采取的短期的特殊的推销方法和措施。在国际营销中，营业推广的手段非常丰富，一般包括如下基

本内容:

(1) 直接刺激消费者购买的营业推广,如样品、奖券、赠品等。

(2) 改进中间商推销效率的营业推广,如购货折扣、广告津贴、经销竞争等。

(3) 鼓励推销人员的营业推广,如推销奖金、参与分红等。这种方式易于激发顾客的兴趣,能改变顾客的消费习惯。其不足是受条件限制,有时会引起顾客的怀疑而产生顾虑。

(4) 利用国际博览会、交易会、巡回展览、贸易代表团等方式,把企业的产品推向国际市场。这些活动往往因为有政府的参与而增强了其促销力量,事实上,许多国家政府或半官方机构往往以此作为推动本国产品出口、开拓国际市场的重要方式。

企业在国际市场上采用营业推广这一促销手段时,除了要考虑市场供求和产品性质、消费者的购买动机和购买习惯、产品在国际市场上的生命周期以外,还应注意不同国家或地区对营业推广的限制、经销商的合作态度、当地市场经济文化水平以及竞争程度等因素的影响。

### (四) 国际广告

国际广告是指企业以广告的名义支付一定费用以购买国外媒体,向广大国外用户介绍企业产品或服务的一种促销方式。国际营销企业的产品进入国际市场初期,广告通常是促销的先导,它宣传面广、形象生动、节省人力、可帮助产品实现预期定位,也有助于国际营销企业的形象。

1. 广告限制因素

在国际市场上进行广告活动,有许多限制因素。常见的有:

(1) 政府法律限制。不同国家对商业广告制定有种种法律和法规,对广告的支付、媒体的使用、广告的产品、广告的内容等加以限制。如限制香烟做广告等。

(2) 媒体限制。不同国家或地区的政府对广告媒介的限制以及各国、各地区文化教育水平、广告媒介普及率的高低,直接影响到可供选择与使用的媒介的广告效果。如有些国家规定电视台每天播放广告的时间。

(3) 文化限制。不同国家的居民有自己的价值准则和审美观、宗教信仰,须认真进行分析,使广告真正符合当地消费者的需求动机及文化背景。例如,不同的文化对颜色代表的意义就不一样:在中国,白色常与死亡有关,在日本,白色却代表纯洁;对数字也有不同的解释:香港人忌讳"4",特别喜欢"6、8、9"三个数字,而西方人不喜欢"13"这个数字。

(4) 语言限制。语言文字对国际广告的沟通效果构成很大障碍。有些国家文盲率高,使得书面文字沟通受到限制,必须利用广播或电视;有些国家同时流行几种文字或语言,翻译几种不同文字,困难比较大,甚至会完全破坏广告的效果。例如美国福特汽车公司曾经为发展中国家推出一种低成本的卡车,这个牌子翻译成当地语言为"跑不动"的意思,因此这种卡车销量很低,可见语言文字在广告方面有着重要的作用。

(5) 广告代理商的限制。即可能在当地缺乏有资格的广告商的帮助。

2. 广告标准化及差异化

广告标准化是指在不同的目标市场对同一产品进行统一的广告,这种选择突出了国际市场基本需求的一致性,节约广告费用,但针对性不强。广告差异化则充分考虑到国际市场需求的差异性,使同一产品在不同目标市场进行不同的广告,针对性强,但广告成本较高。

3. 广告管理

国际广告管理方式主要有以下三种:集中管理、分散管理、集中管理与分散管理相结合。集中管理有利于总公司控制成本;分散管理使广告决策权分散到国外各子公司,有利于开展差异化广告促销;集中管理与分散管理相结合就是根据目标市场的具体情况,分别采取集中或分散的管理方式。

（五）国际促销的特殊形式

由于国际市场营销的特殊性,企业在国际营销时还必须争取本国政府的支持。各个国家的政府都努力帮助本国企业开拓国际市场,其驻外使馆一般都为本国企业提供一般性的当地市场信息,国家领导人出访时往往有庞大的贸易代表团随行,经济贸易关系已经成为当今双边关系的一个重要内容。另外,许多政府部门经常主办一系列国际巡回展览,向世界各国的消费者介绍企业情况和产品信息,以促进本国商品的出口。

企业应该积极影响政府制定有利于本国企业开拓国际市场的外交和经济贸易政策,充分利用这些机会,把产品和企业推向国际市场,最终使企业成长为国际性的大企业。

【小贴士】

### 如何处理环境与自身资源和能力的关系

到了20世纪80年代后期,人们发现,随着市场竞争的加剧以及科学技术日新月异的发展,企业外部的环境正经历着前所未有的巨变。以外部环境为导向的战略模式面临着如何在长期水平上保持连续性的挑战。同时,人们也意识到,相对于外部环境的急剧变化,企业所拥有的资源和能力往往具有相对的稳定性,所以,对企业资源和能力的充分认识,为制定更长远的企业战略提供了可能性。就是说,与其使战略的重心仅仅局限于外在的变化,倒不如更多地思考企业的资源和能力允许企业去干什么,以及这种资源和能力在新的环境下如何更有效地发挥作用,依次打造自己的核心竞争力。

【阅读与思考】

### 海尔是这样挤进美国市场的

2001年以来,青岛海尔总部不断接到从大洋彼岸——美国海尔生产中心传来的好消息:世界上最著名的连锁店——沃尔玛又新进两种小型电冰箱和两种小型冷柜,并同美国海尔签订了购买10万台冰箱的合同。海尔在美国是最受欢迎的产品——学生宿舍和办公场所使用的小型电冰箱,今年市场占有率可望由原来的

25%上升到40%。海尔冷柜市场前景看好,已在美国同类型号中占据了三分之一的市场。海尔的窗式空调机也具有广阔的市场空间。该产品已占美国市场的3%,今年的销售量可望翻番。

"看似平常最崎岖,成如容易却艰辛"。海尔在美国的成功并非一蹴而就,而是脚踏实地、锐意创新、扎扎实实奋斗的结果。

**1. "先易后难"战略:标志着海尔人执著踏实的作风**

不少人谈到海尔国际化之路时,都津津乐道于海尔的"先难后易"战略,即海尔闯荡世界,先出口到发达国家,到要求最严格的市场创出牌子,然后再以高屋建瓴之势打开发展中国家市场。但是从海尔进入美国市场的发展路线来看,海尔却是采用了务实的"先易后难"战略,通过循序渐进、稳打稳扎,逐步拓展美国市场。

海尔是从1995年开始向美国出口冰箱的。起初是以OEM方式(即它出口到美国的产品都以美国公司的品牌销售),然后才开始打自己的品牌。而在美国设立"海尔美国贸易有限责任公司"和投资建立"海尔美国生产中心"则是在5年之后,这时海尔已积累了较多的有关美国市场的知识。张瑞敏不止一次强调,国际化的海尔是有原则的,那就是"先有市场后有工厂"。在海外设厂,首先要开发当地市场,使品牌出口达到在当地设厂的盈亏平衡点,即"市场的竞争力是海外建厂的前提"。海尔进入美国时就认真调查、测算过,在美国建一个冰箱厂盈亏平衡点的产量是30万台,而海尔1998年出口美国的冰箱已达到40多万台,远远超过盈亏平衡点。

海尔在美国经销也是一波三折。1999年打入沃尔玛时,人家根本不认,怎么也挤不进去。海尔就采取"迂回战术",在沃尔玛周围设点专卖。一些好奇的美国人买回家去觉得挺好用,就到沃尔玛问,有没有海尔?一回两回,沃尔玛的经理很纳闷,就主动同海尔商量合作代销。结果销路一下子就打开了。如今,海尔已闯进美国前五大连锁店。

海尔在地理位置上的销售发展也是采取传统的"先近后远"的做法。1995年7月海尔在香港成立贸易公司;1996年6月海尔在印尼成立莎保罗有限公司;1997年6月海尔在菲律宾成立海尔-LGK电器有限公司;同年8月,在马来西亚组建海尔工业(亚细亚)有限公司。

按张瑞敏的说法,以上的投资都是海尔为进入美国市场练兵。尤其是菲律宾,也是说英语的国家,受美国的文化影响较深,在菲律宾积累的经验许多可用于美国。除了进入方式以外,海尔的产品战略和投资方式也是"先易后难"。从产品种类来看,海尔有56个系列9200多个产品。一窝蜂涌入显然不可能,于是他们先选择竞争最强的产品——电冰箱当尖兵,先打入美国市场,站住脚跟后,其他产品再跟进,实行多元化发展。这样算起来,总的交易成本比较低。目前在小型冰箱上,海尔已牢牢站稳了脚跟,接下来便是扩大战果:销售和生产海尔的其他电器和电子产品。海尔在曼哈顿的总部大楼第四层近4 000平方英尺的展厅,已开始展示和推销海尔洗衣机、冷柜、大容量电冰箱、纯平电视和其他海尔产品。海尔在美国的冰箱工厂周围还留有足够的地皮供未来进一步建厂生产海尔空调、海尔洗衣机、海尔电视机用。

**2. "三位一体"经营模式:标志着海尔本土化战略的成功实施**

1999年4月30日,在美国南卡罗莱纳州中部的坎姆登市(Camden),海尔投资3 000万美元创办的海尔生产中心举行了奠基仪式。一年多以后，第一台带有"美国制造"标签的海尔冰箱从擦亮的生产线流下来，海尔从此开始了在美国制造冰箱的历史。海尔成为中国第一家在美国制造和销售产品的公司。连同先前在洛杉矶设立的设计中心和在纽约设立的贸易公司，美国海尔形成了"三位一体化"（即设计、生产、营销）的本土化经营模式。韩国的一位家电老板在参观了海尔美国工厂后，感慨地对张瑞敏说："我们韩国的家电企业都很佩服你，我们也想去美国，但从来没人敢在美国建厂，成本太高，风险太大。"

的确，在美国设厂，劳动力成本是中国的10倍，产品技术、人员素质、企业管理、关税等各方面的压力张瑞敏不是不知道。但他还是坚定不移地走着"三位一体化"的道路。"我们在美国设厂本身就是自讨苦吃，只有这样才能真正提高我们的国际竞争力，你不去大海行驶，你就永远不知道风浪的险恶。"

当然，自讨苦吃不等于盲目冒进。张瑞敏说，海尔去美国绝对不是冒险。如果单从劳动力成本上看，可能不合算。但中国加入WTO以后，进入美国就不仅是一个劳动力成本的问题、而是非关税进入成本的问题。那时候消费者对产品技术要求会更高，如果技术和管理跟不上，就是零关税也进入不了。在充分估算风险的同时，他认为，进美国毕竟有成功的可能，但如果不进美国，就连一次机会都没有。

事实证明了张瑞敏的高瞻远瞩！美国能源部去年就提出进入美国的冰箱要达到美国2001年的能耗标准；今年又在原能耗值的基础上，对冰箱的制冷剂进行限制，提出了2003年的能耗新标准。由于海尔在美国设计、在美国设厂，这一问题很快就得到了妥善解决。海尔也由此成为美国能够生产A级节能冰箱的两家企业之一。与此相反，不少国际著名冰箱制造商由于难以达到美国能源部制定的苛刻要求，只能望"订单"兴叹。

美国政府在整个美国采购，其中有一项就是家电，采购额非常大。美国政府采购有一条非常严格的要求，就是不管产品是什么品牌、是哪个国家的，其产品必须是美国生产制造的，否则一律免谈。因为美国政府采购用的是纳税人的钱，这样做是为了解决本国的就业问题。由于海尔有投标资格，再加上产品很过硬，从而一举中标。

再如，海尔在美国销售的产品大多不是海尔原有的产品，而是专门针对美国市场设计和生产的，目前在美国市场上占有率高达90%以上的海尔酒柜就是其中的一例。美国市场各类饮品消费很高，海尔美国洛杉矶设计中心的技术人员从中看到了商机：啤酒要冰镇才好喝。那么葡萄酒、白酒呢？什么条件下这些酒冰镇的口感最好、营养最佳呢？他们迅速投入研制、开发。去年7月，该产品投放市场，凭借其体贴入微的功能、雍容典雅的外观，一炮打响，成为包括B&B在内的美国各大商场争相经销的家电产品。该产品从构思、设计到投放市场，只相隔了不到一年时间。好饮的美国人惊喜万分地发现，葡萄酒原来可以这么喝。纽约华尔街股票经纪人戴恩先生这样描述他的感觉："原汁原味的葡萄酒让我每一个毛孔都张开。细腻婉转的甜蜜回味无穷，就像啤酒只喝冰镇的一样，我现在再也不喝未经海尔酒柜冷藏过的酒，无论是什么名酒。"

张瑞敏认为，美国海尔实现本土化的方向和目标是能够在当地融资。无论是海尔的洛杉矶设计中心，还是纽约的海尔贸易公司，即或是南卡罗莱纳州的生产中心，其人力资源管理完全实施本土化战略。海尔美国贸易公司是海尔同美国家电公司的合资企业,其总裁迈克尔·杰马原是美国家电公司的前执行副总裁,在企业中拥有独立的自主管理权,海尔在这家公司要做的主要是制定经营战略。在美国的生产中心虽然是海尔的独资企业,但其主要管理人员和200多名普通员工绝大部分都是美国人。

**3. 美国有条"海尔路":标志着海尔文化已深深扎根**

以一个中国公司的名字命名美国的道路,无论是对中国还是对美国,都是一个具有历史意义的事件。2000年4月5日,海尔路命名揭牌仪式在坎姆登市隆重举行。这是美国唯一一条以中国企业名称命名的道路。南卡罗莱纳州参议院特地举行隆重仪式欢迎张瑞敏的到来并祝贺海尔路揭牌。坎姆登市市长还向张瑞敏授予该市金钥匙和荣誉市民称号。坎姆登市市长玛丽女士说:"正值当地一些大企业大幅度裁员之际,海尔却在高速发展,非常令人赞赏。快速发展的海尔,不仅为当地政府增加了税收,更重要的是为当地居民创造了可观的就业机会。"张瑞敏事后在接受当地新闻媒体采访时说:"海尔路的命名标志着海尔及其产品已经得到当地人民和政府的肯定。海尔在美国和其他国家建厂,不仅要生产销售产品,还要使海尔文化,尤其是中国文化与当地文化融合在一起,这样,它才有持久旺盛的生命力和强劲的发展潜力。"

对海尔文化的感受,海尔生产中心的美国员工们有着深切的体会。起初他们都认为海尔管理太严:要求统一着装、工作时间不许听音乐、厂区内不得吸烟等。况且,美国当地其他国家来此投资的工厂也无类似规定。如今一年多过去了,美国员工已完全接受了海尔文化。班前会制度、6S优秀典型讲评、评选优秀海尔员工活动等等,让美国人感到既新奇又有活力。尤其让他们感动的是,海尔还给了他们一个家的温暖:每当员工过生日,管理人员总会送上鲜花和贺卡;有的员工表现突出,他家人的照片会被挂到车间的墙上;哪位员工生病了,管理人员就会带礼物去看望他。这种在美国企业缺少的温情,让美国员工感到了东方文化特有的人情味,它打破不同民族、语言的屏障,融入美国员工的心中。

凯文是一个魁梧的黑人领班,对了解海尔文化有着浓厚的兴趣。如今,他能熟练地给员工讲解"迅速反应,马上行动"的海尔作风,"东方亮了,西方再亮"的资本运营观,"用户永远是对的"的服务观,"一流的产品是一流的人干出来的"的质量观,"只有淡季的思想,没有淡季的市场"的市场观,"市场唯一不变的法则是永远在变"等海尔文化精髓。由于工作努力、表现突出,他多次获得表扬,去年还同其他两位员工一起,被评为首期美国海尔优秀员工。

海尔有个工作制度叫"日毕日清",即任何业务活动如果当日能完成绝不拖至第二天,特别是在与海外经销商的联系上,即使是英国与中国有六七个小时的时差也是如此。海尔的美国经销商由衷地赞叹:"海尔是讲效率的"。海尔美国经销商有个硬性任务,就是每半年向海尔总部交上一份市场报告,除了对美国市场进行分析外,还要提出针对美国市场需要开发的新产品的建议。用海尔的话来说,就是要"先有市场,再有产品"。海尔的这些做法尽管使美国经销商的工作任务加重、压力加大,但美国经销商却感到非常高兴,因为他们认为,管理如此科学、严谨的公司,前景一定很好!

**4. "MADE IN USA":标志着海尔品牌的树立**

以前,在美国的许多商店、超市经常可以见到像耐克运动鞋、迪斯尼玩具等知名产品,被冠以"MADE IN USA"的标识。而今,人们可以在世界最著名的连锁超市沃尔玛中买到中国海尔制造的冰箱、洗衣机、冰柜等家电产品。而且，这些产品无一例外地都打上"MADE IN USA"的字样。在纽约一家最大的商店里，海尔的产品堂堂正正地打着自己的品牌。左边就是美国最大的电器公司——通用电器的产品，两个产品摆放在一起，价格一分不差；而右边的韩国产品，价格却比海尔低了20%。

海尔之所以能在美国打响品牌，原因正如海尔美国公司总裁迈克尔·杰马所说的那样："其他外国制造商在美国总是希望通过价格来赢得市场份额，而海尔则努力用创新的、有完善服务的、有特色附加值的、有营销支持的产品来赢得市场。"

在美国，海尔产品实行星级一条龙制度，售后服务相当完善。如所有的技术人员必须接受培训，有的还要到中国青岛海尔总部参加培训，领取"上岗证书"后才能到用户家中安装、调试和维修。至今，美国已有数百名持证上岗的技术人员。在美国市场上，海尔空调的保修期在同类商品中是最长的。在华盛顿等大城市中心闹市区还可以看到海尔树立的一块块巨大的广告牌——1-888-76HAIER。这是海尔在美国推出的免费服务电话。海尔美国贸易公司的售后服务电话已覆盖全美。

海尔要做的是有国际竞争力的国际品牌运营商，创国际名牌是海尔的重要目标。因此，宣传海尔品牌是海尔在美国的一项重要任务。近年来，海尔在美国的宣传力度不断加大：将海尔最新的DVD与美国家喻户晓的明星麦克尔·乔丹联系在一起的宣传片已开始在美国电视的黄金时段播放。在美国主要机场，人们用的手推车上都已钉上"Hair"的商标。洛杉矶、纽约的大街上，不时可以在车站、广告牌上看到海尔的宣传标语。海尔产品每年都要在美国参加四次以上的大型国际展览会。在美国发行量很大的报纸、杂志上，也经常会看到海尔的宣传。如2001年3月，专为美国市场设计的海尔酒柜就登上了在美国家电行业影响最大的杂志《AM》（《家电制造商》）的封面；近年来，美国著名杂志《TWICE》则刊载有关海尔的文章已有10多篇，最近该杂志又披露，海尔冰箱与GE、惠尔浦等世界名牌一起成为美国最畅销产品。

随着海尔品牌在美国的打响，一家窥视已久的世界著名跨国公司主动找上门来，提出了许多极为优厚的条件，目的只有一个，就是要海尔挂他们的品牌，张瑞敏断然拒绝了。这家公司便威胁说，你不跟我合作，我就跟别人合作，那时第一个目标就是你。张瑞敏笑了笑，引用了美国前总统富兰克林的一句话："我们唯一害怕的就是我们自己"，"我们现在不害怕自己，我们能战胜自己，我们也不害怕你们。你能创一个国际名牌，我们同样也可以创一个国际名牌"。

（资料来源：中国营销传播网）

思考：
1. 海尔是怎样成功挤进美国市场的？
2. 本案例体现了国际市场营销的哪些特点？

# 习 题

## 一、名词解释

1. 经济周期
2. 贸易壁垒
3. 社会文化环境
4. 转移定价
5. 营业推广
6. 国际广告

## 二、单项选择题

1. 以下哪个不是国际市场营销的特点？（　　）
   A. 国际市场的风险大　　　　　　　B. 竞争的激烈性
   C. 市场结构的复杂性　　　　　　　D. 高收益性

2. 以下哪种类型经济结构的国家市场机会最为有限？（　　）
   A. 原料输出型　　　　　　　　　　B. 传统经济型
   C. 工业化型　　　　　　　　　　　D. 工业发达型

3. 直接出口策略的主要缺点是（　　）。
   A. 投资大、风险多、费用高　　　　B. 获得的利润少
   C. 企业无法掌握对国际营销活动的控制权　　D. 有可能为自己创造竞争对手

4. 对企业生产上要求规模经济且市场需求具有同质性的产品，在国际市场营销中往往采用（　　）。
   A. 产品调整策略　　　　　　　　　B. 产品扩展策略
   C. 产品延伸策略　　　　　　　　　D. 产品创新策略

5. 国际营销企业通过母公司与子公司、子公司与子公司之间转移产品时确定某种内部转移价格，以实现全球利益最大化的策略就是（　　）。
   A. 统一定价策略　　　　　　　　　B. 多元定价策略
   C. 控制定价策略　　　　　　　　　D. 转移定价策略

6. 以下哪一个不是影响国际营销定价的因素？（　　）
   A. 成本　　　　　　　　　　　　　B. 竞争
   C. 汇率变动　　　　　　　　　　　D. 中间商的资信条件

## 三、思考题

1. 开展国际市场营销的意义有哪些？
2. 国际市场营销的宏观环境包括哪些内容？
3. 国际市场营销产品策略的主要内容如何？各种策略的优缺点是什么？
4. 国际营销的定价策略主要有哪几种？

## 四、案例分析

### Windows 正变得越来越便宜，还是越来越贵？

最简短的答案为：都不是。大概来讲，微软的产品价格多年来保持不变。

但深入的答案要更复杂些。其中涉及很多因素，比如其他 PC 部件的成本，Windows 是否随机捆绑销售等等。

微软总经理 Brad Brooks 认为，Windows 是一件便宜货。他的理由是，这种操作系统的功能越来越多，但价格保持不变。

Brooks 说："如果你将它的成本和 PC 的使用寿命相比，你就会计算出，它的成本比你家庭同

期花在牛奶上的钱还要低。"

现在，Windows Vista 在商店中销售已有一个多月了，因此，检查一下它的库存情况，从价值的角度上讲很有意义。

除了有更便宜的感觉外，Windows 中的东西也前所未有地多。Vista 的一些程序用户原来是要额外付钱才能获得的。它的反间谍软件、语音识别软件、Virtual PC 虚拟机软件，全部都是免费提供的。

并且，微软一直将价格保持稳定，而通货膨胀使得 Windows 的价格实际上是在降低。举个例，1998 年，升级到 Windows 98 的费用是 109 美元，但是，按照联邦储备局 2007 年公布的通货膨胀值来计算，这笔成本为 137 美元。目前，升级到 Vista 家用版的价格为 99 美元。

另外，由于其他电脑部件价格已经降低，Windows 在一台 PC 当中所占据的成本已经提高。例如，根据 NPD 集团的数字，1998 年，一台典型的台式电脑的成本在 1100 美元左右，现在只有 650 美元。

NPD 分析师 Stephen Baker 认为，PC 其他部件价格的跌幅超过 Windows 的事实并不意味着购买这种操作系统不划算。

Baker 说："Windows 的成本似乎在上升，尤其是与 PC 的总体成本以及其他 PC 部件相比时更是如此，但这种上升只是表面的。就像硬件，我们需要考虑升级到一个新的操作系统所需要的硬件成本增加值。"

过去十年，Windows 已经整合了许多功能，像刻录音乐 CD、制作电影、录制电视节目、编辑相片等等。这些功能应用并不是单独提供的，而是捆绑在各个新的 Windows 当中。

Baker 说："和计算硬件的成本相比，计算这些要困难得多，但我认为，操作系统的价值是提高了。"

但微软并没有拱手奉上全部的价值。微软推出了一些价格比较高的个人用户操作系统，比如 Windows XP 媒体中心版、Windows Vista 家用高级版以及 Windows Vista 最终版本。因此，虽然入门级别的操作系统价格保持稳定，但用户要获得更多功能版本的操作系统，他们得花更多的钱。

微软公司一名分析师 Michael Cherry 指出，很多人实际上并没有感觉他们为 Vista 付了钱，因为 Vista 是随机捆绑销售的。

Cherry 说："你不可能不选择操作系统。"（戴尔的 N 系列电脑中，有三种是没有操作系统的，但如果用户想要安装操作系统，Windows 并不在可选之列。）

这意味着，很大程度上，消费者对 Windows 价格的感受是受整个电脑的总体价格影响的。只要电脑的整体价格仍然在下降，用户很可能会忘记电脑内部的部件成本实际上是在降低。

另外，值得指出的一个事实是，和用户相比，电脑制造商们买到的 Windows 拷贝价格要低得多。

Current Analysis 公司的研究主任 Samir Bhavnani 说："从个人用户的角度上讲，与两年前相比，他们获得折扣更大了。"

然而，Vista 似乎在更高端的电脑上才能工作得更好。Vista 可能会驱动 PC 平均价格的提高，或者至少阻止它的价格下滑。去年第四季度，和之前的季度相比，500 美元以下的笔记本电脑销量正在增长。今年 2 月，随着 Vista 的上市，500 美元电脑销量开始急剧下降。

Bhavnani 认为，没有很多的用户觉得 Windows 太贵。他说，如果一种新汽车多年来保持一样的价格，马力又在不断增加，那么它也不算很昂贵。

NPD 的分析师 Chris Swenson 说，越来越多的人将开始注意到，Windows 的价格当中包括了全部升级以及反盗版的机制成本。

需要注意的是，很多人实际上去商店购买的是升级版本。NPD 的统计显示，到目前为止，盒装 Vista 的销售量远远比不上 Windows XP 的初期销量。

Cherry 预计，大部分人将购买和 Windows XP 版本对应的 Vista，但一部分人会去购买更高级的版本，这些人会付更多的钱。比如，Vista 最终版，其升级版的价格为 259 美元，完全版为 399

美元。

Cherry 说:"这很贵。"

分析讨论:
1. 你认为微软对于 Windows 系统是如何定价的?
2. 你认为 Windows 未来的发展趋势是什么?

## 实训应用

【实训项目】
企业面临的国际市场营销环境分析。

【实训目的】
培养学生树立国际市场的意识,提高学生对国际市场营销活动的分析能力和开展国际市场营销活动的实际操作能力。

【实训指导】
1. 学生对收集到的资料进行分析,写出书面分析意见。
2. 教师除对学生收集的书面分析进行评阅外,还可以组织交流,选择某些较好的分析报告要求学生进行讲评。

【实训组织】
1. 组织学生参观当地一到三家合资企业,了解该企业的国际市场营销的特点、方法以及国际市场营销策略。
2. 将全班分为若干组,每组 6~8 人,每组成员进行合理分工,两名成员负责实地调研、现场记录,两名成员负责资料收集、策划方案,其余同学完成报告,形成 PPT。
3. 作业提交后,选择 2~4 份优秀报告在班级内进行展示、交流。

【实训考核】(百分制)
1. 实训准备工作(10 分)。
2. 实训的组织、分配、管理等过程(20 分)。
3. 实训成果汇报及其提交(45 分)。
4. 项目团队成员间的团队合作精神(15 分)。
5. 学生互评,教师点评(10 分)。

模块四

# 市场营销组合策略

# 项目九 制定产品策略

 **任务描述**

任何企业都必须用适销对路的产品来满足目标市场顾客的需求。产品决策是企业市场营销组合中的首要决策，包括整体产品概念、产品组合策略、产品生命周期策略、新产品开发策略、品牌与包装策略等一系列的产品决策是企业整个市场营销战略的基石，对企业市场营销活动的成功开展有着至关重要的作用。

 **任务目标**

**知识目标**
1. 理解新产品的含义、产品生命周期的概念、产品组合的相关概念。
2. 明确生命周期各阶段的市场特征及营销策略。
3. 熟悉新产品开发程序，掌握品牌与包装策略。

**能力目标**
1. 为企业设计合理、科学的整体产品及其产品组合，并为处于不同生命周期的企业产品制定针对性的营销策略。
2. 能为企业新产品开发进行策划，并能运用相关知识进行品牌营销运作。

 **任务导入**

收集一家企业的资料，指出某一产品整体概念所包含的内容，画出其产品组合图。

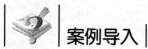

### 海尔品牌背后是创新

2004年年初，世界品牌实验室评出"世界最具影响力的100个品牌"，海尔成为国内唯一入选的品牌，实现了中国自主品牌零的突破。对海尔而言，这是一个新的起点；对海尔员工而言，这是心心相印、共同创新的结果。

海尔的员工说："从汉字结构来看，名牌是一个口，是自己创造出来的；品牌是三个口，三人成众，三口为品，那需要大家心通才成。"

尽管十几年过去了，但许多海尔人仍记得当年225冰箱的研发情景。225冰箱是第一个整套外观使用注塑材料的冰箱，是海尔自主开发的首套塑料模具的首个成果。为了这套模具，技术人员日夜忙碌，每天睡不了几小时，终于在很短时间内研制成功，使海尔冰箱的外观上了一个台阶。像225冰箱一样，在海尔，创新的故事还有很多：小小神童洗衣机的诞生、17小时完成迈克冷柜样机、拜访老师产生的"空调器换气装置"、由一位新妈妈建议而来的能洗"奶瓶"的洗碗机……海尔创新涉及范围广泛，大大小小不计其数。从当初的6S（整理、整顿、清扫、清洁、素养、安全）促使员工成绩分享、失误互帮，到眼下正在进行的SBU（策略、事业、单位）流程再造，海尔的每名员工都以一个自负盈亏的创新主体对市场负责，对海尔品牌负责。

2004年5月，在巴黎举行的第95届法国列宾国际发明展览会上，由中国海尔集团推出的世界第四种洗衣机——"双动力"洗衣机，在GE、西门子、惠尔浦等世界知名品牌的参展产品中脱颖而出，一举夺得了唯一的国际发明金奖，开创了中国家电产品获此奖项的先河。海尔人说，"双动力"只是海尔诸多自主发明专利中的一件。海尔彩电以3A高清为技术主导的数字流媒体播放系统、海尔P7彩屏笔形照相手机、海尔变频冰箱、自动挡滚筒洗衣机、"防电墙"热水器、"臭氧消毒"洗碗机……海尔自主发明的专利已达249项，是国内专利申请数量最多的家电企业。

小河涓涓终于成就大河澎湃。海尔在自主创新、提升企业国际竞争力的过程中，终于能参与国家和国际标准的建设制定。截至2004年，海尔集团累计参与了86项中国国家标准的制定、修订，两项标准已进入国际标准提案：一个是电热水器的防电墙技术，国际标准审查要通过五步，现在已经通过了四步；再一个就是洗衣机的双动力技术。全世界的洗衣机一共是三类：亚洲波轮式，欧洲滚筒式和美国搅拌式。现在，第四种方式就是中国海尔的双动力。

中国标准化协会一位官员说："专利技术的升华就是标准，双动力式洗衣机标准的诞生，就是这样一个过程，创新技术成功转化为畅销产品，从量到规模再到格局，迅速的产业化扩张成就了世界第四种洗衣机标准。"一些业内人士则称，专利影响的只是一个或若干个企业，标准影响的却是一个行业，甚至是一个国家的竞争力。海尔"双动力"入围国际标准，不但将推动洗衣机产业向更高层次发展，还标志着中国企业在全球制造产业链中的地位正在提升，"中国制造"正在变为"中国创造"。

问题引入：
1. 列出你所熟悉的海尔集团产品系列名称。
2. 海尔提升企业国际竞争力的主要原因是什么？

# 任务1　产品整体概念

## 一、产品及产品整体概念

在现代市场营销学中，产品概念具有极其宽广的外延和深刻的内涵。产品是指能够通过交换满足消费者或用户某一需求和欲望的任何有形物品和无形服务。

菲利普·科特勒等营销学者认为，五个层次的表述方式能够更深刻和更准确地表述产品概念的含义。

1. 核心产品。核心产品是指向顾客提供的产品的基本效益或利益，从根本上说，每一种产品实质上都是为解决问题而提供的服务。

【小贴士】

> 企业一定要清楚顾客真正要买的是什么。比如，人们购买空调机不是为了获取装有某些电器零部件的物体，而是为了在炎热的夏季，满足凉爽、舒适的需求；汽车也并非是一堆钢铁，而是交通代步工具。任何产品都必须具有反映顾客核心需求的基本效益或利益。

2. 形式产品。形式产品是指核心产品借以实现的形式，由五个特征构成，即品质、式样、特征、商标及包装。产品的基本效用必须通过特定的形式才能实现，市场营销人员应努力寻求更加完善的外在形式以满足顾客的需要。

3. 期望产品。期望产品是指顾客在购买该产品时期望得到的与产品密切相关的一整套属性和条件。比如，旅馆的客人期望得到清洁的床位、浴巾、衣帽等服务。

4. 延伸产品。延伸产品是指顾客购买形式产品和期望产品时，附带获得的各种利益的总和，包括产品说明书、保证、安装、维修、送货、技术培训等。

【相关链接】

> 美国著名营销专家李维特说："未来竞争的关键不在于工厂能生产什么产品，而在于该产品提供的附加价值：安装、维修、用户咨询、购买信贷、及时交货和人们以价值来衡量的一切东西。"

【阅读材料】

### 小天鹅12345服务承诺

> 无锡小天鹅股份有限公司一直以来坚持做到"12345"的服务规则，即一双鞋：工作人员上门服务自带专用鞋；两块布：一块垫机布、一块擦机布；三句话：进门服务第一句话："我是小天鹅服务员，前来为您服务"，第二句话："非常感谢您对小天鹅的信任"，最后一句话："今后有问题，随时听候您的召唤"；四不准：不准顶撞用户，不准吃喝用户，不拿用户礼品，不准乱收费；五大件：免费保修三年。

5. 潜在产品。潜在产品是指现有产品包括所有附加产品在内的、可能发展成为未来最终产品的潜在状态的产品。潜在产品指出了现有产品的可能的演变趋势和前景。

产品整体概念的五个层次（图9-1），十分清晰地体现了以顾客为中心的现代营销观念。这一概念的外延和内涵都是由消费者的需求来决定的。可以说，产品整体概念是建立在"需求＝产品"这样一个等式的基础之上的。消费者所追求的是整体产品，企业所提供的也必须是整体产品。

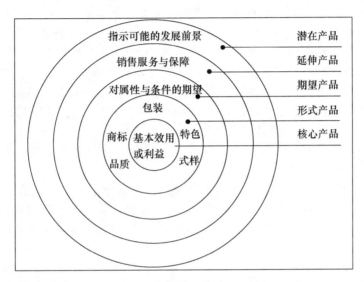

图9-1　整体产品概念的五个层次

## 二、产品整体概念的意义

（1）产品整体概念体现了以顾客为中心的现代营销观念。

（2）产品整体概念为企业开发适合消费者需要的有形与无形产品、挖掘新的市场机会提供了新的思路。

（3）产品整体概念为企业的产品差异化提供了新的线索。

（4）产品整体概念要求企业重视各种售后服务。

【阅读与思考】

### 奔驰汽车的"全面"产品观点

德国"奔驰"汽车在国内外的买主中一直享有良好的声誉，它是世界许多国家元首和知名人士的重要交通工具及接待用的专车。即使在经济危机的年代，奔驰车仍能"吉星高照"，在激烈的国际竞争中求得生存和发展，成为世界汽车工业中的佼佼者。在大量日本车冲击西欧市场的情况下，奔驰车不仅仅顶住了日本车的压力，而且还增加了对日本车的出口。尽管一辆奔驰车的价钱可以买两辆日本车，但奔驰车却始终能在日本市场保住一块地盘。

奔驰公司之所以能取得这样的成就，重要的一点在于它充分认识到公司提供给顾客的产品,不只是一个交通工具——汽车本身,还应包括汽车的质量、造型、维修服务等,即要以自己的产品整体来满足顾客的全面要求。

于是,公司千方百计地使产品质量首屈一指,并以此作为取胜的首要目标。为此,建立了一支技术熟练的员工队伍,对产品和部件进行严格的质量检查制度,产品的构想、设计、研制、试验、生产直至维修都突出质量标准。

奔驰汽车公司还能大胆而科学地创新。车型不断变换,新的工艺技术不断应用到生产上。现在该公司的车辆从一般小轿车到大型载重汽车共160种,计3700个型号,以创新求发展已成为公司上下的一句流行口号。

奔驰汽车还有一个完整而方便的服务网。这个服务网包括两个系统:一是推销服务网,分布在的国各大中城市。在推销处,人们可以看到各种车辆的图样,了解到汽车的性能特点。在订购时,顾客还可以提出自己的要求,如车辆颜色、空调设备、音响设备、乃至保险式车门钥匙等。第二个系统是维修站,奔驰公司非常重视这方面的服务工作。公司在德国有1244个维修站,工作人员5.6万人。在公路上平均不到25公里就可以找到一家奔驰车维修站。在国外171个国家和地区奔驰公司设有3800个服务站。维修人员技术熟练,态度热情,车辆检修速度快!

奔驰车一般每行驶7500公里需换机油一次,每行驶1.5万公里需检修一次。这些服务项目都能在当天办妥。在换机油时,如发现某个零件有损耗,维修站还会主动联系车主征求是否更换的意见。如果车子意外地在途中发生故障,开车人只要向就近的维修站打个电话,维修站就会派人来修理或把车拉回去修理。

奔驰的销售人员都经过良好的训练,接待顾客时,穿着整齐,出落大方;对顾客态度客气,服务愉快迅速;同时在销售活动中,尊重顾客的社会风俗习惯,努力造成一种满足顾客的印象。

质量、创新、服务等虽然并不是什么秘密,但在生产经营的产品与质量、创新、服务等有机结合上,各企业却有所差异。奔驰公司正是杰出地树立、贯彻全面产品的观念,才使自己成为世界汽车工业中的一颗明星。

思考:奔驰汽车如何贯彻"全面"产品的观念?

# 任务2 产品组合决策

## 一、产品组合及其相关概念

1. 产品组合、产品线及产品项目。产品组合是指企业全部产品线和产品项目的组合或结构,即企业的业务经营范围。产品线是指产品组合中的某一产品大类,是一组密切相关的产品。产品项目是衡量产品组合各种变量的一个基本单位,指产品线内不同的品种以及同一品种不同品牌。例如,某商场经营家电、百货、鞋帽、文教用品等,这就是产品组合;而其中"家电"、"文教用品"等大类就是产品线;每一大类里包括的具体品牌、品种为产品项目。

2. 产品组合的宽度、长度、深度和关联度。产品组合包括 4 个衡量变量：宽度、长度、深度和关联度。产品组合的宽度是指产品组合中所拥有的产品线的数目。如表 9-1 所显示的产品组合的宽度为 4。产品组合的长度是指产品组合中产品项目总数。如以产品项目总数除以产品线数目即可得到产品线的平均长度。如表 9-1 所示产品组合总长度为 18，每条产品线的平均长度为 18/4 = 4.5。产品组合的深度是指产品项目中每一品牌所含不同花色、规格、质量的产品数目的多少，如中华牌牙膏有 3 种规格和 3 种配方，其深度就是 9。通过统计每一品牌的不同花色、规格、质量的产品的总数目，除以品牌总数，即为企业产品组合的平均深度。产品组合关联度是指各产品线的产品在最终用途、生产条件、销售渠道或其他方面相互关系的紧密程度。如表 9-1 所示，海尔集团拥有电冰箱和洗衣机等多条生产线，每条生产线都与电有关，这一产品组合具有较强的相关性。

表 9-1　产品组合的长度（海尔集团部分产品）

| 电冰箱 | 洗衣机 | 空调机 | 彩　电 |
| --- | --- | --- | --- |
| 冰王子 | 神童五 | 小元帅 | 探路者 |
| 大王子 | 丽　达 | 金元帅 | 超薄 |
| 双王子 | 小神功 | 小超人 | 液晶 |
| 帅王子 | 小丽人 | 小状元 | 等离子 |
|  | 小神童 | 小公主 |  |

【阅读与调研】

### 耐克产品组合创新分析

NIKE 公司的产品组合，其最大的创新就是空前的产品多样化。有许多人甚至认为，NIKE 产品的多样化，正是公司销售利润的主要来源。以下分别以其产品组合之深度、广度和长度探讨其产品组合创新之处。

1. **产品组合之深度的创新**

NIKE 产品组合的深度是同业之冠。单就球鞋推出新款的速度来说，NIKE 平均每年都推出 400 双以上新款的篮球鞋，而这些新款几乎占了全美每年新款篮球鞋总数的一半！而随时走进 NIKE 的专卖店你都能尽情挑选的篮球鞋类就包含至少 100 多款。再加上 NIKE 最近又积极抢攻女性市场，所以许多球鞋都会一款做两种鞋底，一种以男性的脚板为底，另一种则是女性的，所以无论男女，都可以轻易地找到适合自己的鞋子；另外，如果是比较热门的鞋款的话，NIKE 也会同时制造一模一样的缩小版，也就是童鞋的部分，甚至还有婴儿鞋的纪念版。由此可见 NIKE 的产品深度，真可谓是同业之中最大的突破了。

2. **产品组合之广度的创新**

关于 NIKE 产品组合的广度这个部分，虽然仅仅将其产品线分为五类，但其实若将其产品仔细分门别类的话，相信光是配件这一类，我们就能把每一项都独立出来。由此可见，NIKE 产品组合的广度是有相当规模的。另外，文具类的部分也使NIKE与其他运动品牌有了历史性的分别,事实上,到目前为止,除了NIKE之外,完全没有任何同业跨足文具用品市场。夸张的是,NIKE文具用品在此市场一推出已有了不小的占有率,这些由运动鞋延伸出来所谓的"周边商品",相信不管在数量或是质量上,相较于同业,都是不可思议的创新。

### 3. 产品组合之长度的创新

最后,在NIKE产品组合的长度部分,不说大家也知道,超过3 000种以上的产品,相信在同业之中是无人能比的。《品牌周刊》(Brandweek)的调查显示,每10双卖出的运动鞋中,有8双根本就不是买来运动用的。不过,也许因为NIKE的强力洗脑,我们一直深信,如果要在运动场上表现出色,就一定需要最新最炫的运动鞋。或许就是因为这样的市场需求,让NIKE连续几十年都荷包满满,并将它推上当今行销之王的宝座。而这一切的一切,都必须归功于NIKE过人的产品组合长度,毕竟是它们让消费者有了更多选择的权力,所以,相应地,消费者也以惊人的购买力回馈了NIKE公司。

调研:阅读上述材料,并进入市场调研耐克产品的产品组合,画出耐克产品的部分产品组合图。

## 二、优化产品组合的分析

产品组合状况直接关系到企业销售额和利润水平,企业必须对现行产品组合做出系统的分析和评价,并决定是否加强或剔除某些产品线或产品项目。优化产品组合的过程,通常是分析、评价和调整现行产品组合的过程。优化产品组合包括两个重要步骤。

1. 产品线销售额和利润分析。产品线销售额和利润分析主要是指分析、评价现行产品线上不同产品项目所提供的销售额和利润水平。

【讨论】分析图9-2中企业的产品项目,如果需要调整,应怎样调整才有利于企业的整体竞争实力的提高?

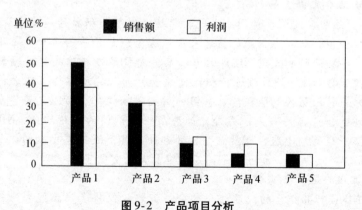

图9-2 产品项目分析

2. 产品项目市场地位分析。产品项目市场地位分析是指将产品线中各产品项目与竞争者的同类产品做对比分析,全面衡量各产品项目的市场地位。

【阅读与思考】

A家具公司的一条产品线是沙发,顾客对沙发最重视的两个属性是价格和功能。价格分别为高、中、低三个档次;功能分别为单功能(只能坐)、双功能(即能坐又能睡)、三功能(坐、睡和代替箱子)。A公司有B、C两个竞争者,B公司生产两种沙发:高、中档的单功能沙发;C公司也生产两种沙发:低档的双功能和三功能沙发。A公司根据市场竞争情况,权衡利弊,决定生产三种沙发:高档的双功能、中档的双功能和三功能沙发。如图9-3所示:

图9-3 产品项目市场地位分析

思考:A公司生产三种沙发的可能原因是什么?

## 三、产品组合策略

企业产品组合策略是指企业根据目标市场的需要和企业的经济实力,对产品的宽度、长度、深度和关联度进行不同的结合的策略。尽管产品组合的宽度、长度、深度和关联度与企业的销售量和利润大小不存在必然的比例关系,但是,一个企业为了获得最大的销售额和利润,满足目标市场中不同消费者的需求,确定一个最佳的产品组合是非常必要的。企业在制定产品组合的决策时,根据不同的情况和目标市场的不同特点,可以选择如下几种策略。

### (一)扩大产品组合策略

所谓扩大产品组合策略,就是拓展产品组合的宽度或深度。即企业在原有产品线的基础上,再增加一条或几条产品线,扩大产品经营范围,或是在原有产品项目的基础上增加新的产品项目,生产经营更多的产品,以满足市场的需求。

扩大产品组合策略是在充分的市场调查的基础上,对市场前景进行预测后做出的相应的决策。当企业预测现有的产品项目的销售额和利润在未来的一段时间内有可能下降时,就应该考虑现有产品组合中增加新的项目,或加强其中有市场潜力的产品项目。新增加的产品线与原产品线可以相关,也可毫不相关。如某专业经营黄金首饰的公司,为了适应市场需求,新增了铂金首饰项目和珠宝首饰产品线。前者是相关项目,后者是不相关的拓展产品线。当企业打算增加产品特色,或为更多的细分市场提供产品时,可选择在原有产品线内增加新的产品项目。

1. 扩大产品组合。扩大产品组合对企业经营有如下作用：

（1）能够综合利用企业的各项资源，降低成本，增强产品竞争能力。

（2）能够减少季节性变化和市场需求的变化对企业经营造成的影响，增强企业经营的稳定性。

（3）能够充分利用商业信誉和商标，完善产品系列，最大限度地增加企业的销售额和利润，提高企业的市场营销效率。

（4）有利于满足顾客多方面的需求，扩大生产和经营规模，进入和占领多个细分市场。

2. 扩大产品组合的方式。扩大产品组合的方式可归纳为如下三种：

（1）平行扩大法。即企业在生产设备、技术力量和流动资金允许的范围内充分发挥企业潜能，向专业化方向扩展，在原有产品线的基础上增加产品项目，在产品线层次上平行延伸。

（2）系列扩大法。即企业增加产品线，同时也增加产品项目，在产品的宽度和深度两个方向上同时扩展，向产品的多规格、多类型、多款式、多花色方面发展，增强生产经营的灵活性。

（3）综合利用扩大法。即生产企业生产与原有产品系列不相关的异类产品，通常与综合利用原材料、处理积压产品等结合进行。如某宝石批发企业在长期的业务中，遗留下一批规格不整的宝石半成品，为了处理这些半成品，他们将这些半成品镶嵌后再批发，从而增加了成品批发业务。

**（二）缩减产品组合策略**

所谓缩减产品组合，就是降低产品组合的宽度和深度，即在原有的产品组合中取消若干个产品线或产品项目，集中力量生产或经营一个或少数几个产品项目，提高专业化水平，力图从生产经营较少的产品中获得较多的利润。产品组合的缩减是在市场需求趋于饱和、价格竞争激烈的条件下，主动让出产品组合中低利产品的市场份额，集中企业的优势资源，力争从经营较少的产品项目中获得较多的长期利润。如在近几年的珠宝市场中，钻石消费占珠宝市场的主体，一些企业主动减少或放弃销量较少的珍珠、低档宝石等产品项目的经营业务，重点从事钻石首饰的营销。

企业在一定的市场条件下，采取减少产品组合策略是十分必要的。首先，它可以让企业集中技术资源改造保留的产品线，降低生产成本，提高产品的市场竞争能力；其次，能够减少资金占用，加快资金周转；第三，有利于生产的专业化，以及企业在某一特定市场赢得利益和信誉；第四，可以使产品组合的配置更加合理、完善，以谋求企业在市场上的长期利益。

缩减产品组合，一般可以采用以下几种方式：

（1）削减产品线。即根据市场发展的变化，减少经营的产品线，集中企业的优势资源，生产经营少数几个有市场潜力的产品系列，并力争在市场竞争中取得主导地位，弥补因减少产品线给企业带来的利润损失，在所经营的产品线中创造更大的利润。

（2）减少产品项目。即减少产品系列内的不同品种、规格、款式的生产和经营，淘汰低利产品，尽量经营销路好、利润高的产品。

### (三) 产品延伸策略

产品延伸策略也称高档产品与低档产品策略。任何企业的产品都有其特定的市场定位，所谓产品延伸策略，是指全部或部分地改变企业原有产品的市场定位，将企业现有产品大类延长的一种策略。具体来说有三种做法。

1. 向上延伸。向上延伸是指原来企业产品的市场定位是生产经营低档产品，后来决定增加高档产品，即高档产品策略，就是在产品组合的某一条产品线中增加新的高档、高价的产品项目，以提高企业现有产品的市场声望。这样既可提高企业原有产品的销售量，又可以使企业的产品逐步转入高档产品市场，从而谋求企业的长远利益。

企业在做出产品向上延伸决策时主要基于以下原因：

(1) 高档产品畅销，销售增长较快，利润率较高。

(2) 企业管理层通过市场调查认为，高档产品市场上的竞争对手较弱，易于被击败。

(3) 企业想使自己成为生产种类全面的企业。

当然，采用产品向上延伸策略，企业也要承担一定的风险，这些风险主要有：

(1) 可能引起生产高档产品的竞争者进入低档产品市场进行反攻。

(2) 未来的顾客可能不相信企业能生产高档产品，需要高额的促销费用。

(3) 企业的销售代理商和经销商可能没有能力经营高档产品，企业需要培训和物色新的代理商和经销商。

2. 向下延伸。向下延伸是指原来企业产品的市场定位是生产经营高档产品，后来决定增加低档产品，即低档产品策略，就是在原来产品组合的高档产品线中增加廉价的产品项目。低档产品策略的目的是要充分利用高档名牌产品的声誉，吸引买不起高档产品的消费者购买高档产品线中的廉价产品。这样既满足了消费者各种不同的需求，又增加了企业的销售额。

企业在做出产品向下延伸决策时，主要基于以下原因：

(1) 企业发展其高档产品增长缓慢，为维持营销，占领和开拓市场，将产品线扩展，增加中低档产品项目。

(2) 企业的高档产品受到激烈的市场竞争的冲击，因此不得不用侵入低档产品市场的方式来反击竞争者。

(3) 企业当初进入高档产品市场是为了建立其企业形象，当达到目的后再向下延伸。

(4) 企业增加低档产品是为了填补空隙，抑制竞争者进入中低档产品市场同企业抗衡。

企业在实施向下延伸决策时，也会遇到下列一些危险：

(1) 企业原来生产高档产品，增加低档产品后，可能使名牌产品的形象受到影响，从而影响到整个企业的产品销售。

(2) 增加低档产品项目后，可能会刺激原来生产经营低档产品的企业向高档产品市场发起反攻，企业的经销商也可能不愿意经销低档产品，因为低档产品获利较少。

**【阅读材料】**

### 品牌延伸不是万能的，即使是玫瑰也有刺儿

向下延伸费用低廉，操作简单，但企业承担的风险却比向上延伸要大得多。根据调查，在消费者对有关于品牌的信息接收方面，不利信息要比有利信息快得多。向下延伸可能会使消费者对品牌原来的高档地位做出否定，进而损害企业的品牌形象，影响企业的长远利益，在这方面有很多企业走过弯路。如美国的派克笔，一直以价高质优著称，是上层人士身份的象征。后来为抢占中低档笔市场，派克品牌向下延伸，推出了价格低廉的平民派克笔，生产每支仅3美元的低档笔，结果不但没有顺利打入低档平民笔市场，反而使其高贵的品牌形象受到损伤，高档笔市场的份额也开始萎缩。究其原因可以发现：派克笔高贵的品质品牌形象被延伸产品平民笔稀释了不少。派克顾客需要的是原汁原味的高端品牌。

这类教训给那些热衷于向下延伸的企业提了个醒：向下延伸虽然有可能一时提高企业的市场占有率，但新的低档产品可能会破坏品牌原来的形象，蚕食掉更高档的产品。

3. 双向延伸。双向延伸是指原定位于中档产品的企业掌握了市场优势以后，决定向产品的上、下两个方向延伸，一方面增加高档产品，另一方面增加低档产品，把产品项目扩大到高、中、低三个档次。

在现代市场经济条件下，企业的产品线具有不断延伸的趋势，但是，一家企业所能达到的最大产品线的长度并不一定是其产品线的最佳长度。产品线并非越长越好，关键是要做切实有效的市场调查，不能盲目地实施产品延伸策略。

### （四）产品差异化策略

产品差异化策略又称产品异样化或产品差别化策略，是指企业为了使自己的产品有别于竞争者的产品而突出产品的一种或数种特性，形成明显差异，以增强产品吸引力的一种方法。一般来说，企业控制市场的程度取决于它们使自己的产品差异化的程度。随着人们的需求日趋复杂化和多样化，在价格基本相同的情况下，消费者不仅要依据产品的质量，还要依据产品的特点采取购买行动。企业对那些与其他产品存在差异的产品拥有绝对的垄断权，其产品具有较大的吸引力，从而导致消费者的偏好和忠诚，形成竞争优势。因此，产品差异化策略对于企业的市场营销活动具有重要意义。就目前中国珠宝市场来说，绝大多数企业经营的都是同质化产品，在目前激烈的市场竞争条件下，突出产品的差异化，对于企业营销、参与市场竞争是一种十分重要的营销策略。

产品差异化的内容主要有两个方面：

（1）整体产品差异化。指对整体产品的五个层次以及每个层次的每一个因素都实行差异。

（2）市场营销组合因素的差异化。又称产品外在因素的差异化，即在定价、分销渠道和促销策略等方面突出特色，寻求差异化。

### （五）产品定位策略

所谓产品定位策略，就是企业根据消费者对产品某种属性的偏好及其偏好程度，

给产品确定一定的市场范围，即企业在市场上为自己的产品树立一个特定的形象，使之与竞争者的产品表现出不同的特色。由于企业在产品上市之前给它确定了一定的市场定位，只要这个定位是准确的，那么就能够使产品针对消费者的需求有的放矢，极大地增加了市场实现的机会。如台湾专门营销低档宝石首饰的品牌——石头记，其市场定位就是大众消费者。因此，在其企业文化中引入了家喻户晓的《红楼梦》关于通灵宝玉的传说，在真石与美之间大做文章，使其产品被众多消费者认同和接受。

产品定位分为新产品定位和产品重新定位两种情况：新产品定位常常是先预测市场上的消费者需求，然后再针对这个需求来设计和定位这个新产品的特色，使之适应定位于市场；产品重新定位是指产品经过一段时间的销售以后，市场需求发生了变化，因而需要给产品重新确定市场形象。

产品定位必须在对市场做充分调查、研究的基础上进行，要综合考虑目标市场的经济环境、人文地理环境和目标顾客的消费心理和消费行为等因素，同时还要注意：

（1）产品定位要分析竞争产品状况，尽量做出避免竞争的定位，以达到最佳的利益。

（2）产品定位要充分调查消费者的需求状况，以增加产品定位的准确性。

（3）在进行产品定位时，心理定位也十分重要，要考虑通过广告宣传引导消费的可能性，通过广告宣传手段影响消费者对产品的态度。

【阅读与思考】

## 标新立异，七喜汽水升上第三

七喜是美国汽水的品牌，现在属于百事可乐公司，但它初创时，却是独立于百事可乐的，而且还与百事可乐等美国饮料展开过一场又一场的饮料大战。

相对于可口可乐和百事可乐来说，七喜完全是一个后起的"小弟弟"，所以，要与这两位老大哥以及美国其他饮料进行竞争，唯一的做法就是标新立异。七喜深知这一点，所以，它几次有效的"进攻"都是围绕着"标新"和"立异"进行的。

七喜的第一次最有效的进攻是1968年。这一年，七喜汽水公司将其生产的柠檬饮料与莱姆饮料定义为"非可乐"饮料，从而从美国的可乐型饮料主流中撕开了一个突破的缺口。

将饮料定义成可乐和非可乐也许是七喜的首创。它之所以这样提出来，是想在概念上做文章，无端创造出一种新的消费观念来为它的汽水打开销路。按照它的分法，可口可乐是可乐型饮料的代表，而七喜汽水则是非可乐型饮料的代表。如此一来，七喜一下子就达到与可口可乐齐名的程度了。

这一招果然有效，七喜提出这样划分的第一年，七喜汽水的市场占有率就达到15%，以后的销量则不断上升，终于成为美国非可乐饮料的第一品牌。到后来，由于七喜汽水的广告宣传策略没有紧跟上形势，其发展势头慢了下来。在激烈的市场竞争中，始终斗不过"两乐"，但与同属非可乐饮料的佩珀饮料却不相上下，两者交替坐美国饮料第三把交椅的位置。

　　七喜公司的老板自然很不甘心维持这种局面，总想把自己的名次再提高上去。1980年，七喜公司的负责人魏茨曼在翻阅《消费者导报》时看到一篇文章，其中说道，美国民众日益关心咖啡因的摄取量问题，有66%的成人希望能减少或完全消除食品中的咖啡因含量。看到这里，他自信已经找到了反击的武器了。他立即布置公司的研究人员去调查"两乐"中的咖啡因含量。研究人员给他的答复更增加了他的信心：12盎司的可口可乐含有34毫克的咖啡因，而同量的百事可乐则含37毫克。而作为非可乐饮料，七喜汽水的咖啡因含量则为零。七喜汽水毫不犹豫地发动了无"咖啡因"战役。它投入4 500万美元，掀起了一场声势浩大的广告攻势！向消费者大声疾呼："你不是不愿意你的孩子喝咖啡吗？那么为什么还要给孩子喝与咖啡含有等量咖啡因的可乐呢？给他非可乐，不含咖啡因的饮料——七喜！"

　　接着，它又请出赫赫有名的球星麦格罗出现在屏幕上现身说法，在这一广告中，多种饮料排列在一起，其中有可口可乐、百事可乐、七喜等，麦格罗先问大家哪一种饮料不含咖啡因，然后，他指着不同的品牌说："不是这种，不是这种，也不是这种。"最后，七喜汽水出现在屏幕上，麦格罗喊道："就是这一种！七喜汽水不含咖啡因，将来也不含咖啡因。"七喜的进攻非常有效，它说到了人们的心坎上了，所以，它的销量节节上升，很快就从第四把交椅上升到第三。

　　七喜咄咄逼人的进攻使惯于颐指气使的"两乐"也不敢小视，为了进行反击，百事可乐在6个月后不得不推出不含咖啡因的清凉百事可乐，可口可乐也随之跟进，推出多种不含咖啡因的改良品牌进行竞争。

　　七喜汽水通过标新立异，把自己明确地定位为"非可乐"饮料，这是它的首创，也把它区别于"两乐"，从而成功地为自己开辟出一个属于自己的全新的市场。

（资料来源：黄景清. 100个令你拍案叫绝的营销案例【M】. 北京：中华联合工商出版社，2004.）

思考：
1. 七喜汽水是如何进行定位的？
2. 七喜如何从"两乐"的垄断中争得消费者？

# 任务3　产品生命周期解析

## 一、产品生命周期的概念

　　产品生命周期是指产品从进入市场开始到被市场淘汰为止的全过程。产品生命周期可分为引入期、成长期、成熟期和衰退期四个阶段。

　　产品生命周期也就是产品的市场寿命，它的产生是由消费者的购买差异决定的。由于消费者的心理状态、社会经验等的差异，在接受新产品上就会出现较大的差别，这些差别造成了产品在不同时期销售量的不同。一般来说，人们在接受新产品的时间上可分为五种类型：第一，创新者。是一批较喜欢接受新鲜事物、尝试新产品的人。这部分购买者占全部消费者的3%左右。第二,早期采纳者。这部分人也比较喜欢接受新鲜事物,但有一定的鉴定能力,要等新产品投放市场后几天再说。这部分购买者约占全部消费者的14%左右。第三,早期多数者。这部分人比较慎重,只有在别人取得使用经验的基础上才肯采用,因此,他们常征询早期采纳者的意见。这部分人约占消费者总数的35%。第四,晚期使用者。这部分人不主动采用新产品,直到大多数人的意见证实了产品的效用,即在产品出名后才使用。这部分人约占全部消费者总数的35%。第五,落后者。这部分人反应较慢,往往以传统的眼光看问题,因此,要等到产品成为"传统产品"时才购买。这部分人约占全部消费者的13%左右。这样,由于不同类型的购买者在不同时期购买新产品和停止使用老产品,从而决定了产品销售的周期性变化。

【小贴士】

### 产品的使用寿命不同于产品的市场寿命

*产品的使用寿命是指产品投入使用到损坏报废所经历的时间,是由产品的自然属性和使用频率决定的。而产品的市场寿命是由销售量和获利能力决定的,它与商品本身使用寿命的长短无关。有些产品的使用寿命很短,其市场寿命却很长,例如火柴;有的商品则使用寿命较长,但市场寿命却很短,例如流行服饰。*

产品生命周期的长短是由多种因素决定的,凡是决定某种产品销售量和获利能力的因素,都是决定该产品生命周期长短的因素。其中主要取决于技术进步、市场竞争、政府干预、需求变化和产品特点。由于这些因素在不同国家和地区是不同的,因而同一产品在不同的国家和地区,其生命周期可能处在不同的阶段。

产品生命周期各阶段的划分是以销售额和利润额为标志的。在产品投放市场的不同阶段,其销售额和利润额各不相同。一般来说,在投放市场的初期,销售额较低,以后逐步增长;达到一定高度后销售额又会下降。根据销售额的差别,产品的生命周期可以分为四个阶段,即投入期、成长期、成熟期、衰退期(图9-4)。

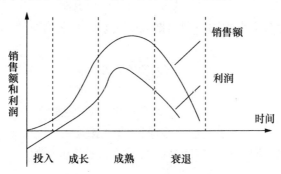

图9-4 企业产品生命周期

上述曲线只是一种典型化的描述,由于产品在市场上的销售情况受多种因素的制约,因而出现了多种不规则的变化。如图9-5所示:

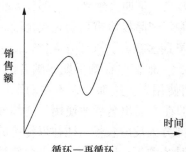
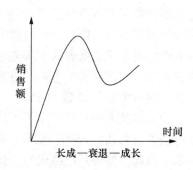
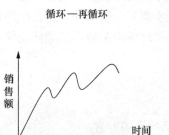
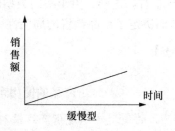

图 9-5　产品生命周期

思考：请描述时尚产品的生命周期曲线。

对于企业来说，认识产品在生命周期中所处的阶段，以便看准时间，制定适当的营销策略，是十分重要的。其中各阶段转折点的确定，更是一项至关重要的问题。常用的确定方法有：

1. 以销售增长率来判别。销售增长率 = $(Y_2 - Y_1)/Y_1 \times 100\%$

其中，$Y_2$ 是计划年的实际销售量；$Y_1$ 是上一年的实际销售量。

$$\text{销售增长率}\begin{cases} <10\%，投入期 \\ >10\%，成长期 \\ -100\% \sim 10\%，成熟期 \\ >-10\%，衰退期 \end{cases}$$

2. 以产品的普及率来判别。即根据人口或家庭的平均普及率来判断。该方法主要适用于耐用品。

$$\text{产品普及率}\begin{cases} <5\%，投入期 \\ 5\% \sim 50\%，成长期 \\ 50\% \sim 90\%，成熟期 \\ >90\%，衰退期 \end{cases}$$

3. 类比判断法。即比较类似产品的发展情况来分析判断。

思考：手表、机械手表与"上海"牌机械表，请问谁的生命更长？

## 二、产品生命周期各阶段的特点及营销策略

### （一）投入期的特点与营销策略

投入期的特点一般有：消费者对产品不了解，产品销售量少，单位产品成本高；

尚未建立最理想的营销渠道以及高效率的分配模式；价格决策难以确立，广告费用和其他营销费用开支较大；产品技术、性能还不够完善；利润较小，甚至为负利润。

投入期市场营销策略一般有四种可供选择，如图9-6所示：

图9-6 投入期可选择的市场策略

1. 快速掠取策略。就是利用高促销费用、高价格，以求迅速扩大销售量，加强市场渗透和扩张，迅速收回产品成本。其具体做法是：制定较高的价格，使用大量的资金进行广泛的广告宣传，以求消费者尽快了解并接受新产品。

快速掠取策略适用于下列市场条件：

（1）大部分潜在顾客不了解新产品，需要开展大规模的广告促销宣传。

（2）该产品潜在的竞争威胁强大，产品的科技含量不高，竞争对手很容易模仿，为了尽早树立品牌，稳定销售，也需要开展大规模的宣传。

（3）该产品的价格需求弹性不大，有制定较高价格的可能。

2. 缓慢掠取策略。就是给产品制定较高的价格，但只花费少量的资金做适当的广告宣传。例如，某种首饰加工新设备的问世，由于其本身属于高科技产品，不容易让竞争对手模仿，市场容量也比较有限，不适宜做大量的广告宣传，只需印制一些宣传册邮寄给首饰加工商即可。

这种策略适用的市场条件为：

（1）大部分潜在的消费者已经通过其他各种信息渠道了解到新产品的资料，因此，不必做大规模的广告宣传。

（2）该产品的市场容量相对有限，因此不必做大规模的广告宣传。

（3）该产品潜在的竞争威胁不大，也没必要做大规模的广告宣传。

（4）该产品的需求弹性不大，有制定较高价格的前提条件。

3. 快速渗透策略。就是给产品制定较低的价格，花费大量资金做大规模的广告宣传，以迅速取得最大的市场占有率，着眼于利润的长期获得。

快速渗透策略适用的市场条件是：

（1）潜在消费者对产品不了解，但该产品的价格需求弹性较大，因此，既要大规模地宣传，又要谨慎地制定价格。

（2）市场容量相当大，应当做大规模的推销，以便吸引更多的潜在的消费者来购买。

（3）新产品的成本可因大量销售大批量生产而降低，这为制定低价格提供了条件。

（4）潜在的市场竞争将十分激烈，必须进行大规模的推销。

4. 缓慢渗透策略。就是采用低价格，只花费少量的资金进行推销活动，着眼于长期的最大限度的市场占有率,从低价中获取最大利润。

与这种策略相适应的市场条件是:

(1)市场容量很大,在短时间内不易被消费者接受或短期内市场不会饱和,须着眼于长期策略的实施。如果市场容量在短期内饱和,采用缓慢渗透策略便得不到预期的效果。

(2)购买者对新产品已基本了解,通常只是改进型新产品之类,所以不必进行大规模的推销。

(3)该产品的价格需求弹性较大,高价格容易引起销售量急剧减少。

上述策略主要根据产品在市场投入期的特点,从收益(表现为制定价格)和费用(表现为推销规模的大小)两个方面来考虑,选择与产品特点相符的营销策略。在产品投入期整个策略思想是让消费者尽快接受新产品,因此,除考虑上述两个主要因素外,在市场上还要利用其他一些特别的推销手段:

(1)利用现有畅销产品提携销售。如随同现有的相关产品免费赠送;将新产品与现有产品合并出售,利用现有产品的商标、资料或广告附带宣传新产品;将新老产品合并陈列;等等。

(2)利用特殊手段鼓励消费试用。如在一段时间内向消费者提供免费退换或提供价格优惠等。

(3)利用一定的手段诱使中间商经销。如采取寄售或其他手段,减少中间商进货的风险;给经销商独家经销权;提供合作广告津贴;派人员协助推销;培训经销人员;等等。

**(二)成长期的特点及营销策略**

产品在市场投入期通过成功的营销活动,已被广大消费者和经销商所接受,此时产品的销售增长率会大幅度提高。企业由于产品基本定型,开始了大批量的生产,产品成本随之下降。因此,企业开始盈利且利润逐步上升,在成熟阶段达到最高峰。与此同时,仿制品开始出现,围绕该产品的竞争逐渐激烈。

在产品成长期内,企业营销策略的核心思想是尽可能地延长产品的成长阶段,以能最大限度地提高销量或市场占有率,使产品能在销售最高限度时进入成熟期。这样,便能从该产品的最大销售收入中获得尽可能多的利润。在产品成长期内可采用以下营销策略:

1. 扩展购买新产品的市场。使凡是了解并可能购买的消费者能够方便地购买该产品,尽可能地使该产品的每次销售机会都能实现。

2. 树立名牌,增强信任度。在成长期内,促销策略的重心应从介绍产品、扩大产品的知名度转移到树立品牌形象,主要目标是培养顾客对产品品牌的偏好,创立产品名牌,不断争取新的顾客。

3. 重新评价分销渠道的选择。巩固原有分销渠道,扩展新的分销渠道,以开拓新市场,最大限度地扩大产品销售,采取一切措施加强本企业在分销渠道中的地位。

4. 改良产品品质。根据市场投入期销售时消费者的要求和其他市场信息,不断提高产品质量,努力发展新款式、新规格,增加产品的新用途,提高产品的竞争能力,满足消费者更广泛的需求。

5. 适时调整价格。在大量生产的基础上,产品成本会降低,这时,适时降低价格或采用其他有效的定价策略,会吸引更多的购买者。

在产品成长期内,企业面临高市场占有率和高利润率的抉择。一般来说,实施市场扩张策略会减少短期利润,但能够提高市场占有率。因此,是着眼于短期利润,还是着眼于能带来长期利润的高市场占有率,这是一对矛盾的选择。在当代市场条件下,很多企业都会着眼于能给企业带来长远利益的高市场占有率。

### (三) 成熟期的特点和营销策略

产品经过市场成长期后,销售量在高水平上稳定下来,但增长率会缓慢下降,利润开始缓慢下降,这就标志着产品进入了市场成熟期。进入市场成熟期后,产品的销售量增长缓慢,逐步达到高峰,然后缓慢下降,产品的销售利润也从成长期的最高点开始下降。市场竞争非常激烈,各种品牌、各种款式的同类产品不断出现。菲利普·科特勒根据成熟期产品销售量的变化情况,把市场成熟期又分为三个阶段:

(1) 成长的成熟期。这一时期市场基本饱和,销售增长率和利润率下降,但销量仍呈增长的趋势。

(2) 稳定的成熟期。这个时期市场饱和,销售增长率停滞甚至稍有下降,销售量在高水平上稳定下来。

(3) 衰退的成熟期。这个时期虽然销售量仍比较高,但是销售增长率已明显下降,原有消费者的兴趣已经转向其他替代品。

企业制定产品成熟期营销策略的主要原则是要努力延长这个阶段。同时,由于市场竞争激烈,制定营销策略时要着重于提高市场占有率。具体地说,可采用如下策略:

#### 1. 改良市场策略

所谓改良市场策略,就是不改变产品本身,只是改变产品的用途、推销方法来扩大产品的销售对象,以增加销售量。为达到此目的,可以采用:

(1) 寻找新的细分市场,把产品引入到尚未使用过这种产品的市场,使本产品不断拥有新的购买者,重点是要发现产品的新用途并运用于其他领域,以使产品的成熟期延长。

(2) 对产品进行心理重新定位,寻找新的购买者。

#### 2. 改变产品策略

所谓改变产品策略,就是改变产品的主要属性,向消费者提供新的利益来吸引新的购买者,增加产品的销售量。改变产品策略又称"产品再推出策略",凡是整体产品概念任何一个层次的变化,都可看作产品的再推出。主要做法有:

(1) 改变产品的实体部分(如提高产品质量、调整产品功能、增加新的款式)来向消费者提供新的利益;

(2) 增加产品的附加产品和附加服务,用新的额外利益来吸引顾客。

#### 3. 改良市场营销组合因素

改良市场营销组合因素就是根据产品在成熟期的特点来重新调整定价、分销渠道及促销的组合方式,以延长产品的市场成熟期。市场营销组合因素不是一成不变的,它应该随着企业的内外部环境的变化做出相应的调整。产品进入成熟期后,各种内部条件和外部环境都会发生重大的变化,因而,市场营销组合也要做出相应的调整。一般是通过改变一个或几个因素的组合方式来刺激或扩大消费者的购买,刺

激销售量的回升。例如,产品品质不变,但降低价格,扩大销售渠道,便可以从竞争者那里吸引一部分购买者。改变产品营销组合策略简便易行,但必须注意,在改变策略前要充分调查、分析市场,执行决策时必须迅速、果断。

### (四)衰退期的特点及营销策略

产品在经过成长期和成熟期的高增长和大批量销售之后,由于市场竞争、科技的进步、流行趋势及其他环境因素的变化,原有产品不可避免地进入衰退期,从而诱发出更新的产品问世。

1. 市场衰退期企业面临的问题

(1)销售量从缓慢下降变为急剧下降;
(2)面临着已经形成的大批量的生产能力和迅速缩小的市场需求之间的矛盾;
(3)原有的竞争者大多退出该产品的市场,转向其他市场。

这时,企业的营销策略必须注意两种倾向:一是刚发现进入市场衰退期即退出市场使新旧产品的更替不能连续;二是即使证明该产品已进入衰退期,也迟迟不退出市场,结果造成大量产品积压。这两种倾向都会给企业造成大量的经济损失,所以必须避免。

2. 企业可采取的营销策略

在市场衰退期,虽然市场需求大幅度减少,但由于大部分竞争对手都退出了市场,继续留在市场上的企业反而还能保持一定的销售量,甚至会略有增加。针对这些特点,企业可采取的营销策略有:

(1)连续策略。指按照原来的计划继续生产销售,直到这种产品完全退出市场为止。例如在产品衰退期大型珠宝企业一般会采用连续策略,他们采用这种策略主要是为了满足市场上还有这种需求的消费者,以此吸引更多的客户,而不在于要从这一策略中获利。

(2)集中策略。指企业把资源集中到最有利的细分市场,缩小经营范围,从小范围的经营中获得利润。

(3)榨取策略。指企业继续生产销售,但极力降低推销费用,减少推销人员,逐渐降低本产品的生产量或进货量,使产品缓慢地退出市场。

(4)放弃策略。指对于衰退比较迅速的产品,应当当机立断,放弃经营。

企业在市场营销活动中,要不断地对各种产品线或产品项目的市场占有率情况做出准确的分析,对各种产品的生命周期做出准确的判断,并根据分析、判断结果及时调整产品策略。同时,我们也应该看到,一个企业如果要保持稳定的利润,必须同时生产经营多种处于不同产品生命周期的产品线或产品项目。从这个方面来看,从事新产品开发,不断地向市场推出新产品,对企业的生存和发展来说具有十分重要的意义。

【阅读材料】

### 苹果如何延续 iPod 的生命

《商业周刊》日前刊文指出,苹果经营了近 6 年的 iPod 无疑已经成熟,如何延续iPod的生命是苹果面临的最大挑战。

在2008年第一季度,苹果公司的iPod销量为1060万部,在全球音乐媒体播放器市场占据了73%的份额。然而这一季度iPod的销量仅比去年同期增长了1%,而且其低端产品iPod Shuffle销量迅速下滑。为此,苹果将该系列1G字节的产品价格从79美元下调为49美元,这才抑制了其进一步下滑的势头。

对于某些公司来说,一个成熟的市场以及不断下滑的产品价格将导致公司走向消亡。然而苹果却是个例外,苹果苦心经营了6年的iPod已经培育出了许多新兴的衍生市场,这不能不说是个奇迹。看看苹果是如何延续iPod生命力的。

首先,以iPod为基础的网络音乐业务iTunes Store正源源不断地为公司带来稳定的收入。在第一季度,针对iPod的音乐歌曲以及相关的iPod配件销售收入就达到了8.81亿美元,这一数字比去年同期增长了35%。据咨询机构NPD的估计,苹果是目前美国最大的音乐歌曲销售商,领先于零售巨头沃尔玛。事实上,苹果的音乐歌曲零售业务正处于上升通道,今年该业务收入有望超过媒体巨头华纳音乐集团。

其次,苹果并没有放弃对iPod进行升级换代,不断推出的新产品对相当一部分消费者依然有很大的吸引力。从某种程度上来说,iPhone就是一个变异版的iPod,从一推出,iPhone就风靡全球。现在苹果正将越来越多的重心放在其新产品iPod Touch身上,苹果将其定位为一个便携式互联网接入和移动计算机平台,还集成了音频和视频播放功能。该产品的推出已经帮助苹果iPod在第一季度的销售收入提升了8个百分点,达到了18亿美元,销量提升了1个百分点。消费者对iPhone的需求也超出了预期,但是第一季度的缺货导致了该苹果iPhone销量为170万,离全年1000万部的目标依然有距离。

最后,也是最为重要的,苹果对iPod的投入带动了其计算机业务,虽然这种带动性无法用准确的数字来衡量。在今年第一季度,苹果Macs电脑的销量带动了230万台,比去年同期增长了51%,收入达到了35亿美元,比去年同期增长了54%。无疑,在当前宏观经济如此低迷的环境下,能取得如此业绩,的确很不错。近年来,苹果计算机业务收入增长速度是PC产业的2~3倍,但是今年第一季度其增长率是PC产业的3.5倍。当然,这并不是因为苹果Macs比Windows PC机更便宜、功能更强,分析家称这很大程度上归功于iPad的光环效应。

当然,苹果的零售店铺也是促成Macs电脑获得成功的一个因素,然而,如果该店铺仅销售Macs,没有iPad和iPhone,也不可能在今年第一季度销售出45.8万台电脑。

(资料来源:http://www.enet.com.cn/enews/)

## 任务4 新产品开发决策

### 一、新产品的概念和类型

新产品是指对营销组织者来说,在功能、形态上得到改进或与原有产品有一定差异,并为顾客带来新的利益的产品。新产品可分为四种基本类型。

(1) 全新新产品。指应用新的技术、新的材料研制出的具有全新功能的产品。

(2) 换代产品。指在原有产品的基础上，采用或部分采用新技术、新材料、新工艺研制出来的产品。

(3) 改进产品。指对老产品的性能、结构、功能加以改进，使其与老产品有较显著差别的产品。

(4) 仿制产品。指对国际或国内市场上已经出现的产品进行引进或模仿、研制生产出的产品。

企业新产品开发的实质是推出上述不同内涵与外延的新产品。对大多数公司来说，是改进现有产品而非创新全新产品。企业要得到新产品，并不意味着必须由企业独立完成新产品的创意到生产的全过程。除了自己开发外，企业还可以购买专利、经营特许、联合经营，甚至直接购买现成的新产品。

【阅读与思考】

## "小小神童"显风采

在国内洗衣机市场整体上呈现平淡、低迷时，海尔的"小小神童"洗衣机销售量增长却是一路领先。在其问世仅短短的一年零八个月时，产量便突破了100万台，在国内外都普遍脱销。那么，海尔人是如何创造这一奇迹的呢？

"小小神童"的问世，缘于一封"牢骚"信。一位上海女顾客曾给"海尔"写了一封信，在信中她对市场上现有洗衣机大发一通牢骚。她抱怨说，现有市场上的众多品牌洗衣机，几乎千篇一律都是4 000～6 000元的大容量洗衣机。而一般城市家庭大都是三口之家，平时一家人换下的衣物特别是在夏季，每天就是那么几件衣服，用这种大容量洗衣机吧，耗水、耗电、耗时，总觉得不大划算；而用手搓吧，一是城市节奏越来越快，工作压力越来越大，时间和精力顾不上，二是明明家里摆着一台大洗衣机，用手搓总觉得心有不甘。这位顾客说，顾客总不能把一家人的换洗衣服攒上一个星期，等到5.6kg再一次洗吧。她希望像海尔这样实力雄厚的企业能开发一种适合现代人洗衣频率高、易搬动、不占地方和省水省电节约时间的小洗衣机。这是一个难得的市场信息。这个信号通过海尔洗衣机"每日信息网"传到海尔决策人那里。海尔决策人敏锐地抓住了这一信息，并对市场进行了大量的调查研究，发现城市家庭普遍存在着对洗衣机需求的不满意，有对小型即时洗衣机的共同需求。在对洗衣机市场进行总体细分的基础上，他们明确这是洗衣机市场的一个空白点，是一个很有发展潜力的市场。为此，他们确定这种洗衣机的定位是小容量、即时洗、方便搬运、功能先进。这种洗衣机将天天洗与一周洗分开，成为城市家庭不可缺少的第二台洗衣机，一双袜子，几件内衣，可以随手洗、随手晾。

科研开发的课题确定后，总部抽调了一批在洗衣机开发方面有很深造诣的研究人员，投入了几千万元的开发费用，开始了迷你型洗衣机紧张、有序的研制开发。4个月以后的1996年10月，海尔第一台开创洗衣新风尚的迷你型即时洗洗衣机便问世了。

(资料来源：李乐群，佘高波. 营销策划【M】. 长沙：湖南大学出版社，2005. 有改动)

> 思考：海尔的"小小神童"洗衣机的开发属于新产品的哪种类型？海尔的"小小神童"洗衣机销售量增长为什么能一路领先？

## 二、开发新产品的原因

1. 产品生命周期理论要求企业不断开发新产品。如果企业不开发新产品，则当产品走向衰落时，企业也同样走到了生命周期的终点。相反，企业如能不断开发新产品，就可以在原有产品退出市场舞台时利用新产品占领市场。

2. 消费需求的变化需要不断开发新产品。消费结构的变化加快，消费选择更加多样化，产品生命周期日益缩短。

3. 科学技术的发展推动着企业不断开发新产品。科学技术的迅速发展导致许多高科技新型产品的出现，并加快了产品更新换代的速度。

4. 市场竞争的加剧迫使企业不断开发新产品。只有不断创新，开发新产品，才能在市场上占据领先地位，增强企业的活力。

## 三、新产品开发的程序

为了提高新产品开发的成功率，必须建立科学的新产品开发管理程序。不同行业的生产条件与产品项目不同，管理程序也有所差异，一般企业研制新产品的管理程序如图9-7所示：

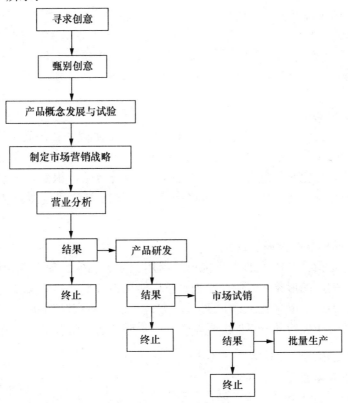

图9-7 新产品开发管理程序

### （一）寻求创意

所谓创意，就是开发新产品的设想。新产品创意的主要来源有顾客、科学家、竞争对手、企业的推销人员和经销商、企业高层管理人员、市场研究公司、广告代理商等。寻求创意的主要方法：

（1）产品属性列举法。指将现有产品的属性一一例举出来，然后讨论，尝试改良每一属性的方法，在此基础上形成新的产品创意。

（2）强行关系法。指先列举若干不同的产品，然后把某一产品与另一产品或几种产品强行联合起来，产生一种新的构思。

（3）多角分析法。这种方法首先将产品的重要因素抽象出来，然后具体地分析每一种属性，再形成新的创意。

（4）聚会激励创新法。指将若干名有见解的专业人员聚合在一起，开讨论会前提出若干问题并给予时间准备，会上畅所欲言，彼此激励，相互启发，提出种种设想和建议，经分析归纳，便可形成新产品的构思。

（5）征集意见法。指产品设计人员通过问卷调查、召开座谈会等方式，了解消费者的需求，征求科技人员的意见，询问技术发明人员、专利代理人、大学或企业的实验室、广告代理商等的意见，并且坚持经常进行，形成制度。

【阅读材料】

#### 地震带来的创意

1995年的阪神大地震，使日本面包商意识到人们对于灌装面包的需要，因为普通面包只能保存几天，但在自然灾害来临时，人们却不断需要新鲜食物。因此，面包商开发了灌装面包，这种面包即使几个月后，仍保持湿性和新鲜。其广告语是"只要您需要，时刻为您准备着。"现在这种面包也为户外活动者和军队所用。

### （二）甄别创意

甄别创意的目的是剔除那些与企业目标或资源不协调的新产品构思。常用的方法是，对通过第一阶段筛选后剩下来的产品构思，利用评分表评出等级。在甄别创意阶段，企业要避免两种过失：一是"误弃"，即公司未认识到该创意的发展潜力而将其放弃；二是"误用"，即公司将一个没有发展前途的创意付诸开发并投放市场。

### （三）产品概念的发展与试验

产品概念是指已经成型的产品构思，即用文字、图像、模型等予以清晰阐述，具有确定特性的产品形象。一个产品创意可以转化为若干个产品概念。

产品概念测试一般采用概念说明书的方式，说明新产品的功能、特性、规格、包装、售价等，印发给部分可能的顾客，有时说明书还可附有图片或模型。

### （四）制定市场营销战略

初拟营销规划包括三个部分：

（1）描述目标市场的规模、结构、消费者的购买行为、产品的市场定位以及短期的销售量、市场占有率、利润率预期等。

（2）概述产品预期价格、分配渠道及第一年的营销预算。

（3）阐述较长期（如5年）的销售额和投资收益率，以及不同时期的市场营销组合策略。

### （五）进行营业分析

在这一阶段，企业市场营销管理者要复查新产品将来的销售额、成本和利润的估计，看看它们是否符合企业的目标。如果符合，就可以进行新产品开发。

### （六）进行产品研发

即商业分析后的新产品概念交送研究开发部门或技术工艺部门研制成为产品模型或样品，同时进行包装的研制和品牌的设计。应进行严格的测试与检查，包括专业人员进行的功能测试和消费者测试。

经过产品开发、试制出来的产品如果符合要求，就可以认为是成功的：

（1）在消费者看来，产品具备了产品概念中所列举的各项主要指标；

（2）在一般用途和正常条件下，可以安全地发挥功能；

（3）能在已定的生产成本预算范围内生产成品。

### （七）进行市场试销

新产品试销应对以下问题做出决策：

（1）试销的地区范围。试销市场应是企业目标市场的缩影。

（2）试销时间。试销时间的长短一般应根据产品的平均重复购买率决定，再购买率高的新产品，试销的时间应当长一些，因为只有重复购买才能真正说明消费者喜欢新产品。

（3）试销中所要取得的资料。一般应了解首次购买（试用率）和重复购买（再购率）情况。

（4）试销所需要的费用开支。

（5）试销的营销策略及试销成功后应进一步采取的战略行动。

### （八）商业化

商业化是指企业的新产品顺利通过市场试销，或者根据市场试销对新产品做了改进，即可购置或租赁设备、原料等，开始新产品的批量生产，全面投放市场。投放市场初期，营销费用很大，利润却很小，在这一阶段的早期，企业必须做以下决策：

（1）何时推出新产品。指企业高层管理者要决定在什么时候将新产品投放市场最适宜。

（2）何地推出新产品。指企业高层管理者要决定在什么地方（某一地区、某些地区、全国市场或国际市场）推出新产品最适宜。

（3）向谁推出新产品。指企业高层管理者要把它的分销和促销目标面向最优秀的顾客群。

（4）如何推出新产品。指企业管理部门要制定开始投放市场的市场营销战略。

## 四、新产品采用与市场扩散

### （一）产品特征与市场扩散

新产品对其本身的市场扩散具有重大影响的特征主要表现在以下几个方面：

（1）新产品的相对优点。新产品相对优点越多，市场接受得就越快。

（2）新产品的适应性。新产品与目标市场的消费习惯以及人们的价值观相吻合就容易被该阶层的人群所接受。

（3）新产品的简易性。产品的结构和使用方法简单易懂，才有利于新产品的推广。

（4）新产品的可传播性。凡信息传播较便捷、易于认知的新产品，其采用速度一般比较快。

### （二）购买行为与市场扩散

1. 消费者采用新产品的程序与市场扩散

美国市场营销学者罗吉斯对人们接受新产品的程序做过大量调查，总结、归纳出消费者接受新产品的规律一般分为以下五个重要阶段：

（1）知晓。获得新产品信息的初始阶段。

（2）兴趣。发生了兴趣，会积极地寻找有关资料，并进行对比分析。

（3）评价。主要权衡采用新产品的边际价值。

（4）试用。通过试用，开始正式评价自己对新产品的认识及购买决策的正确性如何。

（5）接受。通过试用，收到了理想的使用效果，就会放弃原有的产品形式，完全接受新产品，并开始正式购买、重复购买。

2. 新产品的市场扩散过程

新产品在同一目标市场的扩散过程规律是：开始仅被极少数消费者接受，然后逐步再被多数消费者接受。不同类型的消费者接受的时间顺序是：逐新者→早期采用者→中期消费群→晚期消费群→落伍消费群。

（1）逐新者。指敢于冒险的少数人，产品一上市，他们就会积极购买和使用。

（2）早期采用者。是某些领域中的舆论领袖，往往在新产品的引入期和成长期内采用新产品。

（3）中期消费群。指顺应社会潮流但又比较慎重的"追求时尚者"。

（4）晚期消费群。这批人的特点是：他们从不主动采用或接受新产品，一定要到多数人都使用并且反映良好时才行动。

（5）落伍消费群。这些人受传统思想束缚很深，思想非常保守，怀疑任何变化，对新事物、新变化多持反对态度，固守传统消费行为方式，在产品进入成熟期后期以至衰退期才能采纳。

# 任务5　品牌与包装决策

## 一、品牌策略

### （一）品牌概念

企业在制定产品策略时，必须为其产品正确地设计品牌，品牌决策是整个产品策略的一个重要组成部分，是建设和发展名牌的基础。发展有品牌的产品能扩大企业的影响、提升企业的形象、增加产品的价值。随着中国市场的开放，品牌意识已越来越引起消费者的重视，企业建立自己的产品品牌是企业参与市场竞争的必由之路，应该引起企业的高度重视。

品牌是指用以识别某个或某群销售者的产品或服务，并使之与竞争对手的产品或服务区别开来的商业名称，通常由"文字、标记、符号、图案和颜色等要素或这些要素的组合构成"。它是一个集合概念，包括品牌名称、品牌标志。其中，品牌名称是品牌中可以用语言表达的部分；品牌标志是不能用语言表达，但可以被识别的特定标志，如可口可乐的几个专用字体。品牌是一种商业用语。品牌经有关主管部门注册，企业即拥有其专用权，则称为商标。因此，商标实质上是一种法律名词。

**【相关链接】**

### 品牌的内涵

1. 属性。知名的优质品牌应能够在顾客心目中勾勒出产品的某些特质。如奔驰汽车勾勒出的是一幅经久耐用、昂贵且机械精良的汽车图像；周大福描绘的是香港珠宝首饰的精细工艺与优良品质。一个没有任何属性的珠宝品牌是不会有很强的市场生命力的。

2. 利益。品牌不仅代表着一系列属性，而且还体现着某种特定的利益。顾客购买商品实质是购买某种利益，这就需要属性转化为功能性或情感性利益。例如优秀珠宝品牌应暗示着某种利益，而不仅仅是企业的代名词或企业的特色，这种利益应该给消费者一种很强的诱惑力。

3. 价值。品牌体现了生产者的某种价值感。例如，奔驰汽车代表着高绩效、安全、声望等。品牌的价值感客观要求企业营销者必须分辨出对这些价值感兴趣的购买者群体。

4. 文化。品牌还附着着特定的文化。从奔驰汽车给人们带来的利益等方面来看，奔驰品牌蕴含着"有组织、高效率和高品质"的德国文化。

5. 个性。优秀品牌应能展现出一些个性上的特点。如果品牌是一个人、一种动物或一个物体，那么，不同的品牌会使人们产生不同品牌的个性联想。例如，奔驰汽车会让人想到一位严谨的老板或一座庄严、质朴的宫殿。

6. 用户。即品牌指向的目标市场。

### （二）品牌的作用

1. 品牌对于企业的作用

（1）存储功能。品牌可以帮助企业存储商誉、形象。品牌就是一个创造、存储、再创造、再存储的经营过程。

（2）维权功能。通过注册专利和商标，品牌可以受到法律的保护，防止他人损害品牌的声誉或非法盗用品牌。

（3）增值功能。品牌是企业的一种无形资产，它所包含的价值、个性、品质等特征都能给产品带来重要的价值。即使是同样的产品，贴上不同的品牌标识，也会产生悬殊的价格。

（4）形象塑造功能。品牌是企业塑造形象、知名度和美誉度的基石，在产品同质化的今天，为企业和产品赋予个性、文化等许多特殊的意义。

（5）降低成本功能。平均而言，赢得一个新客户所花的成本是保持一个既有客户成本的6倍，而品牌则可以通过与顾客建立品牌偏好，有效降低宣传和新产品开发的成本。

2. 品牌对于消费者的作用

（1）识别功能。品牌可以帮助消费者辨认出品牌的制造商、产地等基本要素，从而区别于同类产品。

（2）导购功能。品牌可以帮助消费者迅速找到所需要的产品，从而减少消费者在搜寻过程中花费的时间和精力。

（3）降低购买风险功能。消费者都希望买到自己称心如意的产品，同时还希望能得到周围人的认同。选择信誉好的品牌则可以帮助降低精神风险和金钱风险。

（4）契约功能。品牌是为消费者提供稳定优质产品和服务的保障，消费者则用长期忠诚的购买回报制造商，双方最终通过品牌形成一种相互信任的契约关系。

（5）个性展现功能。品牌经过多年地发展，能积累独特的个性和丰富的内涵，而消费者可以通过购买与自己个性气质相吻合的品牌来展现自我。

3. 名牌效应

名牌是知名品牌或强势品牌，其巨大的作用在于它的名牌效应。

（1）聚合效应。名牌企业或产品在资源方面会获得社会的认可，社会的资本、人才、管理经验甚至政策都会倾向名牌企业或产品，使企业聚合了人、财、物等资源，形成并很好地发挥名牌的聚合效应。

（2）磁场效应。企业或产品成为名牌，拥有了较高的知名度，特别是较高的美誉度后，会在消费者心目中树立起极高的威望，表现出对品牌的极度忠诚。企业或产品会像磁石一样吸引消费者，消费者会在这种吸引力下形成品牌忠诚，反复购买、重复使用，并对其不断宣传，而其他品牌产品的使用者也会在名牌产品的磁场力下开始使用此产品，并可能同样成为此品牌的忠实消费者，这样品牌实力进一步巩固，形成了品牌的良性循环。

（3）衍生效应。名牌积累、聚合了足够的资源，就会不断衍生出新的产品和服务，名牌的衍生效应使企业快速地发展，并不断开拓市场，占有市场，形成新的名牌。例如，海尔集团首先是在冰箱领域创出佳绩，成为知名企业、知名品牌后，才逐步将其聚合的资本、技术、管理经验等延伸到空调、洗衣机、彩电等业务领域。

（4）内敛效应。名牌会增强企业的凝聚力。比如中国的联想集团、以民族品牌为号召的四川长虹和"明天会更好"的海尔集团等，它们的良好形象使生活、工作在这样企业中的员工会产生自豪感和荣誉感，并能形成一种企业文化、工作氛围，给每一位员工以士气、志气，使员工精神力量得到激发，从而更加努力、认真地工作。名牌的内敛效应聚合了员工的精力、才力、智力、体力甚至财力，使企业得到提升。

（5）宣传效应。名牌形成后，就可以利用名牌的知名度、美誉度传播企业名声，宣传地区形象，甚至宣传国家形象。比如，宝洁公司的知名产品飘柔、海飞丝等,人们因为了解这些产品而认识了宝洁公司或者说加深了对宝洁公司的认识;四川长虹集团在彩电业的成名不仅宣传了长虹企业,也使人们更多地提及四川省,使人们了解了绵阳市,使人们更多地关心这一地区;海尔家电在世界上创出了名牌,这一名牌不仅宣传了海尔企业,也使世界人民看到"Hair China"。

(6) 带动效应。名牌的带动效应是指名牌产品对企业发展的拉动,名牌企业对城市经济、地区经济,甚至国家经济的带动作用。名牌的带动效应也可称作龙头效应,名牌产品或企业像龙头一样带动着企业的发展和地区经济的增长。另外,品牌对产品销售、企业经营、企业扩张都有一种带动效应,这也是国际上所谓的"品牌带动论"。

(7) 稳定效应。当一个地区的经济出现波动时,名牌的稳定发展一方面可以拉动地区经济,另一方面起到了稳定军心的作用,使人、财、物等社会资源不至于流走。

在看到名牌的正面效应的同时,也要看到品牌的负面效应:一是名牌会引来众多的仿冒者,给企业造成很大的麻烦,甚至使名牌名声扫地;二是品牌成名后,受关注度提高,形象维护难度加大,一旦维护不当,出现负面评价,将对名牌的信誉影响很大。

### (三) 品牌决策

企业品牌决策包括多方面的内容,我们主要研究以下几个方面。

#### 1. 品牌化决策

品牌化是指企业为其产品规定品牌名称、品牌标志,并向政府有关主管部门注册登记的一切业务活动。企业营销人员给产品规定品牌名称、品牌标志、品牌营销策略和品牌发展战略规划的过程,叫作品牌化决策。

一旦企业做出品牌化决策,将要投入大量的人力和物力来从事这一具有创意性的,且关系到企业前途的工作。品牌创造者在做品牌设计时,通常会利用一些工具以加强和突显品牌形象。这些工具包括一个名字、一句口号、一种颜色、一个标志与一组故事情节,并通过强势媒体将这些展示品牌形象的内容传达给社会公众。

(1) 名字。品牌设计首先是要为品牌起一个响亮的名字(即品牌名称),优秀的品牌都有一个能够让人产生联想的响亮名字。一个听起来十分悦耳的名字是社会公众接受这个品牌的前提。

**【阅读材料】**

#### "金利来"的诞生

"金利来"的创始人——曾宪梓先生,在初涉领带行业时就已意识到了品牌的重要性,为产品起名"金狮"。领带作为男性服饰,必须体现男子汉的气魄,"金狮"看起来有一种阳刚之美,并且也符合东方传统的审美心理。

然而,曾宪梓的朋友在一次家访中说:"香港社会物欲横流,人人都想发财,谁都想讨个吉利,但'金狮'在发音上与粤语的'尽输'极其相似,人们在购买时,心中总有些不舒服,长此以往,可不是好兆头。"这席良言对曾宪梓触动很大,于是,决定为产品易名。香港人多熟悉英语,也普遍使用英语,"金狮"的

> 英语拼写"gold lion"中的"lion"在粤语发音中,酷似"利来"。金来、利来,金利俱来,正应了港人朝思暮想的发财梦。"金利来"不仅有外国名字的韵味,又有典型的东方色彩,中西兼有,合二为一,真是东西方文化的巧妙结晶。
> 
> (资料来源:李航主编. 有效管理者——营销企划[M]. 北京:中国对外经济贸易出版社.)

(2) 口号。即我们平常所说的广告引导语。品牌名字与口号的巧妙搭配引导人们产生正面的联想,给人以强劲的吸引力,从而刺激人们的购买欲望。许多企业已成功地将公司名称或品牌名称融入口号中,并在它们每日播放的广告中重复出现。连续播放相同的口号能够为企业的品牌推广起到极大的推动作用。广大社会公众对品牌名称和形象的长期耳闻目染,会使品牌形象发挥催眠与潜意识的作用。许多知名品牌就是通过著名的品牌口号引起消费者的注意,激发消费者的购买欲望,进而逐步树立品牌形象的。如某钻石商的广告语是"钻石恒久远,一颗永流传"。当然,要创造出朗朗上口且能被消费者接纳的口号绝不是一件容易的事,它是企业从事品牌建设并长期注重品牌形象宣传的结果。但企业在做出品牌化决策时,必须对品牌名称和与之相呼应的口号做出决策,它从一个侧面反映了企业的经营理念和营销文化,是企业特征、企业精神和企业文化中精炼出来的、能让消费者产生联想和恒久记忆的永恒主题。

(3) 颜色。一个品牌若能使用一组一致性的颜色,将会有助于提高品牌的认知度。鲜明而独特的颜色能够给消费者强烈的视觉冲击,使消费者能从五颜六色的产品品牌中一眼识别出本品牌。企业在为品牌规定颜色时,应该充分考虑到产品特征、品牌名称所代表的内涵、企业的目标市场等,并与企业整体形象相一致。

(4) 标志。即能代表品牌形象的、静态的或动态的标志或形象。品牌的标志是社会公众识别品牌或品牌产品的重要标识。

企业标志可以作为品牌标志,它一经注册即成为企业或品牌的注册商标。注册商标的设计除了要体现一定的艺术性以外,还要与企业特征和产品特征相联系,或者能反映企业的某种精神。例如,某保险公司用一把伞作为公司标志,暗示购买该公司的保险,就相当于身边有雨伞可供万一下雨之用;招商银行将向日葵作为他们的标志,将顾客比作太阳,暗示着他们的服务就像向日葵朝着太阳一样时刻向着顾客。

(5) 故事情节。许多品牌都有自己的故事,故事的情节反映的可能是与该企业相关的一段美妙传说,也可能是该企业(或品牌)的创办历程,或者是该企业(品牌)在企业文化建设中的一段感人故事。如果故事非常有趣,对公司与品牌有正面的帮助,将会对品牌的推广起着极大的推动作用。

(6) 商标注册和推广。品牌化决策的最后工作,就是品牌的商标注册和品牌推广。通过商标注册取得法律的保护,可以避免在企业经营中或品牌成为名牌后,商标被盗用或滥用的情况发生。品牌推广需要时间和大量的宣传费用。要提高品牌的知名度,就必须充分地利用各种媒体向社会公众传递品牌信息,通过长期的耳闻目染,形成对品牌的印象。同时,消费者对产品质量和品牌形象的认识需要一定的时间,好的产品质量会在消费者中产生扩散效应,会加强消费者对品牌的认同感,提高市场占有率。

【相关链接】

### 自有品牌成为超市发展的趋势

美国自有品牌制造协会提供的资料显示，目前自有品牌商品占超市年销售额的比重在美国为40%，在英国为32%，在法国为24%，在加拿大为23%。在我国，虽然自有品牌的商品开发水平落后于国际同行业，但开发自有品牌的商品已成为现代超市发展的一个趋势。目前，中国商业企业大力发展自己的自有品牌，从中获得分销权。2004年家乐福在中国推出了800多个自有品牌商品，直接将商品名转为定牌商品名。

2. 品牌质量决策

品牌质量是指反映产品耐用性、可靠性、美观性等价值属性的一个综合尺度。品牌质量决策要充分考虑到市场营销环境的方方面面，同时也要意识到，品牌质量水平的高低，直接影响到品牌在目标市场上的地位。所以，品牌质量决策是一个关系到品牌形象、品牌定位和企业发展战略的问题。

企业的品牌质量决策与企业的效益有密不可分的关系，在品牌发展的不同阶段应该做出不同的决策，因此，企业在做品牌决策时应该：

（1）决定其品牌的最初质量水平——低质量、高质量、优质量。一般来说，企业的盈利能力、投资效益会随着品牌质量的提高而提高，但是不会直线上升。优质产品只会使投资效益率少量提高，而低质量品牌却使企业投资效益率大大降低。因此，企业应该提供高质量品牌。但是，如果所有竞争者都提供高质量品牌，则此战略就难以奏效。

（2）企业决定其品牌的最初质量战略水平以后，随着时间的推移，还要决定如何管理其品牌质量。企业可以分别采取提高、保持或逐步降低产品质量的决策。保持或提高产品质量可以在消费者心目中形成良好的声誉，有利于品牌形象的建立；降低产品质量会满足那些渴望名牌但收入有限的消费者，提高市场占有率，但有可能损坏品牌形象或失去那些追求高档产品的消费者。因此，企业采用何种质量决策应视市场的客观需求而定。

3. 品牌扩张决策

品牌从诞生到成型要经过品牌建立、资金的原始积累、品牌扩张和品牌维护等几个阶段。一个品牌在一个地区占领了市场，取得了市场的绝对份额，并完成了资金的原始积累后，势必要向更大的范围扩张，争取占领更大的市场。品牌的扩张有如下几种模式：

（1）加盟模式。即允许其他企业使用本企业的品牌名称、品牌形象和经营模式，企业实行自主经营、自负盈亏，本企业只负责收取品牌加盟费。但为了统一形象和管理产品质量，本企业可以统一配送货品或与加盟企业签订产品质量保证协议，统一进行员工培训，统一经营模式和服务模式。

（2）连锁模式。即有经济实力的企业自己出资设立连锁店向外扩张，连锁店是本企业的分支机构，货品由总部供应，管理模式与总部完全相同。

（3）加盟与连锁并存的模式。即企业为了加快扩张的速度，一方面吸收加盟商加盟向外扩张，一方面自己出资开设属于自己品牌的连锁店。

**4. 品牌拓展决策**

品牌拓展决策是指企业利用其成功品牌名称的声誉来推出改良产品或新产品，包括推出新的产品线、产品项目或在原产品基础上的各种改进，从而形成一个有相关特性的品牌家族。当消费者的认知越丰富、越有自己的独特见解时，要上市新产品或改变消费者认知的代价就越来越昂贵。同时，在科技和信息发达的今天，要创造出产品和服务系统上的差异越来越困难。因此，要促使企业的成长，维持企业的长期成功，实施品牌延伸和扩展成为当代企业广泛采用的一种策略。

品牌拓展策略具有很多优势，著名的品牌名称可以使新产品迅速得到市场的承认和接受，借助于著名品牌的知名度迅速拓展新产品的市场；也可以节省用于促销新产品所需的大量费用，并使消费者迅速了解新产品。当然，采用这一策略也有一定的风险，假如新产品不能令人满意，就可能影响到消费者对同一品牌的其他产品的态度。品牌过分扩展将导致已有的品牌名称失去其在消费者心目中的特殊地位。因此，将现有品牌名称应用到新的产品类别中时，要慎重考虑。

**5. 品牌重新定位决策**

为品牌进行市场定位，并通过多方努力形成品牌的市场形象和市场地位是很重要的。例如，人们见到"索尼"牌产品就知道这是高品位产品，这是由于"索尼"这一品牌已经相对独立地形成了市场声誉和市场地位，因而能够相对独立地表明所代表的产品的特殊品质。

（1）品牌重新定位的原因

① 竞争情况的变化。如竞争者推出一个新品牌并定位在本企业品牌的旁边，侵占了本企业品牌的一部分市场，致使本企业品牌的产品市场占有率下降。

② 需求情况的变化。如企业目标顾客的需求和偏好等发生了变化，他们原来喜欢本企业的品牌，现在喜欢其他企业的品牌了，因而对本企业品牌的产品需求就会减少。

（2）企业在进行品牌重新定位时应注意的问题

① 品牌的市场形象和市场地位是在多种因素的交互影响下最终形成的，但归根结底是由这一品牌产品的长期质量状态决定的。因此，品牌定位是同产品市场定位密切相关的，品牌重新定位既要重新确定品牌相对独立的市场形象和市场地位，又需要产品重新定位以及市场营销组合中其他因素的配合。

② 品牌重新定位涉及费用与收入问题。品牌重新定位的成本费用主要取决于重新定位距离的远近；品牌重新定位后的收入主要取决于重新定位的市场容量、竞争状况、价格水平以及重新定位后产品的销售量等情况。因此，企业的营销管理部门首先需要比较品牌重新定位后的费用和收入，然后再权衡利弊决定将自己的品牌重新定位在哪个位置上。

③ 品牌重新定位的距离较近时，企业仍可使用原来的品牌名称和品牌标志，而只改变包装、广告、宣传等；品牌重新定位的距离较远时，就需要考虑重新确定品牌名称和品牌标志，同时也要对包装、广告、宣传等方面进行相应的调整，以便于目标顾客识别。

【阅读与思考】

## 动感地带——我的地盘听我的

**诞生**

2001年11月21日，广东移动公司在广州和深圳两地举行品牌推介会，正式推出了精心打造的"动感地带"品牌。在此之前，他们专门成立了一个项目团队，揣摩目标用户群的心理创造了一个卡通人物——酷酷的、刺猬头、带着一脸坏笑的M仔——作为品牌代言人。这个最潦草的品牌包装最终成为了动感地带走向全国的有力参照，因为广东移动做得很成功。只是广东移动没有想到的是，自己一个一不小心的试点，居然给中国移动平添了一个支撑未来的战略核心业务。

2002年3月，中国移动再一次在竞争中显示了自己的领先，在针对用户市场进行科学细分的基础上将发端于深圳、广州等地的"动感地带"推向全国，抢先将低端用户中最有潜力和价值的大中学生及时尚青年网罗在自己的旗下，斥巨资邀请周杰伦作为其形象代言人，在全国范围内进行了立体式媒体轰炸。很快，无论是电视、报纸还是户外广告，处处可见"我的地盘我做主"的激情宣言。

在短短15个月之内，中国移动重新包装的动感地带，就获得了2 000万"激情的用户"，也就是说，平均每3秒钟，就会有一个动感地带新用户诞生。据中国移动2003年年末的不完全统计，与未启用"动感地带"品牌相比，启用"动感地带"品牌后：短信流量增长超过63%；点对点短信业务收入增长超过30%；短信增值业务收入增长超过45%。

这个增长不过是动感地带用户人群1 000万时的收益，在2004年整个数据业务全速推进的产业背景下，中国移动在移动通讯领域一股独大，以最新的财报显示来看，显然已撇去了移动增值服务领域最丰厚的一块油脂。中国移动能够最先涉足并攫取移动增值服务领域里的第一桶金，动感地带绝对是功不可没。

**品牌的战略决策**

中国移动将动感地带的目标人群定位于年轻人群。虽然目标人群喜欢追新求异、见异思迁、忠诚度不高，并且由于没有收入来源，购买力也有限，但从长远来看，随着经济的发展，移动通信需求的增加，以及父母给子女"零花钱"的递增，使得年轻人群正成为了一支不可小觑的消费力量，并且恰恰是这部分人群喜欢追新求异，才会让他们勇于尝试新业务。更重要的是，年轻人群是未来主力消费的生力军，在长期潜移默化的熏陶中培养他们对中国移动的品牌情感，对中国移动的长期发展也是大有裨益。

通过反复的试点和调研，中国移动终于做出了自己的品牌战略抉择：将动感地带作为与全球通和神州行并行的第三大子品牌，以全球通为利润品牌，神州行为大路品牌，动感地带为狙击和种子品牌。其深度原因就是：电信业竞争不仅激烈，而且可谓"惨烈"。这两年，行业的"独裁者"中国移动明显感觉到了竞争者扑面而来的威胁。中国电信、中国网通的小灵通对低端市场猛烈的冲击，中国联通从技术和价格双向的、高中低端的全面挑战，让中国移动举步维艰。

中国移动推出的"动感地带"产品，可以用低价的优势笼络消费低端的人群，给竞争者釜底抽薪式的打击；同时，作为一个未来的战略业务增长点，"动感地带"弥补了中国移动品牌架构的空缺，为高端品牌全球通打通坚实的客户基础。中国移动的"动感地带"也将不断健全完善，预计到未来3~4年，这种不断积累下来的顾客忠诚度就会升级成为"年轻群体"和"中国移动"之间一种主客方的依存，促使全球通由"明星业务"快速向"金牛业务"转型。

在品牌核心价值与品牌定位已经确定的条件下，品牌的各类目标消费群都已经清晰化和精确化，下一步就是塑造相应的品牌性格，以实现品牌与消费者的对话。所谓品牌性格，就是将品牌进行人格化，塑造出鲜活的具有人的性格特征的品牌形象。它代表特定的生活方式、价值观念与消费观念，当塑造出来的品牌性格符合目标消费群心理对这个品牌的一些预期、一些感情上的要求，甚至能够符合消费对象本身的个人生活形态的时候，品牌就能够建立起与目标消费群的长期友谊。

"动感地带"为年轻人营造了一个个性化、充满创新和趣味性的家园。它代表一种新的流行文化，用不断更新变化的信息服务和更加灵活多变的沟通方式来演绎移动通信领域的"新文化运动"；用创新的手段拓展了通信业务的外沿，将无线通信和时尚生活融为一体，将引领令人耳目一新的消费潮流。

看"动感地带"的后现代广告，听"我的地盘，听我的"这句口号，再加上周杰伦的代言形象，总能给人一种很强烈的视觉、听觉以及思想上的冲击。这种冲击便是"动感地带"鲜明的品牌个性的体现，足以和"全球通"的高贵、领导个性以及"神州行"的大众个性区别开来。

"动感地带"品牌属性包括品牌的名称、LOGO等视觉化的标志。"动感地带"的品牌名称是"M-ZONE"，LOGO是动感地带和M-ZONE的合成体，主色是充满年轻朝气和活力的橙色。品牌个性好比一个人的言行举止，"动感地带"的品牌个性定位是：时尚、好玩、探索，补充描述是：创新、个性、归属感。"动感地带"的文化定位是年轻人的通信自治区，社区文化倡导流行、前卫、另类、新潮。"动感地带"品牌核心人群的DNA描述是：年龄在15～25岁，追求时尚，崇尚个性，乐于接受新事物，容易相互影响，尝试新事物，有成长性，是未来高端客户的生力军。

"动感地带"的推出是市场细分的产物，标志着中国移动进入了品牌延伸以及对话音、数据业务进行整合的阶段。对"动感地带"这一品牌的清晰规划，一方面将有利于贴近不同用户群体的需求重点，刺激用户消费，提升品牌忠诚度；另一方面，也有利于根据不同的目标市场的异质化需求进行产品开发。

"动感地带"定位的高明之处在于，不是以产品的特性而是以客户的特性细分了市场，区别于国内许多行业细分市场以产品的特性为标准的市场定位。

思考：
1. "动感地带"的品牌在中国移动所有品牌的定位属于何种范畴？
2. "动感地带"的品牌特性从哪些方面可以体现？

## 二、产品包装策略

### （一）产品包装的含义和分类

**1. 产品包装的含义**

产品的包装是商品生产的一个重要组成部分，产品包装有两层含义：一是指产品的容器和外部包扎，即包装器材；二是指包装产品的操作过程，即包装方法。在实际工作中两者紧密相连，统称为产品包装。因此，包装是指设计并生产容器和包装物的一系列活动。包装是整体产品的一部分，是为保护产品数量和质量的完整性而必需的一道工序。包装不仅起着保护商品、扩大销售、增加利润的作用，而且已成为强有力的营销手段。

2. 包装的分类

（1）按包装所处的层次分类

① 首要包装。第一层次的包装，是对产品的直接包装，是最贴近产品的直接包装，如牙膏皮、酒瓶等。

② 次要包装。第二层次的包装，是居于中层用来保护首要包装的包装，一般在产品使用时被丢弃。如包装牙膏、酒瓶所用的硬纸盒。

③ 运输包装。第三层次的包装，是方便产品储运和辨认所需的包装，又称大包装、外包装。

（2）按包装的促销用途分类

① 相似包装。在企业生产的各种产品或某类产品上，采用相同的图案、色彩或其他共同特征，以提醒顾客这是同一企业或品牌的产品，这种策略具有与统一品牌策略相似的好处与不足，常与统一品牌策略等结合使用。与这种做法相对的，是不同包装策略，即不同产品采用不同包装。

② 组合包装。又叫多种包装。采用这种做法的企业，常把相关用途的产品纳入同一容器或包扎，同时出售。例如工具箱、救急箱等。我国曾有企业把家庭常用的手工缝针，按使用频率的高低组合多种型号，放入巧妙设计、便于取用的针线盒内，不仅提高了价格，而且颇受顾客欢迎。与组合包装相对的政策，是个别包装。

③ 多用途包装。即产品用完之后，包装可做它用的包装，如饮料或酒水所用的杯形包装，以后可做水杯、酒杯等；糖果、糕点的金属包装盒，可以改做文具盒、针线盒等。这种做法容易激发顾客购买兴趣，发挥广告作用。

④ 附赠品包装。这是较为流行的包装化策略，即在包装内放入给顾客的赠品或赠奖券。例如，在儿童饮料包装中放入图片、学习卡等。

【相关链接】

> 在市场竞争日益激烈的今天，厂商竞相以日新月异的包装装潢作为吸引消费者的手段，借以达到开创市场、拓宽销路的目的。近些年来，销售包装日益呈现出小包装的发展趋势，透明包装、金属和玻璃容器包装、真空包装的应用范围越来越广泛，包装容器器材的造型结构大多美观、多样、科学，包装画面也越来越讲究宣传效果。

（二）产品包装的作用

产品包装是为保护产品数量与质量的完整性而必需的一道工序。由于产品的包装直接影响到产品的价值与销路，因而对绝大多数的产品来说，包装是产品运输、储存、销售不可缺少的必要条件。

1. 保护产品。这是包装的主要目的和重要功能。产品在从出厂到用户的整个流

通过程中,都必须进行运输和储存。即使到了用户手中,从开始使用到使用完毕,也还有存放的问题。产品在运输中会遇到震动、挤压、碰撞、冲击以及风吹、日晒、雨淋等损害;在贮存时也会受到温度、湿度和虫蛀、鼠咬、尘埃损害和污染。合理的包装就能保护产品在流通过程中不受自然环境和外力的影响,从而保护产品的使用价值,使产品实体不致损坏、散失、变质和变形。

2. 提高产品储运效率。包装对小件产品起着集中的作用。包装袋或包装纸上有有关产品的鲜明标记,便于装卸、搬运和堆码,利于简化产品的交接手续,从而使工作效率明显地提高。外包装的体积、长宽高尺寸、重量与运输工具的标重、容积相匹配,对于提高运输工具利用率以及节约劳动力和运费,都具有重要的意义。

3. 便于使用。适当的包装还可以起到便于使用和指导消费的作用。包装上的使用说明、注意事项等,对消费者或用户使用、保养、保存产品,具有重要的指导意义。

4. 促进产品销售。产品包装还具有识别和促销的作用。产品包装后,可与同类竞争产品相区别。精美的包装,不易被仿制、假冒、伪造,有利于保持企业的信誉。在产品陈列时,包装是"无声的推销员"。良好的包装往往能为广大消费者或用户所瞩目,从而激发其购买欲望,成为产品推销的一种主要工具和有力的竞争手段。包装还能收到广告宣传的效果。有时,同种产品的质量可能不相上下,这样,包装就往往会成为消费者或用户选购产品的主要考虑因素。由于包装的改进,可以使一项旧产品给人带来一种新的印象。由此可见,包装能够有效地帮助产品上市行销,维持或扩大市场占有率。实现产品包装化,有利于提高产品质量、丰富产品品种,还可方便销售,有助于推广自动售货和自我服务售货。

5. 促进企业收入的增加。优良、精美的包装,不仅可以使好的产品与好的包装相得益彰,避免"一等产品,二等包装,三等价格"的现象,而且,还能够抬高产品的身价,使消费者或用户愿意出较高的价格购买,从而使企业增加销售收入。此外,包装产品的存货控制,也比较简单易行。实现产品包装化,还可使产品损耗率降低,提高运输、储存、销售各环节的劳动效率。这些都可使企业增加利润。

例如,苏州烓香扇,小巧玲珑,华美精致,香气馥郁,驰名中外,但原来的包装比较平淡,没有特色。现在改成锦盒包装,古色古香,具有一定的民族特色,有的加配红木或有机玻璃插座,成为较好的工艺品,深受国外客户和旅游者的欢迎,为国家多创了外汇收入。

【阅读材料】

### 一个价值 600 万美元的玻璃瓶

说起可口可乐的玻璃瓶包装,至今仍为人们所称道。1898 年鲁特玻璃公司一位年轻的工人亚历山大·山姆森在同女友约会中,发现女友穿着一套筒型连衣裙,显得臀部突出,腰部和腿部纤细,非常好看。约会结束后,他突发灵感,根据女友穿着这套裙子的形象设计出一个玻璃瓶。

经过反复的修改,亚历山大·山姆森不仅将瓶子设计得非常美观,很像一位亭亭玉立的少女,他还把瓶子的容量设计成刚好一杯水大小。瓶子试制出来后,获得大众交口称赞。有经营意识的亚历山大·山姆森立即到专利局申请专利。

当时，可口可乐的决策者坎德勒在市场上看到了亚历山大·山姆森设计的玻璃瓶后，认为非常适合作为可口可乐的包装。于是他主动向亚历山大·山姆森提出购买这个瓶子的专利。经过一番讨价还价，最后可口可乐公司以600万美元的天价买下此项专利。要知道在100多年前，600万美元可是一项巨大的投资。然而实践证明，可口可乐公司这一决策是非常成功的。

亚历山大·山姆森设计的瓶子不仅美观，而且使用非常安全，易握不易滑落。更令人叫绝的是，其瓶型的中下部是扭纹型的，如同少女所穿的条纹裙子；而瓶子的中段则圆满丰硕，如同少女的臀部。此外，由于瓶子的结构是中大下小，当它盛装可口可乐时，给人的感觉是分量很多的。采用亚历山大·山姆森设计的玻璃瓶作为可口可乐的包装以后，可口可乐的销量飞速增长，在两年的时间内，销量翻了一倍。从此，采用山姆森玻璃瓶作为包装的可口可乐开始畅销美国，并迅速风靡世界。600万美元的投入，为可口可乐公司带来了数以亿计的回报。

### （三）产品包装的设计

一般来说，产品包装的设计在考虑科学、经济、适销和牢固的基础上应符合以下要求：

1. 外形和结构。包装应根据产品的理化性能和形状、消费者的购买习惯和购买力等因素，尽量减小体积，以便于运输、储存、携带和使用。在结构合理、突出产品特点的前提下，外形要美观大方、不搞模仿、便于识别。尽量采用新材料、新图案，使人耳目一新。

2. 表里如一。包装要与商品的价值和质量水平相符。生活消费品，尤其是贵重商品、艺术品和化妆品等商品的包装，要能烘托出商品的高贵、典雅的品质。

3. 图案、色彩要符合民族、宗教信仰和消费者的心理。不同心理爱好的消费者对图案、色彩含义理解可能是完全不同的。例如，伊斯兰国家和地区忌用猪的图案（亵渎神灵），北非忌用狗的图案（表示不洁之物），英国人视孔雀为祸鸟；中国人喜欢红色，法国人偏爱蓝色，伊斯兰喜爱绿色等。设计者一定要注意这些爱好与禁忌。

4. 节省费用、减少污染。设计要尽量合理，减少材料的使用，并尽量使用物美价廉、适宜的包装材料。为了保护社会的长远利益和生态平衡，尽量选用易降解、污染小、易回收利用的包装材料。今天，到处飞舞和堆积的白色包装袋、盒已经严重破坏了土地、水域环境，危及植物、动物以及人类的生存，已经到了必须注意和加以治理的时候了。

### 【阅读材料】

#### 红星青花瓷珍品二锅头——创意包装改变品牌形象

作为一家有着50多年历史的酿酒企业，北京红星股份有限公司（以下简称"红星公司"）生产的红星二锅头历来是北京市民的餐桌酒，一直受到老百姓的喜爱。然而，由于在产品包装上一直是一副"老面孔"，使得红星二锅头始终走在白酒低端市场，无法获取更高的经济效益。

随着红星青花瓷珍品二锅头的推出，红星二锅头第一次走进了中国的高端白

酒市场。红星青花瓷珍品二锅头在产品包装上融入中国古代文化的精华元素。酒瓶采用仿清乾隆青花瓷官窑贡品瓶型，酒盒图案以中华龙为主体，配以紫红木托，整体颜色构成以红、白、蓝为主，具有典型中华文化特色。该包装在中国第二届外观设计专利大赛颁奖典礼上荣获银奖。国家知识产权局副局长邢胜才在看了此款包装以后表示，这款产品很有创意，将中国的传统文化与白酒文化结合在一起，很成功。

红星青花瓷珍品二锅头酒是红星公司50多年发展史上具有里程碑意义的一款重要产品。"它的推出，使得红星二锅头单一的低端形象得到了彻底的颠覆。不但创造了优异的经济效益，还提高了公司形象、产品形象和品牌形象。"红星青花瓷珍品二锅头在市场上的销售价格高达200多元，而普通的红星二锅头酒仅为五六元。

### （四）产品包装策略

1. 类似包装策略。企业对其生产的产品采用相同的图案、近似的色彩、相同的包装材料和相同的造型进行包装，便于顾客识别出本企业产品。对于忠实于本企业的顾客，类似包装无疑具有促销的作用，企业还可因此而节省包装的设计、制作费用。但类似包装策略只能适宜于质量相同的产品，对于品种差异大、质量水平悬殊的产品则不宜采用。

2. 配套包装策略。按各国消费者的消费习惯，将数种有关联的产品配套包装在一起成套供应，便于消费者购买、使用、携带，同时还可扩大产品的销售。在配套产品中如加进某种新产品，可使消费者不知不觉地习惯使用新产品，有利于新产品上市和普及。

3. 再使用包装。指包装内的产品使用完后，包装物还有其他的用途。如各种形状的香水瓶可做装饰物，精美的食品盒也可被再利用等。这种包装策略可使消费者感到一物多用而引起其购买欲望，而且包装物的重复使用也起到了对产品的广告宣传作用。但要谨慎使用该策略，避免因成本加大引起商品价格过高而影响产品的销售。

4. 附赠包装策略。在商品包装物中附赠奖券或实物，或包装本身可以换取礼品，吸引顾客的惠顾效应，导致重复购买。我国出口的"芭蕾珍珠膏"，每个包装盒附赠珍珠别针一枚，顾客购至50盒即可串条美丽的珍珠项链，这使珍珠膏在国际市场十分畅销。

5. 改变包装策略。即改变和放弃原有的产品包装，改用新的包装。由于包装技术、包装材料的不断更新，消费者的偏好不断变化，采用新的包装以弥补原包装的不足，企业在改变包装的同时必须配合好宣传工作，以消除消费者以为产品质量下降或其他的误解。

## 习　题

一、名词解释

1. 核心产品　　　　　　　2. 产品组合　　　　　　　3. 产品线

4. 产品项目　　　　　5. 品牌　　　　　6. 商标

## 二、单项选择题

1. 形式产品是指（　　）借以实现的形式或目标市场对某一需求的特定满足形式。
   A. 期望产品　　　　　　　　B. 延伸产品
   C. 核心产品　　　　　　　　D. 潜在产品

2. 延伸产品是指顾客购买某类产品时，附带获得的各种（　　）的总和。
   A. 功能　　　　　　　　　　B. 利益
   C. 属性　　　　　　　　　　D. 用途

3. 产品组合的长度是指（　　）的总数。
   A. 产品项目　　　　　　　　B. 产品品种
   C. 产品规格　　　　　　　　D. 产品品牌

4. 以下的（　　）策略是指企业以高价格配合大规模的促销活动将新产品投放市场，其目的是为了使消费者尽快了解产品，迅速打开销路。
   A. 快速取脂　　　　　　　　B. 缓慢取脂
   C. 快速渗透　　　　　　　　D. 缓慢渗透

5. 在普通牙膏中加入不同物质制成的各种功能的牙膏，这种新产品属于（　　）。
   A. 全新产品　　　　　　　　B. 革新产品
   C. 新牌子产品　　　　　　　D. 改进产品

6. 以下的（　　）是指在原有产品的基础上，利用现代科学技术制成的具有新的结构和性能的产品。
   A. 全新产品　　　　　　　　B. 换代产品
   C. 改进产品　　　　　　　　D. 仿制产品

7. 产品线双向延伸，就是原定位于中档产品市场的企业掌握了市场优势后，向产品线的（　　）两个方向延伸。
   A. 前后　　　　　　　　　　B. 左右
   C. 东西　　　　　　　　　　D. 上下

8. 处于市场不景气或原料、能源供应紧张时期，（　　）产品线反而能使总利润上升。
   A. 增加　　　　　　　　　　B. 扩充
   C. 延伸　　　　　　　　　　D. 缩减

9. 雀巢公司将雀巢品牌使用到奶粉、巧克力、饼干等产品上，这种品牌决策是（　　）策略。
   A. 品牌化　　　　　　　　　B. 品牌归属
   C. 品牌延伸　　　　　　　　D. 多品牌

10. 市场出现了用唐老鸭、米老鼠等塑料玩具来包装糖果很受儿童欢迎，这是（　　）策略。
    A. 统一包装　　　　　　　　B. 再使用包装
    C. 分档包装　　　　　　　　D. 附赠品包装

## 三、思考题

1. 什么是产品组合？产品组合的宽度、长度、深度和关联度对企业营销活动的意义是什么？
2. 什么是产品生命周期？产品生命周期各阶段有哪些市场特征？
3. 什么是新产品？新产品有哪些类型？
4. 品牌对企业有何作用？
5. 如何进行品牌重新定位？
6. 包装有哪些种类？有何作用？

四、案例分析

**【案例1】　　　　　招商"一卡通"：金融产品的创新**

招商银行是在1987年4月8日经中国人民银行批准并由招商局出资成立的；1989年进行了首次股份制改造，成为我国第一家完全由企业法人持股的股份制商业银行。经过17年的发展，招商银行已从当初偏居深圳蛇口一隅的区域性小银行，发展成为一家具有一定规模与实力的全国性商业银行。它以不足国内银行业4%的从业人员和2%的机构网点支撑起了约占国内银行业1.6%的资产规模和6%的收益。2000年还被美国《环球金融》评为中国本土最佳银行；2001年至2003年，招商银行连续3年被北京大学和《经济观察报》联合评选为"中国最受尊敬企业"。目前，招商银行总资产逾5 000亿元，在英国《银行家》杂志"世界1 000家大银行"的最新排名中居前200位。

17年来，招商银行不断开拓，锐意创新，在革新金融产品与服务方面创造了数十个第一，较好地适应了市场和客户不断变化的需求，被广大客户和社会公众称誉为国内创新能力强、服务好、技术领先的银行。

招商银行在业务上真正取得突破始于"一卡通"的推出，"一卡通"是招商银行个人业务的核心产品。1995年7月招商银行推出银行卡——"一卡通"，被誉为我国银行业在个人理财方面的一个创举。至今累计发卡量已超过3 000万张，卡均存款余额超过4 500元，居全国银行卡首位。在中央电视台和《人民日报》联合开展的"全国34个主要城市居民消费者喜爱的品牌"调查中，"一卡通"被广大消费者评为"最受欢迎的国内银行卡"之一。

招商银行成立之初是一家以对公业务为主的商业银行，个人储蓄只占银行业务的很少部分。90年代初，国内经济的快速发展使银行业对公业务风险逐步加大、呆账率逐渐升高，国内银行业对公业务的发展均受到了极为严峻的挑战。而在国际金融界，银行业正在发生巨大变化，电子网络和信息技术在银行领域获得充分重视并广泛运用，新业务、新产品和技术创新不断涌现，成为银行业开辟新市场、寻找新客户和新的利润增长点的有利条件。1992年，正逢国际银行业的创新浪潮，招商银行敏锐地意识到金融创新的必要性，决定以储蓄业务为突破口，制定了"依托科技创新业务，创立品牌进入大市场"的储蓄发展思路。在产品开发的过程中，由于充分意识到自己在网络规模、员工数量、资产总量上都与国有银行存在较大差距，而机制却相对灵活，招商银行决定利用时间差吸引优质客户，迅速抢占市场。1993年，招商银行首先在深圳地区实现储蓄通存通兑。1995年2月成立了针对个人银行业务的个人银行部，开始全面进军国内的个人银行业务市场。同时开始对国内沿袭使用了上百年的存单、存折方式展开深入的市场调查和论证，得知消费者需要一种更加小巧、灵活、安全、方便的储蓄形式。于是，以统一的银行业务电子化处理系统为基础，招行向社会大众推出基于客户号管理的，以真实姓名开户，集本外币、定活期、多储种、多币种和多功能于一身的个人综合理财工具——"一卡通"，以先进的电脑处理替代了几十年来传统的储蓄方式。招商银行是国内银行业第一家采取先进的客户管理方式的银行，对储户的账号实行全面的覆盖和系统管理，将客户在银行的所有资金包括本外币、定活期，甚至信用卡全部归类为同一个号，而原来意义上的账号则由这同一个客户号派生出来，类似于建立起完全的个人理财基本账户。充分体现了一切从客户利益出发、客户成为市场主体的观念，不仅使储蓄业务从单一型、分散型向综合型、系统化处理转变，而且实现了单纯储蓄业务向个人理财综合服务的质的飞跃。1996年6月，得益于统一的电子系统架构，"一卡通"实现了国内银行业其他银行想做但一直未能实现的储蓄全国通存通兑。1998年，招行在全国首家推出了网上个人银行，实现了"一卡通"全国范围内的消费。1996年下半年开始，招商银行每天新增储蓄额数以百万计，发卡量开始以几何倍数增长，到1998年4月，招行一卡通已发行200万张，吸存110亿元，一卡通占招行储户总数的50%，吸存占储蓄存款余额的63%。高科技应用于银行业务开始显现巨大效益。

国家金卡工程的目标是：在全国范围内实现银行卡联网，走资源共享道路，充分利用高科技手段和各行计算机网络及电子货币工具，更方便、更快捷地为大众服务，这也是招行求之不得的互惠互利之路。招行一卡通的推出和发展顺应了当代电子货币发展的大趋势。

"一卡通"能够在精品层出的银行卡市场站稳脚跟，与其庞大的优质客户群有很大关系。招商银行在追求规模的同时强调利润最大化，将"一卡通"的客户有针对性地定位在高薪白领阶层。白领人士资金持有量大且对卡的功能设计要求高，招商银行在技术手段、服务方式、商户发展上对客户需求给予了全方位保证，有效地巩固了客户群。由于客户量小且相对集中于白领阶层，招商银行在网点形象以及网点布局等服务策略方面充分考虑到这一点。在网点形象上，不仅装修统一、配套设施齐全、人员服务规范，而且基本都附有自助银行或自助设备，以为现代白领阶层提供更多的个性化选择；在网点布局上充分体现了宁缺毋滥的原则，网点主要集中在重要商业街、写字楼等白领工作、生活集中的地区，而在火车站等外来流动人口集中的地区，网点数量反而不多，充分体现了以客户为中心的理念。

为更好地满足市场需求，招商银行为"一卡通"注入更多的科技含量和服务功能，并致力对"一卡通"已有业务品种和功能进行整合、完善，加快业务门类和服务品种多元化的开发，逐步构建起一个多层面、多元化、包含个人资产、负债、中间业务的全方位、综合性个人银行理财架构。随后，招商银行发行全国第一张"INTRERLINK"卡，建立全国第一家离行式自助银行，率先在国内推出网上支付业务；同时，以"一卡通"为依托的储蓄业务于1997年3月26日，率先在深圳地区建立和实施ISO9001储蓄服务质量体系并通过认证，同时获得了英国BSI、中国船级社两家权威认证机构颁发的质量认证证书，成为国内第一家通过ISO9001认证的商业银行。经过多年的持续开发，"一卡通"已具备一卡多户、通存通兑、约定转存、自动转存、电话银行、手机银行、查询服务、商户消费、ATM取款、CDM取款、自助转账、代理业务、证券转账、证券买卖、质押贷款、酒店预定、网上支付、长话服务、IP电话服务、外汇买卖等多项功能。这些功能和"安全、快捷、方便、灵活"的特点为客户带来了收益和便利："一卡通"证券转账和炒股功能，吸引了大批股民；自动转存、卡折互转功能，使个人存款业务从柜台服务不断向外延伸；电话银行和网上银行走进千家万户，使人们实现了"足不出户，理财购物"的梦想；自助缴费功能，打破了时间、地域的界限，解决了多年来居民缴费难的问题，延伸了银行的服务空间；手机银行功能，使"一卡通"真正成为客户"随身携带的银行"。短短几年间，招商银行"一卡通"在全国已拥有3 300多万个用户，吸存数百亿元，产生了良好的经济效益和社会效益，成为国内银行卡中具有鲜明个性的特色品牌。

自"一卡通"打响品牌以来，招行一直没有停下它创新的脚步。在当前我国广大老百姓金融意识比较差，人们还普遍习惯于使用现金和银行存折的情况下，在商业银行竞争激烈、争相向公众提供近于同质的各种金融工具的形势下，招行又马不停蹄地开通了"一卡通"POS全国消费网，即只要持有招行"一卡通"就可以在北京、上海、深圳、沈阳、广州、武汉等16个大中城市的3 000多家招商银行特约商户直接刷卡结账。这一功能的开通，标志着招商银行个人金融服务的柜台、自动柜员机和消费终端三大系统已实现网络化经营，从而不仅使"一卡通"成为老百姓"口袋中的银行"，而且使其直接走进消费市场。当然，"酒香也怕巷子深"，"一卡通"作为个人理财的金融工具，要让普通老百姓在众多的银行卡中关注它、了解它、拥有它、使用它，并不是那么容易。为了推广"一卡通"这一全国消费联网的新功能，招行举行了全国性的宣传展示活动，以"穿州过省，一卡通行"为主题，充分利用元旦、春节前后居民消费旺季的有利时机，以统一的形象、统一的宣传营销方式在16个大中城市的电视台、电台、报刊等媒体上集中宣传，在银行网点进行服务推广，统一组织员工到各个城市的大型商场和闹市区开展业务巡回展示活动。通过与客户进行面对面的交流、沟通以及现场演示、现场咨询、现场开卡、现场存款、现场消费等便民服务，不仅使广大市民对"一卡通"品牌及其商户消费全国联网功能有了直观的了解，而且有效地促进了市民持卡购物消费。自1998年12月22日以来，该项活动在16城市持续开展，活动效果十分显著，在当地居民和银行界引起了强烈反响。有的市民说："银行搞这么大的宣传活动还是第一次见到"；有的市民则感慨道："还是招行与市民心连心，招行'一卡通'贴近我们市民的生活。"一位前来采访的记者也由衷地感叹："招行人市场感觉又好又快，总是领先一步。"据了解，在1998年12月22日至1999年3月8日期间，"一卡通"全国商户消费交易额累计达2.6亿元，消费笔数累积为49万笔，新增发卡54万张，吸收存款30亿元，比同期分别增长了65%、30%、33%、40%。

分析讨论：
1. 招商银行"一卡通"的新产品开发策略有何特征？请逐一分析。
2. 结合"一卡通"的开发与推广，说明在新产品开发过程中，产品、服务及促销策略应该如何有效结合。
3. 请从如何更好地满足消费者需求的角度，结合本案例谈一谈招行"一卡通"何以占据市场的领先地位。

【案例2】　　　　　　　　金六福：品牌如金，创新是福

2004年年底，新年的气氛已经临近，北京、上海、广州等地的市民们一大早起来便惊奇地发现，金六福所有的户外广告全都换上了新装：春节回家金六福酒。

其实，不止是金六福更换广告的速度让人惊叹不已，金六福这些年来的发展速度本身也令人叹服。诞生于1998年的金六福，在上市之初便创造了淡季入市、淡季旺销、在炎热夏季连续空运160多次的市场奇迹；尽管金六福本身并不生产一滴酒，但只用了短短3年时间，就做到新兴白酒第一的规模；2003年，金六福销量达到18亿元，2004年突破20亿元，并被评为中国驰名商标。

金六福无疑已经成为一种现象，不仅让白酒业的同行们津津乐道，也令整个商界的企业家、学者们纷纷研究，金六福营销模式已经成为北京大学MBA的经典案例。金六福，这支异军突起的酒业湘军，究竟凭什么？

**理念创新：以福的名义**

金六福：我们不仅仅卖酒，我们卖的更多的是福！

金六福的前身是一家贸易公司，最初与白酒并无关系，与白酒结缘应该追溯到1997年，当时代理了川酒王酒，并由此尝到了白酒业的浓浓香甜，而真正的发展，则是从金六福开始。

**1. 品牌的实质是一种文化**

酒与文化，注定了天生的缘分，或者说，酒本身就是一种文化。

"金六福"三个字迎合了人们盼福和喜好吉利的传统习俗和心理需求。在人们庆功、贺喜、祝寿、助兴、交友相互祝福的同时，又引导人们追求"寿、富、康、德、和、孝"的美好生活境界。金六福系列酒的包装设计很独特：外盒包装以黄、红、金为主色，一至五星采用系列化设计，突出系列酒的特点，其他星级的"金六福"酒也以不同方式、不同角度强化和突出"福"字。另外，钱袋形状的酒瓶寓意福星高照、财运亨通。"金六福"系列酒的外包装、酒瓶标签上都有古代传说中富贵吉祥之鸟凤凰的图案，其线条流畅，极具观赏性，富涵中国几千年的文化品位。

**2. "福"文化理念的四大特征**

金六福的"福"文化理念，具备了以下四个特征，因而能够广为流传：一是排他性。品牌理念应该是同行业中独一无二的，具有可明显察觉与识别的鲜明特征，以与竞争品牌形成区别。金六福率先在同行业中提出福文化理念，并经过强势宣传，成为品牌的重要资产。在对金六福酒的调查中发现，提到"福"，大家首先想到的就是金六福酒，证明这种定位和传播是成功的。二是执行力。品牌理念应该与企业的核心竞争力以及企业未来的长远发展目标相一致，也就是说，对品牌理念，企业应该有充分的执行力，否则就难以贯彻始终。金六福作为根植于本土的企业，对本土文化有着深刻把握，对执行这一理念没有问题。三是感召力。品牌理念应具备强大的感召

力，体现对人类的关怀，震撼人的内心深处，只有这样，才能与人产生共鸣，拉近品牌与人的距离。金六福所倡导的"福"文化，是中国几千年来传统文化的浓缩，有着深厚的积累，迎合了人们对美好生活的向往，不论年龄大小、地位高下、财富多少。因此，"福"文化一经推出，便引起了人们的普遍好感和共鸣。四是兼容性。品牌理念的兼容性体现在两个方面：一是空间的兼容，品牌理念应该能够包容其旗下的所有产品，并且今后有可能跨越多个产业，所以要具有广泛的内涵；二是时间的兼容，品牌理念一经设定，便长久坚持，其内涵可延续。金六福的"福"文化理念，完全可以包容其系列产品，这一品牌理念不仅在今天得到认同，而且可以预计在今后一个相当长的时期内是不会改变的，所以它具备了兼容性这一条件。

吴向东曾提出一个著名的三角形支点理论："三角形顶端的支点，是酒的质量，金六福通过和五粮液合作，这个角已经非常牢固。三角形底端的两个角，一个是酒的文化内涵，当初我们注册'金六福'商标的时候，就是牢牢抓住了'福'文化这个卖点，迎合中国人几千年的'福'文化心理，消费者因此更容易接受并喜爱它。经过市场检验，老百姓在饮宴欢聚的时候，都愿意讨个好彩头，'福'字确实在销售中发挥了重要作用。第三个支点是酒的气氛，喝酒要讲气氛，中国人最爱在喜庆的时候喝酒庆祝，因此，我们将金六福酒包装为'喜庆的酒'，这也是金六福一次次作为盛大事件见证者的原因。"

**传播创新：在不变中求变**

市场在变，消费者在变，竞争对手同样也在变，唯一不变的就是变化的本身。金六福要做的，就是在不断变化的今天，在不变的"福"文化理念下追求丰富多样的表达方式。全力维护和宣扬品牌理念已成为许多国际一流品牌的共识，这是创造百年金字招牌的秘诀。金六福的"福"文化理念确定以后，针对每一个不同的时期，金六福推出了不同的广告口号，但每一单个的口号都在"福"文化的兼容之下。从"好日子离不开它，金六福酒"，"幸福的源泉，金六福酒"，到"金六福，中国人的福酒"，再到最近的"奥运福、金六福"及"中国福、金六福"，无一不是体现了一个"福"字，创意新颖，令人回味无穷。金六福的更高明之处在于，它将"福"文化作为一种不断成长的文化。金六福将个人之福、家庭之福，提升到民族之福、国家之福，并进而延展为人类之福、世界之福，在这三级跳跃中，不断演绎和丰满金六福的品牌形象。

第一阶段（1998—2000年）：个人之福、家庭之福

金六福最初的广告是中国人最熟悉的传统佳节、合家团聚的情景，在一派喜庆吉祥的气氛中，一句童稚的"好日子离不开它，金六福酒"，成为大江南北家喻户晓的佳句，也把金六福的品牌形象定格在个人和家庭最幸福的时刻。

第二阶段（2001—2003年）：民族之福、国家之福

金六福通过赞助中国足球出线世界杯、中国申奥、中国奥委会2001—2004年合作伙伴等体育活动，将"福"文化理念提升到了民族之福、国家之福，一句"中国人的福酒"，成为这一时期的代表性口号。

第三阶段（2004至今）：人类之福、世界之福

金六福通过赞助奥运会，把"福文化"推向一个更高的层次，提出了"奥运福、金六福"的新概念，使"福文化"升格为一种人类之福、世界之福。

金六福认为，"福"文化和奥运精神是一脉相承的，是中西文化的不同表达方式。金六福站在一个新的高度对奥运精神进行了不同于以往的诠释，并将其演绎为新的"六福"：欢聚是福、参与是福、和平是福、进取是福、友谊是福、分享是福。

于是，我们看到金六福的电视广告中，人们从世界五大洲走到一起，不分种族、不分肤色，共同拥抱奥运会，巧妙地诠释了奥运给世界带来的福。在平面广告中，金六福巧妙地将"自由体操与中国传统京剧"、"奥运划艇与中国传统龙舟"、"奥运圣火火炬与中国传统烽火台"结合起来，传达现代奥运和"福"文化一脉相承的内涵。电视广告和平面广告交相呼应，使"奥运福、金六福"的理念以震撼之势迅速传播，金六福轻松将奥运精神归入到自己的品牌资产名下。

回首金六福所实现的惊险的三级跳跃，我们发现：金六福的成功，在很大程度上取决于它坚持对品牌始终如一的长期投资、对文化的深厚积累；消费者在购买金六福产品时已经超越了纯粹购买的范畴，而是和产品建立了无形的情感关系，这种关系包含了信任、喜爱、文化氛围和一种实质拥有的感觉，因而它随文化而流传。

（资料来源：第一营销网，曾朝辉）

分析讨论：
1. 金六福成功的主要原因是什么？
2. 品牌名称和包装对塑造品牌形象有什么影响？

## 实训应用

【实训项目】
运用产品市场寿命周期的相关知识，分析为什么有"百年佳酿"的茅台，又有"短命"的秦池。

【实训目的】
通过实训要求学生收集大量的案例资料，通过对案例资料的分析，懂得如何把产品市场寿命周期的理论知识运用到实践中。

【实训指导】
本次实训由任课教师负责指导，任课教师事先要说明实训的要求，明确实训的目的。

【实训组织】
任课教师将全体同学分为若干小组，并指定一位同学为组长。
1. 通过网络、期刊收集相关资料。
2. 实训小组根据所收集的资料进行分析、归纳、总结。
3. 每组学生应写出案例分析，在班内进行交流、展示。

【实训考核】（百分制）
1. 实训准备工作（10分）。
2. 实训的组织、分配、管理等过程（20分）。
3. 实训成果汇报及其提交（45分）。
4. 项目团队成员间的团队合作精神（15分）。
5. 学生互评，教师点评（10分）。

# 项目十 制定价格策略

## 任务描述

企业市场营销活动水平的高低,在很大程度上取决于企业的价格策略是否合理。企业应在明确定价目标的基础上,能够根据影响定价的因素、常用的定价方法、定价的基本技巧,制定合理的价格策略,更好地服务于企业的战略目标。

## 任务目标

**知识目标**
1. 熟悉影响商品定价的主要因素。
2. 熟悉定价目标与方法。
3. 掌握各种价格策略及其适应环境。
4. 熟悉调价的策略。

**能力目标**
1. 能够正确地制定产品的价格策略。
2. 能够根据环境变化正确地调价。

## 任务导入

到一两家企业进行调研,了解它们的定价依据、目标和方法,以及它们制定了怎样的价格策略。

## 案例导入

### 肯德基定价策略

2011年10月29日,有南京市民分别到新街口肯德基、迈皋桥肯德基消费,竟然发现部分商品的标价不一致。肯德基的人士解释,不是价格标错了,而是中国肯德基已经于昨天零时取消了20多年来一直奉行的全国统一定价模式,"同城不同价"将成为常态。随着肯德基的快速发展,全国统一定价模式已经不能适应和匹配

快速发展的复杂商业环境。例如在部分城市或特殊商圈，快速上升的店铺租金形成巨大成本压力，各城市消费者的承受能力也不尽相同。

在一些特殊商圈的肯德基餐厅，产品价格会略高；但在一些社区等地段的肯德基餐厅，就会提供更加亲民的产品价格。消费者可根据自身情况和需求，选择不同餐厅用餐。笔者了解到，伴随着"全国统一定价模式"的取消，昨天肯德基还对部分产品进行了提价。这是继今年9月份提价之后的第二轮价格调整。

没有不好的产品，只有不好的定价！定价关乎成败，这是商界的不二法则。如何从定价中掌握话语权？想必是今天每一个企业为之追求和努力的目标，但往往是一相情愿，只有极少数的企业能做到，这就是企业定价的尴尬。尽管很多企业在定价上能够基于消费人群和消费地域特征迅速调整，但却不能坚持检验或追踪各种定价措施的有效性。换而言之，现在大多数定价策略都不能持续实施。

（来源：中国价值网）

问题引入：
1. 肯德基为什么放弃一贯的统一定价策略？
2. 肯德基新的定价策略会成功吗？

企业的价格策略，是市场营销组合中最重要的因素之一，也是最活跃的因素，带有强烈的竞争性。企业市场营销活动水平的高低，在很大程度上要看价格定得是否合理。

# 任务1　影响商品定价的主要因素

企业的定价策略是市场营销组合中最活跃的因素，带有强烈的竞争性和多因素的综合性。企业营销活动能否成功，在一定程度上取决于定价的合理程度。因此，价格通常是影响产品销售的关键因素。研究影响商品定价的主要因素，是企业营销策略的重要方面。总体来讲，影响商品价格的因素分为企业内部因素和外部因素：内部因素主要有市场营销组合的整体策略、商品成本、其他因素；外部因素包括市场需求的性质、竞争者的因素、其他环境因素。

## 一、商品成本

企业在实际定价中，首先考虑的是商品的生产成本，它是产品定价的基础。产品成本是企业核算盈亏临界点的基础，定价高于成本，企业就能获利；反之则亏本，企业要扩大再生产就比较困难。因此，产品的成本是商品销售价格的下限，产品定价至少应该能够补偿成本，这是保证企业生存和发展最基本的条件。

产品成本有个别成本和社会成本之分，个别成本是指单个企业生产某一产品时所耗费的实际费用；社会成本是指产业内部不同企业生产同种产品所耗费的平均成本，即社会必要劳动时间。企业在对产品定价时，只能以社会平均成本作为定价的主要依据，同时结合企业自身资源情况与管理水平而导致的企业个别成本与社会成本之间的差异，从而给企业产品确定适当的价格。从成本性来讲，总成本又由固定成本和变动成本所组成。固定成本是不随产量变化而变化的成本，如固定资产折旧、机器设备租金、管理人员费用等。变动成本是指随产量变化而变化的成本，如原材料、营销费用、生产一线的员工工资等。企业参与市场竞争就应尽可能地从上述两个方面降低产品的总成本，使企业的个别成本低于社会平均成本，只有这样才能使商品的价格竞争有一个可靠的基础。当然，在特殊情况下商品的价格低于成本也是可能的。

## 二、市场因素

影响产品价格的因素，除了产品成本之外，还有另一个重要的因素——市场状况，这也是最难把握的一个因素，它决定着产品价格的最高临界点，价格高于这个临界点就会失去市场，企业就不可能生存。市场状况主要包括市场商品供求状况、商品需求特性、市场竞争等。

### （一）供求关系

一般情况下，市场价格以市场供给和需求的关系为转移。供求规律是一切市场经济的客观规律，即商品供过于求时价格下降，供不应求时价格上升。在完全竞争的市场条件下，价格完全在供求规律的自发调节下形成，企业只能随行就市定价；在不完全竞争的市场条件下，企业才有选择定价方法和策略的必要和可能。

### （二）需求弹性

需求弹性又称为需求的价格弹性，指价格变动而引起的需求量相应变动的比率，反映需求变动对价格变动的敏感程度。需求弹性大的产品，价格只要略有变动，就会引起需求量的明显变动，即需求量的变动幅度大于价格变动的幅度，反应非常灵敏；相反，需求弹性小的产品，当价格做出比较大的变动时，需求量的变动却并不显著，即需求量的变动幅度小于价格变动的幅度，反应很迟钝。

需求弹性的大小用弹性系数表示，其计算公式为：

$$E = \left| \frac{\Delta Q/Q_0}{\Delta P/P_0} \right| = \left| \frac{(Q_1 - Q_0)/Q_0}{(P_1 - P_0)/P_0} \right|$$

式中：$E$ 为弹性系数；$Q_0$ 为原需求量；$Q_1$ 为现需求量；$\Delta Q$ 为需求变动量；$P_0$ 为原价格；$P_1$ 为现价格；$\Delta P$ 为价格变动量。

由于价格与需求成反比变化，它们的比值总是一个负数，所以实际应用时取绝对值。

如果 $E > 1$，就称为需求弹性大。对需求弹性大的产品，稍微降低一点价格，就会大幅增加销售量，从而使总收入增加；相反，稍微提高价格就会使销售量大幅减少，总收入也随之减少。因此，对这类产品，企业可采取降价策略，以薄利多销达到增加利润的目的。

如果 $E < 1$，就称为需求弹性小。对需求弹性小的产品，如果提高价格只会引起销售量较小地减少，因而提价使总收入增加；相反，降低价格，销售量却不会增加很多，而总收入反而减少了。所以，对这类产品，低价对需求量的刺激不大，薄利未必能多销，往往较高的定价却是有利的。一般情况下，生活必需品的需求弹性

小，奢侈品的需求弹性大；替代品少或替代性弱的产品需求弹性小，替代品多或替代性强的产品需求弹性大；用途越单一的产品，需求弹性越小，用途越广泛的产品，其需求弹性越大。因此，企业给产品定价时应考虑不同产品的不同需求弹性，以切实提高价格决策的有效性。

### （三）竞争因素

竞争因素对价格的影响，主要考虑商品的供求状况及变化趋势、竞争对手的商品价格、定价目标和定价策略以及竞争者的价格变化趋势。竞争是影响企业产品定价的重要因素之一。按照竞争的程度，市场竞争可以分为完全竞争、完全垄断和不完全竞争三种形态。在不同竞争形态下，企业的定价策略是不同的。

1. 完全竞争。指同种商品有多个营销者，每个营销者的商品供应量只占市场总量的极小份额，任何一个卖主都不可能控制市场价格。在这种情况下，企业只能接受市场竞争中形成的价格，采取随行就市的定价策略。企业要获得更多的利润，只能通过提高劳动生产率、节约营销费用，使本企业的成本低于同行业的平均成本。

2. 不完全竞争。即市场经济条件下普遍存在的一种市场竞争形式。在这种形式下，多数营销者都能积极、主动地影响市场价格，而不是价格的被动接受者。经营者之间存在着产品质量、分销渠道、促销等方面的竞争，企业可通过其"差异"优势，采取变动价格策略，寻找较高的利润。

3. 完全垄断。指一种商品完全被一家或极少数几家企业所控制的市场形态。企业没有竞争对手，可以独家或与极少数几家协商制定、控制市场价格。这种形态通常分为政府垄断和企业垄断两种。完全垄断一般在特定条件下才能够形成，如拥有专卖（烟、酒）、专利权的企业，有可能处在完全垄断地位。垄断企业所处的地位，决定了它完全有能力控制市场价格。

## 三、消费者心理

消费者的购物心理直接影响到消费者的购买行为和消费行动。大量调查研究证实，现代的消费者即兴消费占市场消费的比重很高。因此，企业定价必须考虑消费者的心理因素。

1. 预购与待购心理。消费者预购心理是指消费者对未来一段时间内市场商品供求及价格变化趋势的一种预测。当消费者感到商品有涨价趋势时，就会争相购买，相反，就会持币待购。

2. 认知价值和其他消费心理。消费者面对商品，往往会凭借自己对有关商品的了解、后天的学习、不断积累的购物经验以及自身对市场行情的了解，同时结合个人的兴趣和爱好，对商品价值产生一种心理上的价值估计，这种价值估计就叫作认知价值。消费者购买商品时，常常要将商品的价格与自己内心的认知价值做比较，然后趋同选择这种价格差异最小的商品，做出最终的购买决策，产生购买行为。

## 四、其他各种因素

竞争者的产品成本和价格、国家的价格政策、经济发展形势、通货膨胀因素以及中间商的议价能力等都是需要考虑的因素，在个别情况下还有可能成为关键因素。国家在社会经济生活中充当着极其重要的角色，国家有关的方针、政策对市场价格的制定有着重要的影响。政府可以通过物价、税收、金融等有关政策、法规对市场价格进行直接、间接的控制或干预。

企业在给自己的产品定价、制定价格政策时，要充分考虑影响价格的多种因素，充分研究，制定出最合理的商品价格。

## 任务2　定价目标及方法

### 一、定价目标

所谓定价目标，是指企业通过制定一定水平的价格，所要达到的预期目的。它和企业战略目标是一致的，并为企业经营战略目标服务，其总体要求和长远目标是追求股东财富的最大化。由于企业定价应考虑的因素很多，因此企业定价的具体目标也多种多样。不同企业、不同产品，以及同一企业在不同时期、不同市场条件下有着不同的定价目标。企业的定价目标主要有以下几种：

1. 以获取短期最大利润为目标。企业定价的目标有时是要取得短期或当期的最大利润，而不是着眼于未来的长期利润。在这种情况下，企业需要估计和比较不同价格时的市场需求量，并结合产品成本一并考虑，然后选择可以得到短期最大利润、最大现金流量和最大投资收益的价格。

2. 以扩大销售额为目标。指企业在保证一定利润水平的前提下，争取销售额的最大化。某种产品在一定时期、一定市场状况下的销售额由该产品的销量和价格共同决定，销量的最大或价格的最高都不能保证销售额的最大化。一般情况下，价格提高，销量会减少，而价格降低，销量会上升，因此，销售额的增减并不能肯定。销售额最大化主要看二者中一个因素数值上升带来是否能补偿另一因素数值下降而导致的损失，即需求弹性大小。对于需求价格弹性较大的商品，降低价格而导致的损失可以由销量的增加而得到补偿，而提价则使销售额减少；反之，若商品的需求价格弹性较小时，降价会导致收入减少，提价则会使收入增加。采用销售额目标时，确保企业一定的利润水平非常重要。这是因为，销售额增加，成本也在增加，并不一定给企业带来利润的提高。有些企业的销售额到达一定程度，利润就很难上升，甚至销售额越大，亏损越多。企业以获利为经营的宗旨，所以必须同时考虑销售额和利润，在两者发生矛盾时，别忘了利润是根本目标。

3. 以提高市场占有率为目标。市场占有率，也叫市场份额，是指企业的销售额占整个行业销售额的百分比，或是企业某产品的销售量在同类产品市场销售总量中所占的比重。它是一个企业经营状况和企业产品竞争力的直接反映。作为定价目标，市场占有率与利润有很高的相关性，从长远来看，较高的市场占有率必然带来高利润。美国市场营销战略影响利润系统（PIMS）的分析指出：当市场占有率在10%以下时，投资收益率大约为8%；市场占有率在10%～20%之间时，投资收益率在

14%以上;市场占有率在20%~30%之间时,投资收益率约为22%;市场占有率在30%~40%之间时,投资收益率约为24%;市场占有率在40%以上时,投资收益率约为29%。因此,以市场占有率为定价目标具有获取长期较好利润的可能性。有经营之神之称的杰克·韦尔其说,经营管理的企业必须能够进入行业的前三名,否则就要被撤销。这可能正是他取得成功的秘诀。

4. 以应付和防止竞争为目标。价格是企业竞争的重要手段,定价是否恰当会影响企业的竞争力。从竞争的需要来制定产品价格是企业采用的一种定价目标。任何企业在定价前,都需要仔细研究竞争者的产品及价格,确定本企业的定价目标,以应对竞争对手。对于力量弱于竞争对手的企业来说,应采取与竞争者价格相同或低于竞争者的价格来销售商品;对于力量与竞争对手同等的企业来说,应以同一价格出售商品;对于力量高于竞争者的企业来说,应以高的价格出售商品。

5. 以稳定价格为目标。保持价格稳定,是企业达到一定投资利益和长期利润的重要途径,也是稳定市场、保护消费者利益的定价目标。稳定价格目标的实质是通过本企业产品的定价来左右整个市场价格,避免不必要的价格波动。按这种目标定价,可以使市场价格在一个较长的时期内相对稳定,减少企业之间因价格竞争而发生的损失。为达到稳定价格的目的,通常情况下是由那些拥有较高的市场占有率、经营实力较强或竞争力和影响力较强的行业领导者先制定一个价格,其他企业的价格则与之保持一定的比例。对大企业来说,这是一种稳妥的价格保护政策;对中小企业来说,由于大企业的价格比较稳定,市场竞争性降低,其利润也可以得到保障。在钢铁、采矿、石油化工等行业中,稳定价格目标应用比较广泛。

6. 以维持企业生存为目标。有时企业由于经营管理不善、市场竞争过于激烈,或消费者的需求偏好发生了变化,会造成产品严重积压、资金难以周转,而陷入生存的困境。为了避免破产,出清存货使生产继续,企业必须制定较低价格,只求能收回变动成本或部分固定成本即可,即以保本价或亏本价出售产品,使企业可以维持下去寻求新的转机。由此可见,这种定价目标只是一种权宜之计,企业必须进一步调查市场,做出经营策略的其他调整,才能使企业根本走出困境。

## 二、定价方法

企业的定价方法是指企业在特定的定价目标指导下,依据产品生产成本、市场需求情况及竞争状况等影响价格的因素,运用价格决策理论,确定产品价格的具体方法。定价方法主要有成本导向、顾客导向和竞争导向三种主要类型。

### (一)成本导向定价法

成本导向定价法是指以产品单位成本为依据,加上预期利润,分别从不同角度来确定对企业最有利价格的方法。这种确定价格的方法由于比较简便,而且能够确保企业一定的利润水平,较好地确保企业的生存和发展,因而成为企业最普遍、最基本、最常用的定价方法。以成本为导向的定价法主要有总成本加成定价法、目标收益定价法、边际贡献定价法、盈亏平衡定价法等几种具体方法。

1. 总成本加成定价法。在这种定价方法下,首先要通过成本计算确定单位产品的总成本,在此基础上加上一定比例的目标利润,作为单位产品价格。其计算公式为：

$$单位产品价格 = 单位产品总成本 + 单位产品目标利润$$

例如，某彩电生产厂生产 3 000 台电视机，总固定成本 600 万元，每台彩电的变动成本为 1 000 元，确定的目标利润率为 25%。则采用总成本加成定价法确定价格的过程如下：

计算单位产品固定成本：6 000 000 元 ÷ 3 000 = 2 000 元

计算单位产品总成本：2 000 元 + 1 000 元 = 3 000 元

计算单位产品目标利润：3 000 元 × 25% = 750 元

计算单位产品价格：3 000 元 + 750 元 = 3 750 元

采用成本加成定价法，确定一个合理的利润水平是关键，而成本利润的确定，必须考虑市场环境、行业特点等多种因素。用这种方法进行产品定价，因为成本资料直接可得，所以计算起来比较简单、方便，而且对买卖双方来说也相对公平。它的适用范围比较广泛，一般在租赁业、建筑业、农业、服务业、科研项目投资以及批发零售企业中得到广泛的应用。而且许多企业即使不用这种方法定价，也常常用这种方法制定出的价格作为参考价格。

2. 目标收益定价法。指企业根据产品生产总成本和计划的总销售量，加上按目标收益率确定的目标利润额作为定价基础的一种方法。其计算公式为：

$$单位产品价格 = [总成本 \times (1 + 成本利润率)] \div 总销售量$$

假设上例中建设彩电厂的投资回收期为 5 年，则采用目标收益定价法确定价格的基本步骤为：

确定目标收益率：目标收益率 = 1/投资回收期 × 100% = 1/5 × 100% = 20%

计算变动成本总额：1 000 × 3 000 元 = 3 000 000 元

计算总成本：6 000 000 元 + 3 000 000 元 = 9 000 000 元

计算单位产品价格：[9 000 000 元 × (1 + 20%)] ÷ 3 000 = 3 600 元

与成本加成定价法相类似，目标收益定价法也是从保证生产者的利益出发来制定产品的价格。这种方法有利于加强企业管理的计划性，可较好地实现投资回收计划。但这种方法要求较高，企业必须有较强的计划能力，必须测算好销售价格与期望销售量之间的关系，避免出现确定了价格而销售量达不到预期目标的被动情况。目前，在市场上需求量比较稳定的大型制造业、产品价格弹性小且供不应求的企业，或市场占有率高、具有垄断性的一些行业，如大型公用事业、劳务工程和服务项目等，经常采用目标收益法制定产品的价格。

3. 边际贡献定价法。指企业每多出售一单位商品而使总收益增加的金额，它可以用总销售收入减去变动成本后的余额来计算。边际贡献定价法是一种只计算变动成本，暂不计算固定成本，以预期的边际贡献来适当补偿固定成本并获得利润的价格计算方法。其价格的计算公式为：

$$单位产品价格 = 单位变动成本 + 单位产品边际贡献$$

例如，某企业的年固定成本为 90 000 元，每件产品的单位变动成本为 50 元，计划边际贡献为 60 000 元，当销量预计为 3 000 件时，其价格应定为：

50 元 + 60 000 元 ÷ 3 000 = 50 元 + 20 元 = 70 元

边际贡献定价法一般是在市场竞争激烈时,企业为迅速开拓市场而采用的较灵活的定价方法。如果面对特殊的市场状况,企业采用成本加成定价法,必然使价格太高而影响销售,出现产品积压。而企业在自己的产品必须降低价格出售时,利用边际贡献计算价格就显得比较简便,因为只要售价不低于变动成本,那么生产还可以维持,如果售价低于变动成本,生产越多,亏损越多。

4. 盈亏平衡定价法。指在预测商品销售量和已知固定成本、变动成本的前提下,通过求出商品盈亏平衡点来制定商品价格的方法。这是一种侧重于保本经营的定价方法,因此,常在企业经营不景气,或者将要转产的产品适用。这种定价方法的计算公式为:

盈亏平衡点价格 = 固定总成本 ÷ 销售量 + 单位变动成本

例如,某企业的年固定成本为 90 000 元,每件产品的单位变动成本为 50 元,如果销量为 3 000 件时,其盈亏平衡点的价格应是:

90 000 元 ÷ 3 000 + 50 元 = 30 元 + 50 元 = 80 元

当然,企业在实际经营中如果以盈亏平衡点价格为基础,然后再加上单位产品的目标利润也可以确定一个较好的市场价格。这样做的理论基础与成本加成定价法一样。

### (二) 顾客导向定价法

顾客导向定价法是以顾客需求和可能接受的价格作为定价依据的定价方法。该方法虽不能完全排除成本因素,但成本不是产品定价的基本出发点。成本导向定价法的逻辑关系是:成本 + 利润 + 税金 = 价格;而需求导向定价法的逻辑关系是:价格 - 税金 - 利润 = 成本。需求导向定价法在具体运用中,有以下几种具体方法:

1. 认知价值定价法。又称理解价值定价法,即企业根据顾客对产品的认知价值来制定价格。这种方法的关键在于企业对顾客理解的价值有正确的估计,企业如果过高地估计认知价值,便会定出偏高的价格;相反,如果过低地估计认知价值,则会定出偏低的价格。因此,企业必须进行市场调查和研究,准确地把握市场的认知价值,并以此为依据确定产品的价格。

2. 反向定价法。指根据顾客能够接受的最终销售价格,计算自己从事经营的成本和利润后,逆向推出产品的批发价和零售价。这种方法不以实际成本为主要依据,而是以市场需求为定价出发点,力求使价格为顾客所接受。分销渠道中的批发商和零售商常采用这种定价方法。

3. 差别定价法。指企业根据顾客的购买能力,对产品的需求状况、产品的型号及式样、购买时间和地点的不同,对同一产品定出不同的价格。这是一种较为灵活的定价方法,具体可分为以下几种:

(1) 地点差价。即同一产品,在不同地点销售,制定不同的价格。如同种饮料在舞厅的售价要高于一般饮食店。

(2) 时间差价。即同一产品,在不同的时期、季节销售,制定不同的价格。如宾馆客房的价格在旺季要比淡季价格高。

(3) 款式差价。即对同类产品中的不同款式、型号、花色等,制定不同价格。如在世界杯期间,标有会徽或吉祥物的产品,其价格比其他无标记的同类产品要高出许多。

（4）顾客差价。即同一产品，对不同的顾客，制定不同的价格。如对批发商和零售商制定不同的价格，对新顾客和老顾客制定不同的价格。

## （三）竞争导向定价法

在激烈的竞争市场上，企业竞争对手的价格往往对自身产品定价有直接影响。竞争导向定价法是指企业通过研究竞争对手的生产条件、服务状况、价格水平等因素，依据自身的竞争实力，参考成本和供求状况来确定同类产品的价格。其特点是：产品价格与生产成本和市场需求不发生直接关系，而与竞争者的价格密切相关。如果市场上竞争者的价格发生变动，企业则相应地调整其产品价格。竞争导向定价法主要有以下几种形式：

1. 随行就市定价法。在竞争的市场条件下，任何一家企业都无法凭借自己的实力在市场上取得绝对的优势，为了避免价格竞争给企业带来损失，大多数企业都采用随行就市定价法，即企业将某种产品价格保持在市场平均价格水平上，利用这样的价格来获得平均报酬。这种定价方法充分利用了行业的集体智慧，有利于协调企业与同行业其他企业的关系，促进行业成长。在实践中，随行就市定价法有两种形式：一种是行业内各个企业都无权决定价格，而是通过市场的反复调整，企业之间逐渐取得一种默契而将价格保持在一定的水平；另一种是由某一部门或行业的少数几个大企业首先定价，其他企业参考定价或追随定价。

2. 主动竞争定价法。如果企业销售的产品有自己的显著特征，如有独特的性能、驰名的商标、良好的服务等，虽然市场有众多销售同类产品的竞争者，但由于产品的差异性，顾客能有所区别而加以选择，此时企业对自己产品就有一定的控制权，在一定程度上可以根据自己的策略进行定价。这时企业的产品价格可以高于竞争者、低于竞争者、等于竞争者。

这是一种进攻性的定价方法。这种定价方法的运用，要求企业必须具备一定的实力。如果企业产品在各方面都不占优势，则竞争对手的价格就是本企业产品价格的上限；如果企业产品自身有很高的信誉，质量优于竞争者的产品，则应实行优质优价，定价可高于竞争对手的价格。

3. 投标定价法。即由投标竞争的方式确定商品价格的方法。具体来讲就是：在商品或劳务交易中，由招标人发出招标公告，投标人竞争投标，密封定价，招标人从中择优选定价格。投标企业的投标价格是通过对竞争对手的报价确定的，而不是自己的成本或市场需求确定的。企业参加投标的目的就是为了中标，所以它的报价应低于竞争对手的报价。一般而言，报价高，利润大，但中标机会就小，如果因价高而导致不能中标，则利润为零；反之，报价低，中标机会大，但利润小，其机会成本可能要大于其他投资方向。因此，报价时既要考虑实现企业目标利润，也要结合竞争状况考虑中标概率。企业最佳报价应是期望利润达到最高水平的价格，这里期望利润是指企业目标利润与中标概率的乘积。实际工作中，运用这种方法最大的困难在于估计中标概率。一般只能通过市场调查及对过去投标资料的分析，大致估计。

4. 拍卖定价法。即由卖方预先发布公告，展出拍卖物品，买方预先看货，在规定时间公开拍卖，卖方通过拍卖市场公开叫价和买方竞争，将商品售给出价最高者的一种定价方法。这种定价方法的运用目前有越来越广的趋势，它适用于成本与价值难以确定，需求程度强烈的物品，如文物、古董、名人字画、旧货、土地等。

**【阅读与思考】**

### 看太姆公司如何定价

销售作为企业运作的最后一个环节，对企业的命运影响巨大，所有其他环节的风险也聚集到这儿，稍有不慎，便有可能被风浪吞噬。仔细研究销售中可能遇到的风险，并认真对待，是企业家称心如意地"嫁"出"美娇娘"的保证。尤其是价格问题，价格是任何一个消费者在决定是否购买某产品时都会考虑到的因素，它是构成一个好的营销计划的重要一环。

在哈佛商学院市场营销管理学课程中，要经常讨论不同的价格策略，使其最佳地适应成本结构和长期经管，以实现公司的利润目标。在讨论、确定产品最优价格的问题之前，学生们必须考虑可能的价格范围。最低定价选择是公司制造某种产品的最低成本。如果为了具有竞争力而必须进一步降价，那么该产品就应退出市场。最高的可能价格是目标消费者对某项产品的"可接受价格"，比这更高助价格将会导致极低的销售额。

美国太姆手表公司以生产廉价表而著称于世，虽然是实行低价销售，但也创造了丰厚的利润。许多消费者这样认为：价廉而物美。

对于一些价格低的商品，有的消费者认为，便宜无好货。当您戴上太姆公司生产的手表时，保PR会惊叹物美价廉。美国太姆公司1950年开始生产手表，当时手表市场激战正酣，强手如林，像这样一个名不见经传的小公司要在竞争中杀出一条生路，开辟和扩大自己的市场，想来确实不易。但是，太姆公司成功了。

由于手表的需求弹性大，市场潜力也较大，市场上高档表多而低价表少，如果能采取较低的价格，相信容易进入市场、扩大销路。因此，公司在长达几十年的经营中，一直坚定不移地对新产品采取低价策略，不断以低价向市场推出自己的新产品。

产品创新的目的，就是要进入市场、扩大市场。因此，产品如何定价是十分关键的，多数企业都为产品定以低价，去促使多销、快销。有的甚至在开始不惜不要一分盈利，也要以惊人的低价去争取消费者、击败竞争对手，在市场对其产品了解之后，再恢复其盈利价格。一般来说，新产品刚进入市场，消费者对其了解、信任不够，持观望、谨慎态度，企业除了大力宣传、促销之外，以低廉的价格去吸引消费者购买，销量会大增。

太姆公司在20世纪50年代还是默默无闻，60年代便在国内市场上站稳了脚跟，70年代已成为世界闻名的手表制造公司，依靠的就是低价销售。如果想产品销量大、企业生产扩大，不妨也学学太姆公司。当然，还得在产品质量过得硬的前提下方可。

（资料来源：周明主编．哈佛经典教案．）

思考：太姆公司采用何种定价方法？其依据是什么？

# 任务3　价格策略

定价策略是为实现企业定价目标在特定的经营环境下采取的定价方针和价格竞争方式。在市场竞争中，企业要依据成本、竞争和需求等因素决定产品价格的主要因素，选择不同的定价方法，确定产品的价格。

【相关链接】

> 诺贝尔经济学奖获得者、美国著名价格理论家乔治·斯蒂格勒指出："价格已成为经营战的一把利器，可以克敌，也可以伤己。"

## 一、新产品定价策略

新产品价格是指产品处于介绍期的价格。新产品定价是否合理，关系到新产品的开发与推广。这种定价的难点在于预先无法确定消费者对新产品的理解价值。如果价格定高了，消费者就会难以接受，影响新产品顺利进入市场；如果定价低了，则会影响企业效益。常见的新产品定价策略主要有以下几种形式。

### （一）撇脂定价策略

新产品进入市场时，需求弹性小，竞争对手少，企业有意将产品价格定得较高，力求短期内获取厚利，尽快收回投资，然后随着销量的扩大、成本的降低，再逐步降低价格。这一定价策略就像从牛奶中撇取奶油一样，取其精华，所以称为"撇脂定价"策略。例如，圆珠笔1945年在美国市场上出现时，属于全新产品，成本当时仅有0.5美元一支，可是生产者雷诺公司却利用了广告宣传和消费者的求新求异心理，以每支10美元的价格卖给零售商，零售商又以每支20美元的价格卖给了消费者。尽管价格比较高昂，人们仍然争相购买。后来，其他厂商见利眼红，蜂拥而上，产品成本下降到0.10美元一支，市场零售价也仅卖到0.70美元，但此时雷诺公司早已大赚了一把。

1. 撇脂定价策略的优点

（1）利用高价产生的厚利，企业能够在新产品上市之初迅速地收回投资，赚得利润，减少投资的风险，而且企业还可以用高额的利润作为生产资金，进一步扩大生产规模。

（2）新产品在上市之初，消费者对其还没有产生理性的认识，此时的购买动机多属于求新求奇。利用这一心理，企业通过制定较高的价格，可以提高产品的身份，使产品形成一种高价、优质、名牌的市场印象。

（3）企业先利用较高的价格将新产品介绍到市场上，待其进入产品的成熟期以后就拥有了较大的调价空间。这样企业不仅可以保持自己的竞争力，而且还可以在现有的目标市场上吸引更多的顾客。

2. 撇脂定价策略的缺点

(1) 高价产品的需求规模有限，过高的价格不利于企业进行市场开拓。

(2) 高价厚利会导致竞争者的大量涌入，仿制品、替代品迅速出现，会使价格暴跌，影响企业新产品形象。

(3) 产品价格远远高于价值，在某种程度上损害了消费者利益，如果企业处置不当，就会影响企业的长期发展。

### （二）渗透定价策略

渗透定价策略是与撇脂定价相反的一种定价策略，即在新产品上市之初将价格定得较低，甚至于低于产品成本，以吸引大量的购买者，迅速占领市场，取得较高的市场占有率。这种定价策略适用于需求价格弹性较大、生产和分销成本随产量和销量的扩大而降低、有潜在市场规模的产品。采用渗透定价策略，企业无疑只能赚取微薄利润，而且还有可能会给消费者造成新产品档次较低的印象，这是渗透定价的弱点。但是，由于价格低廉，新产品却能迅速为市场所接受，销路扩大、产量增加，企业的生产成本会逐渐下降，而且微利也阻止了竞争者的进入，可以增强企业的市场竞争力。

### （三）温和定价策略

温和定价策略也叫满意定价策略或君子定价策略，是指新产品上市后，按照企业的正常成本、税金和一般利润，制定出中等价格，使企业既能获得一般利润，又能吸引购买，赢得顾客的好感。这种定价策略既不是利用高价获取高额利润，也不是依据低价占领市场，它介于"撇脂定价"和"渗透定价"之间，避免了过高或过低价格的不足，因此，当不存在适合撇脂定价或渗透定价的环境时，企业一般采取温和定价。

## 二、差别定价策略

差别定价策略是指企业根据销售场所、时间、顾客等因素的不同情况，对同一产品采取不同的定价策略。它主要有以下几种形式：

1. 地区差价策略。同一产品在不同地区销售，所定价格不同的策略即为地区差价策略。具体有两种情况：一是根据商品销售地区距离远近、支付运费的大小相应加价，使销地价格大于产地价格；另一种是从开拓外地市场着眼，使销地价格低于产地价格，让商品在销地广泛渗透、站稳市场。

2. 分级差价策略。指企业对同一类产品进行挑选整理，分成若干级别，各级之间保持一定价格差额的策略。这种策略便于顾客选购，以满足不同层次的消费需求。

3. 品牌差价策略。指同品种的商品由于品牌不同而定价有别的策略。例如，当企业的同类产品中的某一品牌已成为名牌，在消费者中已建立了信任感，其销售价格就可以定得略高于其他一般品牌的商品。采取差别定价策略，企业的市场必须是可以细分的，而且各个细分市场须表现出不同的需求程度，差别定价的幅度才不会引起顾客的反感。

## 三、折扣与让利定价策略

折让定价是指企业为了调动各类中间商和其他用户购买产品的积极性，对基本价格做出一定的让步，直接或间接降低价格，以争取顾客，扩大销售的定价策略。其中，直接折扣的形式有数量折扣、现金折扣、功能折扣、季节折扣等；间接折扣的形式有回扣和津贴。

1. 数量折扣。指卖方根据买方购买数量的多少，分别给予不同的折扣，购买数量愈大，折扣愈高，买方获利也越多。其目的是鼓励大量购买，或集中向本企业购买。数量折扣包括累计数量折扣和一次性数量折扣两种形式。累计数量折扣是指顾客在一定时间内，购买商品若达到一定数量或金额，则按其总量给予一定折扣，其目的是鼓励顾客经常向本企业购买，成为可信赖的长期客户。一次性数量折扣是指一次购买某种产品达到一定数量或购买多种产品达到一定金额，则给予折扣优惠，其目的是鼓励顾客大批量购买，促进产品多销、快销。

2. 现金折扣。现金折扣是对在规定的时间内提前付款或用现金交易的顾客所给予的一种价格折扣。其目的是鼓励顾客按期或提前付款，加速企业资金周转，降低销售费用，减少经营风险。采用现金折扣一般要考虑折扣的比例、给予折扣的时间限制以及付清全部货款的期限。这种定价策略适用于价格昂贵的耐用消费品，尤其适用于采取分期付款的商品。

3. 功能折扣。也叫交易折扣，是指根据中间商在产品分销过程中所承担的责任大小、风险差异、功能的不同而给予不同的折扣。折扣的多少，主要依据中间商在分销渠道中的地位、购买批量、完成的促销功能、承担的风险、服务水平以及产品在市场上的最终售价等等。功能折扣的结果是形成购销差价和批零差价。其主要目的是鼓励中间商大批量订货，扩大销售，与生产企业建立长期、稳定的合作关系，并对中间商经营企业有关产品的花费进行补偿，让中间商有一定的盈利。

4. 季节折扣。指经营季节性商品的企业向销售淡季来购买的顾客所给予的一定价格折扣。这种定价策略可以有效地调节供需矛盾，减轻企业仓储压力，加速资金周转，使企业的生产和销售在一年四季保持相对的稳定。它主要适用于一些季节性较强的商品。例如，啤酒生产厂家对在冬季进货的商业单位给予大幅度让利，羽绒服生产企业则在夏季对购买其产品的客户提供很多折扣。

【阅读材料】

### 蒙玛公司的"无积压商品"

意大利蒙玛公司以"无积压商品"而闻名，其秘诀之一就是对时装销售实行分段定价。它规定新时装上市，以3天为一轮，凡一套时装以定价卖出，每隔一轮按原价削价10%出售，以此类推，那么到10轮（一个月）之后，蒙玛公司的时装价就削到了只剩35%左右的成本价了。这时的时装，蒙玛公司就以成本价售出。时装上市一个月，价格已跌到1/3，谁还不来买？所以一卖即空。蒙玛公司最后结算，赚钱比其他时装公司多，又没有积货的损失。

(王志荣. 巧玩价格魔方 [J]. 中外管理.)

## 四、心理定价策略

市场上每一件产品都能满足消费者某一方面的需求。其价值与消费者的心理感受有着很大的关系。这就使得企业在定价时可以利用消费者的心理因素,采取不同的定价技巧,有意识地将产品价格定得高些或低些,以满足消费者生理的和心理的、物质的和精神的多方面需求。而企业通过消费者对产品的偏爱或忠诚,可以扩大销售,获得最大效益。常用的心理定价策略有以下几种形式。

### (一)尾数定价策略

尾数定价策略又称"非整数定价",是指企业利用消费者求廉的心理,制定非整数价格,而且常常以奇数做尾数,尽可能让价格不进位。比如宁取 2.97 元,而不定 3 元;宁定 19.90 元,而不定 20 元,这在直观上可以促使消费者对价格产生认同,激发消费者的购买欲望,促进产品销售。总体上说,使用尾数定价可以使价格在消费者心中产生便宜、精确的特殊效果。

【相关链接】

> 美国商业心理学家经过研究认为,单位商品价格 5 元以下尾数为 9 最受欢迎,5 元以上尾数为 9、5 更好。

### (二)声望定价策略

声望定价策略是指根据产品在消费者心中的声望、信任度和社会地位来确定价格的一种定价策略。声望定价可以满足某些消费者的特殊欲望,如对身份、地位、财富以及自我形象等方面的虚荣心理;企业还可以通过高价格显示其产品的名贵品质。因此,这一策略适用于一些传统的名优产品、具有历史地位的民族特色产品,以及知名度高、有较大市场影响、深受市场欢迎的驰名商标。

### (三)招徕定价策略

一般来说,顾客都有以低于一般市价的价格买到同质商品的心理要求。企业抓住顾客这一心理,可特意将商品价格定得略低于同行生产者和经营者的价格,以招徕顾客,引导其好奇心理和购买行为,并带动其他价格比较正常的商品的销售,这种策略称为招徕定价策略。这一定价策略常为综合性百货商店、超级市场,甚至高档商品的专卖店所采用。

但是用于招徕的降价品,不同于低劣、过时的商品,"招徕"的商品必须是品种新、质量优的适销产品,而不能是处理品。否则,不仅达不到招徕顾客的目的,反而会使企业声誉受损。

## 五、产品组合定价策略

为了满足不同类型顾客的多种需求,企业往往同时生产经营不同类别的产品。在实施定价策略时,就要综合考虑产品组合内部各种类、各相关产品的定价,以谋求整体产品组合的最大利润。

1. 产品线定价。通常,企业开发出来的是产品线,而不是单一的产品。当企业生产的系列产品存在需求和成本的内在关联性时，为了充分发挥这种内在关联性的积极效应，定价时企业必须考虑各种产品间的成本差距、顾客对产品不同特点的评价、产品间的相互替代程度和竞争者同类产品的价格水平等，以决定产品线上各种产品之间的价格等级。一般来讲，产品线上两种产品之间的价格差异愈小，购买其中较高级产品的顾客就愈多，而且，如果成本差异小于价格差异的话，则会使企业获取的利润愈多。反之，如果两个产品之间的价格差异愈大，则购买其中较差产品的顾客就愈多，如果其成本差异大于价格差异的话，则会使企业获取的利润愈少。许多企业为产品线的产品定价时，常常事先确定好价格点，让顾客根据自己的喜好来选择产品。例如，时装店可能经营三种价格档次的女士服装：300 元、500 元、800 元。顾客会从这三个价格点上联想到高、中、低三种不同质量水平的服装，并且顾客会按照自己偏爱的价格点来购买服装。这时，企业的任务就是确立认知质量差异，以使价格差异合理化。

2. 选择品定价。许多企业在提供主要产品的同时，还会附带一些可供选择的产品或特征。但是对选择品的定价却是个棘手的问题，例如，饭店提供饭菜与酒，并必须对这些选择品定价。许多饭店的酒价很高，而食品的价格相对较低，食品收入可以弥补食品的成本和饭店的其他成本，而酒类则可以带来利润。这就是为什么服务员要力图说服顾客买酒喝；也有的饭店会将酒价定得较低，而对食品制定高价，以引来一大群好喝酒的人。

3. 补充产品定价。补充产品又称互补产品或连带产品，是指必须与主产品一同使用的产品，如胶卷、剃须刀等。企业定价时往往把主要产品价格定得低一些，获利低一些，而把其配套使用的产品定价高一些，利润丰厚一些。例如，吉利公司曾将吉利剃须刀架的价格定得较低，微利甚至无利销售，而通过高价销售吉利刀片获取整体效益。

4. 分部定价。服务性企业常常先向顾客收取固定费用，再加上可变的使用费。如出租车一般都有起步价，如果行驶路程超过起步价，则再加上超过公里数的计价；以前，电话用户每个月要付月租费，在此基础上还要支付按使用次数与时间增收的另一笔费用。分部定价面临着和补充产品定价同样的问题，即固定费用收多少？可变使用费收多少？一般而言，固定费用应该较低，以便吸引顾客使用该服务项目，并通过可变使用费获取利润。

5. 副产品定价。有些产品（如石化产品）在加工过程中，经常会产生副产品。如果副产品没有价值，而且在处理它们时花费很多的话，就会影响到主产品的定价。主产品的价格必须能够弥补副产品的处理费用。如果副产品对某些顾客群体有价值，必须根据其价值定价。副产品如果能带来收入，将有助于企业在迫于竞争压力时，对主产品制定较低的价格。

6. 产品系列定价。指企业将一组产品组合在一起，降低价格销售。这一组合产品的价格，低于单独购买其中每一产品的费用总和。顾客本来并无意购买组合中的全部产品，但由于这一组合的价格能给顾客节约相当可观的金额，因此就能吸引顾客购买。

### 六、商业信用价格策略

商业信用是指企业之间以赊销、预付形式提供的，与商品交易直接联系的一种信用购货方式，它是市场经济高度发展的必然产物。商业信用与折扣不同，它不存在让价的百分比，但又与价格有着联系。商业信用形式有以下两种。

1. 赊销。赊销是商业信用的一种主要形式，它是一种短期信用，卖方不向买方收取其他费用，但在规定期限内必须付清货款。这样，给买方一定的融通资金的时间。这种信用方式，作为债权人的卖方要付出一定的代价，但在市场竞争中，采用这种竞争形式能够吸引顾客购买。

2. 分期付款。指对一些价值大、生产周期长的产品，要求购买者首期支付一定预订金，其余货款分若干期支付的一种销售方式。预订金一般为货款的10%左右，它的性质仍然是一种现汇交易。分期付款在国外是一种非常流行的购物方式，特别是价值较大的耐用品，如汽车、家用电脑、住房等。采用这种方式，实质上也等于给购买者一定优惠，企业可以吸引潜在购买者，加快商品流通。采用分期付款是建立在买卖双方互相了解基础上的一种高级信用交易方式，在房地产市场上广泛采用。

【阅读与思考】

#### 格兰仕的价格领先策略

**1. 现有营销战略分析**

无战略，则无策略。公司要选择合适的营销策略，应考虑多种因素，其核心因素是竞争战略。

分析格兰仕公司在微波炉市场的十年激战历程，可定义其核心竞争力为：制造成本领先优势。格兰仕公司通过整合国际资源，切入微波炉国际价值链中的生产环节，成为微波炉市场的领导者。

在保持优势价格的前提下，格兰仕公司同时注重质量和服务，从而稳步扩大市场份额，在2001年取得了微波炉国内市场占有率70%、国际市场占有率35%的业绩。由此可分析出，格兰仕公司现有的营销战略可用六个字概括："低价格，高质量"。

沃尔玛对大量品种商品低价销售，同时提供杰出的服务和保证，成为世界上最大的零售商。

美国西南航空公司的机票价格是竞争对手的1/3，提供同样舒适的飞行和出色的服务，它成为美国唯一盈利的航空公司。

格兰仕公司杀进了空调市场，但是核心竞争力非一朝一夕可以建立，短期内不可能发生变化。格兰仕公司唯有在现有的营销战略上进行营销策略的调整，以适应空调市场竞争的不同特点。仅仅做营销策略调整是否能适应空调市场的竞争呢？下面进行具体分析。

**2. 新营销策略分析**

（1）空调市场及竞争分析。对比格兰仕公司切入微波炉市场与切入空调市场时的不同市场特征可以发现，前者处于市场开发期，而后者处于市场成熟期。

看一下2000年空调产量比例的情况，空调市场品牌众多，但是各自占有份额相差不大，无一家超过20%。这一方面说明没有行业巨鳄，另一方面说明市场竞争激烈。

（2）空调消费者行为分析。根据麦肯锡公司对中国空调市场消费者的调查分析，得出如下结论：

在格兰仕公司的整体营销策略模型中，它必须以价格领先策略为核心，其他策略紧紧围绕并支持这一核心策略展开的价格战。

### 3. 新旧营销策略实施比较

价格领先策略为核心策略，其本质为：始终通过降价保持与竞争者的价格优势，同时保持认知价值。其直接后果为：市场份额扩大，短期利润下降。

核心策略能够得到执行，必须依靠后几种营销策略的具体实施。同时企业的营销优势在很大程度上取决于营销策略组合的优势，而不是单个策略的运用。

乍看上去，这些策略与微波炉时代的营销策略并无不同。下面分别对比格兰仕公司在新旧营销策略实施中的差异。

（1）成本优势策略。为了使纯粹的正面进攻能够成功，格兰仕公司必须要有超过竞争者的实力优势。格兰仕公司必须大量投资在降低生产成本的研究上，保证在成本上与竞争者拉开差距。具体做法为：降低制造成本：通过有效的材料采购、制造分工、制造流程来取得制造成本优势；利用经营范围来降低成本：不宜在中短期内进一步扩张到其他领域（除非是可以最大化利用公司共同资源的新产品领域，可以分摊空调的成本，关键就是管理者要能够发现哪些产品之间是可以共享成本的）；利用经验节约成本：快速移植在微波炉领域的制造及营销经验，了解如何能够有效地组织生产空调；通过削减不当开支降低成本：管理、销售、研发的成本必须得到控制，一切的资源分配都必须围绕营销策略核心进行。

（2）质量与服务策略。格兰仕公司应在产品成本与产品质量、服务之间仔细权衡：

① 需要仔细分析不同细分市场消费者的购买影响因素的比重，推出不同质量标准的产品。当然，仍需要最低质量保证，其应介于成本与质量的平衡点。

② 将不同档次的空调与服务拆开出售，但是需保证初次服务的品质。空调行业的初次服务对消费者而言异常重要。

（3）区域市场拓展策略。区域市场拓展上，格兰仕公司利用已有的国际营销网将中低档的格兰仕空调输送到非发达国家，同时将国内的销售重心放在中小城市上，这样有利于规模的提升。

### 4. 营销策略风险控制

在市场成熟期实施价格领先为核心的营销策略无疑有相当大的市场风险。

（1）低质量误区。消费者会认为售价低的产品质量低于售价高的竞争者的产品质量。要建立起超值概念品牌定位，树立"高价值，低价格"的品牌形象。

（2）脆弱的市场占有率误区。低价能买到市场占有率，但是买不到市场的忠诚，顾客会转向另一个价格更低的公司。因此，格兰仕公司需要将保持成本优势放在投资的首位。

（3）钱袋误区。因为售价高的竞争者具有深厚的现金储备，他们也能降价并能持续更长时间，因此必须要引入国际有实力的投资者，建立战略同盟。

(4) 最初投入建立生产线时，竞争对手可能会加大生产技术的研发投入来获得更低的成本。因此一开始建立生产线时就要建立最低生产成本的新标准。

(5) 成熟期失去市场份额则意味着绝对的销售量下降。由于已经投资建造了一定的生产能力，竞争者一般会坚守自己的市场份额，以避免淹没在"沉没成本"中，因此几大巨头的反应将会十分激烈。格兰仕公司要能迅速建立起超规模效益的制造中心抵抗即将产生的价格战。

（资料来源：市场营销，2003，3.）

思考：
1. 格兰仕公司价格领先策略的基础是什么？
2. 格兰仕公司的营销策略包含了哪些内容？

# 任务4　价格调整

在生产和经营过程中，企业和竞争者都会面对不断变化的环境而调整产品的价格，并可能由此引发一系列的价格竞争。企业应该在什么时候调整产品价格？是提价还是降价？顾客和竞争对手将会做出什么反应？对竞争对手的调价应采取什么对策？这些都是企业必须要考虑的问题。

## 一、企业主动调价

### （一）企业降价

在以下情况下，企业会主动降价：企业的生产能力过剩，市场上商品又供过于求，企业需要扩大销售，但又不能通过改进和加强销售工作来扩大销售；在强大竞争对手的压力下，企业的市场占有率下降，为了保持或扩大市场的份额，企业也会主动降价；企业的成本费用比竞争对手低，企图通过降价来控制市场或提高市场占有率，从而扩大生产和销售量，进一步降低成本费用；当经济衰退时，顾客一般不愿意购买高价格的产品，此时，企业也会主动降价。

### （二）企业提价

尽管提价会引起顾客、经销商和企业推销人员的不满，但成功的提价措施，可以大幅度增加企业的利润。在下述情况下，企业可以提价：由于通货膨胀，物价上涨，造成企业成本上升；企业产品供不应求，不能满足其所有顾客的需求。

企业在决定提价时，还必须考虑是一次性大幅度提价，还是多次小幅度提价。同时，为了减少顾客的不满，企业还应当尽可能向顾客说明提价的原因，并帮助顾客寻找节约的途径。

## 二、企业被动调价

有时企业调整价格是出于应付竞争的需要，即竞争对手主动调整价格，而企业也相应地被动调整价格。在同质产品市场上如果竞争者降价，作为跟随者的企业也要随之降价，不然消费者就会购买竞争者的产品。如果竞争者提价，一般来说，这不会给企业带来什么威胁，企业可以保持价格不动，也可以提价，但提价幅度不能超过竞争者的提价幅度。

### 三、顾客对企业调价的反应

对企业调价最敏感的是顾客，顾客对企业调价的反应是多种多样的。当企业降价时，顾客可能做出的有利反应是：企业让利于顾客。不利的反应是：产品可能要被新产品所替代；该产品有缺陷；企业财务出现困难，可能难以持续经营下去；产品价格还将继续下跌；这种产品的质量下降了；等等。

当企业提价时，顾客也会做出各种反应。有利的反应是：企业产品质量提高了，价格自然应该提高；该产品畅销，供不应求，价格可能还会继续上升；这种产品很有价值；等等。不利的反应是：企业想通过提价获取更多的利润。

一般而言，顾客对价值高低不同产品的价格的反应有所不同。对于价值高、经常购买的产品的价格变动比较敏感；而对于价值低、不经常购买的产品，即使单位价格较高，顾客也不太注意。此外，顾客虽然关心产品价格变动，但是通常更关心取得、使用和维修产品的总费用。因此，如果企业能使顾客相信某种产品取得、使用和维修的总费用较低，那么，它就可以把这种产品的价格定得比竞争者高，从而取得较多的利润。

### 四、竞争者对企业调价的反应

在竞争的市场上，企业变动价格能否达到预期的目标，还要看竞争者的反应。这就需要企业调查竞争者的财务状况、销售量与生产能力、顾客忠诚度及企业的营销目标，从中预测出竞争者可能会采取的措施及反应的剧烈程度。如果企业所有的竞争者行为相似，那么就只需对一个典型竞争者做出分析。如果竞争者在经营规模、市场份额或经营风格等方面有关键性的差异，则各个竞争者会做出不同的反应，这时，企业就应分别予以分析。在细致分析的基础上，企业才能最终确定价格调整的幅度和时机。

# 习　题

#### 一、名词解释
1. 需求弹性　　　　　　2. 定价方法　　　　　　3. 撇脂定价
4. 渗透定价　　　　　　5. 温和定价　　　　　　6. 心理定价

#### 二、单项选择题
1. Intel 公司是美国占支配地位的计算机芯片制造商。当他们推出一种新产品时，定价总是比同类产品的低，在销售的第一年他们可能获利很小，但他们很快就把产品打入了市场，第二、三年便会大量销售产品而获利。他们采用的是（　　）定价策略。
   A. 渗透定价　　　　　　　　　B. 撇脂定价

    C. 温和定价　　　　　　　　　　D. 差别定价
2. 在赊销的情况下，卖方为了鼓励买方提前付款，按原价给予一定的折扣，这就是（　　）。
    A. 业务折扣　　　　　　　　　　B. 现金折扣
    C. 季节折扣　　　　　　　　　　D. 数量折扣
3. 理解价值定价法运用的关键是（　　）。
    A. 确定适当的目标利润　　　　　B. 准确了解竞争者的价格
    C. 正确计算产品的单位成本　　　D. 找到比较准确的理解价值
4. 某企业欲运用需求价格弹性理论，通过降低产品价格提高其销售量，一般情况下，这种策略对下列（　　）类产品效果明显。
    A. 产品需求缺乏弹性　　　　　　B. 产品需求富有弹性
    C. 生活必需品　　　　　　　　　D. 名牌产品
5. 市场上有甲、乙两种产品，如果甲产品价格下降引起乙产品需求的增加，那么（　　）。
    A. 甲和乙产品是互替产品　　　　B. 甲和乙产品是互补产品
    C. 甲为低档产品，乙为高档产品　D. 甲为高档产品，乙为低档产品
6. 假定某品牌微波炉单价由800元降至600元，销量由1万台增至1.5万台，则说明该产品的需求价格弹性为（　　）。
    A. 无弹性　　　　　　　　　　　B. 缺乏弹性
    C. 富有弹性　　　　　　　　　　D. 单元弹性
7. 在市场竞争条件下卖主和买主只能是价格的接受者，而不是价格的决定者，这种竞争情况叫作（　　）。
    A. 垄断竞争　　　　　　　　　　B. 寡头竞争
    C. 完全竞争　　　　　　　　　　D. 完全垄断
8. 按照顾客一次购买总量或订购量而给予折扣的方法是（　　）。
    A. 现金折扣　　　　　　　　　　B. 累计折扣
    C. 非累计折扣　　　　　　　　　D. 数量折扣
9. 制造商给某些批发商或零售商的一种折扣是（　　）。
    A. 现金折扣　　　　　　　　　　B. 数量折扣
    C. 功能折扣　　　　　　　　　　D. 季节折扣
10. 在强大竞争者的压力之下，企业的市场占有率（　　），在这种情况下，企业就需考虑降价。
    A. 下降　　　　　　　　　　　　B. 上升
    C. 波动　　　　　　　　　　　　D. 不变

### 三、思考题

1. 企业定价一般包括哪几个步骤？
2. 企业定价主要有哪三类方法？
3. 撇脂定价策略和渗透定价策略各自适用于什么情况？
4. 心理定价策略主要有哪几种？尾数定价策略与整数定价策略的作用有何不同？
5. 相关产品定价策略主要有哪几种？

### 四、案例分析

## 英特尔公司的定价策略

一个分析师曾这样形容英特尔公司的定价政策："这个集成电路巨人每12个月就要推出一种新的、具有更高盈利的微处理器，并把旧的微处理器的价格定在更低的价位上以满足需求。"当

英特尔公司推出一种新的计算机集成电路时,它的定价是 1 000 美元,这个价格使它刚好能占有市场的一定份额。这些新的集成电路能够增加高能级个人电脑和服务器的性能。如果顾客等不及,他们就会在价格较高时去购买。随着销售额的下降及竞争对手推出相似的集成电路对其构成威胁时,英特尔公司就会降低其产品的价格来吸引下一层次对价格敏感的顾客。最终价格跌落到最低水平,每个集成电路仅售 200 美元多一点,使该集成电路成为一个热线大众市场的处理器。通过这种方式,英特尔公司从各个不同的市场中获取了最大量的收入。

分析讨论:
1. 英特尔公司采取的是什么定价策略?
2. 请说出英特尔公司采取这种定价策略取得成功的原因。

# 实训应用

【实训项目】
价格策略。
【实训目的】
熟悉影响企业定价的主要因素,掌握基本的定价方法,学习应用定价的技巧、变价的策略。
【实训指导】
1. 学生对收集到的资料进行分析,写出书面分析意见。
2. 教师除对学生收集的书面分析进行评阅外,还可以组织交流,选择某些较好的分析报告要求学生进行讲评。
【实训组织】
1. 教师向学生给出市场上某行业某类产品的价格竞争现状的基本资料。学生以小组为单位在市场上收集该类产品中相近产品的不同企业的定价情报,并了解存在的问题。
2. 以实际市场情报为依据,为其中的一项产品提出变价的依据,并拟出相应的变价策划方案。
3. 每组学生应写出分析报告,在班内进行交流、展示。
【实训考核】(百分制)
1. 实训准备工作(10 分)。
2. 实训的组织、分配、管理等过程(20 分)。
3. 实训成果汇报及其提交(45 分)。
4. 项目团队成员间的团队合作精神(15 分)。
5. 学生互评,教师点评(10 分)。

# 项目十一
## 制定分销渠道策略

 **任务描述**

在营销"价值链"中,渠道是最难以掌控,也是最富有张力的一个环节。产品、服务、资金、信息和人员等要素都要在这条渠道中流动,以实现其价值增值。但是,由于中间商是独立于企业之外的经济实体,因此对中间商的把握与控制较为困难。本章我们将主要讨论产品分销过程中的相关问题。

 **任务目标**

**知识目标**

1. 了解分销渠道的含义和类型。
2. 掌握分销渠道设计的主要步骤和决策方式。
3. 理解不同类型的批发商和零售商的经营特点。

**能力目标**

1. 能够为企业进行分销渠道结构设计。
2. 能够对某一行业的经营业态构成进行分析,并评估其盈利模式。

 **任务导入**

选择一家企业,了解其分销渠道的设计方式,并分析分销渠道在企业营销中的重要作用。

 **案例导入**

### 欧莱雅收购小护士

2003年12月11日下午2:30,全球最大的化妆品集团巴黎欧莱雅在巴黎和北京同时宣布,欧莱雅集团正式签订了收购中国护肤品牌小护士的协议,这也成为2003年度最引人注目的并购案。

欧莱雅是全球排名第一的化妆品公司,拥有500多个品牌,成功地进入中国的已有巴黎欧莱雅、美宝莲、兰蔻、薇姿等10个品牌，2002年销售额高达1.43亿欧元。

那么，创建只有短短11年的小护士为什么会得到欧莱雅的青睐呢？

**1. 欧莱雅要加强在中国的攻势**

欧莱雅自1997年进入中国以来，销售额在5年之内增长了5倍，业绩颇为惊人。但是，2002年，中国化妆品市场销售总额约为450亿~460亿元人民币，已经跃居亚洲第二位，而欧莱雅的占有率还不到2%，中国市场的销量也只占到集团全球销量的1%。这令这位巨人十分难受，因此，欧莱雅必定要加强在中国的攻势。

**2. 本土品牌国际化是欧莱雅的擅长之道**

欧莱雅集团CEO欧文·林德赛的品牌经营之道，就是擅长在全球各地收购具有发展潜力的区域品牌，其中最著名的案例就是美宝莲·纽约。而欧莱雅进入中国6年来，还没有在中国收购一个本土品牌，这显然不太符合欧莱雅的一贯作风。而纵观目前市场上表现比较好的几个本土品牌，小护士的定位和品牌形象无疑是最"洋气"和最符合欧莱雅的"择偶标准"的。

**3. 最看中小护士完善的大众化渠道**

小护士从创建之初就花大力气构建了覆盖全国的28万个销售网点，与欧莱雅擅长的市场细分、品牌定位和集团渠道细分是完整结合在一起的。目前，欧莱雅集团的高档产品，如兰蔻和赫莲娜等，通过高档百货商店销售，并提供最好的咨询服务；中档产品则通过专业渠道销售，如欧莱雅专业美发产品是通过专业发廊销售，而薇姿和理肤泉则通过专业药房销售；大众产品，如美宝莲和卡尼尔则采取"尽可能方便购买"的策略。小护士的营销渠道可以让美宝莲等大众产品的销路成倍地扩大，这是小护士带给欧莱雅的最好的嫁妆。

（资料来源：互联网，http://business.sohu.com/）

问题引入：

1. 什么是分销？
2. 分销渠道越来越受到重视的原因是什么？

# 任务1　分销渠道的含义与类型

## 一、分销渠道的含义与功能

### （一）分销渠道的含义

管理学中用"渠道"来描述商品流通的过程，认为产品从制造商到消费者经由的这一整条路径构成了分销的轨迹，即分销渠道（Distribution channel）。

国内外学者对分销渠道的概念进行了不同的界定。

根据美国营销协会AMA（American Marketing Association）的定义：分销渠道是指"参与产品所有权转移或商品买卖交易活动的中间商所组成的统一体"。

美国营销学家菲利普·科特勒认为:"大多数生产商都要同营销机构打交道,以便将其产品提供给市场,营销中介机构组成了营销渠道(也称贸易渠道或分销渠道),营销渠道是促使产品或服务顺利地被使用或消费的一整套相互依存的组织。"

因此,在市场营销理论中,出现了两个需要区分的概念,即营销渠道(Marketing Channel)和分销渠道(Distribution channel)。一般来讲,市场营销渠道包括某种产品的供、产、销过程中所有的企业和个人,如资源供应商(Suppliers)、生产者(Producer)、商人中间商(Merchant Middleman)、代理中间商(Agent Middleman)、辅助商(Facilitators)(又译作便利交换和实体分销者,如运输企业、公共货栈、广告代理商、市场研究机构等)以及最后消费者或用户(Ultimate Consumer or Users)等。分销渠道是指商品从生产者向消费者转移过程中,所有取得商品所有权或协助商品所有权转移的组织和个人。分销渠道的起点是生产者,终点是消费者和用户。中间环节包括商人中间商和代理中间商,但不包括资源供应商和辅助商。

而本章将采用分销渠道的概念内涵,从制造商角度出发,研究产品从制造商到分销商再到消费者转移的全过程。

【思考】分销渠道和营销渠道的区别是什么?

### (二) 分销渠道的功能

**1. 销售**

企业通过渠道进行产品销售,这是分销渠道最为基本和有效的功能。渠道成员通过各种促销形式,以合适的价格,在合适的时间和地点将产品卖给消费者,实现产品价值。

**2. 沟通**

分销系统具有沟通产品信息、联系渠道成员之间关系的纽带功能。商品的分销渠道以产品为载体,实现生产商与供应商、中间商、终端消费者之间的相互沟通。

**3. 谈判**

为了转移所供货物的所有权,生产者要就其价格及有关交易条件同中间商达成协议,以实现所有权等的转移。

**4. 融资**

不管是制造商品还是销售商品都需要资金的投入。销售渠道中的中间商为了执行渠道的功能会进行独立的投资,这种投资能使生产厂商很快地回收资金,提高生产厂商的资金使用率。

**5. 承担风险**

中间商在一定程度上承担着产品从生产者转移到消费者的部分风险,如交易风险、需求风险等。

**6. 物品配送**

渠道成员参与负责产品从原料到最终顾客的连续的运输与储存工作。配送中心的物流配送可以满足消费者对物品的及时需求,通过第三方专业物流机构减少企业物流费用,使企业更加专注于生产或销售环节。

7. 服务

分销商能够为最终用户提供相关服务，比如送货、安装、维护、回访、培训等。

【相关链接】

### 分销渠道研究的背景

美国营销专家、教授伯特·罗森布罗姆认为，近年来分销渠道越来越受到重视的原因有以下几个方面。

**1. 企业获得竞争优势更加困难**

随着产品同质化情况的加剧，现在的企业越来越难以通过产品、价格和促销方面的策略获得让竞争者难以模仿的竞争优势。在这种情况下，企业就要转向开发渠道战略以获取新的竞争优势。由于分销渠道战略具有长期性，且渠道生命力是建立在人员关系的基础上的，因此，一个企业的分销渠道战略难以被竞争对手快速模仿。

**2. 分销商权力在快速增长**

过去20年，影响经济增长的力量已经从制造商转变成分销商。强大的零售商扮演着消费市场"把门人"的角色，他们从争取顾客光顾商店的立场出发控制进货渠道，对于产品分销的权力不断在增大。

**3. 减少分销成本的要求**

分销成本常常占据产品最终价格的相当比例。有资料表明，在汽油成本构成中，分销成本、制造成本和原料成本比例分别是28%，19%和53%；在袋装食品成本构成中，三项成本的比例分别是41%，33%和26%。为了削减成本，企业将比过去更加专注于分销渠道的结构和管理。

**4. 提高技术的作用**

新的技术方式在改变生产和营销方式的同时，也在改变产品的销售方式及分销渠道的功能。成千上万的顾客从光顾商店转变成光顾因特网，分销渠道从传统的销售环节转变成信息通道，这迫使企业重新构思分销渠道体系。

## 二、分销渠道的类型

分销渠道系统中制造商与各类中间商之间构成了不同的组织形式，分销渠道按长度和宽度变量可分为不同的类型。

### （一）分销渠道的长度

分销渠道的长度是指产品经历的中间商层次的数目。按照长度来划分，分销渠道可以分为零层渠道（直接渠道）、一级渠道、二级渠道和三级渠道。企业应该根据自身的条件和分销目标确定渠道的长度。

1. 零级渠道。也称直接渠道（图11-1），是指由制造商直接销售给消费者，不经历任何中间商环节，是最短也是最简单直接的分销渠道。零级渠道是工业品分销的主要类型，价格昂贵的原材料、需要直接送货或必须请专家进行安装调试的大型机械设备等，都适宜利用零级渠道来进行销售。直接渠道销售的方式有很多，比较常见的有上门推销，邮购，网络营销、邮购等。

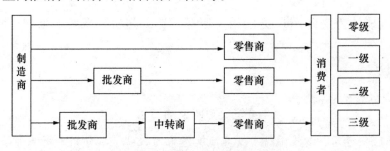

图 11-1　消费品分销渠道层次

2. 一级渠道。只包含一层中间环节，如消费者市场只包含零售商，产业市场中则是销售代理商和中间商。

3. 二级渠道。包括了两层中间环节，如在消费品市场上，往往是批发商和零售商。

4. 三级渠道。包括了三层中间环节，以此类推。但是现实中使用更长渠道策略的企业较少见。

一般来说，我们将零级渠道称为直接渠道，将一级、二级、三级渠道称为间接渠道。通常，渠道环节越多，产品的市场覆盖面越大，中间商优势的转化越明显；但与此同时，生产者对渠道的控制程度就越低，服务水平差异性就越大，对中间商协调的工作量就越大。

### （二）分销渠道的宽度

分销渠道的宽度是指渠道的每个层次中使用同种类型中间商数目的多少。一般而言，分销渠道的宽度大致可以分为三种类型：独家分销、密集分销、选择性分销。

1. 独家分销

独家分销是指生产商在某一地区仅通过一家中间商销售其产品。独家分销属于窄渠道模式。生产者和中间商协商签订的独家分销合同规定：生产商在某个特定市场内，不能再使用其他中间商同时经销其产品，而这家中间商也不能再经销其他竞争者的同类产品。一般而言，名牌服装、高档汽车等特色产品以及农业机械、建筑机械等专用设备，常采用独家分销策略。独家分销可使分销管理工作简单，易于控制，分销商之间竞争程度低，价格和促销控制程度强，渠道冲突表现不明显；但是独家分销市场覆盖面窄，由于无直接的竞争，渠道无活力，厂家过分依赖中间商，容易出现大户问题。因此，选择独家分销模式需要冒较大的管理风险和市场风险。

2. 密集分销

密集分销是指生产商在同一目标市场内，通过尽可能多的批发商、零售商推销其产品。密集分销属于宽渠道模式。市场上，生活日用品（如牙膏、洗衣粉、香皂等）和工业品中的通用机具以及替代性强的产品，适合采用这种宽渠道模式。密集分销的优势是：市场拓展迅速，覆盖面大，顾客接触率高，能够在最短的时间内迅速提高产品的知名度，利用中间商力量充分；采用密集分销的劣势是：厂商控制渠道较难，容易引发渠道冲突。因此，采用密集分销模式的企业必须设计随后的市场治理方案。

3. 选择性分销

选择性分销是指厂家在一个目标市场内精心挑选一家或者几家中间商帮助销售其产品，因此，选择性分销渠道属于组合型渠道模式。生产商根据一定标准，选择几家分销商进行组合，目的在于形成合理分工的高效组合型销售渠道。这类渠道模式适合于消费品中的选购品（家具或汽车）和特殊品（小型汽车、立体音响、高级定制服装），以及工业产品中的零配件销售。这类渠道模式能有效弥补独家分销和密集分销的缺点，但关键问题是对分销商的选择与组合难度较大。

【阅读材料】

### 广州鹰金钱（罐头）集团的目标市场选择分销操作策略

广州鹰金钱（罐头）集团当初进入成都开拓市场时，范经理考虑到大卖场、连锁超市、批发市场、周边分销、特殊通道有各自不同的特点和要求，决定选择一个善于经营商超的经销商负责大卖场、连锁店的分销，选择一个批发市场的批发商负责小店、菜市场的分销以及周边市场的开发，再选择一个善于搞公共关系的客户专门负责开发集团消费和特殊通道的销售。于是找到了三家分销商组成了该企业产品在成都的分销结构，由范经理负责协调。三家经销商分别属于个体、集体和国营，各自具有特点与优势。实践证明，分销渠道的有效组合能够实现公司产品的最有效分销和渠道的最有效管理，当然，也对销售经理的渠道设计及管理协调能力提出挑战。

[资料来源：郑锐洪. 分销渠道管理（第二版）[M]. 大连：大连理工大学出版社，48. ]

# 任务2　分销渠道的设计与构建

## 一、影响分销渠道设计的主要因素

在分销渠道的设计过程中，企业必须充分考虑内、外部诸多影响要素，然后在各种可行渠道之间进行权衡选择和比较，最后做出正确的决策。企业在进行分销决策时，需考虑以下影响要素。

### （一）产品特性

一般而言，产品的自然属性、技术特点、价值、特色等要素都会影响渠道选择。如果产品是新鲜且易腐的，需要考虑尽可能短的渠道；如果产品的体积较大，为了节省运输成本，有必要考虑分销渠道层级较少的渠道模式。再者，产品所处的生命周期不同，渠道结构的设计也不尽相同。如产品导入期和成熟期阶段，产品需要大量铺货，所以应该增加中间商的数量；而产品衰退期阶段，则需要压缩营销渠道。

## （二）消费者特性

消费者特性是分销渠道结构设计中最为关键与重要的要素。当消费者数量较多时，应尽量考虑采用中间商进行分销，反之可采用直接渠道销售模式；当市场的消费者分布较集中，数量少但购买量大，可以考虑直接渠道模式。再者，消费者的购买习惯的不同，其渠道结构也不尽相同。以日用消费品为例，消费者购买较频繁且对于购买的便利性要求较高，应采用长渠道模式。但是对于汽车这种购买频率低的产品，其中间商的数量就大大减少了。

## （三）分销商特性

在设计渠道结构时还应考虑的一个重要因素，就是现有分销商的可得性、利用分销商所需要的成本和分销商的服务质量等要素。分销商的可得性是指现有分销商中有无可以有效经营本企业产品的高质量经销商，如果没有的话，企业就不得不需要重新建立自己的销售渠道。利用分销商还需要考虑到成本问题，即考虑渠道收益（销量、利润、品牌价值）与渠道成本之间的平衡。如果采用某类分销商而使企业承担过分的费用，在渠道设计时就可以不考虑这类分销商。最后，选择分销商时，一定要视其是否能够为顾客提供良好的服务。

## （四）企业特性

企业设计分销渠道时还需考虑自身的相关条件，如企业的规模与实力、企业内部管理水平、管理的人才素质、企业产品组合的基本情况和企业对于渠道的控制欲望等方面。产品组合的衡量指标主要包括产品组合的深度、长度、宽度和关联性。如果制造商的产品组合的宽度和深度大（即产品的种类、规格多），制造商可能直接销售给零售商；反之，如果制造商的产品组合宽度和深度小（即产品种类、规格少），制造商只能通过批发商、零售商再转售给消费者。此外，产品的关联性对分销渠道也产生很大影响：关联性越大，越可能通过同一渠道销售，分销渠道效率越高。而制造商的产品信誉、资金状况、经营管理能力等，也决定着它能在多大程度上控制分销渠道及选择什么样的渠道设计结构。大制造商信誉好、实力强，可以建立自己的销售力量，对渠道成员选择时，有较大影响力和控制力；反之，只能借助中间商销售产品，施加有限的影响。

## （五）竞争特性

一般来说，企业可以采用两种渠道竞争策略：积极竞争策略或者回避竞争策略。积极竞争策略是指企业采用与竞争对手相同的渠道策略，实现积极竞争。如百事可乐认为自己可以在品牌与产品品质方面与可口可乐竞争，于是就可以将自己的产品与可口可乐放在同一零售商店的货架上一起销售。而回避竞争策略是指企业采用与竞争对手不同的渠道策略回避与竞争对手的竞争。特别是当竞争对手在某种类型的分销渠道中占据了绝对的优势时，就可以采取与之不同的渠道策略。

## 二、分销渠道设计的过程

渠道结构设计是一项系统性工程，需要在考虑渠道目标和渠道设计限制因素的前提下，选择适当的策略与方法，选择并评估渠道方案，设计一套合理的，科学的渠道结构。分销渠道结构设计可以分为以下五个步骤。

### （一）分析目标顾客对服务的要求

在设计渠道结构时，首先应考虑的是目标顾客对于服务的要求，换句话说，就是渠道成员能够提供给终端顾客的增值服务。如果生产者无法提供这些服务，那就要借助营销中介机构来完成。

1. 批量大小

批量是分销渠道在分销过程中能够提供给顾客的产品单位数量。一般而言，批量越小，分销渠道提供的拆分服务水平越高。

2. 等候时间

等候时间是指分销渠道顾客等待收到货物的平均时间，一般来说，顾客较喜欢快速交货渠道。

3. 空间便利

空间的便利性是指分销渠道为顾客提供的购买的便利程度。拥有众多中间商的渠道模式能让顾客在最短的距离、最快的时间内购买到产品，因为这样可以尽量减低消费者购买此商品的交通成本和搜寻成本。

4. 产品种类

一般而言，顾客希望较宽的产品种类，因为这样满足顾客需求的机会会更多。

5. 服务支持

服务支持即分销商提供的一系列附加服务，如信贷、交货、安装、维修等。服务支持越强，渠道提供的服务工作就越多。

### （二）建立渠道目标

企业进行分销渠道设计必不可少的一个环节，就是要考虑建立渠道目标，不同的渠道目标对渠道设计的要求不同，如表11-1所示。

表11-1 建立渠道目标

| 目标 | 操作说明 |
| --- | --- |
| 1. 顺畅 | 最基本的功能，直销或短渠道较为适宜 |
| 2. 增大流量 | 追求铺货率，广泛布局，多路并进 |
| 3. 便利 | 应最大限度地贴近消费者，广设网点，灵活经营 |
| 4. 开拓市场 | 一般较多地倚重中间商，待站稳脚跟后，再组建自己的网络 |
| 5. 提高市场占有率 | 渠道拓展和渠道维护至关重要 |
| 6. 扩大品牌知名度 | 争取和维护客户对品牌的信任度与忠诚度 |
| 7. 经济性 | 要考虑渠道的建设成本、维系成本、替代成本及收益 |
| 8. 市场覆盖面 | 多家分销组合分销或者采用密集分销 |
| 9. 控制渠道 | 厂家应重点加强自身能力，以管理、资金、经验、品牌或所有权来掌握渠道主动权，实现渠道"软控制" |

［资料来源：郑锐洪. 分销渠道管理（第二版）［M］. 大连：大连理工大学出版社，91.］

## （三）明确渠道备选方案

### 1. 确定渠道的长度与宽度

企业应该根据自身的资源及分销目标确定渠道的长度与宽度，即确定渠道的层次和每一层次上所需中间商的数量。

### 2. 分析渠道任务

分销渠道成员的职责主要有推销、渠道支持、物流、产品修正、售后服务及风险分担等，企业应根据渠道成员的能力特点，在不同成员之间分配渠道任务。如：渠道成员能否承担相应的渠道任务，完成质量如何？渠道成员能否满足消费者需求？

### 3. 选择渠道成员

企业在选择渠道成员时，应先根据分销商的规模、技术设备、资金状况、信用等级、服务水平等要素剔除出不符合要求的经销商；然后采取访谈法对符合基本要求的经销商进一步考察；最后从系统化角度对经销商进行综合分析，将分销商的关键能力考虑在内，挑选出合格的渠道成员。

## （四）评估渠道备选方案

评估分销渠道备选方案的标准有三个：适应性、经济合理性和可控制性。

1. 适应性。渠道备选方案的适应性包括两个方面：一是对宏观营销环境的适应性，即是否适应经济、政治、法律、社会文化、技术条件等；二是对微观营销环境的适应性，如本企业目标市场需求特征、产品特点、竞争状态、相关中间商和制造商自身条件等。

2. 经济合理性。指任何一种分销渠道模式的存在和发展，都与其良好的扩散能力和适度的中间销售费用有着密切的关系。分销渠道的扩散能力即分销效率，包括销售区域覆盖面、销售量、服务水平等。扩散能力分析与中间销售费用分析不能孤立开来，否则无法判断经济合理性。怎样能以最低的成本将产品有效地传递到较广的地域范围内是渠道设计的关键问题。

3. 可控制性。指企业对整个分销渠道的控制能力。企业希望在价格、促销、服务等营销策略实施过程中，中间商能与自己密切合作，共同满足目标市场需求。

总之，企业在设计分销渠道时，应尽可能地利用自己的资源优势，发挥核心竞争力，按渠道设计的原则标准为顾客提供较高的顾客让渡价值。最佳的渠道设计系统应是在若干备选方案中选出的最大限度满足企业对适应性、经济性、可控性要求的方案。

【阅读与思考】

### 薇姿的"药房专销"

薇姿（Vichy）是法国欧莱雅集团旗下品牌，进入中国10年来，其业绩并不输给普通的大众日化品牌，甚至是更胜一筹。原因在哪里？是因为薇姿另辟蹊径，开发了化妆品的药妆渠道。

欧洲护肤品的销售渠道首先是超市，其次是药店，而后才是百货商店，只有极少数化妆品品牌能够通过严格的医学测试得以进入药店，而薇姿是其中之一。

欧莱雅集团认为,薇姿的定位与药店的专业形象是不谋而合的。所以,薇姿坚持"只在药房"销售。

选择药店销售,所配备的人员自然也不是一般化妆品柜台上的营业人员,而是拥有专业执照的药剂师,专业药剂师为顾客所提供的消费体验当然也不是一般的营业人员所能提供的。

为什么薇姿选取了"药店专销"这种独特的渠道策略呢?原因主要有以下几点:

(1) 欧莱雅集团对薇姿产品的定位是中高档化妆品,因此宜采用直销的方式。那么,可供选择的渠道可以是连锁药店、化妆品连锁超市、网络营销、化妆品专卖店、美容连锁机构等。

(2) 药店通常能让消费者觉得"健康、放心",而薇姿正是一个给肌肤带来健康的品牌,这与药店的专业形象是不谋而合的,事实上,在药店做销售反而给消费者一个更加专业的健康形象,而这种建立在消费者心中的形象是任何宣传都难取得的。

(3) 薇姿选择大型药店,设立高档专柜,或者在高档商场内的药店里出售,不仅衬托出了它的护肤方面的专业性,而且增强了购买者对这种专业性的信任感。并且同时将免费的健康护肤咨询、专业皮肤测试与化妆品营销结合在一起,为消费者提供专业化的服务。

(4) 为了配合选择药店销售的渠道策略,薇姿在产品包装上也很适合药店所倡导的健康形象。薇姿的包装以蓝白两色为主,清雅自然,看上去没有过多的修饰,十分符合品牌清新、健康的形象。

思考:
1. 薇姿的经营定位是什么?与一般化妆品品牌的差异在哪里?
2. 薇姿是否发挥了药店销售这种业态的长处?你认为可有何改进?

# 任务3 批发商与零售商

## 一、批发商

### (一) 批发商概述

批发商(Wholesaler)是指某些渠道成员购进产品,然后再批量转售给其他批发商、零售商或者其他消费机构以赚取其中差价的专门商业机构。批发商处于商品流通领域的中间环节,一头连接着生产制造商,一头连接着零售商或者其他消费机构。批发商的顾客往往是商业顾客而不是最终顾客,所以交易量往往比较大。

批发业和零售业的区别主要表现在以下几个方面:

1. 服务对象不同。批发商以转卖者和生产者为服务对象;而零售商则以最终消费者(个人或集体)为服务对象。

2. 在流通过程中所处地位不同。批发商在流通领域中处于中间环节,批发任务完成后实际上商品仍然会继续流通；而零售商面对的是最终消费者，所以处于流通领域的末端，商品出售后即完成了整个商品的市场流通。

3. 沟通形式不同。批发商以人员推销为主要的沟通形式，采用有针对性的面对面的沟通较为有效，所以批发商一般很少打广告宣传；而零售商则以大众沟通为主。

4. 交易数量和频率不同。由于批发是供转卖和加工生产的买卖活动，所以批发商的交易一般是数量大、频率低，属资金密集型行业；而零售商则一般是零星交易、频率很高，基本属于劳动密集型行业。

5. 店铺为主选择不同。由于批发商的交易对象主要是商业顾客，所以他们很少注意促销、氛围、店址等内容，往往店铺大、价格便宜；而零售商往往会在繁华地段设置营业店铺。

批发商是我国商业企业重要经营方式之一，是商品经济发展的必然结果，是社会化大流通的客观需求，它的存在与发展有利于加速商品流通、节约流通费用、降低社会交易成本、协调生产与消费的矛盾。

### （二）批发商的类型

#### 1. 商业批发商

商业批发商（或称商人批发商）是独立企业，他们对自己经营的产品具有所有权，因此也叫独立批发商或经销批发商，是批发商的最主要类型。商业批发商又可以分为完全服务批发商和有限服务批发商。

（1）完全服务批发商。完全服务批发商执行批发商的全部职能，他们提供的服务主要有保持存货、提供信贷、运送货物以及协助管理等。完全服务批发商又分为批发商人和工业分销商；批发商人主要是向零售商销售商品；工业分销商主要是向制造商销售商品。按照产品线的宽窄还可以分为综合批发商、专业批发商、专业品批发商：综合批发商经营不同行业并且不相关联的产品；专业批发商是指经销的产品是行业专业化的，完全属于某一行业大类，如五金批发商经营五金零售商所需的所有产品；专业品批发商指专门经营某条产品线上的部分产品，如服装行业中的布料批发商。

（2）有限服务批发商。有限服务批发商为了减少成本费用、降低批发价格，因而只执行批发商的部分职能。有限服务批发商主要有以下六种类型：

① 现购自运批发商。只经营一些周转快的商品，一般不赊销、不送货，顾客自己上门取货，收取现款。一般主要针对的是小型零售商。

② 承销批发商。承销批发商拿到客户（包括其他批发商、零售商、用户等）订货单后，就向制造商等生产者求购，并通知生产者将货物直接运送给客户。他们不存货，不负责产品运输，其主要任务就是负责接单、联系生产者。

③ 卡车批发商。卡车批发商从生产者处把货物装车后立即运送给各零售商店、饭馆等客户。所以，批发商不需要有仓库和商品库存。由于卡车批发商经营的商品多是易腐或半易腐商品，所以一接到客户的要货通知就立即送上门。实际上卡车批发商主要执行推销员和送货员的职能。

④ 托售批发商。托售批发商在超级市场和其他食品杂货店设置货架，展销其经营的商品，商品卖出后零售商才付给其货款。

⑤ 邮购批发商。指全部业务采用邮购方式的批发商。他们往往先将产品目录寄给零售商或其他用户，等接到用户订单后再邮寄。

⑥ 生产合作社。主要是指农民自己组建的，负责将农产品组织到当地市场销售的批发商。

2. 经纪人和代理商

经纪人是指独立的企业或个人，其既无商品所有权，又无现货，只为买卖双方提供价格、产品及一般市场信息，为买卖双方洽谈销售业务，起媒介作用。代理商是指接受生产者或消费者委托，从事商品购销业务，但同样是不拥有商品所有权的中间商。经纪人和代理商与商人批发商不同的是：他们对其经营的商品没有所有权，所提供的服务比有限服务商人批发商还少；其主要职能在于促成商品的交易，借此赚取佣金作为报酬。与商人批发商相似的是：他们通常专注于某些产品种类或某些顾客群。

（1）制造商代理商。指在签订合同的基础上，为制造商销售商品的代理商。制造商代理商往往是小型企业，他们有较广泛的关系网，了解每个制造商的产品线，可以按照制造商规定的价格或价格幅度条件内销售制造商的全部或部分产品，从中按比例获取相应佣金。制造商代理商由于常年与市场接触，能了解大量的市场信息，所以他们能在企业产品设计制造方面提供良好建议。

（2）销售代理商。销售代理商是指在签订合同的基础上，为委托人销售某些特定产品或全部产品，对价格条款及其他交易条件可全权处理的代理商。与制造商代理商不同的是，企业同时使用几个制造商代理商，但往往只能使用一个销售代理商，且会把全部销售工作都交给他们去完成，并且会给他们更大的销售权力。为了鼓励销售代理商积极工作，制造商往往不会限定区域，让其在更大的地域范围内全权代理销售工作。

（3）佣金商。佣金商是指对委托销售的商品实体具有控制力并参与商品销售谈判的代理商。大多数佣金商从事农产品的委托代销业务。佣金商往往对货物有较大的经营权力，为了不错过他们认为的最佳销售时机，他们会在必要时自己做主出售商品而不需经过委托人的同意。

（4）采购代理商。采购代理商是指代替别人采购货物，负责货物的接收、储存、运输的代理商。

（5）商品经纪人。指不实际控制商品，受委托人委托进行购销洽谈的代理商。商品经纪人一般人际交往较广，他们认识许多制造商和需求商，在其中起到牵线搭桥的作用。成交之后，经纪人会向委托人收取一定的佣金。

【小贴士】

### 经销关系和代理关系的主要区别

代理关系与经销关系的区别主要表现在：
（1）经销双方是一种买卖关系，代理双方是一种委托代理关系。
（2）经销商拥有产品的所有权，而代理商不拥有产品的所有权。
（3）经销商的收入是买卖差价收入，而代理商的收入是佣金收入。

(4) 经销商以独立法人的身份签订合同，代理商与第三方签订合同时需以厂商的名义签订。

(5) 经销商的经营活动不受或者很少受制于生产商，而代理商的活动完全受生产商指导与限制。

## 二、零售商

零售（retailing）是指将货物或服务售予最终消费者用于生活消费的经济活动。零售是向消费者提供销售商品的一种商业活动环境，使消费者从零售商店里获得消费品及其与消费品有关的无形服务的满足，它直接关系到居民的生活质量和生活方式，是社会资源分配的一个重要阶段，也是最后阶段。按零售活动是否依托于店铺展开，分为店铺销售与无店铺销售。

### （一）店铺零售商

店铺零售商是指有实体店铺存在的零售商。随着消费者对商品与服务的要求越来越多样化，许多新型的零售商店形式在许多国家陆续出现，我们把现在较多见的店铺零售商形式归结如下：

1. 专业商店。指专门经营某类商品的商店。其产品线较窄，但经营的花色品种较齐全，产品项目较多，如家电商场、文具店、体育用品店等。

20世纪90年代以来，我国专业店的数量逐年增多，因为随着人们生活水平的提高，对服务以及产品要求越来越高，专业店能满足顾客的挑选性的要求，同时还会给顾客专业化的指导。

2. 专卖店。指只销售一种品牌产品的零售商店。这种专卖店的特点体现在最能体现品牌文化，其凭借特色产品、经营方式、服务和各式各样的文化氛围，深深地吸引消费者的目光。各色品牌的专卖店针对不同的消费群体大显身手，发挥店铺文化和品牌本身的优势，这一点要比大型商店销售产品的形式灵活得多。

3. 百货商店。指一般销售几条产品线，根据不同商品部门设销售区，开展进货、管理、营运，满足顾客对时尚商品多样化选择需求的零售业态。百货商店一般选址在城市繁华区、交通要道，商店规模大、营业面积在5 000平方米以上；商品结构以经营男装、女装、儿童服装、服饰、衣料、家庭用品为主，种类齐全、少批量、高毛利；商店设施豪华，店堂典雅、明快，采取柜台销售和自选（开架）销售相结合方式；采取定价销售，可以退货，服务功能齐全。

4. 超级市场。又称自选商场，指以顾客自选方式经营的大型综合性零售商场。其规模巨大、成本低、薄利多销，以销售食品，生活用品为主，是许多国家特别是经济发达国家的主要商业零售组织形式。在超级市场中最初经营的主要是各种食品，以后经营范围日益广泛，逐渐扩展到销售服装、家庭日用杂品、家用电器、玩具、家具以及医药用品等。

5. 便利店。便利店（Convenience Store，简称CVS）起源于美国，是在20世纪40年代末期作为超市的补充形式而诞生的。美国曾有一家便利商店提出："Get what you forget"的口号，提醒顾客在便利店可买到在超市忘了买的东西。

在全球，经营便利店最成功的是"7-11"系统，其前身是1927年创立于美国得克萨斯州达拉斯的桑斯兰德公司（The Southland Corporation），主要经营业务是零售水果、牛奶、鸡蛋。到了1946年，它推出了提供便利服务的"创举"，将营业时间调整为早上7点到晚上11点。1948年正式将店名定为7-11，"7-11"的名字由此诞生。

与超市相比，便利店的便利性表现在：

（1）时间便利性。便利店的营业时间较长，而且全年不休，顾客可以在任何时候买到需要的商品。

（2）地点便利性。便利店一般都会设在交通方便、位置突出的地方，或者居民住宅区附近。一般消费者步行5～10分钟就可到达便利店。这也是便利店的最大特点。

（3）购物的便利性。便利店在消费者购物时也充分考虑到怎样为消费者提供方便，比如商品陈列简单明了、付款方便快捷。

（4）服务的便利性。在便利店中购物，服务人员会为顾客提供全方位的服务，同时还会为顾客提供多层次的需求，比如速递、收发传真、代购车船票、代定蛋糕、电话充值等多种业务，极大地方便了人们的生活。特别是当人们的生活节奏日益加强时，便利店的出现更加适应了人们日益增强的时间观念。

6. 折扣商店。"名品折扣店"是地地道道的"舶来品"。这种在国外称作"Outlets"的业态最早出现在100多年前的美国。当时一些美国的服装厂把自家的库存、下架服装放在门口的零售店销售，久而久之，各品牌的折扣产品集中在一起销售，使爱品牌又图便宜的消费者趋之若鹜。Outlets模式在北美、欧洲、日本等经济发达国家的蓬勃发展趋势，已形成一种全球化商业推广潮流。它吸引人的主要原因是：定位准确，即名牌集中、价格低廉；虽然价格低廉，但质量并不低下。

7. 仓储商店。仓储商店主要以经营生活资料为主，大批量、低成本、低售价、薄利多销是其主要的经营特点。仓储商店的特点为：

（1）面对的目标群体主要是一般居民，同时也满足企业或其他机关福利性或办公性消费的需求。

（2）以发展会员的方式来吸引顾客，并不断加强与会员之间的联系。

（3）产品质量好且价格低廉。

（4）经营成本低。仓储商店的内部采用简单的仓储货架来陈列商品，仓储合一，店内装修简单，商品大都采用大包装的形式。仓储商品所运用的一切手段都主要是为了降低成本。

8. 摩尔。Mall全称Shopping Mall，音译"摩尔"，意为大型购物中心，属于一种新型的复合型商业业态。摩尔（购物中心）特指规模巨大，集购物、休闲、娱乐、饮食等为一体，包括百货店、大卖场以及众多专业连锁零售店在内的超级商业中心。摩尔一般由专业购物中心管理集团开发经营，业态业种的复合度极度齐全，商品组合较宽。摩尔一般坐落在城市的边缘，占地面积大，行业多，功能全，购物环境好，档次高。

**（二）无店铺零售商**

1. 直接推销。指推销人员直接到顾客家中或办公室进行推销，也可以邀请朋友或客户到家中聚会，向顾客展示产品。直接推销可以采取一对一的形式，也可以采取一对多的形式。直接销售的方式有很多，比如上门推销、邮购、生产商自设商店和电视购物等。

2. 直复营销。世界直销联盟、美国直销协会和美国直销教育基金会对"无店铺销售"的共同定义是:"不通过零售商的固定店面而从事销售商品及服务给最终消费者的商业活动。"直复营销一般利用广告来介绍产品,顾客可以写信或打电话订货,通过邮寄交货,通过信用卡付款。

3. 自动售货机。自动售货机是一种比较昂贵的渠道,是为了满足消费者冲动性消费(如香烟、饮料、糖果、报纸、书、食品)而设置的。它最大的好处就是非常方便,24小时工作,适合于各种公共场所。

4. 购物服务。购物服务是一种为特定委托人服务的无店铺零售形式。这种服务方式通常是为学校、医院、政府机构等大型组织服务。这些组织的成员作为购买服务社的会员从一些经过挑选、愿意向这些成员以折扣价售货的零售商那里购货。

【相关链接】

### 我国零售业的变迁与发展趋势

改革开放以来,我国零售业的发展可以分为以下几个阶段。

(1) 第一阶段。改革开放初至1989年年底,传统百货商店在零售市场上占据绝对主导地位。

改革开放以前,中国主流零售组织形式是百货商店,伴随着的零售业还包括遍地可见的专业商品市场和个体经营者。中国的个体商贩成为商业最为壮观的一道景观,从传统零售组织中夺去了相当一部分市场,也为中国商业民营资本的积累打下了基础。

(2) 第二阶段。1990—1992年年底,超级市场开始涌现,动摇了百货商店的市场基础。

20世纪90年代以来,中国零售业发生了根本性的变化,开始出现真正意义上的现代零售组织。1990年年底,东莞虎门镇出现了中国第一家连锁超市——美佳超级市场,其开架自选的售货方式、较低的价格和面向居民区的选址都对后来者产生了极大的影响。而上海的联华超市和华联超市,通过科学规范的运作,成为中国零售界瞩目之星。

(3) 第三阶段。1993—1995年年底,各种新型零售组织崭露头角,出现百花齐放的局面。

1993年,新型零售组织出现最多的一年,其中发展最迅速的要数品牌专卖店。此外,折扣商店和仓储式商店的概念也悄悄引入国内,广州新开的"广客隆"就曾风光无限。这一时期,另一些新业态也跃跃欲试,如便利店、邮购公司、电视直销、电话直销、上门访问推销等,都因不适应国人的消费习惯而退出零售舞台。

(4) 第四阶段。1996—1999年,跨国零售商进入,加速了零售业的现代化进程。

1996年,中国零售市场发生巨大变化的一年,世界顶级零售巨人在中国开始了"圈地运动"。全球第一大零售集团沃尔玛于1996年进驻深圳;全球第二大零售集团家乐福于1995年年底进入北京;全球最大的货仓式零售集团麦德龙于1996

年进入上海；世界第一家仓储式商店万客隆于1996年进入广州。中国零售界传来一片悲观的声音，这些重量级的竞争对手给中国零售企业带来了巨大的冲击和压力，迫使中国零售商不得不重新思考出路，并开始向现代零售组织形式转化。

（5）第五阶段。1999年以后，零售竞争日益加剧，连锁经营趋势增强。

1999年以后，中国零售业出现了微妙的变化，各种新型零售组织纷纷涌现，包括前几年试探失败的组织形式。如全球最大的邮购公司也开始涉足中国市场，引发了一场零售业的春秋战国时代。此时，国内土生土长的新型现代零售商逐渐成长起来。1999年，上海联华超市销售额终于超过了上海第一百货公司名列中国零售企业榜首，标志着中国零售主导的组织形式已成功转型。从此，持续了多年的百货商店的辉煌历史终告结束。

# 习　题

### 一、名词解释

1. 分销渠道　　　　2. 独家分销　　　　3. 商业批发商
4. 代理商　　　　　5. 零售商　　　　　6. 直接渠道

### 二、单项选择题

1. 消费者中的耐用消费品、高档消费品等一般选择的分销策略是（　　）。
   A. 选择性分销　　　　　　　　B. 独家分销
   C. 大量分销品　　　　　　　　D. 密集性分销
2. 直接分销渠道主要用于分销的产品是（　　）。
   A. 消费品　　　　　　　　　　B. 产业用品
   C. 农产品　　　　　　　　　　D. 食品
3. 以下对直接渠道描述不正确的是（　　）。
   A. 对于用途单一、技术复杂的产品，可以有针对性地安排生产
   B. 生产者直接向消费者介绍产品，便于消费者更好地掌握产品性能、特点及使用方法
   C. 生产者在产品销售上需要花费一定的人力、物力、财力，使销售范围受到较大限制，从而会影响销售量
   D. 生产者和消费者不能直接沟通信息，生产者不易准确地掌握消费者的需求，消费者也不易掌握生产者的产品供应情况和产品的性能特点，生产者难以为消费者提供完善的服务
4. 协助买卖成交、推销产品，但对所经营产品没有所有权的中间商有（　　）。
   A. 批发商　　　　　　　　　　B. 运输公司
   C. 制造商代表　　　　　　　　D. 代理商
5. 分销渠道不包括（　　）。
   A. 辅助商　　　　　　　　　　B. 生产者
   C. 代理中间商　　　　　　　　D. 商人中间商
6. 制造商在某一地区通过选择一家中间商为其经销产品的策略，称为（　　）。
   A. 密集分销　　　　　　　　　B. 选择分销
   C. 独家分销　　　　　　　　　D. 区域分销

7. 向最终消费者直接销售产品和服务，产品用于个人及非商业性用途的活动属于（　　）。
   A. 零售　　　　　　　　　　　　B. 批发
   C. 代理　　　　　　　　　　　　D. 直销
8. 不赊销也不送货，顾客自备车辆去选购物品的批发商是（　　）。
   A. 承销批发商　　　　　　　　　B. 卡车批发商
   C. 托售批发商　　　　　　　　　D. 现购自运批发商
9. 当目标顾客人数众多时，生产者倾向于利用（　　）。
   A. 长而宽的渠道　　　　　　　　B. 短渠道
   C. 窄渠道　　　　　　　　　　　D. 直接渠道
10. 非标准化产品或单位价值高的产品一般采取（　　）。
    A. 直销　　　　　　　　　　　　B. 广泛分配路线
    C. 密集分销　　　　　　　　　　D. 自动售货

### 三、思考题

1. 分销渠道和营销渠道有何联系与区别？
2. 什么是分销渠道的宽度？分销渠道宽度分为几种类型？
3. 影响分销渠道设计的主要因素有哪些？
4. 渠道顾客对于服务的要求有哪几种？

### 四、案例分析

## 娃哈哈的"联销体"渠道模式

娃哈哈公司的"联销体"是国内快消品界广为人知的一种经销网络搭建模式。什么是"联销体"模式呢？

1996 年始，娃哈哈第一次进行销售网络改造时，即从国营批发渠道转到独具娃哈哈特色的联合销售体系上来。娃哈哈在全国 31 个省、市选择了 1 000 多家具有先进理念、较强经济实力、较高忠诚度、能控制一方的经销商，组成了能够覆盖几乎中国的每一个乡镇的厂商联合销售网络。每年经销商根据各自经销额的大小先打一笔预付款给公司，然后每次提货前，结清上一次的货款，年终付给其高于银行存款利率的利息，并根据公司的效益给经销商一定比例的奖励，实现了厂商双方利益的高度统一，使经销商全心全意地销售娃哈哈产品。借助"联销体"模式，娃哈哈的忠诚客户已遍布全国 31 个省、市、自治区，以他们为主体搭建的销售网络更是渗透到城乡的每一个角落。现在，娃哈哈的营销网络可以保证新产品在出厂后一周内迅速铺进全国各地 60 万家零售店，同时与大江南北、沿海内陆广大消费者见面。

娃哈哈强势的销售网络不是一蹴而就的，对循环往复的撒网、收网、修网、再撒网等多个环节处理恰当，就成了娃哈哈销售网络的成长之路。

**1. 撒网——建立销售网络**

对原销售薄弱的地区，娃哈哈迅速寻找新的联销体，选择有信誉、有通路、有资金实力的经销商，特别是将竞争对手的销售大户争取过来。销售网络的延伸是没有止境的，一边巩固，一边开发处女地。

**2. 收网——扩大市场份额**

收网时要懂得跨越困难，大踏步地寻找关键。资料显示："100 万以下的客户占全公司客户总数的 47.6%，但其销售额仅占公司的 7.3%。"娃哈哈认为，100 万元以下的客户不足以达到公司的要求，要进行逐步淘汰或调整为二级商。但是若有的客户销售区域是独家经营一个地区，而销售额不到 100 万元，就要认真考虑一下并进行调整，可以采取扶持其他客户、对其逐步淘汰的方式。

### 3. 修网——整顿销售网络

整顿销售网络和整顿销售人员的工作非常迫切，如果不好好解决这两个问题，将会使下一步销售工作增加不少的阻力。要使网络长存，至少应从以下几个方面来选择二级批发商：

（1）布局合理；

（2）有向三批零售辐射的能力；

（3）主要经营娃哈哈的产品，最起码不会以其产品低价倾销带动其他产品的销售；

（4）有一定资金实力并愿向经销商打保证金的客户；

（5）有特殊渠道的二级批发商；待二批网络建成后，达到能控制市场局面后，淘汰其他二批商。

### 4. 再撒网——深化网络建设

娃哈哈的营销网络建设工程是指在三年内构筑起一个全封闭式的全国营销网络。通过选择和培养具有现代营销理念、有实力、信誉高的经销商，建立起强势的二批网络，从而达到掌控渠道的目标；通过提高终端的铺货率，让消费者在卖场、售点能够看到娃哈哈的产品、了解娃哈哈的产品、买得到娃哈哈的产品，达到掌控终端的目标。

分析讨论：

1. 娃哈哈"联销体"模式的特点是什么？
2. 你如何看待娃哈哈的"联销体"模式？其优势与劣势各有哪些？

# 实训应用

【实训项目】

渠道结构设计实训。

【实训目的】

通过本次实验，让学生理解分销渠道设计的原则、影响要素，分销渠道设计的内容与步骤。

【实训指导】

在消费者市场或者工业市场中选出任何一种你感兴趣的产品，根据渠道结构的以下三方面找出此产品的渠道结构：

1. 该产品经过的层次数。
2. 分销密度。
3. 销售该产品的中间商种类。

它为什么要以该方式进行分销？它能否通过其他渠道结构进行更合理的分销？

【实训组织】

1. 将全班分为若干组，每组6～8人，每组成员进行合理分工，两名成员负责实地调研、现场记录，两名成员负责资料收集、分析案例，其余同学完成报告，形成PPT。
2. 作业提交后，选择2～4份优秀报告在班级内进行展示、交流。

【实训考核】

1. 实训准备工作（10分）。
2. 实训的组织、分配、管理等过程（20分）。
3. 实训成果汇报及其提交（45分）。
4. 项目团队成员间的团队合作精神（15分）。
5. 学生互评，教师点评（10分）。

# 项目十二
# 制定促销策略

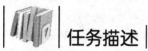 任务描述

促销是企业市场营销组合的重要元素之一,也是企业营销战略的重要组成部分。企业根据产品特性和市场竞争条件等各种影响要素,有目的、有计划地将人员推销、商业广告、公共关系和营业推广等形式进行适当的选择和编配,应用于组织的营销计划中的过程,便是促销组合策略。本章将重点对这四种促销组合工具进行介绍,并阐述如何将其合理运用于营销计划中。

 任务目标

**知识目标**
1. 掌握促销组合各要素的概念及应用。
2. 掌握各种广告媒体的类型及优缺点。
3. 明确人员推销的形式、对象与策略。

**能力目标**
1. 对产品促销的原理和一般策略有一定的认识,能依据企业的不同情况制定促销方案。
2. 学会做出销售促进策略和营销公关决策。

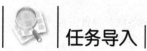 任务导入

选择一种全新产品,为其设计一套促销组合策略,并评估其实施后的效果。

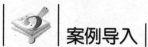 案例导入

### "福寿仙"促销起旋风

20世纪90年代,中国市场上最为壮观的景象之一,就是保健品的竞争及其广告大战了。保健品生产商动辄几千万,甚至上亿元地往广告上砸,在市场上拼杀得硝烟滚滚、烽火连天。但是,近几年广东保健品市场上却迅速冒出个打得很响但广

告却做得不太多的品牌，它就是广州市福寿仙保健品有限公司的"福寿仙天然口服液"和"小精灵菇王口服液"。

"福寿仙天然口服液"是以中、老年为目标市场的保健品，于1991年投产，当年销售额110万元；1992年销售额1600万元；1993年、1994年连年翻番，1995年第一季度销售额又比上年同期增长2倍多，预计1995年的销售额可达到1亿元。在销势劲健的同时，产品的美誉度亦迅速提升。1992年以来，获得过"1992年全国消费者最喜爱的优质保健品""1992年国际科学与和平周医疗保健品科技成果金奖""广东十大名牌保健品"等一系列荣誉称号。

1993年10月，福寿仙公司又推出一个以儿童、少年为目标市场的新产品——"小精灵菇王口服液"。这一产品在1994年4月获得首届世界传统医学大会（美国拉斯维加斯城）颁发的"金杯一等奖"，也是获得这个奖项的唯一儿童保健品。同年10月还获得了联合国第四次世界妇女大会唯一指定的儿童专用保健品的荣誉。

广东新闻界人士把上述情形称作"福寿仙旋风"。从营销的角度探寻"旋风"的"风源"，人们将获得有益的启迪。

在福寿仙的市场开拓中，做得最出色的是活动行销。所谓活动行销（英文简称为EM，即Event Marketing），又称为"事件行销"或"盛典行销"，是一种利用话题、迅速造势以达到某种行销目的的有力武器。活动行销通常借助话题甚至制造话题，吸引众多的参与者，引发媒体的争相报导和大众的口耳相传，在短时间内炒热某一事件，实现较好的传播效果，迅速提升知名度。这一工具由以往单纯依赖广告的卓越创意而构筑的"单一诉求"，变为综合运用公关（PR）、销售促进（SP）、新闻等行销推广工具，形成"双向"的行销沟通。活动行销是最贴近消费者的沟通方式，也是当今国际行销沟通的一种趋势。

福寿仙公司在活动行销中，主要策划了以下几项活动：

（1）赞助科普刊物。几年来，公司在刊物上发表了数百篇科普文章。这一系列宣传，达到了两个目标：其一，普及了产品概念。福寿仙的两个品牌，都是依靠生物工程这一高新技术开发出来的"多糖"组合产品。当然，这一概念也可以通过影视广告方式来推广，但广告推广不仅花费巨大，可信性也会大大降低。其二，巧妙地宣传了产品的疗效。经动物试验与临床验证，"福寿仙天然口服液"有防衰老和抗乙型肝炎病毒的功能；"小精灵菇王口服液"有消食健胃、补脾益气、健脑益智的功能，还具有促进乙型肝炎康复以及预防、治疗儿童呼吸道疾病的疗效。但是，按广告法的规定，只有产品批文为"药"字号的才准许宣传疗效，而福寿仙的两个品牌都是"食"字号的，是不允许在广告上宣传疗效的。通过科普文章的"举例式"叙述，则打出了一个又一个巧妙的"擦边球"。

（2）赞助文化活动。福寿仙公司除赞助过纪念何丽芬粤曲演唱会、祝贺粤乐名家何浪萍从艺65周年、北京人民艺术剧院赴穗演出话剧《阮玲玉》以及11岁小女孩朱洁江个人画展等临时性的文化活动外，还长期赞助由北京老艺术家组成的"世纪艺术团"（后更名福寿仙艺术团）的演出活动。

（3）开展"名人公关"。福寿仙公司经理张友生有多种头衔，十分引人注目的有老艺术家委员会福寿仙艺术团名誉团长、广东省老干部福寿仙体育舞蹈艺术团名誉顾问、《广州文艺》杂志社理事等。这些团体都是名人云集之处。例如，老艺术家委员会福寿仙艺术团，就有大名鼎鼎的艺术家田华、赵子岳等。张友生可谓目光远大，用心良苦。

福寿仙公司的活动行销有两个鲜明的特点：

（1）所赞助刊物的读者群以及所赞助的文化活动的影响面与产品的目标市场高度重合。例如，《岭南松》、《秋光》杂志，老艺术家委员会福寿仙艺术团、广东省老干部福寿仙体育舞蹈团等对中、老年人均有巨大的影响力，与"福寿仙天然口服液"的目标市场高度重合；中国关心下一代工作委员会、广州市小精灵少儿话剧团、广州市小精灵魔术团等对少年儿童有巨大的影响力，与"小精灵菇王口服液"的目标市场高度重合。

（2）福寿仙公司的活动不求表面轰动，而追求细腻的充满人情味的情感沟通。1993年，福寿仙公司与另两家公司邀请北京的"世纪艺术团"的老艺术家来广州演出，但开演前几日那两家公司突然变卦。张友生毫不犹豫地独家承担了全部费用。同年9月该团在北京"老人节"演出时，又遇到赞助单位变卦的事，张友生又主动解决燃眉之急。老艺术家们感动不已，赵子岳提议将"世纪艺术团"改名为"福寿仙艺术团"。从此，福寿仙公司沾享艺术明星殊荣，更加熠熠生辉。

活动行销，使福寿仙公司花钱不多，却取得了惊人的行销效果，使原本默默无名的品牌以迅猛之势占领了可观的区域市场。当然，活动行销也有局限性，即其传播是区域性的，范围有限。至今，"福寿仙"市场的95%在广东省内，尽管"福寿仙"这一品牌具有发展成为国家品牌的内质，但从其销售量以及覆盖地域来看，目前还处于区域品牌的地位，离国家品牌尚存在一些差距。

（资料来源：叶生洪. 营销经典案例解读［M］. 广州：暨南大学出版社，2010：176—178.）

问题引入：
1. 请分析福寿仙公司所进行一系列促销活动的特色。
2. 试分析福寿仙公司产品促销的成功与不足。

# 任务1　促销与促销组合

## 一、促销的含义

现代市场营销学中，促销是指企业通过人员与非人员的方式，帮助消费者认识产品或服务能够给自己带来的利益，激发消费者的购买欲望，影响和促成消费者购买行为的全部过程。上述定义中包含了以下几方面的内容：

### （一）促销的目的是激发消费者的购买欲望

消费者的购买行为很大程度上受到购买欲望支配，而购买欲望又与外界的引导和刺激密不可分。要激发消费者的购买欲望，企业必须通过信息沟通和传播，传达产品和品牌代表的含义，影响或转变消费者的态度，使其对本企业的产品和品牌产生兴趣和偏爱，进而产生购买行为。

### （二）促销的本质是企业和消费者间的信息沟通

在促销的信息沟通过程中，企业是信息的"发出者"，消费者是信息的"接受者"，信息的传播媒介是传播媒体。企业通过传播媒体向消费者展示产品的特征和性能，解释产品和品牌代表的含义，以达到塑造品牌资产和推动销售的目的；而通过信息反馈，消费者的反应和建议也能及时传递给企业，企业以此作为改进营销计划和实施方案的参考和依据。

### （三）促销的方式是人员和非人员的形式

人员促销方式是指企业通过派出销售人员与消费者面对面接触的方式，介绍产品，建立联系，说服购买；而非人员促销方式是指企业通过一定的媒介传递品牌或产品的信息，促使消费者产生购买欲望、采取购买行为的一系列活动，包括广告、营业推广和公共关系等。促销活动过程中，企业通常会有目的、有计划地将人员推销、商业广告、公共关系和营业推广等促销形式配合起来综合运用，以达到有效地促销目的。

【相关链接】

> **促销的作用**
>
> （1）激发消费者的需求；（2）塑造企业形象，打响知名度；（3）提高企业信誉，加大信誉度；（4）影响用户决策，建立偏爱度；（5）帮助用户消费，触发消费点。

## 二、促销组合策略

### （一）促销组合策略的概念

为达到与消费者良好的沟通效果，企业根据产品特性和市场竞争条件等各种影响要素，有目的、有计划地将人员推销、商业广告、公共关系和营业推广等形式进行适当的选择和编配，形成完整的销售系统，便是促销组合表12-1。不同企业促销组合策略选择侧重点不同，如雅芳主要进行人员销售，而雅诗兰黛则主要运用商业广告。

表12-1 促销工具示例

| 广告 | 营业推广 | 公共关系 | 人员推销 |
| --- | --- | --- | --- |
| 影视广告 | 抽奖 | 报刊稿件 | 对组织推销 |
| 广播广告 | 竞赛与游戏 | 演讲 | 对个人推销 |
| 户外广告 | 赠品 | 研讨会 | 展销会 |
| 海报和传单 | 样品 | 慈善捐款 | 销售会议 |
| 包装广告 | 赠券 | 出版物 | |

续表

| 广 告 | 营业推广 | 公共关系 | 人员推销 |
| --- | --- | --- | --- |
| 店堂陈列广告 | 折扣 | 年度报告 | |
| 小册子 | 展销会 | 游说 | |
| | | 企业刊物 | |
| | | 事件 | |
| | | 关系 | |

### （二）促销组合策略的类型

如果从运作的方向来区分，企业的促销策略可以归结为两种基本类型："推"式策略和"拉"式策略。

1. 推式策略

推式策略主要是指利用人员推销手段，将产品推销给中间商，再由中间商推向最终用户。推式策略强调的是推销人员在分销渠道各个环节的推销活动，重点在于向客户介绍产品的特性，展示产品能够给客户带来的利益，激发客户的购买欲望，进而产生购买行为。按照这种方式，产品从分销渠道的上游流向下游，逐层向前推进。推式策略的运作流程如图 12-1 所示。

图 12-1　推式策略

2. 拉式策略

拉式策略是指企业以非人员促销的方式，如广告宣传、公共关系和营业推广等直接激发消费者的购买欲望，促使消费者向零售商购买产品，而零售商会要求批发商进货，批发商也会向企业求购产品。通过这种方式，拉动下游中间商对上游供货商的进货需求，从而达到最终满足消费者购买的目的。拉式策略的运作流程如图 12-2 所示。

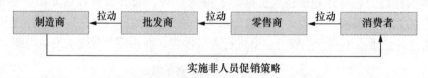

图 12-2　拉式策略

### （三）制定促销组合策略应考虑的因素

企业到底应该怎样选择促销组合才能达到既经济又有效的手段呢？在设计营销组合时必须考虑促销目标、产品特性、市场类型、产品生命周期等要素。

1. 促销目标

企业促销的目标千差万别，或许是实现短期利润最大化，或许是提高市场占有率，或许是为提高企业的形象以实现可持续发展。促销组合策略的选择应该根据促销目标的不同各有侧重点。要实现短期利润最大化，就要重点加强营业推广和广告宣传；要提高市场占有率，就需在营业推广和广告宣传的基础上加强人员推销的力度；如果要提高企业形象，就需在营业推广、广告宣传、人员推销的基础上加强公共关系力度。

2. 产品特性

由于产品的性质和特征不同，消费者的购买动机不同，不同类型的产品会选择不同的促销组合。以消费品市场和工业品市场为例，工业品购买频率低，客户集中，且技术先进，结构复杂，其售前、售中和售后都需要由专业人员全程服务，进行产品的示范操作和讲解。因此，对于工业品而言宜采用人员推销形式；与此对应，消费品销售面广泛，客户分散，且产品本身结构简单，使用操作便利，可采用广告推销形式。如图 12-3 所示。

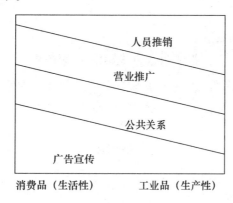

图 12-3 工业品与消费品的不同促销组合

3. 市场类型

市场规模不同，客户集中度不同，促销组合手段也应不同。一般而言，地理范围小，客户集中度较高或者客户较少的市场应该以人员推销为主；地理范围较大（如全国市场或者国际市场），消费对象相对分散且人数较多的市场，适宜采用广告宣传或者营业推广。

4. 产品生命周期

产品生命周期不同阶段，企业销售目标不同，采用的促销方式也应不同。在产品导入期，由于新产品上市，消费者对其认知程度较低，此时企业的营销目标在于提高产品知名度，诱导消费者使用并激励经销商进货，因而采用广告宣传和公共关系宣传效果较好；在成长期，消费者逐渐接受新产品，此时促销的重点转移到建立品牌忠诚度，扩大产品销量，促销方式仍以广告宣传为主，同时采用人员推销拓宽销售渠道，维系客户关系；在成熟期，为维持市场占有率，与竞争对手抗衡，企业必须利用广告，辅以营业推广，设法吸引消费者，巩固和坚定对本企业产品和品牌的信心；在衰退期，由于消费者偏好已经形成，企业应将促销费用降到最低限度，仅做提示性广告和营业推广即可，尽可能维持更多的销量。概括而言，上述策略与目标重点如表 12-2 所示。

表 12-2　产品市场生命周期不同阶段促销组合与目标重点

| 产品市场生命周期 | 促销目标重点 | 促销组合 |
| --- | --- | --- |
| 投入期 | 使消费者了解产品 | 各种介绍性广告、人员推销 |
| 成长期 | 提高产品的知名度 | 加强广告宣传、拓宽销售渠道 |
| 成熟期 | 增加产品的信誉度 | 改变广告形式（如形象广告） |
| 衰退期 | 维持信任、偏爱 | 营业推广为主，提醒性广告 |
| 整个周期阶段 | 消除顾客的不满意度 | 利用公共关系 |

当然，选择促销组合策略的标准不仅仅局限于以上几方面，促销方式的特点、促销预算的分配、营销渠道战略的不同都会影响促销组合方式的选择。企业必须根据促销组合方式的特点，综合考虑各种影响要素，以达到良好的促销效果。

【小贴士】

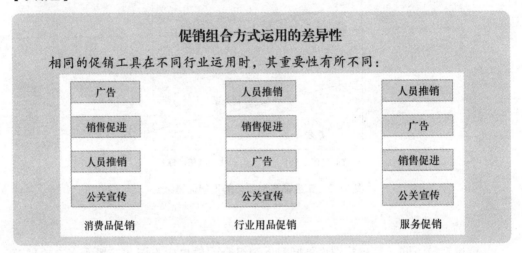

## 任务 2　人员推销

### 一、人员推销的概念与特点

#### （一）概念

人员推销是指企业派出销售人员与潜在客户进行一对一的交谈，在满足客户利益或需要的前提下，主动运用各种推销技巧，向其传递产品或劳务的信息，使客户接受并购买相关产品或劳务的活动过程。人员推销包括三个主要要素：推销人员、推销对象和推销品。推销人员是推销的主体，主要任务是寻找、走访顾客，说服顾客购买企业的产品；推销的对象即各类顾客和购买决策人，是推销人员推销的目标和说服的对象；推销的客体也称推销品，包括商品、服务和观念等。人员推销是一种古老而传统的销售方式，因为有独特的优点，所以在现代促销手段中仍有不可替代的作用。

**【相关链接】**

> 华人成功学大师陈安之说:"卖产品不如卖自己,要卖产品,先卖自己。"这句话表达了什么意思?你如何看待这种说法?

## (二)特点

### 1. 推销对象的针对性

人员推销是指在特定市场环境下有针对性地向目标顾客传递信息并说服顾客购买的活动过程。因此,推销员的任何一次推销活动都是针对特定对象而进行的,他们针对目标消费者的特定需要,采取不同的推销策略,进行推销洽谈,促使消费者购买。

### 2. 信息传递的双向性

与商业广告等促销方式不同,人员推销是一种典型的信息双向沟通的促销形式。推销员在与潜在客户接触的过程中,除了将企业和产品的相关信息传递给最终用户,由于和用户进行直接接触,还可以通过调查了解用户对于产品的看法与要求,将相关信息直接反馈回来。这种双向的信息沟通可以使企业直接地了解产品的市场接受程度,为企业的营销决策提供依据。

### 3. 推销目的的双重性

如上所述,由于信息传递的双向性,所以推销人员的推销目的一方面是为了推销商品,另一方面还可以顺便进行市场调研。因此,推销人员进行推销时,还应该定期或者不定期地提交市场调查报告,建立企业的营销信息系统。只有源源不断地从推销对象那里获取大量的信息,才有可能建立客户档案,进行营销信息系统原始资料的收集。

### 4. 推销过程的灵活性

由于人员推销是采用人与人直接面谈的方式,所以推销员的推销活动更显机动灵活。作为一名推销员,应该具有根据推销对象的特点,恰当地使用推销策略和战术的能力。推销人员应把握顾客的心理,从对方感兴趣的角度介绍商品,吸引其注意;要及时觉察对方的疑虑和不满,迅速解答疑难、排除顾虑;也要迅速领会对方态度的转变,抓住时机,促成交易。

尽管人员推销方式有诸多优点,但并不意味着任何企业任何产品都适宜采用人员推销方式,它也存在某些局限性。其主要表现在:人员推销的成本较高,当市场广阔而又分散时不适合采用;推销员不仅要了解产品的性能、使用、保管和维修等技术问题,而且需要具备较强的语言表达能力和观察能力等,素质较高的推销人员往往很难培养。

**【小贴士】**

> 推销工作是一项专业性很强的工作,也是一份艰苦的工作。要做好这份工作,除了应具有丰富的商品知识、推销知识和推销技巧,更重要的是要热爱这份工作。有一个经典的推销故事是这样的:
>
> 某天,珠宝公司来了一位有钱的客户,要看一枚钻石。公司因此派出了最好

的推销员来接待这位顾客，结果经过一番洽谈后，客人还是不满意。正当客人准备离开公司时，老板回到公司，请客人再考虑一下，并且亲自介绍这枚钻石。结果，仅仅几分钟，客人就答应购买这颗钻石。事后有人问老板是如何推销的，老板说："推销员精通钻石，而我却热爱钻石，这就是差别。"

## 二、人员推销的程序、方式与策略

### （一）人员推销的程序

#### 1. 寻找潜在顾客

寻找潜在顾客是人员推销程序的第一步。潜在顾客是指对产品有需要并且有购买能力和购买决定权的人。推销人员应该建立潜在顾客信息档案，加以分类，再对这些潜在客户进行资格审查，确定哪些客户为重点发展客户，哪些客户值得推销人员花时间和精力拜访，这样才能提高推销工作的效率。

#### 2. 接近顾客

接近顾客是推销人员正式接触顾客的第一个步骤，也是推销洽谈的前奏。接近顾客是指推销人员为保证洽谈工作的顺利展开而与顾客进行第一次正式接触的过程。通过接近，推销人员应达到以下目的：缩短和顾客空间上的距离，拉近和顾客之间的感情，让顾客慢慢关注和接受推销品，认同推销行为。

#### 3. 推销洽谈

和顾客进行正式接触后，下一步骤就进入推销洽谈过程。推销洽谈也称推销面谈，是买卖双方为了实现商品交易，就各种交易条件进行协商沟通，最终达成一致，实现推销成交的过程。推销洽谈的目的是推销成交，手段是说服，方式是传递信息。为了让顾客接受并喜爱本企业的产品，推销人员需要借助思维、语言、文字、体态来进行信息交流，沟通思想。

#### 4. 顾客异议处理

在与顾客接洽的过程中，推销人员总会遇到来自顾客方面的各种压力和阻力而阻拦推销活动的顺利开展，这些称为顾客异议。顾客异议主要表现为需求异议、价格异议、产品异议、货源异议、财力异议、权力异议、推销人员异议、购买时间异议等。推销人员应该做的，就是通过策略手段妥善处理这些反对意见，消除顾客疑虑，提高顾客的满意度，增强顾客的购买意向，促进推销过程协调一致。

#### 5. 推销成交

推销成交是整个推销过程的高潮，是推销工作的终极目标，推销过程其他阶段的活动都是为推销成交做准备。因此，推销成交是推销过程最重要、最关键的阶段。所谓推销成交，是指推销人员抓住成交时机说服顾客接受推销建议、立即购买产品的行为过程。在这个过程中，推销人员应该有效解读顾客的成交信号，了解达成交易的条件和障碍，及时处理顾客异议，并采用技巧和策略启发顾客做出购买决策。

#### 6. 售后服务与顾客维系

推销活动由寻找顾客开始，到推销成交结束。但是为了与顾客建立起长期的合作关系，推销人员还必须做好成交后的善后工作，包括售后服务、顾客维系等。成交结束后，企业能否履行合同、兑现承诺，能否通过一系列的方法挽留住现有顾客，是顾客关系长期建立的关键。

【思考】根据你的直觉或者经验，你认为推销过程中哪一个过程相对最难？为什么？

### （二）人员推销的方式

1. 上门推销

上门推销是最常见的一种人员推销形式，推销人员携带样品、说明书或者订单走访顾客，推销产品。这是一种向顾客靠拢的积极主动的"蜜蜂经营法"，也是被企业和公众广泛认可和接受的一种推销方式。这种推销方式可以最大限度地方便顾客，在家门口即享受到针对性强的服务，故广为顾客接受并认可，是一种名副其实的"正宗"推销形式。

2. 柜台推销

柜台推销也称门市推销，是企业在适当的地点设定固定的门市，推销人员在门市里面接待顾客、推销产品的行为。门市里面产品品种齐全，而且安全无损，所以在一定程度上能满足顾客多方面的需求，这是一种"等客上门"式的推销方法。那些零星的小商品、贵重物品或者容易损坏的商品宜采用此种方式进行推销。

3. 会议推销

会议推销是指利用各种会议向与会人员宣传和介绍产品，开展推销活动的行为。一般来说，各种订货会、展览会、交易会等均属于会议推销。此种推销形式顾客针对性强，推销集中，可以同时面向多个客户共同展开推销，成交额较大，交易效果良好。

### （三）人员推销的基本策略

1. 试探性策略

试探性策略也称"刺激—反应"策略，是推销人员在不清楚消费者情况的前提下，综合运用刺激性手段诱发顾客的购买欲望，产生购买行为的过程。推销人员在和顾客接触之前，首先要做好面谈计划，准备具有刺激性的问题，促使顾客透露需求和购买计划；或者通过事先准备好的产品宣传册或者产品演示说明诱导顾客对产品产生兴趣，然后观察消费者的反应，以了解消费者的真实动机，引发其购买行为。

2. 针对性策略

针对性策略又称"配方—成交"策略，是推销人员在了解消费者需求和购买动机的前提下，有针对性地对顾客进行宣传介绍，引发顾客购买动机的行为。由于推销人员事前已经能够了解消费者的特点，因此可以在和顾客洽谈之前，针对顾客可能感兴趣的产品某一特点设计好推销语言，对顾客可能提出的问题做出解答。

3. 诱导性策略

诱导性策略也称"诱发—满足"策略，是推销人员运用推销策略，使无需求顾客产生对产品的购买欲望和兴趣，诱发顾客的购买行为。这种策略是一种创造式的策略，是推销人员通过某种方法和策略创造顾客需求的过程，目的是使顾客从无需求变为有需求。这种策略对推销人员要求较高，需要推销人员具备高超的推销技巧才能成功。

### 三、人员推销的选择

#### （一）心理素质

作为一名出色的推销人员，必须具备良好的心理素质。这里的心理素质是指抵抗挫折的能力，即使遇到困难和失败，也能保持情绪的稳定，继续以饱满的精神状态面对外部环境的压力。推销员是最易遭受挫折的职业，客户的冷漠、拒绝、挖苦、讽刺，以及工作业绩的不佳、业务开拓的失败、自我形象的萎靡和意志的消沉，都有可能打击推销员的信心，甚至迫使其推出推销行业。所以，良好的心理素质，乐观、热情、积极的人生态度和个性，是推销员必不可少的能力标准。

#### （二）业务素质

广博的知识是推销员做好推销工作的必要条件。一般而言，推销员需要以下几类知识储备：

1. 产品基础知识。产品基础知识除了产品的特征、性能、使用、维修、定价、付款条件等内容外，还包括企业的历史与现状、经营方针和政策、服务方式和交易条件等。除了了解本企业和本产品，推销人员还应该了解竞争产品和品牌的生产能力、经营状况、产品特征等信息。

2. 心理学知识。由于推销人员直接与客户打交道，所以客户的需要、购买心理和购买行为都是推销人员研究的重点。知晓心理学知识，适时地研究客户心理变化和要求，及时调整推销策略和手段，是对推销人员提出的更高要求。

3. 社会知识。由于推销员面对的是形形色色的客户，为了与客户交流有共同语言，适应各类人群的话题，推销员还应具备丰富多样的社会知识。这些社会知识包括天文、地理、文学、哲学、时事新闻热点、美术、音乐等。

#### （三）身体素质

推销工作十分辛苦，只有具备了良好的体质、健康的体魄和吃苦耐劳的精神，才能够很好地胜任推销工作，适应各种恶劣的推销条件，完成推销工作重任。

【阅读材料】

#### 世界上最伟大的推销员——乔·吉拉德

乔·吉拉德是世界上最伟大的销售员，连续12年荣登世界吉尼斯纪录大全世界销售第一的宝座。他所保持的世界汽车销售纪录：连续12年平均每天销售6辆车，至今无人能破。

乔·吉拉德创造了5项吉尼斯世界汽车零售纪录：

平均每天销售6辆车。

最多一天销售18辆车。

一个月最多销售174辆车。

一年最多销售1425辆车。

在其15年的销售生涯中总共销售了13 001辆车。

（资料来源：李津·乔·吉拉德 [M]．北京：中央编译出版社，2009．）

# 任务3 广　　告

## 一、广告概述

### （一）广告的概念

广告一词源于拉丁语，有"注意"、"诱导"、"传播"之意。汉语的广告就是广而告之，即广泛地告知公众某事的宣传活动。

市场营销学中探讨的广告，是指广告发起人以促进销售为目的，付出一定的费用，通过大众媒体，传播品牌、理念、商品或劳务等有关信息的宣传活动。因此，无论是建立品牌知名度还是对产品进行宣传，广告都是具有成本效益的传播方法，即广告是需付费并要进行效果评价的宣传方式。另外，广告是借助大众媒体进行信息推介的，它取代了销售人员和潜在顾客进行单独洽谈的形式，属于非人员的沟通形式。

### （二）广告类型

广告的分类很多，按照性质划分可以分为商业广告、社会广告、文化广告、政治广告和公益广告；按照宣传范围划分可以分为国际广告、全国性广告、区域性广告、地方性广告和行业广告；按照艺术形式划分可以分为图片广告、表演广告、演说广告。而最具代表性的是按照广告的表达方式划分，可以分为报道式广告、诉求式广告、提醒式广告、比较式广告。

### （三）广告宣传的特点

#### 1. 信息的群体传播

广告宣传通过大众传播媒介，可以将企业及产品信息传递给广大的消费者。信息接收是一个范围广泛的群体，它不仅包括现实的顾客，而且包括潜在的顾客，从而必然提高促销信息的传播效果。尽管一次支付广告宣传的费用可能是很高的，但接受促销信息的人均费用要比人员推销费用低得多。因此，适宜于广告宣传促销的产品利用广告宣传方式促销，是最符合经济效益原则的。

#### 2. 促销效用滞后

广告传递信息的目的是刺激需求、促成购买，但广告宣传与购买行为往往存在着时间上的分离。晚间的电视广告促销与顾客白天的购买行为不是同时进行的。多数消费者都是在接受广告促销信息后加深印象，记住广告宣传的企业名称、产品品牌、生产厂家、价格等，为以后购买提供依据。因此，广告的促销效用具有一定的滞后性，即广告对消费者态度和购买行为的影响难以立即见效，而要延续一段时间。

### 3. 与其他促销形式互为补充

各种促销形式往往是相互补充、相互促进的。广告宣传对于人员推销的补充和促进效果就很明显。广告介绍了几种产品知识，指导消费者选购、使用、保养和维护商品，这就激发了顾客对商品的兴趣。当推销员与顾客面对面地洽谈时，由于有了广告宣传的促销基础，不仅能缩短介绍过程，而且能强化说服力，促其迅速达成交易。

## 二、广告媒体

广告媒体是指企业向公众发布广告的信息载体，是传播信息的重要条件和物质手段。传统的"四大广告媒体"由电视、电台、报纸和杂志组成，随着科技的发展，广告媒体的种类越来越多。企业必须选择最具成本效益的媒体传递信息，因为媒体的特征决定着信息的曝光率、频次和影响力。

### （一）广告媒体类型与特征

企业应该了解主要媒体在到达率、频次和影响力等方面的能力，主要媒体的类型和优缺点如表12-3所示。

表12-3　广告媒体类型和优缺点

| 媒体 | 优　点 | 局 限 性 |
| --- | --- | --- |
| 电视 | 拥有率高；诉诸视觉和听觉，声情并茂，吸引力强；到达率高 | 成本较高；曝光时间短；干扰多；观众选择性差 |
| 报纸 | 市场覆盖率大，传播范围和对象较明确；可造成较高记忆强度 | 保存性差；质量低；注意力易分散 |
| 广播 | 成本低；传播迅速、及时、广泛 | 曝光时间短；收听率低；吸引性差 |
| 杂志 | 地理分布和人口分布可选择性强；信息传达具体详尽；保存期长；可信度高 | 发行量小；无法保证版面 |
| 手机 | 使用者较多，已发展成为"第五媒体" | 成本较高 |
| 户外广告 | 灵活多变；成本较低，竞争较少 | 受众选择性差，主要面对流动的受众 |
| 网络 | 成本较低；高选择性；互动性强；形式多样 | 缺乏权威性，可信度低；受上网条件限制 |

【相关链接】

### 新型广告媒体——手机媒体，开创媒体新时代

中国信息业实现跨越式发展，互联网信息时代手机影响力赶超广电媒体。从2000年到2006年10月底，移动电话用户由8 500万户增加到4.49亿户，年均增长40%，居世界第一位。手机媒体是指以手机为视听终端、以手机上网为平台的个性化信息传播载体，它是以分众为传播目标，以定向为传播效果，以互动为传播应用的大众传播媒介，被公认为继报刊、广播、电视、互联网之后的"第五媒

体"。手机报、手机广播、手机电视等手机媒体的问世，成为人们现代生活中一道新的风景线，多种宽带无线技术并存将是必由之路。手机媒体的基本特征是数字化，最大的优势是携带和使用方便。手机媒体作为网络媒体的延伸，具有网络媒体互动性强、信息获取快、传播快、更新快、跨地域传播等特性。手机媒体还具有高度的移动性与便携性，信息传播的即时性、互动性，受众资源极其丰富。

（资料来源：互联网，http://baike.baidu.com/view/1725434.htm）

### （二）广告媒体选择应注意的因素

1. 产品性质

不同的媒体在演示、形象化、可信度和色彩等方面的表现力不同，而不同的产品具有不同的使用价值和宣传侧重点，这就要求媒体的选择应该同产品性质相匹配，才能达到良好的广告宣传效果。如果是需要表现外观和质感的大众消费品，应该采用电视、互联网等可视效果好的媒体进行宣传；如果是技术先进、结构复杂、价值较高的专业产品，应该采用专业性的杂志或者目录邮寄方式；如果仅仅是一般的告知性的广告，可以采用广播或报纸进行宣传。

2. 目标受众的媒体偏好

选择广告媒体，还应考虑目标受众接触媒体的习惯，一般而言，选用目标受众最常接触的媒体进行广告宣传是最有效的方法。例如，对于青少年而言，电视、互联网和广播是最有效的广告媒体；对于家庭主妇而言，电视或者商店和超市里的橱窗展示是有效的媒体；而对于上班族而言，互联网和专业性的杂志为最有效的广告媒体。

3. 信息性质

由于信息本身只是一种抽象的符号，所以必须借助媒体才能将信息表现出来。根据信息传载性和时效性的不同，不同的信息也应该选用不同的媒体载体。如果是大规模的促销活动，应该借助电视、广播或者报纸进行宣传；如果是包含大量技术数据的信息则需要专业的杂志或者互联网进行传播。

4. 广告成本

各媒体的收费标准不同，即使同一媒体，也会因传播范围和影响力的大小而有不同。媒体费用可以划分为绝对媒体费用和相对媒体费用：绝对媒体费用是指使用媒体的费用总额，"四大媒体"中，电视的媒体费用最高，其次是杂志、广告和报纸；相对费用是指接触每千人的平均成本和收视点成本，所以，尽管电视宣传的绝对费用高，但因为其宣传范围广，可能相对费用却很低。企业应慎重考虑媒体成本和媒体效果之间的关系，以达到广告投入效益最大化。

【思考】除了上述广告媒体之外，你可否再举例说明几种广告媒体？

## 三、广告的设计原则

### （一）真实性

真实性原则是广告设计的本质、首要原则和根本原则。我国广告法规定："广告应该真实合法","广告不得含有虚假的内容,不得欺骗和误导消费者","广告主、广告经营者、广告发布者从事广告活动,应该遵守法律、行政法规,遵循公平、诚实信用的原则。"由此可见,广告真实性原则是广告设计的根本准则。广告的真实性原则体现在:广告宣传的内容要真实,必须与宣传的产品和服务相一致,不能虚夸,更不能伪造虚构;广告的宣传手法和艺术处理手段要真实,不能歪曲夸大或矫揉造作。广告应给消费者展示产品最真实、最客观的一面,表现的感情也应该是真情实感,这样才能引起消费者共鸣,最终实现预期的目的。

### (二)关联性

广告设计必须遵循广告本身和产品服务的统一性和关联性,具体表现在广告设计必须与宣传目的相关联、与产品相关联、与宣传行为相关联。比如:广告应达到怎样的宣传目的?广告的目标受众是怎样的?广告的内容怎样与产品和服务实现统一?应该选取怎样的媒体传播信息,取悦受众的关键点在哪里?只有针对消费者的需求有的放矢,才能更具说服力和诱惑力。

### (三)形象性

每一个广告策划文案,每一个广告作品,都不仅仅是在单纯宣传产品本身,而是企业对品牌和形象的长期投资。特别是在工业不断高度发达的当今社会,产品同质性越来越高,若要在差异性极小的产品竞争中获得优势,品牌和形象的辅助性作用十分重要。消费者总是将产品品质和企业形象进行联想,所以,广告设计中只有注重品牌和形象的塑造,充分发挥形象的感染力与冲击力,才能使产品销售立于不败之地。

### (四)创新性

广告设计中的创新性是指广告设计过程中综合运用图案、文字、语言、色彩、音乐等要素,塑造鲜明的品牌个性,让本企业的品牌从众多竞争者中脱颖而出,增强广告吸引力。广告设计的创新性原则要求广告具有超凡脱俗的表现力,突破传统风格,标新立异,体现品牌个性和差异化设计策略。只有当品牌有鲜明的个性时,消费者才会对品牌有更高的期望度和认知度,才能产生强烈的购买欲望。

## 四、广告决策

### (一)设定广告目标

企业广告目标的设定应以营销总体目标为基准,广告目标不同,广告诉求的方式和内容也应不同。

#### 1. 以告知为目标

告知式广告是指如实介绍产品的性质、用途和价格等信息,目的是为了让消费者了解产品,刺激其初级需求。因此,以告知为目标的广告一般应用于新产品上市初期,目的在于开拓市场。其主要任务是针对那些已经具有了一些商品知识、有购买经验的消费者介绍新观念、新用途、新服务,形成消费者对商品的全新认识。

2. 以比较为目标

比较式广告也称对比广告或者竞争性广告，在产品的成长期或者成熟期，企业一般采用此种形式作为产品广告宣传的主要手段，其目的是为特定品牌确定选择性的需求，建立品牌偏好。目前市场上很多产品特别是竞争激烈的产品都选取这种广告形式，比如通过两个或者多个品牌的对比突出自己的优势或者差异性，能够使消费者认知本产品并指名购买。但是，企业在使用此类广告时一定要确保该产品确实具有突出优势，否则便会有过分贬低其他生产经营者的商品和服务之嫌。

3. 以提醒为目标

提醒式广告大多适用于进入成熟期的企业产品，广告目的不再是对产品进行报道或说服购买，而是为了使顾客对某品牌或者产品保持一定的记忆程度，尽可能地维护原有的市场阵地，引导消费者形成稳固的、长期的习惯需求的广告。提醒式广告，其用意在于提醒消费者最近可能需要这种产品，提醒他们去哪里可以购买得到，并使消费者在更换品牌的时候也可以记住这些产品，保持对此类产品的好感和偏爱。

### （二）编制广告预算

广告目标确定之后，企业即可编制广告预算。编制广告预算的方法有很多，如量力支出法、销售额比例法、竞争对等法或目标任务法等。此外，广告编制还要考虑几个因素：

1. 产品生命周期。对处于生命周期不同阶段的产品，广告预算应有所不同。如投入期产品需要较高的预算，而成熟期产品广告预算应按销售比例有计划地缩减。

2. 市场份额。占有较大市场份额的产品广告预算应较高，反之，则应低些。但是，企业想要扩大某种产品的市场份额时，其广告预算当然要比仅保持现有市场份额的产品的高。

3. 竞争的激烈程度。如果产品市场竞争激烈，广告预算就要高；而如果产品具有独特性或是专利产品，没有什么竞争者，那么广告预算可低些。

4. 广告的频度。如果企业决定多次重复进行广告促销，广告预算就要高。

### （三）确定广告主题

广告主题是指要表达的重点和中心思想，是广告创意的主要素材，只有主题鲜明、诉求突出，才能算得上优秀的广告设计作品。一般而言，广告主题的设定应遵循广告主题和广告诉求的统一性、诉求焦点稳定性、易于受众理解的通俗性和给受众留下深刻印象的独特性。为了实现良好的广告效果，留给受众深刻的印象，广告主题的确定可以依据以下三个要素：一是从产品本身的优点和企业独特的形象确定广告主题；二是在分析消费者心理需求的基础上确定广告主题；三是从其他市场要素中，如渠道建设和促销方式等方面确定广告主题。无论广告主题如何确定，其涉及的核心问题仍旧是市场，只有建立在市场调查和科学的分析基础上，才能实现良好的广告促销效果。

### （四）选择广告媒体

本节第二个问题中，已为读者列举了可选择的广告媒体类型与特点，企业可结合广告促销目标和自身资源特点，选择合适的广告媒体作为促销的载体。

### （五）评估广告效果

广告效果是指企业通过媒体传播广告后广告目的的实现程度、目标受众的消费影响，是广告信息在传播过程中引起的直接或间接变化的总和。具体的测定方法有广告销售效果的测定和广告本身效果的测定。

1. 广告销售效果的测定

企业选择广告的原因就是希望通过媒体将自己的产品推荐给社会大众，从而达到刺激消费、增加企业利润的目的。所以，广告是否将信息传递给了目标受众并确实地产生了刺激消费的效果，是评价广告效果的重要指标。广告销售效果的测定涉及广告的投放对于企业的品牌提升和产品销量增加幅度的影响，以便于企业根据测评结果调整促销策略或者广告策略。常见的销售效果评定方法主要包括历史资料分析法和实验设计分析法。

（1）历史资料分析法。指研究人员利用回归分析法，将历史上企业的销售额和过去的广告支出联系起来，进行相关性研究，借以分析广告支出对销量的影响。

（2）实验设计分析法。指通过对销售额增加幅度和广告费用增加幅度进行实验对比来测定广告效果的方法。例如：首先选择两个不同的地区 A 和 B，然后在 A 区进行比平均广告水平高 50% 的广告投放活动，在 B 区进行比平均广告水平低 50% 的广告投放活动，最后对比三个地区的销售记录，就能得出广告活动对企业销量影响到底有多大的结论。

2. 广告本身效果的测定

广告本身效果是指广告对目标消费者引起的心理效应的大小，包括对产品信息和品牌的注意、兴趣、记忆、理解和动机等。广告本身效果的测定可以分为事前测试和事后评估两个阶段。

（1）事前测试。事前测试主要包括直接评分法、组合测试法和实验室测试法：直接评分法是指企业请一组目标顾客或者专家前来观看企业的几种备选广告，观看过后请他们填写评分问卷，以此测试广告效果；组合测试法是指请目标顾客观看一组广告，然后回忆广告内容，目的在于测试广告的易懂、易记程度；实验室测试法是指用相关仪器来测试消费者对于广告内容的生理反应，但是这种测量方法也备受非议，因为这些反应多为生理反应，如心跳、血压、出汗等，无法表明消费者的态度和意图。

（2）事后评估。事后评估是广告正式投放后的测评，主要包括回忆测评和识别测评：回忆测评是指让接触过广告媒体的人回忆广告的内容、产品与企业的名称，以此说明广告被注意和被记忆的程度；识别测试是指让媒体接触者从若干广告中辨别哪一个广告是他曾经看到过的，也是为了说明广告在消费者头脑中留下印象的程度。

【阅读材料】

## 迷你宝马

尽管大部分汽车推广活动都采用了电视广告，但是电视广告却不是宝马公司在美国推广 Mini Cooper 汽车计划的一部分。宝马推出的新型迷你车，目标是 20

多岁的城市时尚者,这些人想要买时尚、有趣,且售价在2万美元以下的小型汽车。因为只有2000万美元的推广费用,Mini Cooper的营销计划者使用游击传播活动策略,如广告牌、海报、印刷广告和草根活动等非传统方式进行推广。其关键是不使用电视广告。为了引人注意,迷你车被架在3辆福特SUV上参加了全国的汽车展览,并周游了21个大城市。该汽车还出现在了其他不寻常的地方,如在运动馆内作为座椅使用,还出现在《花花公子》杂志中作为中间插页。如此众多的传播活动都被连接到一个设计巧妙的网站,该网站提供必需的产品信息及网络广告。此次广告创新的结果是,2002年春天的购买者要等上6个月的时间才能买到汽车。

## 任务4 营业推广

### 一、营业推广的概念

营业推广是指企业采用多种短期的奖励工具,目的在于鼓励消费者试用,或者鼓励客户更多、更快地做出购买决定,且采取购买行为的促销方式。营业推广包括消费者销售促进(样品、优惠券、现金返还、奖品、顾客试用、顾客回馈)和中间商销售促进(购买折扣、免费赠品、展览会、研讨会)。

【相关链接】

**营业推广的特点**

*1. 灵活多样,适应性强*

营业推广是一种短期的促销工具,促销方式多种多样,所以销售促进适应性强,可用于完成不同的销售目标。如:企业可采用样品赠送方式来吸引消费者进行新品试用;采用现金返还方式鼓励忠诚度高的消费者持续购买;利用优惠券或者降价方式增加不经常使用者的购买频率。因此,营业推广在品牌相似度很高的市场上能够达到在短期内提高销售量的效果,但却不会持久地增加品牌的市场份额。

*2. 属于辅助型的促销方式*

与人员推销、广告和公共关系不同,营业推广属于辅助型的促销方式,虽然能在短期内提高销量,但是不能在长时期内增加产品的市场份额和市场竞争力。因此,营业推广一般不单独使用,需要搭配其他几种促销方式一并进行。有证据显示,忠诚的品牌购买者不会因为营业推广方式而改变自己的购买模式。市场份额较小的竞争者往往会采用营业推广方式,因为他们无法匹敌市场份额较大的竞争者所支出的巨额广告预算,只有营业推广能争取到上架机会或消费者试用机会。

*3. 有贬低产品之嫌*

营业推广若频繁使用会使消费者认为产品的质量和价格有问题、企业在抛售产品,有贬低产品之嫌。因此,企业在开展营业推广时,必须注意使用时机和方式。

## 二、营业推广的形式

为实现营业推广的目标，企业可以在多种营业推广形式中进行选择。应根据市场类型、营业推广目标、竞争形势以及各种营业推广形式的成本及效果等因素做出适当选择。

### （一）赠送样品

即向顾客提供免费试用产品，如送货到家、邮寄样品，或在零售商店中免费散发样品等。这种方式适用于新产品的推广和销售，是最直接和有效的方式，如日用消费品、化妆品、食品等。

### （二）赠代价券

代价券是由商家根据推销需要设计并规定一定使用限制的特别购货券。这种代价券可直接寄给消费者，也可附在其他产品或广告中，使用起来比较灵活多样。赠送的代价券一般会限定购买商品的种类或只允许在一定的比例范围内使用。另外，这种形式的代价券一般会有使用期限，超过期限会视为自动放弃。

### （三）有奖销售

有奖销售就是通过给予购买商品的顾客一定的中奖机会来刺激人们更多地购买商品。具体做法通常是：让消费者用所购产品的发票兑换奖券，然后另择时日发布中奖号码；或以购物金额兑换一定数量的奖券，当场刮开奖券兑奖。有奖销售抓住消费者的消费心理，在可买与可不买之间，顾客就可能为了中奖而购买或者多买。

### （四）附送赠品

在顾客购买一定价格的产品时，免费附送小物品，以刺激其购买欲望。小物品可附于主要产品包装之内，也可另外赠送。有时商品包装本身就相当于一种附带礼品。比如，彩笛卷内附笛子和多角度卡片。最近几年，小学生购买方便面及其他方便食品的包装袋中有《三国演义》人物卡、《水浒传》人物卡、《西游记》人物卡等，由于一整箱中并不够一套，所以，孩子们要集齐一套必须在短时间内购买大量的商品才能如愿以偿。可见，附送赠品运用得当会在一定程度上促进产品的销售。

### （五）积分卡制

当顾客购买企业的商品时，企业通常发给顾客一个积分卡，当场记录购买商品的时间和金额。一般来说，积分卡的某一位置已经印好在一定时间内达到一定金额时的相应待遇。当顾客积分卡的分值达到规定的数额时，就可以按积分卡的规定到出售者那里领取现金或实物，也可以是再购物时给予比较大的折扣。实施积分卡制度，对吸引顾客长期购买该企业的产品具有一定的积极作用。这种营业推广方式对高档商场、高档商品、高档饮食服务企业效果尤其明显。

### （六）交易折扣

这一方式既可以针对中间商，也可以针对一般消费者。例如，企业可规定只要在一定时期内购买了本企业的某种产品，就可得到一定金额的折扣，购买量越大，折扣越多。这种方法可鼓励中间商更多地经营本企业产品，或促使中间商经营原来不打算经营的本企业产品。又如，有一家连锁润滑油公司，当你的车驶入任何一家分店时,公司员工都会马上将你的车牌号输入电脑,电脑马上可以显示出你是老顾客还是新顾客。如果是新顾客,他们就会把你的情况输入公司的电脑中;如果顾客超过一定的时间没有再次使用他们的服务,电脑会自动打出一份提醒通知。该公司吸引顾客的一个举措是提供顾客优惠卡,顾客每多一次使用公司的服务,就能得到更多的优惠,结果90%的顾客成为回头客。

### (七) 咨询销售

有某些产品的专家在营业场所向消费者介绍产品的性能、特点、使用和保养方法等,帮助消费者认识到产品的潜在价值,消除后顾之忧,从而促使消费者采取购买行为。由于消费者购物越来越理性,这种营业推广方式应该引起企业足够的重视。一些医药保健品企业在周末搞一些"义诊"活动,往往是一种企业的营业推广活动,通过医生来说明产品的优点更具有权威性。

### (八) 以旧换新

以旧换新是指消费者在购买新商品时,如果能把同类旧商品交给零售商店,就能抵扣一定的价款,这种情况下,旧商品起着折价券的作用。以旧换新促销涉及的商品很多,主要有自行车、手表、家用电器、家具、黄金珠宝首饰、高压锅,热水器等。

### (九) 限时降价

降低商品的价格是商家最常见的促销手段,但时间长了顾客容易对降价产品的质量构成质疑,而且商家的利润大减。这样一来,商家便不得不对降价销售采取了一种变通方式,那就是进行限时降价销售。限时降价时间规定得很短,但降价的幅度非常大,这样就可以通过极小的利润损失产生极大的促销效果。更重要的是通过某滞销商品的超常规降价,带动其他商品的销售。这种促销活动经常在超市或是专卖店进行,通常会起到带动其他商品销售的目的。

## 三、营业推广的主要决策

在运用营业推广方式时,企业必须建立目标,选择工具,制订方案,预试方案,实施并控制方案,最后评价结果。

### (一) 建立目标

营业推广的目标来源于产品营销目标。对于消费品而言,营业推广的目的包括:吸引消费者试用、奖励忠诚顾客、吸引竞争品牌的消费者、鼓励不经常使用者增加购买频率;对于中间商而言,营业推广的目的包括:促使中间商保持较高的存货水平,鼓励中间商更多地经营本企业的产品,赢得新的零售网点和机会。

### (二) 选择工具

主要的营业推广的工具见表12-3,不同的企业会选择不同的促销工具:餐饮店主要采用印发优惠券的方式;化妆品专卖店经常采用免费试用和回馈奖励的方式,汽车专卖店采用现金折扣和礼品赠送方式;而家居卖场采用的是回馈奖励或者抽奖的方式。

### （三）制订方案

在运用营业推广工具时，企业必须事先设定使用的规模，即进行成本效益分析。如奖励规模设定为 10 万元，那么销售额扩大而带来的利润增加超过 10 万元，则促销规模还可扩大；否则便得不偿失。设定完使用规模后，企业还需设定参与营业推广活动者的条件、营业推广的时间、营业推广的选择、促销时机的确定和促销总预算。

### （四）预试方案

虽然大多数促销方案都有以往经验做依据，但是营销人员在运行促销方案之前仍然要对方案预试，考察选择的促销工具是否最合适、使用的规模是否最优等等。

### （五）实施和控制方案

一旦促销方案确定，营销人员就可以根据方案具体执行，并在执行过程中根据实际情况的变化随时上报企业决策机构，以便于促销方案的调整和完善。

### （六）评价结果

促销方案的评价指标须与促销方案制定目标相对应。一般而言，无论促销目标为何，销售促销的最佳状态是吸引竞争对手的顾客转而投向自己。

【阅读与思考】

#### "东方眼镜"秋季大行动

广州东方眼镜连锁集团，是国内最大的眼镜连锁集团之一。2010 年 11 月份，为刺激品牌商品的销路，他们推出一项 SP 活动：在《羊城晚报》等报纸上刊登广告，发起以赠送"现金券"为主的秋季大行动。现金券从 5 元到 300 元不等，品种有护理药水、镜水和眼镜，包括浪尼卡、依莲娜、圣丹佛、罗敦斯德等 30 个品牌。每张现金券票面除了现金价格以外，就是每个品牌的 CI（企业形象）设计。因此，随着活动的进行，商店提供给消费者的除了现金优惠，还包括推销商品本身的信息。但是，对于眼镜零售商来说，却很难建立消费者特殊偏好。这种市场上广泛采用的赠送现金券的方法对于近期有购买欲望的消费者来说，是一种见效快的方法，也可以从同行业竞争者中争取到部分顾客。但从长期来看，对于零售商的促销效果有限。

（资料来源：互联网，http://wiki.mbalib.com）

思考：企业短期销售促进方式为何屡屡受挫？

## 任务 5 公共关系

公共关系是指社会组织为塑造自身形象，处理面临的各种内部和外部关系，取得内部及社会公众的信任和支持，创造自身事业发展的最佳社会关系环境，通过采取传播沟通等一系列活动影响公众的一门社会科学和一门艺术。

## 一、公共关系的特点

1. 对象的广泛性。公共关系的主要对象是各种社会关系，因而特别强调较大范围内的有效沟通。与其他促销手段只以目标顾客为对象不同，公共关系工作的对象主要是一个企业或其他社会组织面临的涉及组织内部和外部的公共的、社会的关系，而不是私人交往关系。因为企业或其他社会组织的形象是由公众评定的，所以了解和分析公众是组织公共关系工作的基本环节。公共关系的双方，一方是企业或社会组织，另一方是与企业或社会组织相关的社会公众。具体来说，是与企业或社会组织相互联系、相互作用的个人、群体和组织的总称。不同的企业或社会组织有不同的工种，一个企业在其日常活动中必须与其内部的全体员工、作为所有者的股东、外部的生产协作者和竞争者、银行和其他金融机构、供应商和产品经销商、广大消费者和用户、政府有关部门、新闻媒介公众、社区各种居民和组织等，发生多种多样复杂的经济和社会关系，所有这些公众都是该企业或组织的关系对象。因此，公共关系实际上就是指一个企业或社会组织赖以生存和发展的整个社会关系网络。公共关系活动应强调在如此广大的范围内和复杂的关系网络之中进行有效的沟通。

2. 促销的间接、能动性。公共关系促销具有间接性。即使面对消费者，也不是直接推销产品，而是通过"推销企业"来推销企业的所有产品。当然，为了树立企业的良好形象，公关促销也要涉及琐碎的事务、具体的产品、个别消费者等。另外，公关促销并不只是在既定的环境下把产品推销出去，而往往要改变环境，使之更适合企业的发展，更容易推销产品，因而具有能动性。如著名营销大师菲利普·科特勒举了一例：假设美国某家用电器公司想进入日本市场，但日本实行贸易保护，设下了层层壁垒，这家公司就要运用"政治力量"和"公共关系"去改善日本的销售环境。这家公司必须通过美国政府给日本政府施加压力，说服日本政府取消贸易壁垒，打开日本市场的大门；还必须开展公关活动，向日本政府官员疏通、游说，以及向日本人民群众宣传说明情况，争取他们的支持。

3. 促销手段的新颖性。在现代社会，人员促销的手段层出不穷，广告战更是激烈，这些商业"喧嚣"不仅难以引起公众注意，而且经常惹人反感。公关促销手段却别出心裁，不是直接劝诱购买，而是以新闻或其他活动传播信息，经常把"文章"做在社会、公众关心、瞩目的焦点问题上，新颖独特，又富于戏剧性，容易吸引视听。如生产"龟鳖丸"的海南养生堂曾组织江苏南京消费者代表到企业生产基地，现场参观"龟鳖"的养殖和产品的制作过程，通过消费者的亲身感受宣传企业和产品，方式独特，引起了新闻媒体和消费者的广泛关注。

4. 工作的持久性。公共关系在本质上属于管理，是现代企业或组织不可缺少的一项重要工作，是现代企业经营管理的有机组成部分。公共关系是运用信息沟通的原理和方法，分析、协调和处理各种复杂的商业心理和社会关系问题的一种管理艺术。作为一种思维方法，公共关系已融合成为现代管理思想的一个组成部分，成为搞好经营管理、争取事业成功的基本原则。特别是公共关系的间接特性，使其产生影响和效果总要有一个相对比较漫长的过程。如果企业的高层管理人员能够充分认识到这一点，就一定能把公共关系作为一项系统工程，坚持不懈地努力，取得丰硕的成果。

## 二、公共关系的作用

在企业，公共关系被广泛地用于配合市场营销，尤其是开展促销活动。公共关系促销是一种"软推销术"，它是在树立企业形象、产品形象的同时，促进产品销售的，满足了消费者高层次的精神需求，不断赢得新老顾客的信赖。总的来说，公关促销有如下作用：

1. 有利于塑造企业和产品的良好形象。公关促销的实质是以公众利益为出发点，在为顾客提供优质产品和服务的同时，提高自身的知名度和赢得顾客的信任，招徕更多的顾客，刺激或诱导顾客的购买欲望，提高市场占有率和经济效益。特别是善于运用新闻媒介的企业，能够迅速提高企业知名度和美誉度，塑造企业良好形象。

【阅读材料】

> 2003年"蒙牛"借助"神五"事件公关所创造的影响就令人叹为观止。神舟五号的发射成功激发了中国百姓强烈的民族自豪感和自信心，是中国航天史上的一大创举。与这样的一个具有历史契机的事件结合，其公关活动赢得了不同凡响的效果。蒙牛通过搭载此次"飞天梦圆"的事件平台，电视、平面、户外，各种软硬结合的新版广告出现在全国各大城市的家庭与街头。各种类型的新版广告一改品质功能的主题诉求，以"举起你的手，为中国航天喝彩"的情感诉求、"健康是强国之路"的品牌主张，通过老、青、童三代不同的形象表现，以一种全新的形象走进人们的视野，以民族情、民族自豪感影响各种类型的消费群体，走出了乳业品牌形象雷同的僵持局面，可谓"百花齐放，一枝独秀"。

2. 有利于赢得顾客。顾客与企业之间的关系，不仅仅是一种简单的买卖关系，而且还是一种良好的信息交流关系和相互协作关系。如果企业能够预测顾客的需要并提供超出顾客的希望值的产品，那么企业产品的销量必然会大幅度上升。因此，今天的营销人员已不再是单纯的商品推销者，而应是帮助顾客解决问题的专家。他们的任务已不再仅仅是推销，还应是客户的伙伴和合作者，充当顾客的顾问。这就要求现代企业的营销人员掌握公关策划术和公关促销术，熟悉顾客心理，在营销中充分考虑和照顾广大公众的利益，竭力满足公众的利益要求，以增进顾客及广大公众与企业的感情，改变公众态度，引导其购买行为。

3. 有利于开展创造性销售活动。在促销活动中，企业把公共关系和商业销售有机结合，形成了许多创造性公共关系促销术。如循序渐进法、情景模拟法、环境促销法、故布疑阵法、出奇制胜法等。

【阅读材料】

### 超级女声

> 2005年，蒙牛乳业携手湖南卫视、上海天娱传媒联合推出了"蒙牛酸酸乳超级女声"大型电视选秀活动。本次选秀活动综合运用电视、报刊、互联网、手机等大众传媒吸引了不同年龄层、不同职业的观众，赢得了社会的极大关注，也使得"超级女声"成为最有轰动效应的商业娱乐传播活动和营销活动。

"超级女声"始于2004年,2005年、2006年两年创造了上亿人观看、千万人投票、百万人参与的记录。据统计,仅2005年,"超级女声"全国的报名人数达到15万人,每周热心观众超过2 000万,观众总数目达4亿人次;其中前三名选手的观众手机支持短信量超过800万条,百度贴吧相关帖子数3 245 100篇。"超级女声"的成功有两个主要因素:一是洞察和击中了目标消费群体"超女一族";二是多方联盟的价值网络聚焦促成了整合的大众传播效应。

借此娱乐盛宴,2005年蒙牛酸酸乳的销售额从7亿元疯狂增长至25亿元;湖南卫视获得突破性收视率和广告收益,该活动决赛时每15秒的广告费高达11.25万元;天娱传媒凭借"超女"红遍全国,成为知名度较高的娱乐传媒机构;而参与"超女"活动的手机短信运营商、互联网网站、娱乐公司和广告商纷纷大获其利。

(资料来源:孙隽. 超级女声VS超级策划 [M]. 合肥:安徽人民出版社,2005.)

4. 有利于化解危机。现代社会,市场竞争更加激烈,企业面临的风险更大,经营中的陷阱更多,危机来得更频繁,杀伤力更大。稍有不慎,企业便会面临生死攸关的"不测"事件,这时,公共关系促销术则是解决危机的"特效药"。

### 三、公共关系促销的方式

公共关系促销方式列于表12-4。

表12-4  公共关系的主要活动方式

| 主要形式 | 具体做法 |
| --- | --- |
| 出版物 | 企业依靠发行某种出版物达到影响目标市场的目的,这些出版物包括:小册子、年度报告、实事通讯、杂志和视听材料。 |
| 事件 | 企业可安排一些特殊事件吸引媒体和目标群体的注意,如新闻发布会、研讨会、展览会、周年纪念等。 |
| 新闻 | 企业可策划与产品、企业和员工相关的有利新闻,吸引新闻界注意。这些新闻策划方式主要有开幕典礼、新品发布会等。 |
| 演说 | 企业相关管理人员在特定的情境或者适合的场所发表演说也能起到增强企业形象的目的。 |
| 公共服务活动 | 企业可以通过赞助一些公益事业建立声誉。 |
| 赞助 | 企业可通过赞助体育、娱乐、文化活动达到提高知名度的目的。 |
| 标志媒介 | 为了增强产品或者品牌识别度,企业可通过一些手段将自己的形象可视化,如口号、标识、网站、建筑物等。 |

# 习　题

**一、名词解释**

1. 促销　　　　　　　　　　　　2. 促销组合策略
3. 广告　　　　　　　　　　　　4. 人员推销

5. 营业推广　　　　　　　　　　　　6. 公共关系

## 二、单项选择题

1. 促销工作的核心是（　　）。
   A. 出售商品　　　　　　　　　　B. 沟通信息
   C. 建立良好关系　　　　　　　　D. 寻找顾客
2. 促销的目的是引发、刺激消费者产生（　　）。
   A. 购买行为　　　　　　　　　　B. 购买兴趣
   C. 购买决定　　　　　　　　　　D. 购买倾向
3. 下列各因素中，不属于人员推销基本要素的是（　　）。
   A. 推销员　　　　　　　　　　　B. 推销品
   C. 推销条件　　　　　　　　　　D. 推销对象
4. 对于单位价值高、性能复杂、需要做示范的产品，通常采用（　　）策略。
   A. 广告　　　　　　　　　　　　B. 公共关系
   C. 推式　　　　　　　　　　　　D. 拉式
5. 公共关系是一项（　　）的促销方式。
   A. 一次性　　　　　　　　　　　B. 偶然
   C. 短期　　　　　　　　　　　　D. 长期
6. 营业推广是一种（　　）的促销方式。
   A. 常规性　　　　　　　　　　　B. 辅助性
   C. 经常性　　　　　　　　　　　D. 连续性
7. 人员推销的缺点主要表现为（　　）。
   A. 成本低，顾客量大　　　　　　B. 成本高，顾客量大
   C. 成本低，顾客有限　　　　　　D. 成本高，顾客有限
8. 企业广告又称（　　）。
   A. 商品广告　　　　　　　　　　B. 商誉广告
   C. 广告主广告　　　　　　　　　D. 媒介广告
9. 在产品生命周期的投入期，消费品的促销目标主要是宣传介绍产品，刺激购买欲望的产生，因而主要应采用（　　）促销方式。
   A. 广告　　　　　　　　　　　　B. 人员推销
   C. 价格折扣　　　　　　　　　　D. 营业推广
10. 一般日常生活用品，适合于选择（　　）媒介做广告。
    A. 人员　　　　　　　　　　　　B. 专业杂志
    C. 电视　　　　　　　　　　　　D. 公共关系

## 三、思考题

1. 促销组合策略包括哪两种类型？
2. 促销组合策略选择的影响要素有哪些？
3. 有哪些可供选择的广告媒体？其各自的特点是什么？
4. 主要的营业推广的工具有哪些？

## 四、案例分析

### 北京2008年奥运会的整合营销传播

2008年8月，第29届奥运会在北京举行。2008北京奥运会的理念是："绿色奥运、科技奥运、人文奥运"。北京奥运会的整合营销传播包括两个主要方面：体现奥运理念；向全世界展示

中国文化和当代中国的发展。下图为北京奥运会的整合营销传播结构图：

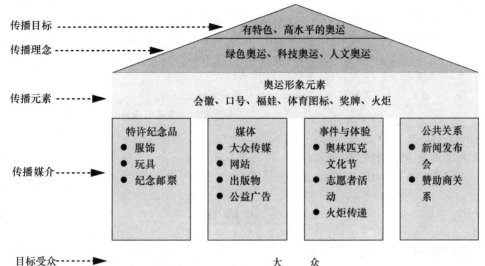

### 1. 北京奥运会的整合营销传播元素

北京奥运会传播元素设计均充分体现了浓厚的中国文化特色与价值，从书法印章到玉璧祥云，这些体现了中国特色和奥运精神的元素反复出现在与奥运会有关的各种传播过程中，增强了世界对北京奥运的认知。

- 会徽——中国印·舞动的北京

核心元素以"中国印·舞动的北京"印章作为主体表现形式，将中国印章和书法等艺术形式与运动特征结合起来，经艺术手法的夸张变形，巧妙地形成一个向前奔跑，迎接胜利的运动人形。

- 口号——同一个世界，同一个梦想（One World, One Dream）

该口号体现了人文奥运所蕴含的和谐价值观，体现了中国自古以来对人与自然、人与人和谐关系的理想与追求。

- 吉祥物——福娃

奥运吉祥物的五个造型融入了中国特色元素（鱼、大熊猫、藏羚羊、燕子和圣火火炬），并为它们起了一组朗朗上口的中国名字：贝贝、晶晶、欢欢、迎迎、妮妮。将五个名字连起来读，就读出了北京对全世界的盛情邀请：北京欢迎您。

- 金玉奖牌

奥运奖牌镶嵌着取自中国古代龙纹玉璧造型的玉璧，背面镌刻着奥运会徽，完美地诠释了中华民族自古以来以"玉"比"德"的价值观。

- 奥运火炬

火炬创意来自中国古代"渊源共生，和谐共融"的祥云图案和纸卷轴，通过红银色彩对比产生醒目的视觉效果。

### 2. 北京奥运会的整合营销传播媒介

- 特许纪念品专卖

北京奥运会特许纪念品包括印有福娃和会徽标志的服饰、丝绸、印章、玩具、金属制品及鸟巢造型。以北京奥运会为主题的多套邮票、首日封、纪念封、邮册等都将传递到世界各地。

- 媒体宣传

通过大众媒体、互联网、出版物和广告等传播奥运精神和奥运项目。北京奥组委专门建立了北京奥运官方网站（http://www.beijing2008.cn/）。央视以刘翔等大众熟悉的明星为代言人制作并播放了一大批迎奥运公益广告。

● 事件与体验

奥组委设计了一系列大众参与的体验活动,如:奥林匹克文化节、奥运志愿者招募选拔、国际中小学生"绿色梦想,彩绘奥运"绘画比赛、全民义务植树、奥运火炬传递、海外服务等志愿活动。

● 公共关系

奥运会公关传播主要包括一系列的新闻发布会和赞助商活动。

(资料来源:奥运官方网站,www.beijing2008.cn)

分析讨论:
1. 北京奥运的营销传播有哪些特点?
2. 营销传播的效果取决于哪些要素?

# 实训应用

【实训项目】
产品促销方案的设计。

【实训目的】
通过本次实训设计,让学生熟悉产品促销方式的选择与应用,掌握相关促销方式的应用流程,学会促销执行方案的策划,特别是掌握如何进行创意策划活动。

【实训指导】
在服装市场中选出任何一个你感兴趣的服装品牌,根据本章所学的内容进行品牌促销方案的设计。
1. 确定和分析促销目的。
2. 选择合适的促销策略组合方式。
3. 制定详细的促销方案(设定促销目标、决定促销预算、制订媒体计划、测定促销效果等)。

【实训组织】
1. 将全班学生分为若干组,每组6~8人,每组成员进行合理分工,两名成员负责实地调研、现场记录,两名成员负责资料收集、策划方案,其余同学完成报告,形成PPT。
2. 作业提交后,选择2~4份优秀报告在班级内进行展示、交流。

【实训考核】
1. 实训准备工作(10分)。
2. 实训的组织、分配、管理等过程(20分)。
3. 实训成果汇报及其提交(45分)。
4. 项目团队成员间的团队合作精神(15分)。
5. 学生互评,教师点评(10分)。

模块五

# 营销管理

# 项目十三
## 执行与控制营销计划

### 任务描述

通过调研外部环境确定目标市场后,企业就要设法满足市场需求。企业是营利性组织,通过满足市场需求获取经济利益。因此,如何有效地筹集、利用资源是能否获利的关键,这就是营销管理问题。通过本章学习能够合理制订营销计划,有效地组织和实施计划并控制计划实施过程更好地实现组织目标。

### 任务目标

**知识目标**
1. 熟悉营销计划的步骤和内容。
2. 熟悉营销组织的类型。
3. 熟悉营销执行的步骤。
4. 熟悉营销控制的类型与内容。

**能力目标**
1. 能够制定恰当的营销计划。
2. 能够组织与执行营销活动。
3. 能够控制营销活动。

### 任务导入

到一两家企业进行调研,了解其营销计划的制订、组织、执行与控制过程,做好各个步骤的关键是什么。

### 案例导入

#### "居安思危"的联华超市

联华超市初创于 1991 年 5 月,迄今为止,经历了三个不同的阶段:1991—1995 年的初创阶段;1996—1997 的调整阶段;1998 年至今的重组扩张阶段。联华超市在

1997年拥有30家连锁店、24亿元销售额，到2000年11月月底已拥有950家网点和100亿元的销售额。公司以低成本运行和目标管理为核心，在资本运作、市场拓展、技术进步等方面取得了领先优势，成为全国连锁超市的领头羊。

联华超市在最初发展过程中十分注重对资本运作模式的选择，其最初门店的建立都是银行贷款及政府贴息的结果，走的是一条负债经营的发展道路。1996年联华超市进入发展的第二个阶段，通过资本投资，建立控股合资子公司，在原先直营店的基础上不断向其他空间扩张。继将上海陕北超市、新新超市、宏良便利、百家便利等门店纳入旗下后，又并购了排名位于前20位的永昌超市。1997年，联华超市实行改制，正式组建了"联华超市有限公司"，并引进境外资本8 000多万元人民币，吸引了诸如日本三菱商事株式会社等国际著名跨国公司的参股。同年，与法国顶级连锁超市"家乐福"合资组建了联家超市，在上海率先开出了超市大卖场，并在扬州、南京、杭州以及上海市区和郊区成功组建了数个联华控股有限公司，使其规模迅速扩大。在此基础上，1999年年底联华超市又与南京的长江超市实施资产重组，一举纳入其拥有的10家超市。同期还接收了为民超市的48家门店和天天配送公司。联华的规模呈几何级数般地迅猛膨胀。

在规模效应日益明显的同时，联华超市还积极探索超市业态多元化发展的思路。在全力巩固和发展800～1 000平方米标准食品型超市的同时，联华超市在部分中心城区和郊县开出了2 000～3 000平方米左右的综合型食品加强超市，配备商品15 000余种，形成了食品超市与百货商店的混合体，并在部分城乡结合部开设了10 000～30 000平方米的超市大卖场，极大地满足了"双休日"大众消费的需要。此外，联华超市有限公司还将联华便利店的发展视为其主力业态延伸的新兴业态，形成了多元业态的经营网络。

"顾客第一，唯一的第一"是联华超市的经营理念。注重个性化的经营特色是联华超市得以快速发展的关键。1995年12月，联华超市抓住市政府"菜篮子工程"的契机，在上海的连锁超市行业中首先引进了生鲜食品的经营。1996年3月，联华超市建立了生鲜食品加工配送中心。1997年联华超市又有意识地将生鲜食品的经营与市政府的厨房工程贴近，在山东、浙江、河南、河北、江苏等地开发了生鲜食品基地，初步建成了全国采购网，先后建立了肉食品、鸡蛋、副食品等生产供应基地，开创了超市与园艺场定向种菜的先河。从联华近年来的实践来看，其个性化经营模式成功地实现了三个转变：一是建立并依托生产基地，实现了由原来多个环节向产销对接的转变；二是突破了传统的商业经营体制，实现了由单一零售商业向生产、加工、销售一体化的转变；三是冲破了商业无科技含量的旧观念，实现了由低层次的商品供应向蕴有科技含量的转变。

此外，联华超市在品牌经营过程中，也注重以贴近日常消费的生活日用品为切入点，以同样的品质、不一样的价格为核心，通过工商联手、定牌监制的方式，开发了一批联华品牌的日用纸制品系列和日用小商品系列。开发品牌、提炼品牌、形成品牌，联华的品牌战略推动了联华的规模经营，又扩大了联华的无形资产，形成了联华超市规模经营的整体优势。

问题引入：
联华超市在战略管理上注重哪些因素？

市场营销管理是指企业为了满足用户的需要及取得满意的利润，根据市场的需求和自身的资源，对市场有关的各项活动进行计划、组织、领导和控制的过程，是目标、资源、环境三者达到相互适应的动态平衡过程。

在现代市场经济条件下，企业必须十分重视市场营销管理，根据市场需求的现状和趋势，对旨在创造、建立和保持与目标购买者之间有益的交换关系的设计方案做出的最适宜的分析和计划，并加以实施和控制。通过有效地满足市场需求来赢得竞争优势。所以，市场营销管理的任务就是为促进企业目标的实现而调节需求的水平、时机和性质，其实质是需求管理。市场需求不同，市场营销管理的任务也有所不同。根据需求水平、时间和性质的不同，市场需求可以分为以下八类。

1. 负需求（改变）。当绝大多数人对某个产品感到厌恶，甚至愿意出钱回避它的情况下，市场营销管理的任务是改变市场营销。

2. 无需求（刺激）。如果目标市场对产品毫无兴趣或漠不关心，市场营销管理就需要去刺激市场营销。

3. 潜伏需求（开发）。指相当一部分消费者对某物有强烈的需求，而现有产品或服务又无法使之满足的一种需求状况。在此种情况下，市场营销管理重点就是开发潜在市场。

4. 下降需求（重振）。当市场对一个或几个产品的需求呈下降趋势状时，市场营销管理就应找出原因，重振市场。

5. 不规则需求（协调）。指某些物品或服务的市场需求在一年不同季节，或一周不同日子，甚至一天不同时间上下波动很大的一种需求状况。在不规则需求情况下，市场营销管理的任务是对该市场进行协调。

6. 充分需求（维持）。假如某种物品或服务的目前需求水平和时间等于预期的需求水平和时间（这是企业最理想的一种需求状况），市场营销管理只要加以维持即可。

7. 过量需求（降低）。在某种物品或服务的市场需求超过了企业所能供给或所愿供给的水平时，市场营销管理应及时降低市场营销。

8. 有害需求（消灭）。指市场对某些有害物品或服务的需求。对此，市场营销管理的任务就是要加以消灭。

# 任务1　市场营销计划

市场营销计划是指在研究目前市场营销状况，分析企业所面临的主要机会与威胁、优势与劣势以及存在问题的基础上，对财务目标与市场营销目标、市场营销战略、市场营销行动方案以及预计损益表的确定和控制。

【相关链接】

> 中国企业营销的最大浪费是战略与营销计划缺失性浪费，是粗放式资源投入所造成的浪费，是终端管理、服务过渡、不创造价值的浪费。
> ——中国人民大学营销学教授彭剑锋

## 一、市场营销计划的类型

### (一) 按计划制定者的层次划分

1. 战略计划。由组织的高层管理人员制定,企业战略计划是指导战略管理展开的重要方面。著名管理学家杜拉克认为,企业高层管理者的首要任务是制定和实施战略。他认为,要通过企业的使命来思索管理的基本任务,即要提出这样的问题:我们的企业是什么样的企业?它应该成为什么样的企业?为此,企业要制定自己的战略目标,制定战略计划,为未来做决策。显然,这里实际上就是战略计划过程。从西方发达国家的大企业来看,制定经营战略的框架便是规范的战略计划系统。当然,不是规范的系统也能产生出优秀的战略。但是,不管采用何种方式,战略计划的制订过程都交织于管理活动之中,并对战略管理的进行起着重大的指导作用。

企业战略计划同样起着维系和协调战略管理与日常经营活动的重要作用,也促使企业的员工形成强大的凝聚力与归属感。

2. 战术计划。指一种局部的、阶段性的计划,完成某些具体的任务,实现某些具体的阶段性的目标。

3. 作业计划。指具体的行动计划,一般是必须执行的命令性计划。

战略计划一般是由高层管理人员负责,战术计划和作业计划一般是由中层和基层管理人员完成。战略计划对战术计划和作业计划具有指导作用,而战术计划和作业计划的完成则能确保战略计划的实施。

### (二) 按营销计划内容的复杂性质划分

1. 综合计划。指完成各种营销活动的总体规划和安排。
2. 专项计划。指具体完成某一项营销活动的计划。

当然,营销计划还可以按时间划分为长期计划、中期计划、短期计划。在制订计划的顺序上,首先是长期计划,以便明确大的发展方向;其次是中期计划,它是长期计划的进一步细化,同时又为短期计划提供了参照物;最后是短期计划,短期计划又是中期计划的进一步细化。

## 二、市场营销计划的特点

1. 营销计划为实现公司的目标提供一个战略。
2. 营销计划的制订是立足于一些事实和有效的假设基础上的。
3. 营销计划提供现有资源的使用计划,能使现有资源得到最大程度的使用。
4. 营销计划具备一种连续性,是各种计划类型不断衔接的过程。
5. 营销计划应该是简洁明了的,以便操作人员执行、实施。
6. 营销计划应该具有灵活性,根据实际的市场和企业情况做出适当的调整。
7. 营销计划应该特别指明那些将被监督与控制的绩效准则。

## 三、营销计划的内容和制定

### (一) 计划摘要

计划摘要是指在市场营销计划开头部分对计划的要点、目标和策略等给予扼要

的综述。其目的是便于管理机构和高层主管快速浏览,能够很快了解营销计划的核心内容。

### (二) 营销现状分析

营销现状分析是指主要分析与企业经营有关的宏观和微观环境。具体内容是:企业概况;市场容量、市场结构;用户和消费者的态度;产品;价格;其他影响企业经营的因素。

### (三) 机会与威胁的分析

机会与威胁的分析是指评估企业的外部环境。企业外部环境由各种因素构成,而且这些因素是不可控的,并影响到企业的战略选择。企业外部环境可分为大环境与小环境,具体因素应视企业实际相关因素来分析。分析企业可能的机会,这些机会体现了可能的发展方向,但企业机会要与取得预期目标的各项战略相一致。对此,在对每一种机会选择方案进行评估时,应着重考虑下面的因素:内部环境中的不稳定因素、现在的组织结构、获得各种资源的机会、竞争优势、产品的生命周期、利益相关者(如股东、债权人、雇员、顾客、供应商、政府、工会、竞争对手、当地居民及公众等)的可能反映。

### (四) 拟定营销目标

营销计划的目标包括两类:一是财务目标;二是市场营销目标。财务目标主要是指由即期利润指标和长期投资收益率指标组成,并将其转换成营销目标。营销目标应尽量数量化,便于衡量,并指导随后的营销策略和行动方案的拟订。

### (五) 制定营销策略

营销策略是指企业运作最前沿、最关键的管理策略,是达到营销目标的途径和手段。它包括广告、商标、渠道、公关、市场调查、整合营销等诸多营销手段,也包括各具体营销手段的整合与互动。双赢分门别类地研究和操作各具体的营销手段,更强调各具体营销手段的整合与互动,并将其纳入企业的品牌战略和企业文化之中。营销经理必须对各种可供选择的策略进行反复比较和分析,从而做出合理的抉择,并在计划书中加以陈述。

### (六) 确定行动方案

行动方案是指如何具体地实施,包括做什么、什么时候开始做、如何做、谁来负责、谁来实施、预算是多少等。按上述内容为每项活动编制出详细的程序,以方便执行和监督检查。

### (七) 编制营销预算

编制营销预算是指根据行动方案编制营销预算方案。此项预算类似盈亏报表,在收入栏列出预计的产品销售量及平均单价,在支出栏列出生产成本和实施分配成本及营销费用,收支的差额为预计的利润和亏损。

### (八) 营销控制

营销控制是指对营销计划的执行过程进行控制。其基本的做法是,将计划规定的目标和预算按季度、月份或更小的时间单位进行分解,以便企业高层管理者可以随时监督、检查和调整,督促完成计划任务的部分改进工作,纠正偏差,确保营销计划顺利实施。

【相关链接】

> 营销计划的制订分两个层次：战略营销计划在分析当前市场情景和机会的基础上，描绘范围较广的市场营销目标和战略；战术营销计划则描绘一个特定时期的营销战术，包括广告、商品、定价、渠道和服务。
>
> 营销计划是指导和协调营销努力的中心工具。
>
> ——菲利普·科持勒

## 任务2　市场营销组织

市场营销组织是制定和实施市场营销计划的职能部门。市场营销部门的组织形式，主要受企业市场营销管理哲学、企业自身所处的发展阶段、经营范围、业务特点等因素影响。为了实现企业的营销目标，市场营销经理必须建立适合企业自身特点的市场营销组织。一般来说，市场营销组织的基本形式有六种。

### 一、职能型组织

职能型组织是指按照需要完成的工作组建的营销部门。这是最古老也最常见的市场营销组织形式，它强调市场营销的各种职能（如销售、广告和研究等）的重要性。一般来说，企业设立一名营销副总经理管理营销事务，由若干名市场营销专家各执行某一方面的营销职能，他们都对营销副总经理负责，接受营销副总经理的领导（图13-1）。其中营销行政事务经理主管营销日常工作，广告与营业推广经理主管产品的促销工作，销售经理主管推销人员的招募和管理，市场研究经理主管市场调查、分析与预测等工作，新产品开发经理主管新产品的开发与研制工作。

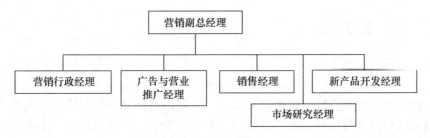

图13-1　职能型组织

当企业只有一种或很少几种产品，或者企业产品的市场营销方式大体相同时，按照这种方法设置组织结构比较有效，因为分工明确，有利于充分调动上述五位部门经理的积极性和创新性。但是，随着产品品种的增多和市场的扩大，这种组织形式就暴露出发展不平衡和难以协调的问题，因为没有一个部门能对某产品的整个市场营销活动负全部责任，而只是负责所有产品和细分市场的某一方面的工作，所以难免产生疏忽个别产品或细分市场的情况。特别是五个部门经理为使本部门争取到更多的预算、决策权力和重要地位，容易产生部门之间争权夺利的现象，从而降低营销工作的效率。

## 二、产品型组织

产品型组织是指在企业内部建立产品经理组织制度，其他职能进行统一管理的组织形式。在企业所生产的各产品差异很大、产品品种太多，以致按职能设置的市场营销组织无法处理的情况下，建立产品型组织是适宜的。

这种方法由专人负责某种具体产品或某一产品线的系列营销工作。负责一条或几条产品线的人员称为产品经理。其基本做法是：由一名产品营销经理负责，下设几个产品经理去具体负责各个产品的营销工作，如图13-2所示。

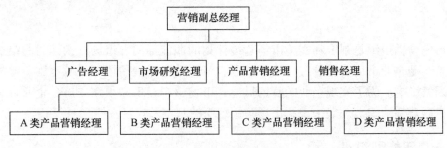

图 13-2　产品型组织

产品型组织在实际应用中是与职能型组织相配合的，只不过是在产品的开发与管理方面增加了层次。产品型组织中，产品营销经理的职责是制定发展产品的经营战略，并付诸执行，监督其结果和采取改进措施，其作用非常重要。产品型组织形式的优点是：产品主管经理能够有效地协调各种市场营销职能，并对市场变化做出积极反应；其缺陷是：各个产品经理整体观念较差；各个产品经理接受多头领导。

一般来说，生产食品、化妆品、洗涤用品、化工产品等的企业适宜采用产品型组织。例如，美国宝洁公司就采用这个方法。

## 三、市场管理型组织

市场管理型组织是指由不同人员或部门负责不同类型市场营销业务的组织方法。当企业仅有单一的产品线，或具有不同的分销渠道，或市场存在不同偏好的消费群体时，适宜采用这种方法来组建营销部门。例如，钢铁公司的钢铁既可卖给汽车公司，也可卖给建筑公司和公用事业部门，那么，钢铁公司就可设立三个市场经理分别负责上述三个市场。

许多企业都在按照市场类型来安排其市场营销机构，使市场成为企业各职能部门为之服务的中心。这种组织方法一般是：设立一名市场主管经理，并由其管理几名市场经理，市场经理有时也称为市场开发经理或市场专家（图13-3）。市场经理开展工作所需要的职能性服务由其他职能性组织提供和保证。

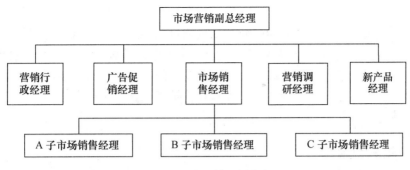

图 13-3　市场管理型组织

市场型组织形式的优点在于企业的市场营销活动是按照满足各类不同顾客的需求来组织和安排的，这最能体现企业的"以顾客为中心"的经营思想，有利于企业加强销售和市场开拓。其主要缺点是存在权责不清和多头领导的矛盾。

## 四、地区型组织

地区型组织是指企业按照地理区域设置的市场营销部门。如果企业的营销服务范围较广，则可以按照地理区域来设置营销组织。该方法的一般做法是：在各销售区域分别设立销售部门，区域内再划分若干地区，地区内再划分更小范围，每个小范围也都设立销售部门（图13-4）。地区型组织对那些有成熟的标准化产品、产品的销售渠道有限，而地区之间差异较大的企业比较适用。

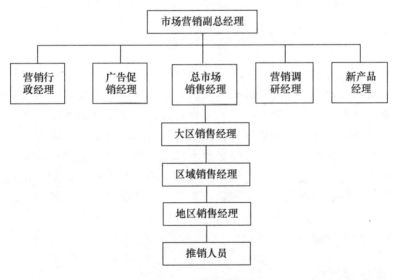

图 13-4　地区型组织

按照地区型组织来设置营销部门，一般是确立一名负责全国销售业务的销售经理，若干名区域销售经理，较多的地区销售经理和更多的小区销售经理。比如10名区域销售经理，可能要配60名地区销售经理，以及配置几百名的小区销售经理。为了使整个市场营销活动更为有效，地区型组织通常都是与其他类型的组织（如职能组织）结合起来工作。

地区组织法的优点在于：地区有权控制企业在本地区的有关产品和服务的全部营销活动，能够通过区域销售网络使产品迅速打入各地市场。其不足之处是：各地区管理机构为获得必要的产品和管理职能，导致机构重叠、资源浪费、效率低下，也容易导致各自为政，增加最高主管对地方控制的难度，对管理者的能力也提出了较高的要求。所以，只有企业的生产规模和营销规模达到一定程度后，才适宜采取这种方法来建立营销部门。

### 五、矩阵型组织

矩阵型组织成为近年来组织结构的最新发展趋势，是指同时设立产品经理和市场经理的组织形式。这种方法适合既生产不同类型产品，又向不同类型市场销售的企业。矩阵型组织是职能型组织与产品型组织相结合的产物。

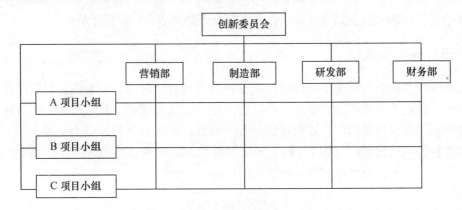

图 13-5　矩阵型组织

在矩阵型组织的营销部门里，产品经理负责制定各自产品的销售计划和盈利计划，致力于增加其分管产品的销售额和开发分管产品的新用途；市场经理则负责各自主管市场占有率的提高，致力于培植适合自己分管市场所需要的产品。产品经理和市场经理之间经常交流，密切配合，共同参与企业营销计划的制订与实施。

矩阵型组织的优点在于：能加强企业内部之间的协作，克服职能部门相互脱节的现象；能集中各种专业人员的知识、技能，又不增加人员的编制，组建方便，适应性强；有利于提高工作效率，实现集权与分权优势的结合。矩阵型组织的缺点主要表现在：双重领导，过于分权化，容易造成冲突或相互推卸责任、稳定性差和管理成本较高、决策延缓。

### 六、事业部组织

从事多角化经营的大企业随着产品种类与市场规模的不断扩大，企业常把重要的产品群设为独立的事业部，事业部下设自己的职能部门。其组织结构如图 13-6 所示。

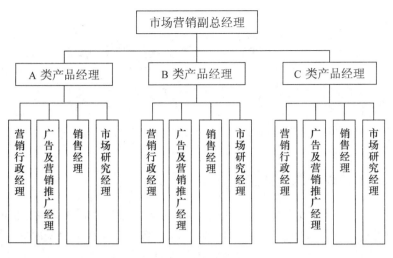

图 13-6　事业部组织

事业部组织的通常做法是将企业营销职能的执行主体由企业下放到各个类别的产品层次。在实际经济运行中，有四种基本的方法：

（1）企业总部一级不设立营销部门，企业的营销活动全部由各事业部承担。

（2）企业总部一级保留适当的营销部门，承担以下职能：协助营销副总经理全面评价企业的营销机会；应事业部要求向其提供咨询；帮助营销力量不足的事业部解决营销方面的问题。

（3）企业总部一级保留适当的营销部门，除执行上述第二类中的各项职能外，还向各事业部提供各种营销服务，包括专门的广告服务、促销服务、调研服务、销售行政服务等。

（4）企业总部一级设立规模较大的营销部门，深入参加各事业部营销活动的规划与控制。

# 任务 3　营销计划的执行

营销计划的执行是指将市场营销计划转变为行动方案的过程，并保证这种任务的完成，以实现既定目标。营销实施主要强调的是执行过程中"谁去执行"、"在什么时间"、"什么地点"和"怎样进行"的问题。

市场营销计划的执行是一个艰巨而复杂的过程，许多企业制定的战略和战术之所以没有成功，是因为没有得到有效的执行。再好的营销计划也离不开有效的执行，执行力是达到营销计划目标的关键。环境的变化要求营销管理者及时评价、反馈、调整营销计划执行过程中所遇到的问题。

**【相关链接】**

> 曾经有这样一个故事，东北一家国有企业破产，被日本财团收购。厂里的人都翘首盼望日方能带来让人耳目一新的管理办法。但出人意料的是，日本人来了，却什么都没有变，制度没变，人没变，机器设备也没变。日方就一个要求：把先前制定的制度坚定不移地执行下去。结果怎么样？不到一年，企业扭亏为盈。日本人的绝招是什么？执行，无条件地执行。

## 一、营销计划的执行技能

为了有效地实施营销计划方案，营销人员需要掌握一些相关的执行技能。

1. 配置技能。指营销经理在战略、职能和方案三个层次上分配时间、资金和人员的能力。例如对"边际"产品应做好哪些保证工作（战略层次），或花多少钱用于展销会（职能层次），这些都需要良好的配置技能。

2. 调控技能。包括建立和管理一个对营销活动效果进行追踪的控制系统。调控技能的关键在于对营销计划实施过程中市场变化及时跟踪掌握，对各种营销效率指标计算和评价。

3. 组织技能。组织技能涉及如何确定营销人员为实现企业目标而应具有的关系结构。一般来说，分权有利于调动员工的积极性，但容易产生离心倾向，集权虽有助于克服这种弊端，但容易丧失员工的积极性与灵活性。

4. 影响能力。指经理影响他人把事情办好的能力。营销经理不仅要有能力推动本组织的人员有效地执行理想的战略，还必须推动组织外的人或企业，如营销调研企业、广告代理商、经销商、批发商、代理商来执行理想的战略。

## 二、营销计划执行的过程

营销计划执行过程主要包括如下步骤：

1. 制定行动方案。为了有效地实施市场营销战略，必须制定详细的行动方案。这个方案应该明确市场营销战略实施的关键性决策和任务，并将执行这些决策和任务的责任落实到个人或小组。另外，还应包含具体的行动时间表。

2. 建立组织结构。企业的正式组织在市场营销执行过程中起决定性的作用，组织将战略实施的任务分配给具体的部门和人员，规定明确的职权界限和信息沟通渠道，协调企业内部的各项决策和行动。具有不同战略的企业，需要建立不同的组织结构。也就是说，结构必须同企业战略相一致，必须同企业本身的特点和环境相适应。

3. 设计决策和报酬制度。为实施市场营销战略，还必须设计相应的决策和报酬制度。这些制度直接关系到战略实施的成败。就企业对管理人员工作的评估和报酬制度而言，如果以短期的经营利润为标准，则管理人员的行为必定趋于短期化，他们就不会有为实现长期战略目标而努力的积极性。

4. 开发人力资源。市场营销战略最终是由企业内部的工作人员来执行的，所以人力资源的开发至关重要。这涉及人员的考核、选拔、安置、培训和激励等问题。在考核选拔管理人员时，要注意将适当的工作分配给适当的人，做到人尽其才；为了激励员工的积极性，必须建立完善的工资、福利和奖惩制度。此外，企业还必须决定行政管理人员、业务管理人员和一线工人之间的比例。

5. 建设企业文化。企业文化是指一个企业内部全体人员共同持有和遵循的价值标准、基本信念和行为准则。企业文化对企业经营思想和领导风格，对职工的工作态度和作风，均起着决定性的作用。企业文化包括企业环境、价值观念、模范人物、仪式、文化网五个要素。因此，塑造和强化企业文化是执行企业战略的不容忽视的一环。

6. 有效协调以上各要素间的关系。为了有效地实施市场营销战略，企业的行动方案、组织结构、决策和报酬制度、人力资源、企业文化和管理风格这五大要素必须协调一致，相互配合。

# 任务 4　市场营销控制

## 一、市场营销控制的含义

在营销计划执行过程中，难免会因为环境的变化、执行人员素质的差异和对计划理解的差别等意外事件，降低计划的效力，影响企业目标的实现。为了防患于未然，企业也应在计划执行过程中进行严格的控制。

市场营销控制是指市场营销管理者用以跟踪企业营销活动过程的每一环节，确保其按预期目标运行而实施的一套工作程序或工作制度，以及为使实际结果与预期目标一致而采取的必要措施。

## 二、市场营销控制的类型

市场营销控制是个非常复杂的过程，有四种不同的类型，包括年度战略控制、计划控制、赢利控制和效率控制。战略控制由高层管理人员和审计人员负责，其目的是检查企业是否处于最佳的市场机会中，目前的形势对企业的机会与威胁。年度控制主要由企业的高层和中层管理人员负责，其目的是为了检查计划目标是否能顺利的实现。赢利控制主要由营销会计人员负责，其目的是为了检查企业的赢利与亏损情况。效率控制主要由各个职能管理层的营销会计人员负责，目的是尽可能提高经费的开支效率，用合理的营销开支取得较高的效果。

### （一）战略控制

企业的市场营销战略是指企业根据自己的市场营销目标，在特定的环境中，按照总体的策划过程所拟订的可能采用的一连串行动方案。但是市场营销环境变化很快，往往会使企业制定的目标、策略、方案失去作用。因此，在企业市场营销战略实施过程中必然会出现战略控制问题。战略控制是指市场营销经理采取一系列行动，使实际市场营销工作与原规划尽可能一致，在控制中通过不断评审和信息反馈，对战略不断修正。因为企业战略的成功是总体的和全局性的，战略控制注意的是控制未来，是还没有发生的事件。战略控制必须根据最新的情况重新估价计划和进展，因而难度很大。

企业在进行战略控制时，可以运用市场营销审计这一重要工具。营销审计主要包括六个方面的内容：

1. 市场营销环境审计。主要是对人口、经济、技术、政治、社会文化等宏观环境进行分析，制定企业的市场营销战略。

2. 市场营销战略审计。企业是否能选择与企业任务、目标相一致的竞争地位，是否能制定与产品生命周期、竞争者战略相适应的市场营销战略，是否能进行科学的市场细分并选择最佳的目标市场，是否能合理地配置市场营销资源并确定合适的市场营销组合，企业在市场定位、企业形象、公共关系等方面的战略是否卓有成效？所有这些都需要经过市场营销战略的审计。

3. 市场营销组织审计。主要评价企业的市场营销在执行市场营销战略方面的组织保证程度和对市场营销环境的应变能力。

4. 市场营销系统审计。主要包括市场营销信息系统、市场营销计划系统、市场营销控制系统和新产品开发系统的审计。

5. 市场营销盈利能力审计。主要分析不同产品、市场、地区、渠道和市场营销组织的盈利率，决定对有关细分市场是进入、扩大、收缩还是放弃，以及检查、分析成本效益，找出花费过大的项目，提出相应的降低成本的措施。

6. 市场营销职能审计。指对企业的市场营销组合因素的审计。主要是审计企业的产品质量、特色、式样、品牌的顾客欢迎程度，企业定价目标和战略的有效性，各渠道成员的效率，广告预算、媒体选择及广告效果，销售队伍的规模、素质以及能动性，等等。

**（二）年度计划控制**

年度市场营销计划的执行能否取得理想的成效，还需要看控制工作进行得如何。所谓年度计划控制，是指企业在本年度内采取控制步骤，检查实际绩效与计划之间是否有偏差，并采取改进措施，以确保市场营销计划的实现。许多企业每年都制定有相当周密的计划，但执行的结果却往往与之有一定的差距。事实上，执行的结果不仅取决于计划制定得是否正确，还有赖于计划执行与控制的效率如何。可见，年度计划制定并付诸执行之后，搞好控制工作也是一项极其重要的任务。年度计划控制的主要作用是：促使年度计划产生连续不断的推动力；控制的结果可以作为年终绩效评估的依据；发现企业潜在问题并及时予以妥善解决；高层管理人员可借此有效地监督各部门的工作。

年度计划控制一般通过五种绩效工具来核对年度计划目标的实现程度，这五种绩效工具为：销售分析、市场占有率分析、市场营销费用率分析、财务分析和客户关系分析。

1. 销售分析。销售分析主要用于衡量和评估计划销售目标与实际销售之间的关系。衡量和评估的方法有销售差距分析和地区销售量分析。

销售差距分析用来决定各个不同的因素对销售绩效的不同作用。例如，假设年度计划要求第一季度销售 4 000 件产品，每件 1 元，即销售额 4 000 元。在该季结束时，只销售了 3 000 件，每件 0.80 元，即实际销售额 2 400 元。那么，这个销售绩效差异为-1 600元，或预期销售额的-40%。问题是，绩效的降低有多少归因于价格下降？有多少归因于销售数量的下降？我们可用如下计算来回答：

因价格下降的差异 = (1 - 0.80) × 3 000 = 600，600/1 600 × 100% = 37.5%
因数量下降的差异 = 1 × (4 000 - 3 000) = 1 000，1 000/1 600 × 100% = 62.5%

可见，约有2/3的销售差异归因于未能实现预期的销售数量。由于销售数量通常较价格容易控制，企业应该仔细检查为什么不能达到预期的销售量。

地区销售量分析用以找出未能达到预期销售额的特定地区。假设企业在三个地区销售，其预期销售额分别为1 500元、500元和2 000元，总额4 000元。实际销售额分别是1 400元、525元、1 075元。就预期销售额而言，第一个地区有7%的未完成额；第二个地区有5%的超出额；第三个地区有46%的未完成额。主要问题显然在第三个地区。造成第三个地区不良绩效的原因可能是：

（1）该地区的销售代表工作不努力或素质不高；
（2）主要竞争者进入该地区；
（3）该地区居民收入下降。

2. 市场占有率分析。企业的销售绩效并未反映出相对于其竞争者，企业的经营状况如何。如果企业销售额增加了，可能是由于企业所处的整个经济环境的发展，或可能是因为其市场营销工作较之其竞争者有相对改善。市场占有率正是剔除了一般的环境影响来考察企业本身的经营工作状况。如果企业的市场占有率升高，表明比竞争者的情况更好；如果下降，则说明比竞争者的绩效差。

3. 财务分析。市场营销管理人员应就不同的费用对销售额的比率和其他的比率进行全面的财务分析，以决定企业如何以及在何处展开活动，获得盈利。尤其是利用财务分析来判别影响企业资本净值收益率的各种因素。

4. 客户关系分析。上述的年度计划控制缺少对市场营销的发展变化进行定性分析和描述。因此，企业需要建立一套系统来追踪其顾客、经销商以及其他市场营销系统参与者的态度。如果发现顾客对本企业和产品的态度发生了变化，企业管理者就能较早地采取行动，争取主动。

通过上述分析，企业在发现实际绩效与年度计划发生较大偏差时，可考虑采取如下措施：削减产量、降低价格、对销售队伍施加更大的压力、削减支出、裁减员工、削减投资、出售企业财产等。

### （三）赢利能力控制

赢利能力控制就是测定不同产品、不同销售区域、不同顾客群体、不同渠道以及不同订货规模的赢利能力。这有助于营销管理人员决定哪些产品或市场营销活动可以开展，哪些应该减少甚至取消。考察企业赢利能力的指标主要有以下几个：

1. 销售利润率。一般来说，企业将销售利润率作为评估企业获利能力的主要指标之一。
2. 资产收益率。即税后利润和总资产的比率。
3. 资产管理效率。通常包括以下两个指标：
（1）资产周转率。指产品销售收入与企业平均资产总额的比率，该指标可以衡量企业全部资产的利用效率。
（2）存货周转率。指产品销售成本与存货平均余额之比，可以用来判断存货的流动性，一般来说，存货周转率次数越高越好。

4. 净资产收益率。指税后利润与净资产的比率。净资产是指总资产减去负债总额后的净值。这是衡量企业偿债后的剩余资产的收益率。

资产管理效率与获利能力密切相关。资产管理效率高，获利能力相应也较高。

（四）效率控制

假如赢利能力分析显示出企业关于某一产品、地区或市场所得的利润很差，那么紧接着下一个问题便是有没有高效率的方式来管理销售人员、广告、销售促进及分销。

1. 销售队伍的效率。企业的各地区的销售经理要记录本地区内销售人员效率的主要指标，这些指标包括：每个销售人员每天平均的销售访问次数；每次会晤的平均访问时间；每次销售访问的平均收益；每次销售访问的平均成本；每次访问的招待成本；每百次销售访问而订购的百分比；一定时期内的新顾客数；一定时期内丧失的顾客数；销售成本对销售额的百分比。

2. 广告效率。广告效率可以通过以下指标来进行衡量：每种媒体接触每千名顾客所需要的广告成本；各种媒体或工具能引起消费者关注的程度；目标顾客对广告的评价以及广告播出前后消费者对产品的评价有何差别；受到影响的人在整个受众中所占的比重是多少。

3. 促销效率。为了改善销售促进的效率，企业管理阶层应该对每一销售促进的成本和对销售影响做记录，注意做好如下统计：因优惠而销售的百分比；每一销售额的陈列成本；赠券收回的百分比；因示范而引起询问的次数。企业还应观察不同销售促进手段的效果，并使用最有效果的促销手段。

4. 分销效率。分销效率的控制目的在于研究分销渠道的经济性，其主要内容包括：对分销网点的市场覆盖范围，对销售渠道中经销商、经纪人、代理商、制造商代表的作用和潜力的发挥，对企业存货水准、仓库位置及运输方式进行分析和改进等。

【相关链接】

## 销售人员需要什么样的能力

现代销售理论奠基人戈德曼博士告诫我们："把一个不合适的人放到销售岗位上，一开始你就失败了。"不是所有的人都适合做销售，也不是所有做销售的人都能成功。从销售人员个人角度来看，决定其业绩高低的因素有其基本素质、观念、能力等。有人把能力和素质混为一谈，其实二者是不同的。能力可以在短期内培养，而素质则是在短期内无法培养出来的。所以，销售人员要想迅速提升业绩、在销售领域站稳脚跟，就需要清楚地了解作为优秀的销售人员需要具备哪些能力，并在平时注意训练以有效提升这些能力。

销售人员应当具备什么能力，可以从三个方面进行研究：一是实证研究；二是征求客户的意见，询问客户愿意与什么样的销售人员打交道；三是让销售经理根据自己的经验谈谈他们的观点。本次专题中，战斗在营销第一线的销售经理根据自己的实践经验，提出了销售人员应当具备的各种能力。

著名营销经理人孙跃武先生提出，今天的销售人员要具备三个方面的能力，即承压能力、分析能力和沟通能力。

1. 承压能力。销售人员肩上扛着巨大的销售指标，身后有主管经理一次接一次的催促，面临的却是客户的冷漠与拒绝。面对困难，一些人感到迷茫和沮丧，或放弃，或消极工作，结果自然是离成功越来越远。因此，摆正自己的位置、端正自己的心态、面对压力、承受挑战是每一名销售人员，尤其是刚走出校门迈上工作岗位的年轻人应具备的能力。

2. 分析能力。销售人员要具备对市场机会的敏锐分析能力，学会发现市场机会，在与竞争者的战斗中脱颖而出。

3. 沟通能力。把自己的观念、信念、方案、方法推销给上级、下级和客户是销售人员最重要的能力之一。而良好的沟通能力是赢得他人支持的最好方法。实践告诉我们，销售中的许多问题都是因沟通不畅造成的。

【小贴士】

### 营销控制不是对计划的干扰吗？

有人认为，有了计划，只要按部就班地执行就可以了，何必控制哪？控制不是对计划的干扰吗？

当然不是。应对在营销计划实施过程中随时可能发生的变化和意外，营销部门必须连续不断地监督和控制各项营销活动。营销计划和控制都是企业市场营销部门的工作。营销控制是为更好实现营销计划的目标，对企业高效率和高效益地运转十分重要，进行营销控制的前提是营销计划与营销组织。

【阅读资料】

### 海澜之家：革命性营销

#### 公司背景

江阴海澜之家服饰有限公司是海澜集团的下属分公司，是一家集男装生产、销售为一体的大型服装企业，目前共有员工3 000余人。海澜之家自选商场是海澜之家于2002年9月推出的一种全新的营销模式——全国连锁经营、统一形象、超大规模的男装自选购买模式，从而引发了中国男装市场的新一轮革命：凭借自由自在的选购方式、丰富多样的产品陈列，以及母公司——以精毛纺面料为基础产业的大型专业化国家级企业集团的背后支持，海澜之家迅速赢得了广大消费者的欢迎，并因此被称为"男人的衣柜"。海澜之家以骄人的销售业绩引起了社会各界的广泛关注，皆惊呼国内男装营销的革命时代已经来临。

海澜之家倡导时下新锐男性阶层追求高品质、睿智、自主的新生活理念。为此，继2002年成功聘请港台王牌主持人吴大维先生担任形象代言人后，2005年9月又与国内影视界著名艺人印小天先生进行了合作，其青春、活力、健康、时尚的海澜之家品牌形象在国内各大主流媒体热播。2006年3月，海澜之家荣获"第二届中国服装品牌年度大奖"的"营销大奖"。这一被业界称为"掀起中国服装营销一场革命"的营销模式让海澜之家品牌再次唱响全国。2007年3月，"海澜

之家杯"2007中国服装院校优秀毕业生创意设计作品大赛正式启动。这一汇集了全国20余所服装院校千余名设计专业毕业生参加的服装设计大赛,从一开始就获得了行业内外各界人士的关注。有关专家称,服装是最具创意的产业,年轻的大学生拥有最具创意的头脑,这项代表中国服装院校学生最高创意设计水平的赛事,将在中国服装界引发一场创意风暴。

日前,海澜之家男装自选连锁商场已成功拓展到江苏、上海、北京、四川、山东、河南、辽宁等省市,在全国全面铺开,市场销售态势良好。公司计划到2008年,在全国各地开1000家连锁店,基本实现海澜之家的"千家门店迎奥运"目标。

以海阔天空之博大,创波澜壮阔之事业,海澜之家的成功有其偶然成分,但海澜人的努力与勤奋才是海澜王国崛起的必然因素。

**案例回放**

服装是人类社会生活中一个永恒的主题,是一个民族文化的象征,也是人们思想意识与精神风貌的体现。随着我国市场经济的日渐成熟,服装产业已全面进入买方市场。众所周知,男装和女装行业有着本质区别,男装行业虽然没有女装竞争激烈,但也同样呈现出一片混战的态势。要想在众多国内外男装品牌中脱颖而出,绝对不是一件简单的事。海澜之家在创新上下足了工夫,从而一开始就走出了一条与众不同的道路。

1. 业态创新

自改革开放以来历经20多年的发展,中国男装市场已趋向成熟,整个行业的获利水平已逐步接近或相同,市场竞争也越来越激烈。很多男装品牌呈现出发展停滞、销售下滑的态势,不少企业纷纷寻找出路。几年前,面向普通消费群体的男装品牌少之又少,市场空白明显。海澜集团高层赴国外考察后,受到了美国肯德基、麦当劳连锁经营方式的启发,从而有力地切入了这一市场空白点——2002年9月,一种定位为大众化的全新服装零售业态——海澜之家男装自选商场正式开门迎客,并迅速在市场上获得肯定。海澜集团通过业态创新不仅为自己寻找到新的经济增长点,也为国内毛纺服装行业进军商业领域提供了丰富的经验。

海澜之家之所以在这么短的时间内取得如此大的成就,首先得益于全新的营销模式——让消费者在超市化的环境中轻松地自选购衣,这其实是一种崇尚自由、个性的生活主张。海澜之家首创的"无干扰,自选式"购衣模式,形成了标准化的自选系统。"自选"是海澜之家的灵魂,是区别于其他品牌的最大服务特色,能够充分让消费者在开放式空间里自主、自由地购物。海澜之家中的"家"代表以消费者为核心的价值观,抛弃"人盯人"的购物环境,独创"无干扰按铃式服务"。顾客就像在自己家的衣柜中挑选衣服一样自由自在,有一种享受和宾至如归的购物感觉。

一站式全程服务自选卖场内,陈列的海澜之家产品涵盖了成年男性需要的从头到脚、从内到外、从冬到夏、从正装到休闲装的所有产品。每一款服装都有近50种面料和颜色可供选择,且都分为标准、偏胖、特胖三种体型,为消费者提供了从西服到衣物外延品等一系列的完整货品。海澜之家的服饰产品按品种、号型、规格分类出样陈列,并且设有一目了然的导购图,消费者可以根据自己的身高、体型轻松地选购服装。海澜之家还在货架旁、试衣间里设有按铃,如果你需要服务,只要按动按铃,商场的专业服务人员就会在最短的时间里来到你的身边。

为您提供优质、周到的服务。正是这种轻松、方便的购物体验，让更多的男性消费者愿意来海澜之家，选了西服选衬衫，选了衬衫选领带，选了领带选皮带，避免了多店购物的繁琐，成为时尚、便捷的全程"一站式"消费。

价格是市场营销组合中"一个十分敏感、活跃的因素"。在市场经济条件下，服装的价格对市场供求和消费者的购买行为有着直接的影响。一方面，价格的高低关系到公司的盈利水平和经济效益，影响着企业的产品产量和市场供应量；另一方面，价格高低影响着产品的需求量。价格影响消费者的购买行为，消费者在购买服装时，往往将产品的效用、质量等与其所付出的价格来综合衡量，从而做出购买决策。市场营销学认为，价格要对市场变化做出灵活反应，要以消费者所能接受的水平为基点。企业定价是为了促进销售、获取利润，既要考虑成本的补偿，又要考虑消费者对价格的接受能力，从而使定价具有了买卖双方双向决策的特征。

海澜之家走的是"高质量，低价位"的道路，其高品质的西装产品价位只在480～1580元左右，远远低于国内其他同类产品；而当商场、超市打出名目繁多的打折、促销活动让人眼花缭乱时，海澜之家却反其道而行之：统一价格，绝不打折。对于滞销货，海澜之家没有专门的折扣店。独特的营销模式使海澜之家提升了品牌诚信度，在激烈的市场竞争中保持独树一帜的风格。

海澜之家总经理陈富荣认为，目前一些服装连锁店"连"而不"锁"，只是在形象上统一，没有实行统一的管理、价格、服务等。海澜之家则在门店形象、价格、物流、管理上实行统一的标准化操作，依靠总部物流中心先进的网络平台及时掌握各个连锁店的销售情况。海澜之家坚持统一形象、统一价格、统一管理、统一采购、统一配送、统一装修、统一招聘、统一培训、统一结算，实行全国统一连锁经营管理，真正做到既"连"又"锁"。这种被严格贯彻执行的统一，"连"住了品牌，"连"住了形象，"连"住了产品，"连"住了服务，也"锁"住了管理。海澜之家的每一家门店都能按照公司的标准化模式经营，公司的每一个部门也能按照标准化的业务流程为门店服务。标准化成为了海澜之家门店"拷贝不走样"的保证。

**2. 品牌创新**

在市场经济蓬勃发展的今天，服装品牌全面竞争的时代已经到来。服装的品牌形象成为消费者认知的第一要素。品牌不仅是企业的内在属性在外部环境集中表现出来的有价值的形象标识，而且能够整合企业外各种资源对企业内在属性的发展产生作用。因此，品牌是一种资源，一种由企业内在属性在外部环境中创生出来的资源。

以生产毛纺面料为特色的海澜集团为什么萌生了做服装的想法？海澜集团总裁周建平一直有这样的梦想：什么时候服装店能像快餐店一样普通？而人们购买衣服能像光临麦当劳、肯德基一样轻松自如？2002年年初，他赴日本考查，两个日本服装品牌大众化的价格、超市化的选择令其印象深刻。回国后，他开始着手创建自己的服装品牌，在江阴成立了海澜之家服饰有限公司，并开始探索全新的服装营销模式。海澜之家的第一家门店——南京中山北路店的正式开业，揭开了中国服装营销史上崭新的一页。

海澜之家在一般人眼里是一个服装品牌，但实际上从其诞生之日起就包含了营销及服务的理念。广告作为服装企业品牌经营战略的重要组成部分，正日益发挥出巨大的作用：它具有一切经济活动所具有的投入与产出的特点。其核心在于创造需求、引导消费，而不是"跟着感觉走"。"海澜之家——男人的衣柜"、"男人一年只需逛两次海澜之家"。这不仅是海澜之家的广告语，也是其营销和服务理念。

2003年3月，海澜之家组织了强大的阵容参加在北京举办的"第十一届中国国际服装服饰博览会"。2003年8月，公司又斥巨资聘请香港著名节目主持人——青春、时尚的吴大维担任形象代言人，并举办了盛大的新闻发布会。其青春、健康的海澜之家男装形象广告在中央电视台晚间新闻、对话节目、名牌时间、足球之夜、天下足球等黄金节目时段热播。海澜之家倡导并积极实践时下新锐男性阶层追求高品质、睿智、自主的新生活理念。

作为自选卖场，门店的形象在品牌建设中起着重要的影响。在门店的拓展上，海澜之家将"黄金地段、钻石店铺"作为选址"八字真经"。"黄金地段"是指当地人气最旺、销售最好、层次最高、品牌店云集、有大型百货商场和各种商业设施的商业中心。"钻石店铺"是指在"黄金地段"上、客流量最集中、环境最优的一楼沿街的独立门面。海澜之家黄蓝色彩结合的CI标识形象明快亮丽，尤其在夜晚灯光亮化下效果特别好，为商业街营造出浓浓的商业氛围。到目前为止，海澜之家男装自选连锁超市已在全国拥有300多家加盟店，海澜之家的销售额以每年80%的平均速度增长。另外，与其他服装专卖店不同的是，海澜之家的商店面积更大，一般在200～1000平方米。它不像其他服装店那样只卖有限的应季服装，而是陈列了成年男性一年四季从上到下、从里到外、从休闲到正装、从服装到服饰的产品。据悉，海澜之家的一个店面现在已有17个系列5000多种产品，做一个男人的衣柜已经足够。

同时，海澜集团还通过与国内一系列大学共创"中国服装创意设计海澜实习园"活动，为企业自主创新培育后劲，成为提升品牌的一个重要举措。

**3. 品质创新**

要创立一个优秀的品牌，产品质量是首要的前提。海澜之家在品牌创立之初，公司就提出要"视产品质量如企业的生命"。海澜之家背后的"大树"是海澜集团，具有从羊毛进厂到服装出厂的完整的产业链，这使得海澜之家的服装能够在源头上乃至生产的每一个环节中控制产品的质量。海澜集团是国家精毛纺产品开发基地，承担有国家"863"攻关项目、国家"火炬计划"项目，每年都有很多产品通过省级鉴定，十余种产品入围全国流行面料展并获奖。海澜集团生产的"圣凯诺"牌面料是江苏省重点名牌产品、中国名牌产品、国家免检产品，这都为海澜之家西服在原料上提供了品质保证。正是这一完整的产业链，使得海澜之家的产品能经历最纯净的流通环节，从牧场到工厂直到卖场，每个环节都是自己的资源，有效控制了产品的成本与品质，保证了海澜之家"高品质，低价位"的品牌理想。

在产品的设计制作上，公司培养了一支高素质、有活力的年轻设计师队伍，利用设在国内外众多的分公司和信息点，广泛地与国内多所著名院校合作，追踪国际时尚前沿，将众多流行元素融入服装的设计中，形成了海澜之家时尚、典雅又充满青春活力的前卫风格；在缝制工艺上，公司选择有多年工作经验的熟练工人，每年分期分批对他们进行各类培训，提高他们的技术素质和文化审美素质。海澜之家对市场的敏锐度极高，产品时刻紧跟潮流。

海澜之家的连锁店越开越红火，遍布大江南北，盈利也比较可观。究其原因，除了得益于创新的营销模式外，产品的推陈出新也功不可没。如果说独创的营销模式是海澜之家成功的"软件"因素，卓越的产品质量则是海澜之家品牌不断壮大的"硬件"保障。

4. 科技创新

海澜之家提出了践行"科技领航，创新立世"的发展理念。为了保证产品的质量和档次，他们不断加大产品开发力度，推出了一大批创新产品。"海之唯"可机洗羊毛西服的诞生就是海澜之家诸多创新产品中的佼佼者，也是亚洲目前唯一能机洗的西服品牌。

谁都知道普通西服不善"水性"，直接水洗，它的面料、衬里和中间衬料都会缩水，西服会变得面目全非。可机洗羊毛西服采用了产自澳大利亚的优质羊毛，在面料纺织时加入了弹性很好的聚酯纤维，如同在羊毛里装了个"支架"，水洗过后能很快复原。此外，相对于生产普通高档西服的300多道工序，可机洗羊毛西服对其中的270多道工序做了改进和调整。运用这些高技术，可机洗羊毛西服可以避免水洗过程中变形、起皱、脱层等一系列问题。

除此之外，海澜之家新近研发的产品有可调温"空调毛衫"，运用OUTLAST新型"智能型"纤维，内置PC胶囊，能根据外部环境调控热量，使人体始终处于舒适状态；防紫外线系列T恤，可有效保护皮肤不受紫外线的伤害；用英国"犀牛招"定型技术推出的全新持久保型西裤，使西裤定型永久。另外，休闲绅士型的牛仔裤、休闲袋袋裤等独具创意的产品，都受到消费者的欢迎。科技引领时尚，新品的不断推出使海澜之家永远时尚、永不落伍。

营销网络信息化也是海澜之家市场营销的一大特色。经过改造的海澜之家信息网络，无论是入库、出库、前台、后台、物流、配送，还是选货、退货，都可在电脑网络上进行，全程无手工操作。海澜之家还借助网络化信息平台，采用先进的条形码扫描技术进行连锁经营，实现门店销售、库存的全国联网。总部每天都能对每个门店的销售进行分析，全盘掌握终端销售情况，及时调整产品开发和营销策略，高效率地调试货品。网络化管理为消费者异地购买、异地服务提供了保证。

# 习 题

### 一、名词解释

1. 需求弹性　　　　　2. 定价方法　　　　　3. 撇脂定价
4. 渗透定价　　　　　5. 温和定价　　　　　6. 心理定价

### 二、单项选择题

1. 下面哪一个是以市场为导向的现代组织模式的出发点？（　　）
   A. 产品设计　　　　　　　　　B. 产品销售
   C. 顾客需要　　　　　　　　　D. 企业资源和能力
2. 年度计划控制过程的第一步是（　　）。
   A. 确定目标　　　　　　　　　B. 评估执行情况
   C. 规定企业任务　　　　　　　D. 选择目标市场

3. 产品—市场管理型组织的主要缺点是（　　）。
   A. 组织管理费用太高　　　　　B. 有些产品和市场容易被忽略
   C. 容易造成计划与实际的脱节　D. 不能及时得到足够的市场信息
4. 市场营销管理必须依托一定的（　　）进行。
   A. 财务部门　　　　　　　　　B. 人事部门
   C. 主管部门　　　　　　　　　D. 营销组织
5. 市场营销是企业管理和经营中的（　　）。
   A. 主导性职能　　　　　　　　B. 辅助性职能
   C. 被动性职能　　　　　　　　D. 社会分配职能

### 三、思考题
1. 产品管理型组织和市场管理型组织各有什么优缺点？
2. 企业市场营销实施过程包括哪些方面？
3. 为什么要进行市场营销控制？
4. 市场营销控制主要有哪些内容？

### 四、案例分析

## 看美泰公司如何营销

**背景介绍**：芭比娃娃是 20 世纪最广为人知及最畅销的玩偶，由 Ruth Handler 发明，在 1959 年 3 月 9 日举办的美国国际玩具展览会上首次曝光。芭比玩偶是由美国的美泰公司拥有及生产的。芭比娃娃及其他相关配件以 1∶6 的比例制作，此比例为娃娃屋模型的最大号，也称为 playscale。现在，"芭比"娃娃已经销往世界上 150 多个国家，总销售额超过 10 亿元。该产品被拍成一系列影视作品及周边产品，还改编成一系列小游戏。

**芭比娃娃的营销模式：STP 营销**

犹太人曾说，只做和女人、小孩有关的生意。因为把握好女人和孩子的心理，便能够获取超高的附加价值。露丝汉德勒同样只盯着女人和孩子的口袋。芭比从诞生之初，露丝汉德勒就致力于将她打造成追求完美与时尚的女性形象代言人，以美来俘获消费者的芳心。

除了魔鬼的身材，还有阿玛尼、Vera Wang、Prada 等名设计师为她设计的上亿套高品位服装，她的衣橱是女人和孩子的梦想。《芭比时尚》编辑葛伦·曼多维勒曾说说："许多女性购买'芭比'是因为她们无法变成'芭比'，她们经由打扮完美的'芭比'，实现她们渴望自身变得苗条、美丽并且受欢迎等一切梦想。"

**与时俱进：品牌历史即时代历史**

50 多年来让芭比娃娃长盛不衰的并不仅仅是因为芭比是一个漂亮的摩登玩偶，更重要的是芭比品牌始终在不断升位，与时俱进，从而获得强劲的生命力。

以至于我们能从芭比娃娃的成长中清晰地看到 50 多年里的社会发展与女性观念的演变：在保守的 20 世纪 50 年代，芭比留着一头金色的波浪卷发；当好莱坞崛起、明星的魅力凸显，芭比娃娃摇身一变，幻化成了各路女星；在鼓励女人上班的 60 年代，芭比娃娃穿上了行政套装，挎起了公文包；在体育赛事日益风靡的 70 年代，芭比娃娃有了可弯曲的手腕、肘，并且有了脚关节，开始穿着运动装，参加体操、马术、芭蕾舞。

如今，50 多年过去了，芭比有了无数的形象和不同的魅力，但是如今的芭比仍能深深地抓住女孩子的心。芭比的外形共历经了约 500 次以上的修正与改良，每年约有 100 款芭比新装推出，这使得芭比始终站在潮流前端，与时俱进地担当着"品牌教主"的角色。

**分级营销：把产品做成产品链**

芭比娃娃的产品是多元化的，运用分级营销的原理与方法，芭比娃娃延伸出手饰、手表、家具等众多芭比用品；同时还开发出芭比爸爸乔治、芭比妈妈玛格丽特、芭比宠物等家族产品。为了让消费者第一时间详细地了解庞大的芭比家族，美泰公司推出了《芭比时尚》杂志，人们不仅能从中了解到芭比的最新产品咨询，还有时尚专家的专业推荐，指导消费者为已购买的芭比娃娃配各式各样的服装、家具、鞋等。随着后续产品和附加产品的不断推出，消费者便由一次性顾客变为重复消费的忠诚崇拜者。

美泰公司曾经推出了一个价格仅 10 美元的芭比娃娃，这样的价格几乎无利可图。但是这款 10 美元的芭比娃娃进入市场后，立即吸引了全美国女孩子的目光，让她们纷纷走进美泰公司设立的各个芭比娃娃专柜。很快，美泰公司陆续收到来自全国各地专柜的捷报，那些一开始仅仅购买 10 美元芭比娃娃的女孩子们，会继续购买其他辅助性的玩具设备以及其他类型的玩具，使美泰公司从这些辅助设备和玩具中大获其利。

（经理人网）

分析讨论：
请问美泰公司是如何成功的？

# 实训应用

【实训项目】
某企业市场营销计划控制。
【实训目的】
通过实训要求学生了解如何进行营销活动的计划执行与控制。
【实训指导】
1. 要求学生通过各种关系寻找企业，并且联系企业的高管人员，确定合适的交流时机。
2. 通过访谈形成文字资料，写出企业是如何进行营销管理的。
3. 学生对企业的营销管理活动进行评价、分析，写出书面报告。
4. 教师组织交流，选择某些较好的案例要求学生进行讲评。
【实训组织】
1. 将全部学生分成若干小组，每组 5~6 人，每组选出 1 名组长，采取组长负责制联系、走访企业。
2. 每组学生应写出案例分析，在班内进行交流、展示。
【实训考核】（百分制）
1. 实训准备工作（10 分）。
2. 实训的组织、分配、管理等过程（20 分）。
3. 实训成果汇报及其提交（45 分）。
4. 项目团队成员间的团队合作精神（15 分）。
5. 学生互评，教师点评（10 分）。

# 参考文献

[1] 冯丽云. 现代市场营销学 [M]. 北京：经济管理出版社，2004.
[2] 吴健安. 营销管理 [M]. 北京：高等教育出版社，2004.
[3] 范忠主编. 市场营销学 [M]. 西安：西北大学出版社，2003.
[4] 马克思. 资本论 [M]. 成都：西南财经大学出版社，1990.
[5] 迈克尔·波特. 竞争战略 [M]. 北京：华夏出版社，2002.
[6] 张淑君. 市场营销学 [M]. 北京：经济科学出版社，2002.
[7] 吴泗宗. 市场营销学 [M]. 北京：清华大学出版社，2005.
[8] 斯蒂格利茨. 经济学 [M]. 北京：中国人民大学出版社，1997.
[9] 加里·S. 贝克尔. 人类行为的经济分析 [M]. 上海：上海三联书店、上海人民出版社，1995.
[10] 丁力. 旅行社经营管理 [M]. 北京：高等教育出版社，1998.
[11] 国家发展和改革委员会. 国家钢铁产业发展政策，2005.
[12] MBA智库 http：//www. mbalib. com。
[13] 赵轶，韩建东. 市场调查与预测 [M]. 北京：清华大学出版社，2007.
[14] 胡穗华等. 市场调查与预测 [M]. 广州：中山大学出版社，2006.
[15] 小卡尔·迈克丹尼尔，罗杰·盖兹. 当代市场调研 [M]. 北京：机械工业出版社，2005.
[16] 林南枝，李天元. 旅游市场学 [M]. 天津：南开大学出版社，1995.
[17] 〔美〕菲利普·科特勒. 梅汝何等译. 营销管理（新千年版）[M]. 北京：中国人民大学出版社，2001.
[18] 吴健安. 市场营销学（第二版）[M]. 北京：高等教育出版社，2006.
[19] 李强. 市场营销学教程（第二版）[M]. 沈阳：东北财经大学出版社，2001.
[20] 胡正明. 市场营销学（第二版）[M]. 济南：山东大学出版社，2002.
[21] 郝旭光. 新编市场营销（第二版）[M]. 成都：西南财经大学出版社，2000.
[22] 曲建忠主编. 市场营销学（第一版）[M]. 北京：机械工业出版社，2002.
[23] 费明胜，郝渊晓. 市场营销学 [M]. 广州：华南理工大学出版社，2005.
[24] 毕甫清. 市场营销学 [M]. 北京：中国轻工业出版社，2004.
[25] 王纪忠. 市场营销 [M]. 北京：北京大学出版社，2006.
[26] 任运河，刘建国. 市场营销管理 [M]. 济南：山东人民出版社，2006.
[27] 郭国庆. 市场营销学 [M]. 武汉：武汉大学出版社，1996.
[28] 吕一林. 市场营销学 [M]. 北京：科学出版社，2005.
[29] 马清梅，陈荣铎. 市场营销学 [M]. 北京：清华大学出版社，2007.
[30] 张云起，贺继红. 市场营销学 [M]. 济南：山东大学出版社，2006.

[31]　李世杰. 市场营销学策划［M］. 北京：清华大学出版社，2006.

[32]　李海琼. 市场营销实务［M］. 北京：机械工业出版社，2011.

[33]　高凤荣. 市场营销基础与实务［M］. 北京：机械工业出版社，2012.

[34]　孙全治. 市场营销案例分析［M］. 南京：东南大学出版社，2004.

[35]　许彩国. 市场营销案例分析·成功篇［M］. 上海：华东师范大学出版社，2007.